Rainer Wahl
Der Vorrang der Verfassung

慶應義塾大学法学研究会叢書［84］

憲法の優位

ライナー・ヴァール
Rainer Wahl
小山 剛 監訳
Go Koyama

慶應義塾大学法学研究会

Den Mitglieder und Freunden in der
Japanischen Forschungsgesellschaft für deutsches Verfassungsrecht
gewidmet

慶應義塾大学法学研究会叢書　84

憲法の優位

2012年11月20日　初版第1刷発行

著　者――――ライナー・ヴァール
監訳者――――小山　剛
発行者――――慶應義塾大学法学研究会
代表者　大沢秀介
〒108-8345　東京都港区三田2-15-45
TEL 03-5427-1842
発売所――――慶應義塾大学出版会株式会社
〒108-8346　東京都港区三田2-19-30
TEL 03-3451-3584　FAX 03-3451-3122
装　丁――――鈴木　衛
印刷・製本――株式会社丸井工文社
カバー印刷――株式会社太平印刷社

Printed in Japan ISBN978-4-7664-1997-9
落丁・乱丁本はお取替致します。

序　言

ドイツ公法の研究に50年近く従事してきた著者が，その公法発展の軌跡を見守ってきたのは当然のことである。そしてその期間が，基本法の妥当したほぼ全期間に相当する場合，学問的な視線が1949年以降のドイツにおける公法発展の全体に向けられるのも，自然なことであろう。本書に収録された30年間の著作は，憲法の優位という原理を起点としている。この原理は，基本法においてとりわけ刻印され，基本法における新たなる要素を顕著に示すものである。憲法におけるこの新たなるものは，一方において，ドイツ憲法史におけるその以前の時代と対比することによって明瞭となる。他方において，基本法の妥当期間は今や60年を超え，多数の法発展の中で，ドイツ公法固有の特殊性を全体として研究の対象にすることを求めている。このことから，ドイツ公法の発展史を考究しようという試みが生じた。その際，とりわけ重要なのは，現行のドイツ公法をまさにそのものたらしめている，固有のメルクマールと基本理解である。ドイツ法は，外部から見てもわかることであるが，憲法一般，とりわけ基本権に対する高い理解を形成し，高度の法化を示し，連邦憲法裁判所という制度を法生活の中心的制度につくり上げた，そのような法なのである。50年にわたり観察した者にとっては，そこに多くの変遷を認めることができる。それはとりわけ，ヨーロッパ化と国際化によって生じた，国家の変遷である。

それによって，他国の憲法秩序に目を向けることが，さらに重要となっている。より進展し，確固たるものとなった，日本の憲法学とドイツ法との相互交流もその一つである。とりわけ重要なのは，ドイツ憲法判例研究会との交流である。同研究会との長年にわたる実り多い共同研究に対して，この場で感謝したい。

外部からの観察者は，他国の法秩序のありうるすべての特殊性ではなく，特徴的な特殊性にのみ関心を抱くものである。そのため，本書で示した発展史は，ドイツの法秩序についてのより深い理解に資するのみならず，同時に，より深い比較の基礎となろう。本書がドイツ―日本の比較法の手助けとなることこそが，私の願いである。

序　言

困難な翻訳作業を行ったすべての日本の同僚に，心からの感謝を申し述べたい。学術的テキストの翻訳は，極めて困難な課題である。

友人である小山剛教授，鈴木秀美教授，そして長年のフライブルガーである栗城壽夫教授（フライブルク大学名誉博士）に特に感謝する。

2012年10月

ライナー・ヴァール

目　次

I　公法の50年間の発展

Herausforderungen und Antworten

I A. 現代公法史は何のためにあるのか？

何のために，現行法の歴史を研究するのか――考察の出発点として，問いをこのように立てることは，シラーの記念年に，ふさわしいことであろう。ここでの関心は，法制史の意義と利用一般に向けられるのではなく[1]，より正確には，現行法の発展史の意義に向けられる。問われているのは，まさに今日の法を歴史的なものとして扱うこと（Historisierung）に意味があるのか，そして，それが固有の価値を持っているのか，言い換えれば，歴史化が，型どおりの解釈学的―内的な作業に対して付加的な価値を持っているのかどうかである。以下で考察するのは，憲法史および行政法史（の断片）であり，法律学史，すなわち憲法学史ないし行政法学史ではない[2]。

考究は，総体たる現行公法の歴史化を目途とする。それゆえ，個々の解釈理論的な形象や制度の経過をただ並べることを意図しない。過去数十年のドイツ公法を理解することは，その固有の特性を同定してはじめてなし得る[3]。歴史化は，1945/1949年における新たな始まりとその後の更なる発展を，その時代および時代を主導した観念から解釈することで，この認識目的に重要な貢献をなす。理論的な発展の里程標は，通常，法の内的プロセスだけから生まれるのではなく，むしろ，そのきっかけと，とりわけその（貫徹）力を，精神的環境，

1) それについて修辞的に問うものとして，*Ogorek*, Warum noch Rechtsgeschichte?, in: Simon (Hrsg.), Rechtswissenschaft in der Bonner Republik, 1994, S. 12, 34 ff. この論文全体は，法制史という専門分野に対して提起された疑問（他者による疑問，そして自己による疑念），およびそれに対して持ち出された正当化を扱っている。

2) 法律学の歴史について根本的かつ包括的に扱ったのは，*Stolleis*, Geschichte des Öffentlichen Rechts in Deutschland, Bd. 1-3, 1988, 1992 und 1999, ならびに *ders.*, Verwaltungsrechtswissenschaft in der Bundesrepublik Deutschland, in: Simon (Hrsg.), Rechtswissenschaft (Fn. 1), S. 227 ff. 方法論史については，*Bumke*, Die Entwicklung der verwaltungsrechtswissenschaftlichen Methodik in der Bundesrepublik Deutschland, in: Schmidt-Aßmann/Hoffmann-Riem (Hrsg.), Methoden der Verwaltungsrechtswissenschaft, 2004, S. 73 ff.

実効性を支える周辺環境から受け取るのである[4]。

そのようにして，現行法の歴史化[5]，そして，ここで選んだそのバリエーションは，自己認識にも仕える。それは，単純に，現在とその過去における起源を結ぶ歴史的発展線を扱うのではなく，逆の視線の方向において，創始期（ないし，その後の発展の中間段階）を通して，現行法に残る刻印を扱うものである。1949年後の公法にとって興味深いのは，はたして当時の初期条件が，発展に，固有の方向性と形態を与えたのかという問いである。いわば，それは当時の公法が歩を進めるにあたって準拠し，現在もなおその拘束が及んでいる法則なのか[6]。

創生期への特別な関心の基底には，そこにおいて，ありきたりの革新よりも長く作用し，深部に及ぶ，転轍（Weichenstellungen）があった，という推定が

3) それについてはすでに，*Wahl*, Zwei Phasen des Öffentlichen Rechts nach 1949, in: ders., Verfassungsstaat, Europäisierung, Internationalisierung, 2003, S. 412 Fn. 3: 歴史化は，現行法を，その固有性において，すなわちその精神において特定の時代に縛られた法として把握する。一定の状況におけるこの定位は，後にも先にも，この法が，他の，そして新たな基本思想により重大な影響を受けることを排除するわけではない。「リュート判決の歴史化については」，*ders.*, Die objektiv-rechtliche Dimension der Grundrechte im internationalen Vergleich, in: Merten/Papier (Hrsg.), Handbuch der Grundrechte in Deutschland und Europa, Bd. 1, 2004, § 19 Rn. 12 ff. (= *ders.*, in: Henne/Riedlinger [Hrsg.], Das Lüth-Urteil aus [rechts-]historischer Sicht. Der Konflikt um Veit Harlan und die Grundrechtsjudikatur des Bundesverfassungsgerichts, 2005, S. 371, 383).

4) この企てについては，*Wahl*, Die objektive Dimension (Fn. 3), § 19 Rn. 28.

5) 基本権理解とリュート判決の歴史化についての最初の端緒として，*Wahl*, Die objektive Dimension [Fn. 3], § 19 Rn. 12 ff. (= *ders.*, in: Henne/Riedlinger [Fn. 3], S. 383). 歴史化の明示的な企ての一つとして，*Henne/Riedlinger*, Zur Historisierung der Rechtsprechung des Bundesverfassungsgerichts – ein Programm und seine Folgen, in: dies. (Fn. 3), S. 1 ff.; インネ/リードリンガーは，歴史化について，目的設定的に，次のように理解している。すなわち，それは，「連邦憲法裁判所の判決についてそれだけを取り出し，特に判決の法学的な実体だけに集中して考察するのではなく，その成立の周辺および環境をも視野に収める」作業であると。リュート判決の歴史化を追求するものとしてつとに，*Jestaedt*, Die Meinungsfreiheit und ihre verfassungsrechtlichen Grenzen – Das Lüth-Urteil zwischen Dogmatisierung und Historisierung, in: Rill (Hrsg.), Grundrechte – Grundpflichten: Eine untrennbare Verbindung, 2001, S. 67 ff.; 注３），も参照。

6) それゆえ，思考の流れは，現在における発展の暫定的な終点から始まるのではない。そうではなく，歴史化は，成立期（または今日的理解への途上における中間段階）それ自体を視野に入れるのであり，そこでは，当時の諸条件や精神的背景が関心の的となる。

存在する。

通常の解釈学の内的な視角は，現在にとどまり，一時的にその視角が創生期に向いたとしても，現在の（解釈）問題にとらわれている。その視角は，すぐさま，本来の関心事である現在へともどる。歴史的関心は，手段的に，現在の問題へと向けられる。これに対して，歴史化は，過去に関心をもちつづけ，現行法の起源にとどまりつづける。歴史化は，（精神的）起源とその時代条件を包括的に採り上げる。歴史化は，その当時に生じた法を，できるだけ深く，当時の時代およびその精神的背景に「定位」しようとする[7)]。

そして，法における時代の核心や根元へは，法の特別なカテゴリー，すなわち，時代時代における基本決定（Grundentscheidungen）に取り組むことによって，接近する。基本決定は，法秩序の数限りない個々の規範のうち，刻印する転轍と呼びうるような規範である。その特性によって，基本決定は，同時に法秩序の固有の発展の道を規定する。基本決定に特徴的なのは，（その当時）規定的であった基本的なものの見方に基礎を置くということである[8)]。基本決定が転轍となったのは，それがその時代でコンセンサスを得て，支配性を獲得することによる。基本決定は，主導的な確信の表現であり，その固有の内容的意味を超えて，その時代の法思想と，何が法かについての見解を形成した。ここで追及している構想にとって，「転轍」や「発展の道」という概念は，基底的である。

歴史化は，次のことに注意を促す。すなわち，現行公法を生み出した議論が，法における正しい，あるいは目的適合的な解答についての議論であればなんでもよかったわけではないこと，むしろ，具体的な歴史の状況と時代の精神的な刻印が，決定的な役割を果たしたことである。なぜドイツ法が，かくも強く法化と裁判的保護，法的基準，そして高い統制密度に信を置くのかには，根拠が

7）リュート判決を対象とする例証として，*Wahl*, Die objektive Dimension（Fn. 3）参照。

8）基本決定の転轍的性格の帰結の一つは，その非常に高い変化に対する抵抗性である。確かに，法秩序においては，変更や代替策に対して不変のものは何もないが，基本決定は，諸決定のうちで，数十年にわたって実務上変化に耐えている類型を示している。重要なのは，法秩序の類型規定的またはアイデンティティ規定的なメルクマール，つまりイギリス法秩序をイギリス法秩序たらしめ，フランス法秩序をフランス法秩序たらしめ，そして1949年以降のドイツ法秩序を固有かつ特徴的なものとする構想や想定である。

ある。この根拠を明らかにし，解明することは，学問としての法律学の最重要の任務である[9)]。自らの法を適切に深めて理解することが可能になるのは，その特性の根拠を知り，その発展の軸線について精通することによってのみなのである。いわば，道というイメージで，自らがどこから来たのかを知る者のみが，それまでの道筋にそって進むべきかどうかを，そもそも自覚的に判断することができる。

50年余を経て，ドイツ連邦共和国の法を歴史化すべき時が到来した。しかしそれはまた，長らく第二の重要な根拠から必要とされている。すなわち，EU諸国の国内法秩序および共同体法の相互の密接な連関である。ドイツ連邦共和国は，ヨーロッパ経済共同体／EG／EUの構成国となったことで，ドイツ法そしてその公法もまた前例のないあり方で変容した。ドイツ法，共同体法，そして他の構成国の法は，EUへの参入という基底的な出来事およびそこから生じた国内法のヨーロッパ化により，範例のないあり方で相互に入り組むに至った。この画期的な出来事[10)]は，――私の評価によれば――ドイツ（公）法に，基本法のもとにおける第二の発展段階をもたらした[11)]。以下の考察にとって，興味深い観点の一部を示すと以下のようになる。今日のヨーロッパにおける法は，益々他の法秩序との比較のなかで生きている。ドイツの法律家にとって，他の法秩序の規律，制度および法思想を背景に，かつそれとの差異によって，ドイツ法は，その輪郭を保持している。新しいのは，自らの法秩序をほぼ全面的に内的に指向する法律家が，外的に指向することへ転じた点，すなわち，そのような内的指向が，今日におけるたえざる比較の常態化へと転じた点である[12)]。自らの法秩序と他の法秩序の間で，新たに視線を往復させること[13)]が通

9） それに加えて，法と法思想の理解において学生を決定的に社会化するという，学問的に基礎づけられた法律家教育の任務がある。

10） それについて詳しくは後述する。

11） それについてはすでに，*Wahl*, Die zweite Phase des Öffentlichen Rechts in Deutschland. Die Europäisierung des Öffentlichen Rechts, Der Staat 38 (1999), S. 495 ff.; *ders.*, Zwei Phase des Öffentlichen Rechts (Fn. 3), S. 411, 412. いずれも，２つの段階という構想が連邦共和国初期の歴史化を促すことを指摘している。

12） *Wahl*, Die zweite Phase (Fn. 11), S. 515.

13） *Engisch*, Logische Studien zur Gesetzesanwendung, 3. Aufl. 1963, S. 15 の有名な定式化に一部手を加えたものとして。

常のことになる。強調すべきなのは，この比較が，もはや比較法学者にとどまるのではなく，より多くの法律家（企業の法律顧問や弁護士）の実務にとっても，指標になってきていることである[14]。多くの法律家が，他の法秩序との比較という条件下で，自らの法を体験している（この，対話と外的指向の意義について，ここではこれ以上は扱うことはできない[15]）。

我々のテーマにとっては，そのような対話や絶えざる比較の前提条件が，特に興味深い。これらの前提条件は――このことは初めは逆説的に響くかもしれないが――自らの法の歴史化である。比較に必要な態度を採りうるのは，次の者のみである。すなわち，自らの法を，自明のもの，ないしは唯一正しい解答とみなすことをせず，基本的想定が法秩序によって異なりうることを事実として直視し，そしてまさに様々な端緒の対置から洞察を期待する者である。すなわち，この対話においては，ドイツ法が，多くの問題について，フランス法やイギリス法と異なる解決をなしていることのみを知ればよいわけではない。特に知る必要があるのは，以下のことである。なぜドイツ法がそうであるのか，なぜ例えばドイツの法律家が特有の発展の道跡に沿って議論するのか，なぜ彼らが高度の法化と裁判的統制を含む解答へとほぼ常にいたるのか。まさに，この問題ゆえに，歴史化が不可欠になる。そのことは，以下のような観察によって描写することができよう。イギリス法に取り組んで，イギリス人の同僚に，その中心的な制度について質問した場合，ほとんどいつも，それは歴史によってのみ説明可能だという回答を得ることになる。それはイギリスにおいてのみならず，ドイツ法においてもまさにそうである。現行法の歴史は，他の法秩序との対話にとっての媒介であると同時に[16]，自らの――深められた――自己理

14）　*Wahl*, Die zweite Phase（Fn. 11）. ある一つの他国の法は，その際，ある実際の問題の最も良い解決を期して探し求める古典的な比較法学者の観点からは，関心を引くものではない。ここでの観点は，職業実務にとって重要な法比較の観点である。他国における法がどのようであるか，「書物のなかの法」だけでなく，とりわけ「生きた法」がどのようであるか。この「生きた法」を突き止めることがたとえ如何に難しいとしても（2005年１月の講演の議論ではそれに詳しく取り組んだ），まさにこの生きた法は，実務（企業コンサルティングや法律相談）上の必要からの法比較の関心の目標点である。法律家たちは，自らの実践的法問題の舞台となる他国の生きた法の多くの知識と経験を，できる限り集めなければならない。

15）　それについては，*Wahl*, Die zweite Phase（Fn. 11）, S. 513 f.

解の媒介でもあることが明らかになる[17]。

自らの法秩序の（より深い）理解に関心を寄せる現行法の歴史の考察は，まず1945/49年以後の建設期に詳細に目を向け（B），次いで，公法が回答を求められた，大きな社会的・経済的挑戦へと目を向ける（C）。

16)　あらゆる法秩序についていえるのは，ある法的形象が歴史的発展の帰結とされ，それが法秩序の発展全体の中に置かれることである。「歴史」という論拠の後ろでは，原則，原理，指針，基本的信条が明確となり，そこから具体的で実定的なルールや個別の法技術的形象が導かれる。それゆえ，形象における差異を経由し，それぞれの歴史の中で刻印された原則や指針――例えば，それぞれの行政の像，つまり，行政の自立性ないし従属性――を経由して，対話へと至る。それについては，*Wahl*, Die zweite Phase (Fn. 11), S. 413. 総括するに，自己理解の媒介および対話の媒介としての現行法の法制史。

17)　両者は相互に依存している。一方で，我々は，背景にあるこの知識を以って初めて，他の法秩序の他なるものを適切に認識できる。そして他方で，我々は，他法という鏡の中で自らの法の固有性をよりよく認識するだろう。換言すれば，法比較は，自らの法秩序ならびに他の法秩序の特性への自覚や認識を研ぎ澄ますのである。

I B. 50年代の公法建設期

I．建設期における法のメルクマール

1．中心としての基本法

1945年以降における法の再生にとって，基本法の発効は，時間的にも精神的にもその中心であった[18]。古い憲法原理の回復と，新しい憲法原理の定式化は，新たに設置された諸ラントの発展をその前史として持っている。とはいえ，決定的にして広範な影響を及ぼしたのは，第一義的には基本法である。これは，基本法が〔1949年までの〕最初の4年間の発展を確認し，強固にしたという場合でも同じである。基本法自身は，周知のように，すでに50年代に大きな影響力をもつにいたった。ここで，この基本法による力強い発展の衝撃について，その全部を扱うことはできない。とはいえ，以下において行政法における革新を中心に考察を進めるに先立ち，これを概観することによってその衝撃を想起すべきことは当然であろう[19]。

法発展における主導的役割を果たしたのは，疑いなく，新しい基本法と，その集中的な解釈により急速に始まった基本法の発展である。初期の時期の著作[20]は，基本法における新しいものの特徴を描写しようと試みた。その際，ま

---

18) 法学史的観点からそれ以前の時期を扱う *Stolleis*, Verwaltungsrechtswissenschaft (Fn. 2), S. 231は，古典的な行政法，および基本法に対する冷やかな態度への回帰というスローガンが，第一に妥当したことを指摘する。このことはすぐに変化した。というのは，学説が行政裁判権の新たな制度およびその数がますます増大する裁判に関わり合った限りで，裁判において基本法は急速に超越的地位を得たからである（それについては後述I 6 参照）。

19) 当然，第一に憲法および行政法における発展が1945/49年より後の公法の全体像を一緒に生み出す。

20) *Ipsen*, Das Grundgesetz in seiner Vorläufigkeit, in: Recht - Staat - Wirtschaft II, S. 182 ff.; *Weber*, Spannungen und Kräfte im westdeutschen Verfassungssystem, 1951. さらに注18）参照。

ず初めに中心に置かれたのは，国家統治に関する憲法の規律であった[21)]。その後，基本権，とくに，すべてに対して照射する基本法１条に従事するようになる[22)]。基本法全体，特に第１章〔基本権〕に新しい実体的基礎を与えることを約束する[23)]——すぐ後に言及する——基本権の価値解釈と並んで，解釈の関心は，基本法１条３項に表現された基本権の新しい憲法的内実に向けられた。「行政の法律適合性から法律の憲法適合性へ」という公式によって，ワイマールの法状態を超えた[24)]重要な一歩が明確に示されようとした。さらなる大きな発展の跳躍である，法律次元における比例原則の前例のない展開と深化もまた，これと類似の公式によって記述され，理解されている。比例原則の大躍進は，次のような発展を意味する。「法律の留保から，比例的法律の留保へ」。憲法の強化には，さらに，拡張的な基本権論議も大きく寄与した。すなわち，基本権の役割を常に強化し[25)]，基本権を価値秩序（後に，基本権の客観的次元として承認された）の表出として解釈するものである。そして，何よりも，憲法裁判権と，これによる憲法を豊かにする解釈活動の大躍進が看過されてはならない[26)]。

---

21) *Maunz*, Deutsches Staatsrecht, 1951; *Giese*, Grundgesetz für die Bundesrepblik Deutschland vom 23. Mai 1949, 1949.

22) *Stolleis*, Verwaltungsrechtswissenschaft (Fn. 2), S. 236 も，基本法の成立により，国法が前進したとする。

23) それについては，基本権の客観的次元の成立史，成立期におけるその位置づけの観点からも，*Wahl*, Die objektive Dimension (Fn. 3), § 19 Rn. 14 ff.

24) ワイマールでは，立法者の基本権への拘束は，国家実務において承認されていなかった。当然，活発な理論的議論が存在した。それについては，最近の文献として，*Dreier*, Die Zwischenkriegszeit, in: Merten/Papier, Handbuch (Fn. 3), § 4 ならびに *Gusy*, Die Grundrechte in der Weimarer Repbulik, ZNR (Zeitschrift für neuere Rechtsgeschichte) 15 (1993), S. 163 ff. しかし，この議論は全体として，基本法１条３項の基礎の上にある新たな学説となりうるほど原理的なものではなかった。とりわけ，ワイマールの議論は，国家実務を決定づけうるものではなかった。包括的な憲法裁判権がなかったため，1949/51年より後の発展が得た重要なペースメーカーも欠けていた。

25) それについては，後述Ⅱ2⑵。

26) 基本法のうち新たなものについては，*Wahl*, Elemente der Verfassungsstaatlichkeit, Jus 2001, S. 1041, 1042 f.; *ders.*, Zwei Phasen des Öffentlichen Rechts (Fn. 3), S. 414 ff.

2．専制後社会の建設期

とはいえ，国法学と国法理論の中だけに，「基本法において新しいもの」の獲得の試みを研究し，観察してはならない。法実務，すなわち立法においても，もとより裁判においても，新しい時代の挑戦が印されている。これには，特別な理由がある。独裁を克服した後の法秩序にとって特徴的なのは[27)]，際立った目に見える建設期（あるいは新設期）があるということである[28)]。当然のことながら，政治においても，法生活においても，現実のゼロ時ないしは法政策的な白紙状態（tabula rasa）は存在しない。それに代わって描写されるのは，一方における新しいものと現下の時代的潮流への接合，他方における独裁以前の時期から保持されたものへの接合からなる，複雑な状態と混合状態である。1945年以後，新しいドイツの法秩序は，次のことを課題とした。それは，法治国家への回帰であり，それによって，1945年に受け継がれてきた，ナチス時代[29)]の反自由的で極めて干渉主義的な公法を廃止し，置換することが義務となった[30)]。この更新任務の消極的次元を，――大規模な――除去作業と呼ぶことができよう。成し遂げなければならなかったのは，ナチ政権下の前戦争期および戦時下の法を，新しい自由の観念・秩序の観念に合致した公法へと，根底から変換することである。除去されるべきは，その弾圧法であり，包括的な統制，

27)　スペイン，ポルトガル，ギリシャおよび体制転換した諸国家に関する分析は，独裁終焉後にその都度，豊富な素材をもたらすとされる。

28)　*Henne/Riedlinger* (Fn. 5), S. 1 によれば，リュート判決および薬局判決により，「カールスルーエの裁判所の基本権判例の第一段階」が終了する。

29)　経済を管理するこの法についての短いコメントとして，*Huber*, Wirtschaftsverwaltungsrecht Bd. 1, 1953, S. 650. それによれば，1933年と1945年の間に，それまでの規律状況は，職業の自由から監視状態へと逆転した。「確かに，ライヒ営業法１条は，形式的には除去されてはいなかったが，実質的には経済を制約する諸規範によって，それ以前の意味を失うほどに空洞化していた。拘束された私的経済活動の原則，つまり許可規則及び検査規則により制限された私的経済活動の原則が，今では通例であり……」。許認可システムは，例えば，個別商取引，通信販売，ガソリンスタンド，遠距離貨物輸送，旅客輸送，すべての融資制度ならびに「生産階級」全体のために創設された。*Rittner*, Wirtschaftsrecht, 2. Aufl. 1987, S. 5 Fn. 8, 3. Aufl. 2004 は，1933年末または1934年初めにはすでに，電球あるいは衣服のボタンの生産を創設および拡大することが禁止されていたことに言及している。

30)　２つの次元を伴うこの任務は，第一に，同盟国によって準備され，急き立てられ，次にドイツの権限が一部回復した範囲で，ドイツの諸機関によって引き継がれた。

広範な授権，漠然かつ不特定な構成要件，個人の請求権の否認であった[31]。

次のことがすでに示唆されている。もとより，1945年以後の除去作業・整理作業は，旧状態（status quo ante），つまり30年代初頭の法律や解釈の状態への単純な回帰を目標としたわけではない。確かに，かの時代にも，たとえば行政法学ではフリッツ・フライナーやワルター・イェリネックの著作のように，保持され，手本とされるべき多くのものを含む著作がある。しかし，過去への連結は，さらにはるか以前の時代，すなわち，ドイツ的法思考の古き伝統に立ち戻ることを目指すものであった。ナチス時代（および少なからぬワイマール学説の傾向）に対する清算プログラムの断固とした意志は，まさに広い範囲に及ぶかつての――ドイツおよび古きヨーロッパの――法化の伝統を発端とすることができたために，強く根を下ろすことができたのである。ドイツにおける政治的発展は，総じて支配者の側から決定されるものであったが，法に対して特別な役割を与えており，それには補整的役割も含まれていた。後に市民となる臣民は，当時，決定的な政治的権力を獲得してはいなかったが，少なくとも自由および所有という自身の領域が，法治国家的な法および法治国家的に活動する裁判権を通じて，上からの恣意的で予見できない侵害に対して防護されていることを欲した。したがって，すぐ後に述べる法における個人の主観化および法主体性の真摯な受け止めは，啓蒙主義や理性法，そして法治国家性のドイツ流の強調にまでさかのぼるドイツ法思考の長い発展のレールの再開であり，確認でもある。

独裁後の状況[32]は，客観的には一つの区切りであり，主観的には，区切り以上のものとして理解された。区切りであること，そして区切りであるという自覚は，新たな基礎はないかという明確な問いを投げかけた。ある区切りの後には，新しい基礎を明示的に挙げなければならないのである[33]。憲法の実体的基礎すなわち人間の尊厳および，基本権に見出される諸価値がそれほどまでに強調されたのも，そもそも当然のことであり，少なくとも驚くべきことではな

31）除去作業の像とテクストの分析は，実定法およびその内容に関係する。他の考察次元では，学問史の関心は，1945年以降の学者およびその機関の行動にある。それについて，*Stolleis*, Verwaltungsrechtswissenschaft (Fn. 2), S. 227 ff.

32）注27）参照。

かった。とはいえ，このことは，続く状況の中で，1945／49年後の年月において極めて徹底的かつ根底的に行われたために，全体的な成果として公法の本当の新たな基礎付けをもたらしたのであり，今日その範囲と根本性を振り返ると，まさに感嘆するほかない。結局，1949年以後の公法は，独特の発展の推進力を得たのである。公法が（古い伝統を吸収しつつ）根本的に新しく基礎づけられたのである。

3．法主体性の人間像

新しい建造物は，新しい憲法およびその実体的基礎によって塗りつぶされていた[34]。この新しい基礎づけの最も重要な思考の筋道が何であるかは，難なく再現することができる。初めに，完全に変容した各人の国家に対する基本的関係を表現し，表現しようとした新しい人間像が存在した。個人を軽視し，（民族）共同体の中に全面的に組み込もうとした時代のあとでは，新しいものでありえたのは，個人を法主体として原理的に承認することのみであった。知られているように，「基本法の人間像」という公式は，1954年の投資助成判決[35]以来，50年代に連邦憲法裁判所がしばしば用いたトポスである。この判決は極めて有名であるが，この公式が法的人間像についての思考の唯一のバリエーショ

33） これに関して，ここでは *Stolleis*, Verwaltungsrechtswissenschaft（Fn. 2）, S. 227 ff.のみを挙げておく。シュトライスはここで，文明批判的な自然法観念が弱まり，カトリック的な自然法観念が強まったことを論じている。とりわけ *Badura*, Grundrechte als Ordnung für Staat und Gesellschaft, in: Merten/Papier（Hrsg.）, Handbuch（Fn. 3）, § 20 Rn. 3: 憲法（Verfassungsgesetz）の実質的な「作り変え」を通じた国法学実証主義の克服，および国家を正当化し，社会を形成する基本権の機能について。

34） 基本法の新しい部分である。これについては，*Wahl*, Verfassungsstaatlichkeit（Fn. 26）, S. 1041; *ders.* /*Rottmann*, Die Bedeutung der Verfassung und der Verfassungsgerichtsbarkeit in der Bundesrepublik－im Vergleich zum 19. Jahrhundert und zu Weimar, in: Conze/Lepsius（Hrsg.）, Sozialgeschichte der Bundesrepublik Deutschland. Beiträge zum Kontinuitätsproblem, 1983, S. 339 も参照。

35） BVerfGE 4, 7, 11. 理解に役立つ事情は以下のようなものである。すなわち，様々なセクター間の経済的発展における不均衡を避けるために，企業経済が，石炭採掘・製鉄産業・エネルギー経済の実体化前の投資需要のために，かなり高額な分担金を拠出しなければならなかったことである。異議申立人は，当該法が，申立人が有する自由な事業家のイニシアチブを制約するとして，基本法２条１項違反を主張した。

ンではなく[36]，それどころか最も重要なバリエーションですらないことは，あまり知られていない。1954年，連邦憲法裁判所にとって重要だったのは，共同体の福祉によって「自律的個人」に制限を加えることであった。個々の企業の発展の意思に対して，その共同体被拘束性が対置され，企業の自由の制限が正当化された[37]。しかし，このような自由の制限の思考に先行して，論理的にも，また，現実の発展においても，別のもの，すなわち個人の原則的自由および自律の承認が存在した。これもまた，まさにこれもまた，新しい人間像の徴表の中で生じたのである。それは，各人の国家との関係に新しい観念を与えた，基本法の最初の草案において行われている。その限りで，「基本法の人間像」は，個人はもはや国家の客体ではなく，もはや全体の一部ではない（全体に対してほぼ組み込まれ，あるいは劣位する存在ではない）という基底的言明を代表するものである。かわって個人は，あらゆる政治的思考および構成の出発点である。個人は，徹底して，そして原理的に主体なのであり，個人は法のいたるところで法主体なのである[38]。このような基本思考は，もとより，何百年に及ぶ理性法と啓蒙主義の長い伝統にある。1949年後の時点では，あたかもこれが今発見されたかのように，この言明のメッセージが燃え上がった。文字どおりに時代の精神であった時代精神は，抽象的な基本理念を日常語的にも作用力のある表現に仕上げた。「個人が国家のために存在するのではなく，国家が個人のために存在する」。ヘレンキームゼー草案の冒頭の文章[39]は，拘束力あるものにはならなかったとはいえ，時代の核心をつくものであり，その指導的役柄が理解

36）法における人間像に関する一般的な議論につき，*Häberle*, Das Menschenbild im Verfassungsstaat, 1. Aufl. 1988, 2. Aufl. 2001; *Böckenförde*, Vom Wandel des Menschenbilds im Recht, 2001.

37）社会に対する個々人の連関性を誇張する，連邦憲法裁判所による人間像に関する判決のこのようなバリエーションについて，*Becker*, Das „Menschenbild des Grundgesetzes“ in der Rechtsprechung des Bundesverfassungsgerichts, 1996; 連邦憲法裁判所および他の諸（最高）裁判所による判決の紹介，S. 17 f.

38）先行する，より原理的な他のバリエーションは，文献においてあまり解明されてこなかった。これに関して，*T. Schmidt*, Die Subjektivierung des Verwaltungsrechts dargestellt anhand der Entwicklung der Ermessensansprüche innerhalb der ersten zwei Nachkriegsjahrzehnte, 2006. さらに，「個人の自立」という大見出しで書かれている，*Becker*（Fn. 37）, S. 34; *Böckenförde*（Fn. 36）, S. 24 ff. を参照。

された。非拘束的となった条文がこれほどの作用と影響を持つのは，まれなことである。この公式の精神は，基本法においても，基本権を冒頭においただけでなく，維持された[40]。

主体性という簡潔な基本思考は，今や，いわばすべての伝統的公法を席巻した。主体として，個人は，あらゆる関係において法主体である。法主体として，個人は，疑いのある場合には請求権を持たねばならない。なぜなら，個人は行政の裁量や粗暴な決定自由（あるいは，行政の恣意）に服従するものであってはならないからである。法主体性という人間像は，当初は基本権についてはそうでなかったとはいえ，古い法にさかのぼることができる。この人間像は，

39）ヘレンキームゼー会議：「１条(1)国家は人間のために存在し，人間が国家のために存在するのではない。(2)人間的人格の尊厳は，不可侵である。公権力は，あらゆる決定様式において，人間の尊厳を尊重し，保護することを義務付けられている」。会議の記録においては，この冒頭の条項は，厄介なものとして論じられている。また，*Matz*, in: von Doemming/Füsslein/ders., Entstehungsgeschichte der Artikel des Grundgesetzes, JöR N.F. Bd. 1, S. 45 においても，「ヘレンキームゼー会議は，基本権カタログの先頭に，以下のような思考を定立した。すなわち，国家は人間に奉仕しなければならないという思考（１条１項）および，人間の尊厳は，どこにおいても守られねばならないという思考（１条２項）である」。この主題の存在は，その本質的部分については，議会評議会に受け継がれた。国家は人間に奉仕しなければならない，というヘレンキームゼーの基本権カタログにおける指導的思想は，代議士のズュスターヘン博士（CDU）により，第２回本会議において主張されたが，代議士のホイス博士（FDP）は，第３回本会議において，これは否定的宣言を冒頭に置くものだと主張し，反対した。「我々は，国家が有する内的尊厳を侮辱することから始めてはならない」。全体について，*Kunze*, Reconsidered: „Der Mensch ist nicht für den Staat, sondern der Staat für den Menschen da". Der Parlamentarische Rat und die Entstehung des Grundgesetzes, Der Staat 40 (2001), S. 383, 393 ff. また，成立過程について詳細に論じたものとして，*Stern/Sachs*, Das Staatsrecht der Bundesrepublik Deutschland, Bd. III/1, 1988 § 61 II 3c, S. 190-192.

40）*von Doemming/Füsslein/Matz* (Fn. 39), S. 47:「基本権カタログが，基本法の冒頭部分を構成することの根拠付けは，本委員会議長の代議士，シュミット博士（SPD）によって，総会の第２読会（第９回会議，1949年５月６日）において，以下の言葉でなされた。基本法自身が，基本権に関する章で始まる。これらの基本権は，ワイマール憲法とは異なり，〔基本法〕全体の冒頭に置かれる。というのは，尊厳と自己尊重の中で生きるために個々人が必要とする，これらの基本権が，憲法的効力を規定しなければならないということを，はっきりと表現させんがためである。結局のところ，個人の自由に基づいた共同生活を営むため人間が必要とするような秩序を創出するために，国家は存在する」。

——読み返すたびに驚嘆することであるが——驚くほどの簡潔さと崇高な素朴さを持つ。おそらく，このことを奇とすべきではないであろう。なぜなら，この簡潔さと情熱が，この思考に衝撃力と説得力を与えたのだから。人間像およびその解釈学的な公式化である個人の法主体性，そこから導かれる公法上の法関係の原則的主観化は，従来の公法を根本から改め，今日に至るまで支えとなる新しい基礎を公法に与えた41)。この基盤は，さらなる発展に，法化および包括的権利保護思考に向けた絶え間ないエネルギーを与えた42)。この基礎は，今日でも，ドイツ法をさらに増大する法化へと駆り立てている。正当にも，この関連で，1949年後の公法が経験したコペルニクス的転回ということが繰り返し言われている43)。

4．法の根本的主観化がもたらした帰結

人間像によって駆り立てられた変遷は，全ての公法を巻き込んだ。これについては，III およびIV で詳しく論じることにしたい。ここでは，建設期を理解

---

41) *Ossenbühl*, 40 Jahre Bundesverwaltungsgericht, DVBl. 1993, S. 753, 756 は，1949年以降に遂行された主観化を，行政法システムにおける「コペルニクス的転回」と評価する。ヨーロッパ化による「コペルニクス的観点転換」については，すでにフォン・ダンヴィッツが述べている。*von Danwitz*, Verwaltungsrechtliches System und europäische Integration, 1996, S. 1; また，*Wahl*, Zwei Phasen des Öffentlichen Rechts (Fn. 3), S. 423 も参照。「これはまさに，以下のような時代には，十分な理由をもってコペルニクス的転回といいうる発展である。すなわち，法規の有効性と解釈が，独自の国家法——つまり内部的視点——のみからでは，もはや導き出されえず，それについて，しばしば，他の法秩序が決定的であるような時代である。」

42) システムにより刻印された，行政法の主観化の意義について，*Ossenbühl* (Fn. 41); *ders.*, Die Weiterentwicklung der Verwaltungswissenschaft, in: Deutsche Verwaltungsgeschichte Bd. 5, 1987, 1146. 公法における個人権的な方向付けと，その根本的な実質的意義を強調するものとして，*Schmidt-Aßmann*, Das allgemeine Verwaltungsrecht als Ordnungsidee, 2. Aufl. 2004, S. 15 ff., さらに 13 f. *Di Fabio*, Risikoentscheidungen im Rechtsstaat: Zum Wandel der Dogmatik im Öffentlichen Recht, insb. im Arzneimittelrecht, 1994, S. 16 ff.

43) *Wahl*, Zwei Phasen des Öffentlichen Rechts (Fn. 3), S. 423. コペルニクス的転回という「栄光ある定式」(注41)参照) を以って，ここでも，新たな基礎構築の全体を指すこともできるし，もしくは個々の要素，たとえば法秩序の主観化，基本権の拡大ないし，比例性の原則の発見と発達，を指すこともできる。

するうえで必要な点についてのみ先に述べておくことにしたい。1949年後の初期には，この変化は，次のような一連の公法上の基本的形象に現れた。

－基本法１条からの扶助請求権の導出[44]に。今日では，この判例の帰結として，社会扶助請求権が語られている。

－特に強く，**主観的公権論**[45]へ。主観化という実体的思考と欠缺なき権利保護の保障のある種の挟み撃ちの中で推進されたのは，すぐに顕著となった主観的公権の膨張である。主観化および欠缺なき権利保護という２つの基本思考は，コインの表裏である。これらは，個々の主体が法主体である，という基本思考を保証する。実際に権利を持ち，――自立性の最高次の判定規準である――この権利を自立して裁判所で主張し，貫徹できてこそ，主体なのであり，国家と向かい合った，法生活における本源的な存在なのである。

－これら２つの基本決定は，ドイツ法を今日に至るまで特徴づける，**行政裁判所の高い統制密度**の形成にとっても効果を及ぼし，またその原因であった。そのもっとも重要な解釈学的基礎は，行政裁判所に留保された，不確定概念の唯一正しい解釈というドクトリンである。この基礎を，私は脆いと呼びたいが，発展及びその内在的ファクターの跡付けというこの場では，この点には立ち入らない。

－行政法の主観化に対する最大の成果と呼べるのは，この思考が従来の行政法の聖域である**裁量論**の中に侵入したことである。従来は行政が様々な選択肢の選択自由を有しており，個人は――当時の見解によれば――何らの権利も有していなかった，まさにそのような所で，瑕疵なき裁量行使を求める形式的主観的権利が，従来の理解に対する決定的な突破口をこじ開けた。ドイツ公法は，行政の**形成余地に対する**多様な帰結を伴う恐怖症を作り上げた[46]。変遷というものは，一目瞭然で確固としたものではありえない。しかしこれは，警察介入請求権の承認[47]によって凌駕された。この発展を正しく評価するには，他国の法秩序におけるまったく別の理解を背景としてこの発展を眺めなければならな

44) 個々人が，困窮者という立場において，単なる対象物であってはならないからである。BVerwGE 1, 159; これについては，後述Ｉ 6。

45) かつてのビューラーの学説と比べて，主観的権利を承認するための前提は，特定の個人のための規範の保護的性格の要求に，軽減される。

い。そうすると，行政の裁量および形成余地に関するドイツの基本理解は，唯一の正しい理論というわけでは全くなく，それどころか，ドイツ公法の際立つ特殊性なのだということが明らかになる。

5．根本的変更——許可の留保を伴う禁止を例にして

典型的には，この変換プロセスを許可の留保を伴う禁止という昔ながらの制度について例証することができる[48]。まさにこの代表的制度について，憲法と緊密に，相互に結び付いた新しい行政法の成立が明らかとなる[49]。このことは，許認可法[50]において立法者の基本権拘束が模範的に貫かれたことに明瞭に示されている。許認可法は，この基本思考の展開の開拓者的領域であり，その際，

46）そもそも行政法の基本原則である裁量は，周辺に追いやられた。裁量は，いわば呼吸困難となった。*Rupp*, Ermessensspielraum und Rechtsstaatlichkeit, NJW 1969, S. 1273 ff., 1278 は，隙間のない裁判的統制とともに，憲法上要請される一貫した行政の法律拘束から出発しようとし，その際，裁量論全体が法治国家に反する19世紀の遺物とされる（そのようなものとして，*Bachof*, Die Dogmatik des Verwaltungsrechts vor den Gegenwärtsaufgaben der Verwaltung, VVDStRL 30 (1972), S. 175; その点につき，バッホフとルップとの討論は同339頁および195頁注８）。影響が大きかったのは，法治国家における行政法の「トロイの木馬」としての裁量，というフーバーの定式である（*Huber*, Niedergang des Rechts und Krise des Rechtsstaats, in: FS Giacometti, 1953, S. 59, 66). *Bullinger*, Das Ermessen der öffentlichen Verwaltung, JZ 1984, S. 1001, 1003 は，支配的学説の見解における裁量を，「法治国家の異物」と特徴づけている。

47）BVerwGE 11, 95; それについては，*Schmidt* (Fn. 38).

48）ベルリン・ハルデンベルク通り31番地で行われた講演の場（連邦行政裁判所のかつての会議室）で，この発展への重要な貢献がなされた。

49）様々な点で，ワイマール公法の解釈学的観念，例えばワルター・イェリネックやフリッツ・フライナーの行政法が，復活・継続したにもかかわらず，これらの形象が新たな基礎の上に置かれたために，新たなものが生じた。ワイマールの行政法学については，*Stolleis*, Verwaltungsrechtswissenschaft und Verwaltungslehre in der Weimarer Republik, in: Jeserich/Pohl/von Unruh (Hrsg.), Deutsche Verwaltungsgeschichte, Bd. 4, 1985, S. 77, 85 ff., 89; *ders.*, Geschichte (Fn. 2), Bd. 3, S. 234-241. 根本的に新しく解釈された（そして強められた）基本権の精神から，新たなものが生じた。私は，その新たなものを，法治国家および同時に基本権によって基礎づけられた行政法の固有の精神として特徴づける。それを示すものとして，具体化された憲法としての行政という定式が急速に定着した。50年代に生じたものは，他の法秩序には類を見ない。

50）許認可法の考え方については，*Wahl*, Das deutsche Genehmigungs- und Umweltrecht unter Anpassungsdruck, in: FS GfU (Gesellschaft für Umwelt), 2001, S. 237 ff.

発展は，国家実務・行政実務に対して，さらに別の予期せぬ出来事をもたらした。行政実務は，法律中に存在する特定の規定（例えば，需要審査）がもはやラスト・ワードではない，なぜならば，法律が違憲であるかもしれないからだ，ということを学ばねばならなかった。全く同様に，職業志願者の許可請求権は，もはや法律の文言およびこれに含まれる「できる」規定だけに依存するのではなく，基本法12条の保護領域内において裁量が許されるかという憲法上の「前提問題」に依存する[51]。同じく，立法者は，簡単に需要条項や，客観的・主観的制限を設けてはならないということを学ばねばならなかった。立法者の基本権拘束についての転轍となった判例の多くが職業参入，営業法，高権的統制の分野で下されたのは，理由のないことではなかった。

基本権拘束の結果として，さらに，行政法上の諸制度を「鍛錬」した。その最たるものが予防的および抑圧的禁止である。それらの制度は，ある許認可についての単純法律上の規定が法的にもはやそれだけで自立するものではなく，基本権の管理に服するところで初めて固有の輪郭を獲得する。より緩やかな手段にも効果がある場合に，法律はそもそも抑圧的禁止を命じうるのか。抑圧的禁止あるいは予防的禁止の場合における裁量はどうなるのか。そして，新しい公法は，全般的に，規制の程度を――現下のリベラルな社会・経済政策と一致して――適切に引き下げた[52]。加えて，（従来の法律既定のほとんど制限のないことに反対した）規律の明確性を求める法治国家的要求が貫徹された。

51） 多少異なった事例である「生活扶助判決」（BVerwGE 1, 159）とならんで，BVerwGE 1, 321（小規模賃貸法における諸集団の承認），BVerwGE 2, 349（公的測量技師の選任），および BVerwGE 3, 121（賃料引き下げ請求権），それらについては，*Bachof*, Verfassungsrecht, Verwaltungsrecht, Verfahrensrecht in der Rechtsprechung des Bundesverwaltungsgerichts, 1963, S. 8 f.（JZ 1957, S. 1962/63から補訂された版の判例報告）。

52） 新たな法の精神的基盤は，社会政策の一般的指針，そしてエールハルトの社会市場経済と合流する。政策が，広く宣言したものの，幾つかの法律の企て（例えば，リベラルでない薬局法）においては認めようとしないものを，裁判が「小規模に」さらに紡いできた。

6．裁判の重要な役割

この転換プロセス・新建設プロセスの先駆者となったのは，学説と並んで，とりわけ**裁判**である[53]。その際，行政裁判権のすべての審級が大きく貢献したことが，過小評価されてはならない。というのも，広範囲に及ぶ前憲法的な法，例えば需要条項について違憲宣言するために出訴されたのは行政裁判所なのである。栄光ある，しかし内容的にはすでにおおかた形成されていた連邦憲法裁判所薬局判決の決着は，バイエルン薬局法が1949年以降に制定されたものであったために連邦憲法裁判所が管轄権を持ったにすぎない。連邦行政裁判所判例集の初期の巻を分析すれば，いかに裁判がこの根本的な変遷プロセスにかかわったかがわかる[54]。裁判をして簡潔に，きっぱりと，そして根本的に論証させたのは，**区切りの自覚**である。これが，古典の感すらある諸判例の断固たる態度と徹底性を取り巻く環境だったのである。

連邦行政裁判所の有名な，おそらくは最も著名な判決である1954年6月24日判決（BVerwGE 1, 159）は，センセーショナルに，従来の扶助法及び結果においてこれに関連する行政の（扶助を与える）義務について，これが各人に請求権を付与するものであると解釈しなおした。給付行政において請求権を作り出す，という結論は継承されなかったが，理由づけのやり方は影響の大きいものであった[55]。決定的であったのは，次のような断固とした，簡潔な命題である。

「憲法には，一般的な基本原則および指導理念が存在する（BVerfGE 2, 380を引用）……」。

「そのような指導理念であるのは，人間の国家に対する関係に関する理解である[56]。個人は，確かに公権力に服するが，しかし，臣民ではなく市民で

53） 判決報告の大家であるオットー・バッホフは，一つの文献ジャンルを築いたが，そのジャンルは，この方法では，残念ながら継承されなかった。*Bachof*, Verfassungsrecht（Fn. 51).

54） それについて今日では（行政法の理解の観点から），*Schönberger*, „Verwaltungsrecht als konkretisiertes Verfassungsrecht“. Die Entstehung eines grundgesetzabhängigen Verwaltungsrechts in der frühen Bundesrepublik, in: Stolleis（Hrsg.), Das Bonner Grundgesetz－Altes Recht und neue Verfassung in den ersten Jahrzehnten der Bundesrepublik Deutschland（1949-1969), 2006.

ある。それゆえ，個人は，原則として国家の行為の単なる対象であってはならない。むしろ個人は，独立した，道徳的に責任を自覚した人格として，それゆえ権利および義務の担い手として承認される。このことは，その生存可能性が問題となる場合にも当てはまるのである」。

「不可侵であり，国家権力によって保護されるべき人間の尊厳は，『不可欠の生活欲求』すなわち個人の生存そのものが問題となる場合には，個人を単に国家の行為の対象として見ることを禁止する」。

強い法化のための媒体となったのは，次のような命題である。

「法治国家においては（……）市民の国家に対する関係は，原則として，法の関係である。それゆえ，個人に対する公権力の行為もまた，裁判所の事後審査に服するのである」。

連邦行政裁判所は，1954年にはっきりと「臣民」に決別を宣言した[57]。まさしく，臣民という言葉は，決別されねばならなかったのであり，この古い用語法は，当然のように用いられなくなっていたというわけではなかった[58]。

いわば碑文として石に刻まれたさらに別の命題を，連邦行政裁判所は，――

55)　BVerwGE 1, 159, 160. この判決は，正しい体系的なやり方を，模範的に際立たせている。裁判所が第一に参照するのは，1945年以前には文献や裁判においてほとんど一致して扶助請求権が否定されていたことである。「この拒絶は，明確な規定と結びついていたのではなく，**旧来の社会倫理上の諸観念**に支えられていた」（強調著者）。「旧プロイセン法は，つまり暗黙の裡に，次の〔2つの〕原則を前提としていた。すなわち，当時は救貧と表現されていた社会扶助が，困窮者に対して，彼自身のために保障されるのではなく，単に公序という理由でのみ保障されるという原則，およびそれゆえ，困窮者が官庁の義務の主体なのではなく，単に官庁の行為の客体であり，国家に対して救貧を管轄する官庁が負うところの義務の対象にすぎないという原則である」。そして，決定的な一歩が踏み出される：「この原則は，その後，審査に付されることなく固持されてきた。経済的・社会的状況や社会倫理的評価が，変わったにもかかわらず，である。……遅くとも基本法の発効以降において，かつての見解はもはや維持しえない」。

56)　目を引くのは，これが，実際に至る所で用いられえた，極めて一般的な理由づけであることである。

57)　BVerwGE 1, 159, 161.

のちにも重要となった[59]――クラインガルテン法の領域で生じた事案において定式化している。事案は，構成要件上の前提条件が充足されている場合における，団体および事業者の公益性の承認であり，したがって，広範な影響を及ぼす，模範的な問題状況であった[60]。

「現代の法治国家は，公権力との関係において疑いのある場合に，市民に対して法的請求権を付与するところに，その本質が現れている」(BVerwGE 1, 321, 326－1955年)。

判決には，この核心となる１節のほかにも，次のような注目される説示がある。

1919年のクラインガルテン・小規模借地法（KGO）５条１項は，社会的理由から否認された，それを業とする中間借地人の出現を除去し，クラインガルテン制度の促進のために，中間借地人を公益性があると認められた事業者に置き換えた。裁判所は，はたしてそのような事業者に公益性の承認を求める請求権があるかどうかを審査しなければならない。判決は，（従来からの）素材に憲法が浸透することについての，模範例であり，手本となるものである。まず冒頭で，裁判所は次のように説いている。「確かに当事者は，KGO５条を土台とすることについて一致している。とはいえ，だからといってこ

58）クリューガーは，臣民という概念を意識的に固持する。*Krüger*, Allgemeine Staatslehre, 1964, S. 818 ff.（中見出し：「国家権力と臣民の服従」), § 38, S. 940 ff.:「臣民およびその服従」。クリューガーは，個人を，３つの属性から，市民，公衆の構成員および臣民とみている。第三の概念によって，国家およびその権力の下での服従が表現されている。

59）BVerfGE 52, 1－クラインガルテン判決。

60）BVerwGE 2, 349－公的に選任された測量技師; BVerwGE 3, 121－賃料引き下げ請求権。第一の判決（BVerwGE 2, 351）において，区切りの自覚がはっきりと表れる。「あらゆる前提条件を満たしているにもかかわらず，求職者に許可請求権を与えるわけではない職業秩序は，当時の国家システムの諸観念には適っていたかもしれない。しかし，そのような職業秩序は，今日の法治国家の諸原則とは相いれず，それゆえ，その秩序は，それがあらゆる求職者に対して許可請求権を認めないかぎり，妥当しえない（基本法123条)」。この思考については要旨２でも示されている。

の規定が基本法と合致するか否かについての審査が不要となるわけではない」（322頁）。これに続いて，契約自由に対する「強力な制限」についての詳細な憲法上の審査が行われ（324頁），その後，成立史，学説および行政実務を綿密に考慮した，今日われわれが呼ぶところの規定の憲法適合的解釈が詳しく行われた。そののちに，上述の命題の一節が述べられている。

それに続いては，次のように説かれている。「したがって，行政に対して，行為のためのすべての構成要件的前提条件が充足された場合においても自由な裁量に従った行為を認めているような規定は，そうであるという意思をはっきりと表現していなければならない。そうでない場合には，館長はこのような場合において拘束されている，との推定が働く」。この一節は，――これが新しく，また将来をはらんだものであるが――続いて直ちに基本権的に補足された。「KGO 5条1項（1919年のクラインガルテン・小規模借地法である！）をこれとは別に解釈する，すなわち，クラインガルテン制度の促進のために公益性のある事業者について，法的請求権を否認するという解釈を欲するのであれば，いずれにせよ，すでに基本法1条3項により立法，行政，裁判を拘束する3条1項の平等原則との関係で，おそらく乗り越えることができないであろう憲法上の疑義が生じることになる」。

裁判所は，当時極めて重要であった1948年の価格法について，根本的な定式化を行っている[61]。

「行政官庁に対して市民の自由に対する介入を授権する法律上の規定のそのような無限定性は，多くの点において基本法に違反する」[62]。

このように根源的に，また断定的な定式化は，時としてのちに修正ないし具体化されなければならない。注目すべきことに，続いて，連邦行政裁判所，連邦憲法裁判所，としてオットー・バッホフを頂点とする学説による，まさに経

61） 前立憲主義期の法律が問題となったため，連邦行政裁判所は権限を有していた。

62） BVerwGE 4, 24, 30 f.（そこでは原文のまま引用されている）. これは，偉大な判決であり，裁判における先駆業績である。

済法の領域では開かれた広範な概念が必要であり，したがって広い授権も有効であるという趣旨の，共通の学習プロセスが存在したのである[63]。とはいえ，初めは無限定性に反対する狂乱があり，のちに個々の事項領域の特殊性に目が向けられ，さらに細分化されていったのである。

連邦共和国の法における「重要な」判例の歴史に関する著作は，まだ著されていない。その著作は，解釈，定式，そして解釈結果の解釈学的形象や原則への凝結，そして特に，強く成文法秩序であると自己理解されるドイツ法における法の継続形成や判例法の大きな関与を示すものとなろう[64]。

7．建設期とその後の時期における憲法の異なる役割

建設の時代を注視すると，憲法の様々な機能についての認識が生じる。独裁の時代を終わらせ，新しい自由で民主的な秩序を樹立しようとする憲法が，建設期において，その後の立憲国家の「日常」におけるよりも大きな役割を演じるのは，もっともなことである。建設期には，連邦共和国の法において重要な更新が行われただけではない。憲法の法律全体に向けられた強い影響のための基礎が築かれただけではない。憲法自体が，それを超えた機能を持つのである。憲法は，固有の道を基礎づけることができる。憲法は，独裁後の初年の政治運動の構成部分であり，部分的には，政治運動に衝撃を与えるものである。時代史の中で，ウルリッヒ・ヘルベルトは，50年代の民主化プロセス・リベラル化プロセス[65]について語っている。このテーゼの自明の前提は，この10年間について圧倒的な方向指示を確認できるということである。まさにこれが，根本的な政治変革後の初年について普通のことであり，その次の年代にはもはや不可能なことなのである[66]。

63） BVerwGE 7, 54, 63; BVerfGE 8, 274; 判例評釈として *Weber*, DÖV 1957, S. 33 ff. und *Ule*, DVBl. 1957, S. 177 f.; 全体については, *Bachof* (Fn. 51), S. 104 f.

64） 先駆けとなった論集は，*Menzel* (Hrsg.), Verfassungsrechtsprechung, 2000 であり，そこでは，連邦憲法裁判所の100件の裁判が紹介・評釈されている。

65） これは，ヘルベルトのテーゼであり，研究テーマである。*Herbert* (Hrsg.), Wandlungsprozesse in Westdeutschland. Belastung, Integration, Liberalisierung 1945-1980, 2002; *Metzler*, Stabilisierung, Normalisierung, Modernisierung: Die Bundesrepublik in den 1950er Jahren, in: Henne/Riedlinger (Fn. 3), S. 25 ff. も参照。

基本法下のドイツ憲法に関する根底的議論，例えば，一方の憲法は枠秩序である，他方の憲法は全法秩序の具体化されるべき基本秩序および基礎である，という対立[67]を思い出すならば，建設期への一瞥から，次のことが明らかになる。この対立は，建設期に対しては，いずれにせよ何の重要性もなかったということである。おそらく，この対立は真の対立なのではなく，憲法の意義についての異なる時期を説明するものなのである。建設期の初めには，憲法が大きな衝撃作用を持ち，憲法が全法秩序の変更を駆り立て，規準と方向を設定するのは，争いのないことであり，看過しえないことである。もちろん，憲法は50年代においても，すべてが憲法に含まれておりそれを解読さえすればよい，というものとして作用したのではない。とはいえ，指揮内容，影響作用，そして模範機能は明白であり，50年代終わり以降に始まる確立した立憲国家の日常に比較して高いものであった。確かに，1960年以降も，例えば「シュピーゲル」判決[68]，特別権力関係の解体，さらにそのほかにも，重要な節目があった。しかし，その間に，法秩序は，もはや法律は憲法を履行し，具体化し，あるいは憲法の内容を文書化する，という観点からのみ理解できるものではなくなった。時間がたつにつれて，憲法は，枠秩序という役割が増したのである[69]。多くの点から，新しいよき理念の体現としての憲法は，法発展の主要な進行を刻印した。そのような状況が特に高められるのは，独裁後の憲法の初期の時期においてである。上からの，そして初期段階の魔術から生じるこの衝撃は，新しい憲法秩序の最重要の機関である議会がその意義を失わない限り，長期にわたって

66） 連邦共和国の場合も，方向の一義性について，50年代は，その後の数十年間とは区別される。というのは，その後の数十年間においては，社会の個々の部分システムが，自らに固有の原動力に基づいて発展し，もはや決してパラレルに発展することはないからである。

67） *Wahl*, Der Vorrang der Verfassung, Der Staat 20（1980）, S. 485 ff.（本書Ⅲ第１章「憲法の優位」）; *Hesse*, Grundzüge des Verfassungsrechts der Bundesrepublik Deutschland, 20. Aufl., 1999, § 2 III; *Böckenförde*, Die Methoden der Verfassungsinterpretation. Bestandsaufnahme und Kritik, NJW 1976, S. 2089, 2097, 2091. 枠秩序としての憲法の理解について; *ders.*, Grundrechte als Grundsatznormen, Der Staat 29（1990）, S. 1, 23 f., 30 f.; それについて批判的なものとして, *Badura*, Grundrechte als Ordnung（Fn. 33）, § 20 Rn. 9 f.

68） BVerfGE 20, 162.

持続するものではない。しかし，この危険は現実ではない。建設期から時間がたつにつれ，新たな諸問題が登場した――これらを，以下では事項ないし事項領域から生じる挑戦，ならびに，超国家的な基本関係への組み込みから生じる挑戦と呼ぶ――のであり，そのような新しい状況および挑戦は，解決を求める。その解決は，確かに憲法とかかわりを持つが，しかし以前のようには第一次的に，また最初から憲法によって決定的に決定づけられるものではない。挑戦は，憲法の枠内で解決されるべきものなのである。

Ⅱ．法発展の第一段階における公法の構造メルクマール

1．ドイツ法の根本的な特色の概説

1949年以降の最初の10年間の建設期は，その名にふさわしい。なぜなら，建設期は，負担能力があり，持続作用のある新しい公法の基礎をもたらしたためである[70)]。新しい公法とは，いつも，憲法であると同時に行政法でもある。任務に関連した法の継続発展へと進む前に，ここでは，新しい公法の構造要素の概要をまとめておく。

(1) 新しいものの頂点には，憲法の優位があり，またそこからドイツにおいて導かれる**法律の憲法従属性**がある。行政法において，憲法従属性は，具体化された憲法としての行政法という有名な公式のなかに表れている[71)]。――公式は，他の諸国に類を見出し得ないものである。両者の間の多くの近似性は，実

69) それにもかかわらず，連邦共和国の発展において，憲法の理解についての根本的論争が始まったのは，おそらく，様々な見解が急速にカール・シュミット学派とルドルフ・スメント学派との学派間争いと結びついたことによるものだった。憲法の作用についての態度決定が，一方のグループへの帰属の表明となったのは，一度きりのことではない。この対立は，学者に着目した公法の学問史において特に強く際立った。それについては特に，*Stolleis*, Die Staatsrechtslehre der 50er Jahre, in: Henne/Riedlinger (Fn. 3), S. 295, 297 f. 学派争いについて詳しくは，*Günther*, Denken vom Staat her. Die bundesdeutsche Staatsrechtslehre zwischen Dezision und Integration, 1949-1970, 2004; *ders.*, Ein Jahrzehnt der Rückbestimmung. Die bundesdeutsche Staatsrechtslehre zwischen Dezision und Integration in den fünfziger Jahren, in: Henne/Riedlinger (Fn. 3), S. 301 ff.（シュミット学派については同303頁以下，スメント学派については307頁以下）.

70) これについては，すでに，*Wahl*, Die zweite Phase (Fn. 11), S. 496 f.; *ders.*, Zwei Phasen des Öffentlichen Rechts (Fn. 3), S. 414 ff.

際には，憲法と行政法とを統合する公法をもたらした[72]。現行の公法の解釈は，好んで，また，まさしく，1924年のオットー・マイヤーの格言（「憲法は滅ぶとも，行政法は存続する」[73]）とフリッツ・ヴェルナーの公式との対置という決まりきった形の中に，時代の差異を想起させる。

(2) 急激に，また首尾よく進んだ基本権の（拡張の）歴史[74]について，ここでは，クライマックスのみに言及しておく。すなわち，リュート判決[75]における基本権の客観法的次元の発見によって，全ドイツ法は，その持続的な憲法上の基礎を得た。基本権の客観法的次元は，今日においてもなお，いわゆる単純法律の憲法による貫徹をもたらしてきたし，今日ももたらしている（単純法律の憲法化[76]）。リュート判決において基礎づけられた基本権の客観的次元の理論

71） *Werner*, „Verwaltungsrecht als konkretisiertes Verfassungsrecht“, DVBl. 1959, S. 527（= *ders.*, Recht und Gericht in unserer Zeit, 1971, S. 212 ff.; *Stolleis*, Verwaltungswissenschaft［Fn. 2］, S. 227も見よ）.

72） *Bachof*, Verfassungsrecht（Fn. 51）, S. 7 は，２つの判例報告において，導入的に憲法の章について述べている。「ドイツ行政が，今日ほど『憲法に従属した』ことはない。このことは，とくに，行政の強化された対象的憲法拘束，その直接的な拘束力の宣言を通じた基本権の現実化（基本法１条３項，プログラム規定説との決別），とりわけ，裁判官の審査権の包括的な拡張にも関連している」。同様に，同122頁。

73） *Mayer*, Deutsches Verwaltungsrecht, 3. Aufl. 1924, Bd. I , Vorwort, S. VI.

74） これについて，根本的に，*Hesse*, Bedeutung der Grundrechte, in: Benda/Maihofer/Vogel（Hrsg.）, Handbuch des Verfassungsrechts, 1. Auflage 1985, S. 79-106（より強く歴史的に刻印されている）, 2. Aufl. 1994, § 5, S. 127 ff.; *W. Schmidt*, Grundrechte－Theorie und Dogmatik seit 1946 in Westdeutschland, in: Simon（Fn. 1）, S. 188 ff.; *Henne*, „Von 0 auf „Lüth“ in 6 1/2 Jahren“. 原理的決定を刻印する諸要素について，in: ders./Riedlinger（Fn. 3）, S. 197; *Stolleis*, 同 S. 298. 1949年から1972年まで，ドイツ連邦共和国の国法学は，法治国家と，基本権の徐々に進む転換というテーマによって支配されていた。「ヨーロッパの分裂から，ヨーロッパの統合へ」の基本権の発展については，*Klein*, Von der Spaltung zur Einigung Europas, in: Merten/Papier（Hrsg.）Handbuch（Fn. 3）, § 5 Rn. 4 ff.（mit Lit. Nachweise）.

75） BVerfGE 7, 198. 判決の歴史的な環境および効果については，*Henne/Riedlinger*（Fn. 3）.

76） 単純法律の憲法化は，以下のことに焦点を向けるであろう。すなわち，単純法律は，任意に変更できるものではなく，むしろ一定の部分について，憲法の具体化であることが示されており，それゆえ，――おそらく，広く承認されている見解によれば――変更できない。これについては，*Wahl*, Konstitutionalisierung－Leitbegriff oder Allerweltsbegriff, in: FS Brohm, 2002, S. 191 ff.

は，1949年以後の重要な理論的革新なのである[77]。基本権の客観的次元の理論は，とりわけ，価値および客観的価値秩序の構造にとって，高い程度で受容しうる，またそのような理論が必要であったという，そのような時代の精神的な基本的潮流と完全に一致する。リュート判決は，基本法のもとでの独自の特殊ドイツ的な基本権思考の出生証明書である。基本権は，次元が拡張され[78]，それは，同時に，国家のみならず，社会をも形成する[79]法秩序の最高次の内容規範となった。

連邦共和国の初期段階に関係づけて，それゆえ，これを基本権の精神からの法秩序の誕生（再誕生）と呼ぶことができる[80]。さらにそれを越えて，その重要性が大幅に拡張された基本権は，諸外国と比較して類を見ない権限を持つドイツの憲法裁判権の凱旋行進にとっての実質的な基盤である。結局のところ，客観的次元は，それゆえ，全ドイツ公法にとっての根本演目だったのであり，根本演目なのである。というのは，客観的次元が，政治生活[81]の高度の法化に寄与し，また憲法と単純法律との親和的関係，ならびに，全法秩序における憲法の常在および全権限性に寄与するものであるためである。基本権の客観的次元の発見と解釈学化は，法発展の転轍として理解されなければならない。これによって，ドイツ公法の独自の（発展の）ルートが基礎づけられた[82]。

(3) （行政法の）立法者の基本権拘束は，必然的に，基本権により刻印された行政法をもたらした。この拘束ゆえに，行政法は，憲法とたいへん近い関係に行き着くことになり，また依然としてそのような関係にあり続ける。行政法

---

77) これについて，また以下についても，*Wahl*, Die objektive Dimension (Fn. 3), §19 Rn. 1.

78) 例えば，*Dreier*, Dimensionen der Grundrechte, 1993, S. 11（リュート判決は，「自覚された根本性」から生じた）も参照。

79) *Grimm*, Die Zukunft der Verfassung, 1991, S. 408 f. を参照。

80) *Wahl*, Die objective Dimension (Fn. 3), §19 Rn. 1.

81) 質的意味の跳躍によって，立法者の基本権による拘束は，次元が増加した。

82) この種の転轍は，固有かつ特有の固化と，法および法的生活への当該制度の定着を基礎づける。その結果，このことから，大学生がその中へと社会化（hineinsozialisieren）され，また，法律の専門家にとって刻印的であり，また学問にとっても同様に刻印的である，そのような強く効果的な一般的基本理解が形成される。ドイツの法律家は，基本権の客観的次元の軌道の中で思考する。

は，成立，さらなる妥当および解釈において，憲法に従属する。（行政による）法律の適用のみならず，法律の制定やその解釈もまた，法治国家原理および基本権によって決定づけられるし，また決定され続ける。法治国家とは，1933年までは，個別事例における法律適用に際しての行政の拘束を意味していた[83)] [84)]。1949年以降，基本権拘束および法治国家は，まさに，行政法上の法律にも「ねらい」をつけた。すなわち，優位の憲法としての要求によって，基本権拘束および法治国家は，まさに法律を決定づけるのである。

(4) 主観化と実質的な基礎づけは，包括的な権利保護の保障によって，効果的に強化され，文字通り完全な効力をはじめてもたらされた。基本法19条４項は，――リヒャルト・トーマの言葉によれば――『大胆な条項』であると理解されており，『法治国家の丸天井に要石をはめ込んでいる』[85)]。これにより，同時に，裁判国家ないしは権利保護国家の基礎が築かれた。これは，その後の結果として，過熱現象に対する多くの批判にもかかわらず，大多数の意見形成的論者によって，ドイツ法秩序の本質として理解された。権利保護の拡大および権利保護思考の支配の結果は，強いドイツ公法の裁判指向性であった[86)]。行政裁判権は，あらゆる法領域における解釈の洗練化の方向へむけて高次の「貫徹力」を展開した[87)]。公法は，多くの裁判所の判決によって，決定的に内容が豊富なものになった。つまり，公法は，それ自体もまた細分化し，裁判に固有の個別事例的思考が故に，点結的な性格を帯びる[88)]。ある有名な格言を変えて，次のように述べることができる。すなわち，２つの法秩序が（実質的には）同じことを言っていたとしても，もし一方が包括的な権利保護を持ち，他方が持たないとすれば，両者は根本的に異なる[89)]。

83) 適用の平等，正しい裁量行使，個々の手段の比例性。

84) 考察は，新しいものを明確にするために，法律により拘束された，とくに侵害行政に結びついている（形成的行政にではなく）。

85) *Thoma*, Über die Grundrechte im Grundgesetz für die Bundesrepublik Deutschland, Recht - Staat - Wirtschaft III, 1951, S. 9; 形式的な主要基本権として（基本法２条１項と結びついた１条１項の実体的な主要基本権に依拠して），基本法19条４項を理解するものとして，*Klein*, Tragweite der Generalklausel in Art. 19 Abs. 4 des Bonner Grundgesetzes, VVDStRL 8 (1950), S. 67, 88.

86) これについては，すでに，*Wahl*, Verwaltungsverfahren zwischen Verwaltungseffizienz und Rechtsschutzauftrag, VVDStRL 41 (1983), S. 151, 156 und LS 2.

(5) 公法の持続的な次元の拡張を導くのは，行政法における第三者の発見と確立である。この発展もまた，各人の主観的地位，基本権解釈および権利保護の保障の効果の思考によってもたらされた。この発展は，行政法によって扱われ，また解決される問題状況をほぼ倍増させた。すなわち，60年代まで，行政法上の規範は，伝統的に，名宛人に対抗する行政の権限を認めるものとして読まれてきたが，新しい読み方は，次第に多くの規範について，行政に対抗する第三者の権利付与を生じさせた。第三者および隣人の主観的公権の拡張の結果，次第に，多くの規範は，行政にとっての権限規範であるとともに，第三者にとっての請求規範でもあると理解された。――伝統的な行政法の時代に対して，文言は変わらずに――学説と判例による解釈と法の継続形成のまさに偉大な成果の一つである。

この基本法下の公法の構成要素の――不完全な[90)]――リストは，憲法および行政法の諸原理が，いかに強くまた体系的に相互に結び付いているのか，そしてそれら諸原理がともに統一性のある公法を形成しているということを示している。憲法および行政法の諸原理は，共通の強い土台を有している。それは，当時，特別な事情の中で生まれた。それは，しかし，出発点となった状況が，まだそこにあるのか，あるいは意識されているかは別として，その間に，はるか以前から自力で支えるようになった。本稿の以下の主要部分では――文献で

87) 行政裁判権の凱旋行進は，全面的であった。それは，偉大な変化を行政法にもたらした。規範の実践的な実効性にとって，非常に大きな相違を意味するのは，はたして規定が裁判所の適用および解釈に服するか否かである。それまでむしろ紙の上のものであった法は，突然，堅固な貫徹可能性を受け取った。このことは，第三者や隣人に関係するすべての規定に当てはまる。すでに60年代の終わりに，建築物隣人訴訟の承認が始まり，そして第三者の保護が施設認可，計画確定および環境に関する許認可のあらゆる分野にまで拡張されたあとで，法律の重要な部分は，初めて「かみつき(Biß)」と法的効果を受け取ったのである。訴求可能性は，対応する規定と構成要件（メルクマール）が正真正銘の堅固な権利となったことを示している。

88) *Schmidt-Aßmann*, Das allgemeine Verwaltungsrecht (Fn. 42), S. 222.

89) あるいは別の言葉で言い表すと，２つの法秩序を，もはや権利保護における（顕著な）差異以上に区別するものではない。仮に２つの法秩序が実体的なルールのなかで親密な関係にあるとしても，裁判可能性の射程と徹底性における相違は，過大に見積もられるべき相違ではない。

90) 行政の形成の余地に対する恐怖という重要なテーマについて，前述Ⅱ４を見よ。

はほとんど歴史化されていない――行政法を扱うため，以下では，いくつか浮上した行政法の構造要素を深めるとともに，これを補足することにしたい。

2．基本権によって刻印された行政法

基本権解釈ののち，行政法は，新しい公法にとっての第二の実験領域になった[91)]。1949年以後の行政法は，新しいものである。なぜならそれは，法治国家的な，また同時に基本権によって刻印された行政法だからである。法律は，行政にとって，もはや，「もう出来上がったもの」，そして疑うことのできない行為の出発点なのではなく，むしろ，あらゆる個別事例における適用が，憲法上の基準や統制に服すのと同様に，法律は，永続的にその憲法適合性を審査されなければならない。端的に言えば，次のようになる。すなわち，行政法は，憲法の思考および憲法の諸制度を自らのうちで背負っている[92)]。この憲法と行政法の緊密な関係は，ドイツ法の特殊性であり，大部分のヨーロッパの法秩序に，このような高められた形では見出すことはできない。この基底的で緊密な関係は，実際にまた，ドイツ法のなかで，多くの的確な性格付けのなかに見出されている。頂点にあるのが，具体化された憲法としての行政法の格言（公式）である（フリッツ・ヴェルナー）[93)]。そのほかに，行政法[94)]（また単純法律一般）の

91） 変化は，憲法におけるそれと同じくらいに目立っている。変化は，対照像，すなわち，従来の行政法の水準から明らかになる。その際，従来の行政行為の水準は，オットー・マイヤーならびに，ワイマール期の行政法における顕著なさらなる発展（フライナー，イェリネック）を通じた，学問的行政法の印象的な発展の形式において，疑問の余地なく高いところにある。国際比較においても同様である。

92） 行政法の法律は，もはや起源を問えない行政の法律的基盤なのではなく，いまや行政の法律が憲法に従属するのである。

93） これについては，最近のものとして，*Schönberger* (Fn. 54)，ならびに *Schmidt-Aßmann*, Das Allgemeine Verwaltungsrecht (Fn. 42), S. 10 f., Rn. 18. ff.; *ders.*, Das Allgemeine Verwaltungsrecht vor den Herausforderungen neuere europäischer Verfassungsstrukturen, FS Winkler, 1997, S. 999（基本法下での行政の発展の重要な道としての行政法による憲法具体化の構想).

94） 具体化された憲法としての行政法は，特別な事例であるに過ぎず，そして，具体化された憲法としてのあらゆる単純法律の一般原則の目につく適用事例であるに過ぎない。この一貫した道は，外国の憲法学者が，いくらかの驚きをもって，例えば社会法の問題がドイツでは憲法問題である，ということに気付くことになる。

憲法による刻印あるいは憲法従属性，または，最近では，法秩序の憲法化といった形式もある[95]。緊密な関係は，関連する学術学会の構成の中にも表れている。すなわち，ドイツ「国法学者」協会は，当然に，行政法学者の協会でもある。また，ドイツの「国法学」者には，彼らが行政法にも身を置くことが期待されている[96]。

結局のところ，50年代に，**第二の発展段階の行政法**が成立した。第一段階，すなわち，狭義のまた特別な意味で法治国家的に刻印された行政法は，ほとんどすべてのヨーロッパの法秩序の中で，同じように存在した[97]。その主要な意図は，介入的な執行の限界づけとコントロールにある。この法治国家的な行政法は，より高度な立憲国家となった，あらゆる国家の標準装備である。これは，必要不可欠な発展段階である。それに対して，——またこれは，適切な理解と自画像のために強調されなければならないのであるが——基本権により刻印された（そしてもちろん法治国家的でもある）連邦共和国の行政法は，かなりの程度，ドイツに固有のものである。

基本権により刻印された行政法（もまた）は，——またもや——基本法１条３項の広範に及ぶ基本決定にその成立を負っている。それに従い，基本権は，行政のみならず，まさに行政法を公布した立法者をも拘束している。行政法が，この憲法拘束それ自体を自らの中に取り入れることによって，行政法は，それ自体，憲法により刻印された，そして憲法を具体化する法となる。この緊密な関係は，行政法上の法律の公布という最初のところにのみあるわけではない。法律それ自体が，つまり，恒常的な導出・正当化・統制において憲法との連関に立っている。1949年以前には，法律が，あらゆる行政行為のかなめ，または

95） *Schuppert/Bumke*, Die Konstitutionalisierung der Rechtsordnung, 2000, これについても，*Wahl*, Konstitutionalisierung（Fn. 76）, S. 192.

96） これとは異なる仏英理解の相違について，*Ruffert*, Die Methodik der Verwaltungsrechtswissenschaft in anderen Ländern der Europäischen Union, in: Schmidt-Aßmann/Hoffmann-Riem（Hrsg.）Methoden der Verwaltungsrechtswissenschaft, 2004, S. 165 ff.

97） このことは，驚くべきことではない。現代の流通経済または市場経済は，あらゆるところで法律上の「枠」を必要とする。介入や規制は，不可欠のものであるが，しかし同時に，同じ社会は，法的安全性と予見可能性を必要としている。法治国家的行政法は，国家の行為権限を正当化し，そして制限する。

指針であったのに対して，50年代には，次のことが習得された。すなわち，薬局法あるいは手工業法における行政法上の参入制限規定は，基本法12条に違反するかもしれないし，あるいは，あらかじめ憲法適合的に解釈されなければならない[98)]。重要な原理が行き渡った中での変遷を次のように記述することができる。すなわち，以前は，行政の適法性のみが妥当したが，現在ではこれに加えて，法律の憲法適合性が妥当する[99)]。以前は，法律の留保のみが妥当したが，今日では，憲法適合的法律の留保が妥当する。

基本権と法治国家原理（これらだけをあげておくが）は，行政法律の次元で持続的に，そして全体的に実効性を持ち続けた。行政法律の解釈には，憲法指向的な，または憲法適合的な解釈の方法論的なルールがある。このことは，行政法学者と同様に行政裁判官の，常に上，すなわち基本法を見るという視線を生み出し，２つの法の段階の間の持続的な視線の往復を生み出した。全公法に到達する比例原則は，抽象的一般的法律と同様，具体的適用行為もまた，統制する。

基本法の下での行政法は，様々な方法で，具体化された憲法であることが示された。まず第一にこの特性に期待されるのが，立法に際してである。すなわち，法律の成立期において，詳細に，憲法上の「基準」と要請が列挙され，また，法律の理由づけにおいて，この憲法上の基準に立ち入っていることが注視される。憲法の常在性が，それに劣らず効力を持っていることが示されるのは，文献による法律解釈の際，また，——特に力強い——判例による法律の規定の解釈に際して，である。明示的な憲法適合的解釈の事例を超えて，——これもまた，十分多数あるのだが——憲法による刻印の日常は，憲法指向的解釈と呼ばれているところの方法論的なやり方に示される[100)]。行政法上の法律と憲法との間で可能な解釈について対立が生じるときにはじめて，憲法指向的解釈が行われるのではなく，むしろ，憲法指向的解釈に際しては，始めから解釈のた

98）この意味で，基本権と，とりわけ比例原則は，効果的に行政法に「食い込んだ」。

99）別の変化を示すものとして，*Dürig*, in: Maunz-Dürig, Grundgesetz- Kommentar, Art. 1 Rn. 106. 以前の「行政の法律適合性」原則は，「行政の直接的憲法適合性」の原則になった。

100）*Stern*, Staatsrecht（Fn. 39), Bd. I, 1977, §4 III 8d（憲法適合的と憲法指向的の区別).

めに，憲法上の要請ないしは憲法上の価値などへの指向から生じるバリエーションが選択されるのである。しばしば文献や裁判の中で見出されるバリエーションは，明らかに憲法に適合している法律の規定が，さらに，追加的な言明によって補強され，内容的に憲法によっても要請されていることが確認される，といったものである[101]。次のことは，ドイツ公法の自己理解および自明のことに属する。すなわち，単純法律上導き出された帰結が憲法にも適合するということを確認することによって，単純法律の言明が，しばしば，改めて第二の次元で，補強されることである。後で論じる行政法の特別な事項分野では，憲法による法律の浸透は，たえず繰り返される基本線なのである。

3．憲法と個別行政法との間の仲介段階としての一般行政法の特別な役割

すべての行政法への憲法の浸透のプロセスにおいて，当然のことながらすぐれて一般行政法は特別な役割を担っている。それは，しかしながら，憲法から生じる要請を個別行政法の多数の法分野へと変換し転換する場所なのである[102]。公法全体の中で，もしそういいたいのであれば，公法の構造の中で，一般行政法は，全公法の中層にあり，また同時に，憲法と個別行政法の分野との間の仲介者である。一般的行政法は，上から下へ，すなわち憲法から多くの個別の法領域へ，また逆に，個別の法領域の事物の要請から憲法へと展開が行われる（たとえば，手続の重要性，リスクの取扱い）。

101） 許可を求める請求権が存在するあらゆる許可のもとでの標準的な例。この場合，次のような文章が続く。すなわち，それは別であってはならない。なぜなら，構成要件的前提条件が具備されていれば，請求権が与えられなければならないということを，そのつど関連する基本法が命じているからである。例えば建築許可に関する請求に際して，裁量規定を持ち出す者がいないような場合にも，この補足が行われる。

102） 文章は，以下の文献に従っている。*Wahl*, Die Aufgabenabhängigkeit von Verwaltung und Verwaltungsrecht, in: Hoffmann-Riem/Schmidt-Aßmann/Schuppert（Hrsg.）, Reform des Allgemeinen Verwaltungsrechts, 1993, S. 177.「秩序理念としての一般行政法」という独自のコンセプトを，シュミット—アスマンは，同名の文献のなかで練り上げ，継続的に拡張した（まず最初に，次のような表題の，カールスルーエの法律研究団体（Jur. Studiengesellschaft Karlsruhe）での講演として，Das allgemeine Verwaltungsrecht als Ordnungsidee und System, 1982. それに続くものとして，Das allgemeine Verwaltungsrecht als Ordnungsidee. Grundlagen und Aufgaben der verwaltungsrechtlichen Systembildung, 1. Aufl. 1998, 2. Aufl. 2004. 注42）を見よ）。

多様な行政法上の法律への，憲法上の基本決定の転換ベルトとしての役割は，一般行政法に，1949年以後まもなく刻印した。その役割は，一般行政法の教科書のなかの詳細な憲法に関する節のなかに，容易に見つけることができる。その役割はまた，行政裁判所と憲法の諸制度との継続的な対話の中で，実際のものとなった。憲法と個別行政法との中層的地位で，総論部分は，憲法次元で習得された解決を個別行政法のあらゆる法領域の中に新たに伝達することによって，同時に仲介機能を営む。その例としては，遡及の問題の新しい判定を挙げることができよう。その後も，たとえばエルンスト・フォルストホフによって主張された伝統的な教義にとっては，違法な行政行為は，まさに法律に対する違反であるがゆえに，取り消されねばならない，という解決があるのみである。その背後には，次のような一部の論者により強く主張された理由づけがある。それは，違法行為を排除しなければ，法治国家は法治国家であることをやめる，というものである。この論拠の重要性には，ただ――同じく憲法上基礎づけられた――信頼保護の原則を持ってのみ対処することができよう。これは，オットー・バッホフが，一部は法治国家原理に，また一部は基本権に基礎づけたものである。結局，新しい，また細分化された解決が成立した。その解決が，「一般行政法の諸原則」（のちに，行政手続法の規範）として，この革新を全行政法に伝達した。

4．裁判指向的な行政法

革新は，事前にはほとんど予見できないものであり，そして後から見れば，ほとんど過大評価できないような効果を持っている。根本的な変更であったのは，基本法19条４項による包括的な権利保護の保障と行政事件訴訟法40条の一般条項によるその置き換えである。行政法は，まず第一に行政に向けられた，執行（および執政 gubernativ）を指向する法（行政の法）から，個人を指向する法，また同時に裁判を指向する法になった[103)]。

行政法は，もはや，まず第一に，行政公務員と法律を準備する各省の公務員とが関心を持つ素材なのではなく，むしろ，いまや，行政裁判官とともに，重要な多数の法律専門家がさらに付け加わるのである。迅速に普及する行政裁判手続の結果，弁護士もまた，つねに積極的に関与する法律家集団としてさらに加わる。この拡大の受益者は，提訴可能性によって，目に見える形で，行政に対抗する同等の役割に行き着いた，各人であったし，今もそうである。比喩的に言えば，行政裁判権が，行政法を，国家という上の領域に属する法から，行政と，各人と結びついた法とを基礎とする法へと変えた。その法とは，公務員にとっての義務や行為の制限と同様，各人の主観的防御権および給付請求権から形成されるものである。

ここでは，あらゆる次元におけるこの根本的な変化は扱わない。すでに述べたように，行政法に従事する法律の専門家の範囲が変化した。裁判官と弁護士が，いまや，まさに著しく増大した。同じことは，文献とそのジャンルにもあてはまる。いまやコンメンタールは，相当数存在する。文献全体は，細分化され，想像できない量の次元へと膨張した。行政法学は，おおきな連関の叙述から離れて，つねにより多くの判例という「素材」の解釈と再検討に関心を向けている。――簡潔に言えば，行政法学は行政裁判学になった。

さらに示唆しておきたいのは，決定的に実質的な変化，すなわち主観的権利の価値上昇，細分化された行政拘束である。行政法についての法的な対話が増大している。――すでにその点に，さらなる法化のための並外れた大きな一歩があった。立法機関による偉大な法律という生産物のために，つまり，この法律の適用という機会に司法による深化・洗練化・細分化が付け加わる。これにより成立した1949年以後の行政法は，1933年以前のその前身ともはや比較できない。両者の間には，解釈学的な洗練化と浸透，強い学問化についての飛躍と，そのうえ，行政裁判権との恒常的な対話によって伝えられる，行政実践への重大な方向付けについての飛躍がある。行政に対する法の関与が，著しく増大した。行政裁判上の一般条項と，行政法についての決定的な関与と考慮への行政裁判権の上昇は，行政法の作用の中で強調しすぎることはできない。その歴史は，まだ執筆されていない。

103）もちろん，これらすべてが，1945年以後にはじめて，始まったわけではない。もちろん，1863年から始まった近代的行政裁判権が，この変化の過程をすでに実行していた。その点では，支邦の最上級の行政裁判所（最もはっきりと目に見える形ではプロイセン上級行政裁判所なのであるが）は，その裁判権の枠内で，その裁判権の領分に対して，まさにこの役割をすでに1933年まで演じていた。

5．1949年以後の公法の一般的メルクマールとしての法化

ドイツの発展の道の貫徹されている基本線と抽象的な特徴と呼ぶことができるのは，進行する法化と司法化である[104)]。まず第一に，ドイツにおいて法的規律によって判断される社会的・政治的問題と衝突の範囲は，非常に広く，またおそらく，すべての他国におけるよりも広い。第二に，ドイツにおいて裁判官による決定になじむ社会的・政治的問題の範囲は，非常に広く，またおそらく，すべての他国のそれよりも広い。２つの主要な傾向である，実体的法化と司法化は，当初の根本性と徹底性から，ドイツ公法においてある種独自のダイナミズムと自走性を持つほどに，強く定着している。とりわけ，大学におけるわれわれ国法学者と学生をこの理解へと社会化することによっても（強く定着した）。この特性は，この刻印を特殊な発展の道と呼ぶことを正当化する。

発展の道の基本観念は，そこから導出される，道への従属性というさらなる構想と強く結びついている。1949年以後の公法が，非常に強く根本的な基本観念に基づいているならば，この基本観念が，即座に，またいわば最初の批判ゆえに捨て去られるようなものだということは，ありえないだろう。逆に，そのことによって，発展の道を刻印づけたそのような基本観念が，変化に対する少なからぬ抵抗力を作り出すということを想定できる。簡潔に言えば，発展の道だけが誕生するのではなく，むしろ固有の道，もし望むならば，ドイツの特殊な道が誕生するのである。特殊な道という特徴づけは，挑発的に思われるかもしれないが，それは，内容的に，自明性以上を意味するものではない。帰するところ，あらゆる発展の推移は，独自のものなのであり，したがって特別な道でもあるのである。

104）これについて詳しくは，*Wahl*, Die objektive Dimension (Fn. 3) Rd. 27. ここでは，Die objektiv-rechtliche Dimension als Fundament des deutschen Öffentlichen Rechts という表題を用いている; *ders.*, Die Zweite Phase des Öffentlichen Rechts (Fn. 11), S. 496 ff.

Ｉ C.　建設期後の法発展

――社会の変動および新しい国家任務への回答

Ⅰ．社会の変遷――新しい国家任務――法の複合的リアクション

1．行政法におけるリアクションへのテーマの限定

以下では，重点を決めておく。紙幅の限りから，発展のすべての路線を同等に扱うことや，すべての時期を等しく扱うことはできない。さらには，憲法および行政法の別々の発展を等しく扱うこともできない。とりわけ，論述のアクセントが新しい憲法と行政法を統合する公法にあるためである。建設期については，憲法的基礎づけと基本法における新たなるもの，そこから生じる（枠としての）規準が，おのずと「上から」持ち出されたが，以下の箇所では，視点をひっくり返し，（新たな）国家任務から生じる挑戦および要求に対する公法のリアクションを中心に据える[105]。

以下では，建設期後の公法の発展の歴史[106]を，２つの視点から取り上げる。まず，新たな社会的問題状況ないし新しい国家任務から生じた，法に対する挑戦である[107]。次に，法の（さらなる）発展という継続的課題を，次の観点から

105）そのようなやり方の結論は，憲法の発展が，基本権分野においても，統治分野においても，もはや個々に考察されるのではないということである。同様に，解釈の変更も，一般行政法の基本的形象（例えば，法律の留保，裁量，評価の余地，取消と撤回，ないし行政手続法）の中で論じられるのではない。社会国家的に動機づけられた公法の観点からの叙述は，重大であるが，しかしそれにもかかわらず，ここでは紙幅の都合上ふさぎえない欠落を抱えている。それについては代表的なものとして，*Badura*, Verwaltungsrecht im liberalen und sozialen Rechtsstaat, 1996; *ders.*, Die Daseinsvorsorge als Verwaltungszweck der Leistungsverwaltung und der soziale Rechtsstaat, DÖV 1966, S. 624 ff.; *ders.*, Auftrag und Grenzen der Verwaltung im sozialen Rechtsstaat, DÖV 1968, S. 446.

106）計画については，それなりに多くの紙幅を割いて後述する。というのは，例によって，最初のところで方向が定められるからである。

評価する。すなわち，変化した憲法上の諸条件のもとで，それは純然たる立法政策，立法者の政治的意思で決定するものではないということ，立法政策は法的，つまり憲法的にも影響される，という観点である。優越する憲法と従属する法律という基本関係からの帰結として，あらゆる法改正は，２つの性質を持つ。法政策は，法律の次元では自由な立法政策である。しかし同時に，憲法によって一部決定づけられ，その限りで法内在的な導出連関の構成部分なのである。

以下の論述は，社会の変遷の多様な現象に対する公法のリアクションに集中する。それゆえ，関心の中心となるのは，個別行政法の法分野である。行政法のこの分野において，公法は，実践問題に特別かつ集中的に直面した。個別行政法には，――この分野の特色でもあるが――特有の事項直面性がある[108]。これにより，個別行政法は，多くの場合に政策領域の新しい具体的問題に直面する，最初の法分野となっている。これによって，個別行政法が社会的発展や経済的発展に直接に触れ合うために変化の必要が高く，革新を必要とし，挑戦を法的形象および原理へと賢く処理することを必要とするのも，もっともなことである。事項領域の挑戦や社会の変遷との直接の接触から，個別行政法には，――処理が創造的で建設的であれば――エバーハルト・シュミット―アスマンの言葉から**参照領域**と呼ばれる[109]ものが生じる。すなわち，事項問題に対して特徴的で適切な法的形象を持った法分野である。参照領域は，事項の挑戦を説得力ある法的形象に転換することに成功した場合に成立する。参照領域を育成するのは，要求の高い作業である――オットー・マイヤーは，警察法および

107） 方法論への関心がより強い，またはそれが大部分であるが，類似のものとして，*Bumke*, Methodik（Fn. 2), S. 73 ff., および *Voßkuhle*, Verwaltungs- und Verwaltungsprozeßrecht, in: FS C. H. Beck Verlag, 2007.

108） *Wahl*, Die Aufgabenabhängigkeit（Fn. 102), S. 177.

109） その概念はシュミット―アスマンによって以下の文献中で刻印された。*Schmidt-Aßmann*, Zur Reform des Allgemeinen Verwaltungsrechts－Reformbedarf und Reformsätze－, in Hoffmann-Riem/ders./Schuppert（Hrsg.)（Fn. 102), S. 14; *ders.*, Das allgemeine Verwaltungsrecht（Fn. 42), S. 8. 発案者に対する照会からしても，その概念のインフレ的使用は，警告されるべきである。あらゆる著者が，自らの考察を適用するところの法領域を参照領域と呼ぶのは，意味のある使用にはならない。参照領域は，あるテーゼの単なる適用例とは全く異なる。

侵害行政の「一般」行政法について，これを成し遂げたのである[110)]。

2．行政法の任務従属性

建設期からその後の社会的・法的発展の段階へと目を転じるならば，これに伴い観点が変わることになる。建設期は，法にとって最も重要な時期であり，時代である。憲法という形態で，法はその最大かつ最も濃密な指揮力に到達した。その結果，法において，憲法から法律へ，「上から下へ」，という思考の方向が支配した。これに対し，その後の時期では，社会生活・経済生活の新しい必要，要求，挑戦が歩み出る。新しい要求は，それぞれの時代を特徴づける問題状況と，法的にはこの問題状況に関係する法分野に現れる。そこで特徴的であるのは，「下から上へ」の上昇である。その時点の政治および行政実務の固有の事項領域において新しい必要が知覚され，個々の規定やアド・ホック的法律において処理される。特定の事項領域における行政の実務とこれに関連する個別行政法は，新しいものに対する応答が行われる場所である。「新しいもの」，それは新たな国家任務であり，あるいは——実際には同一のことであるが——古い国家任務の新しい解釈である。さらなる連関に向けられた理論的橋梁は，国家任務である[111)]。国家任務から，少なくとも閉じた理論，いわんや完結した理論は存在せず，多くの導出や連関の思考上の発端としての国家任務の意義にかんがみても。行政法の任務従属性というテーマも，長い伝統を有しており[112)]，しばしば誤った期待によるものとはいえ，繰り返し立ち戻られてきた。明確に区分された個々の任務を様々な制度や行政法解釈学の判断問題と直接か

110） オットー・マイヤーについては，*Stolleis*, Geschichte（Fn. 2), Bd. 2, 1992, S. 394 ff., 403 ff., 407 ff., 414 ff.; *Bachof*, Die Dogmatik（Fn. 46), S. 193, 203 ff.; *V. Heyen*, Otto Mayer. Studien zu den geistigen Grundlagen seiner Verwaltungsrechtswissenschaft, 1981. 最近では，*Schmidt-De Caluwe*, Der Verwaltungsakt in der Lehre Otto Mayers, 1999, S. 49 ff. その最初のテーゼは，「ポリツァイ国家の法化」としてのオットー・マイヤーの行政法理論であり，262頁以下には，民主的法治国におけるオットー・マイヤーの行政法理論の受容不可能性というテーゼがある。

111） 体系構築の指導概念としての行政任務については，*Schmidt-Aßmann*, Das allgemeine Verwaltungsrecht（Fn. 42), S. 154 ff. 行政任務についての思考は，解釈の次元に属するのではなく，その次元の前にあるか，理論的に上位にある。その思考は，注目の広がりを指導し，思考に進路を与える。

つぴったりと結び付けるのは期待できないことである。ある任務を計画的・社会国家的あるいは環境保護関連的と性格付けたとしても，そこから具体的な解釈学的解決を推論することはできない。とはいえ，プラグマティックに同定された任務を，特徴的な事項問題に結び付け，そこから，もっともな結論に結び付けることはうまくできよう。そのため，計画的・社会国家的任務であるという性格付けは，有益かつ生産的なことである。なぜなら，計画や社会国家的規律に際して登場する典型的な法的問題のセットに注意を払い，同時に計画法や社会法においてすでに発見されている解決，ひな形，形象や制度に目を向けることになるからである。任務分野の類型化および規律問題とその解決の分類については，別の書籍で提示しているので，その参照を乞いたい[113]。同書では，危険防御を例とした執行行政，計画を例にした形成任務，（金銭）給付行政という形態での執行行政，福祉的な社会的役務給付という形態での形成作用を，実例を挙げて区別した。今日では，少なくとも規制行政あるいは保証行政もしくは国際行政を挙げるであろう。言及されるべきは，この類型化の背後にある，理論的な関係範囲である。今日これほど強く求められている理論連関は，当時も存在したが，それほど自省的に，またはっきりと表現されていなかった。

システム論的な基本肢において，事項的挑戦はインプットとして，国家行為の結果としてのこれに対する国家のリアクションはアウトプットとして理解される。現在の要請に対する国家の回答が成果を上げたか失敗したかが判定されるシステム上の場は，アウトプットすなわち国家の行為の全体的成果である。改革の視点からは，視線はまず行政システムのアウトプットに向けられ，続いてアウトプットから，より良い（挑戦に対してよりよく応答できる）成果を上げるためには変更されなければならない前提条件的ファクターが問われることになる。とはいえ，自明のことであるが，行政の全体的成果は，（行政）法によってのみ決定づけられるのではない。アウトプットは，決定の前提と呼ばれるところの一連の要因に依存する。これには，プログラム（法や行為プログラム

112）*Badura*, Verwaltungsrecht im liberalen und sozialen Rechtsstaat, 1996; *ders.*, Das Verwaltungsrecht des liberalen Rechtsstaates, 1967, および注105）も参照; *Link/Less*, Staatszweck im Verfassungsstaat nach 40 Jahren Grundgesetz, VVDStRL 48 (1990), S. 7 ff. und 56 ff.; *Bahof*, Die Dogmatik (Fn. 46), S. 223 ff.

113）*Wahl*, Aufgabenabhängigkeit (Fn. 102), S. 190 ff.

といった内容上の規律）だけではなく，組織，職員，手続き構造も含まれる[114]。本稿の関連で興味深いのは，これらの導出の帰結である。国家は，事項的要求に対して，国家任務の種類および範囲を新たに確定することによって，まず応答する[115]。

Ⅱ．計画と，地域的計画に関する法

1．新たな国家任務に対する３つの省察段階における法のリアクション

すでに，1933年以前の公法は，警察法や地方自治法のような領域において，他の法秩序と比較しても，相当の成果を有していた。新たな出発は，まず初めに，その特徴である衝撃をもって，一層の法化と法の司法化に，強い変化をもたらした。すぐにそれに加わったのが，社会の変遷や知覚の変化（感受性の増大）の結果として生じた，新たな挑戦であった。既述のように，その際，経済および社会における変化が，法および法政策に，直接ぶつかるわけではない。このような変化は，複数の中間段階・媒介段階を経て，法に影響を及ぼすのである。その際に，特に重要であるのは，国家任務ないし行政任務の理解である[116]。まさに，ここでの関心の対象とされる計画行政（およびそれの法における処理）の中に，社会の変化と法的処理との間の非常に長い媒介関係をたどる，思考上の歩みの理念型的な順序が示される。

1949年以後に目立った存在になる建設詳細計画（Bebauungsplan）〔以下，Bプランとする〕は，当初，支障なしに，または適切に，伝統的な法的制度（行

114） *Wahl*, Aufgabenabhängigkeit（Fn. 102）, S. 185 f. 同186頁も含め繰り返し強調されたのは，任務に適した組織という要請と任務に適した人材投入という要請が，行政法によって制御されえないことである。この点で，私の立場は，「行政法の改革」のその後の巻とは異なる。*Hoffmann-Riem/Schmidt-Aßmann*（Hrsg.）, Verwaltungsorganisationsrecht als Steuerungsressource, 1997, それについて明示的には，*Wahl*, ebd., S. 315 ff., auch S. 309 f.

115） *Wahl*, Aufgabenabhängigkeit（Fn. 102）, S. 186 f. そこでは，社会的変化，国家任務の変化および法的革新との間での導出段階が詳しく要約されている。

116） このような思考過程について，まさに計画を例にして論じるものとして，*Wahl*, Rechtsfragen der Landesplanung und Landesentwicklung, 2. Bd., 1978, S. 78 ff., insbesondere S. 101 ff.

政行為ないし規範）に，当てはめることができなかった。この絶えず続いた分類の困難さから，すぐに，原理的な考察へと立ち返られることになった。規範と個別行為という伝統的な対置は，特殊なプログラム形式，すなわち，条件プログラム化の表現であると解され，さらに，この形式は，危険防御という国家任務に適合したプログラム形式であると解された。このように，具体的な行政法上の制度からプログラム形式を経て特殊な国家任務へと至る上昇を背景にして，今や，その順序を逆にたどることが可能になった。すなわち，思考の道筋は，計画と形成という国家任務から，目的プログラム化へと至り，そして，後者から計画の独自性へと至ったのである。こうした導出の終点に至って，計画が通常の行政行為や規範ではないことや，なぜそうなのかが認識された。しかし他方で，訴訟法は，ともかくにも行政行為か規範かという選択肢しか用意していないのだから，計画の独自性を認識しつつ，例えば連邦建設法10条のように計画を規範に準じて扱う，という道が開かれた。思考の全プロセスを通じて獲得されたのは，一方で，計画の独自性の十分な認識であり，他方で，規範に準じて扱われるＢプランにおいて，個々の問題に関して異なる解決を考慮に入れる冷静さである[117]。

議論は，典型的な形で拡大した。伝統的解釈学の定型的カテゴリーである，規律の性格として抽象的か具体的か，一般的か個別的かという区別では，（建設詳細）計画について納得のいく分類をすることはできなかった。それゆえ，――さらに抽象化して――規範と行政行為との対比の国家理論上の基礎にまで立ち返らなければならなかった。この基礎は，危険防御という従来主として視野に入れられてきた国家任務の特殊性にあると考えられた。危険防御は，執行行政というモデルの実例である。一般的・抽象的な規範と具体的・個別的な個別事例的執行という二段階は，執行行政には典型的であるが，これは，執行行政のみについてであって，計画には当てはまらない。これに対し，計画という

117）Ｂプランにおいては，古典的規範とは異なり，計画ができるだけ抽象的かつ一般的に定式化されることは，望ましく正当なことではなく，欠陥にほかならない。計画は具体的な状況を考慮して策定しなければならない。計画は，具体的状況やその特殊性にできるだけ精密に即応していなければならず，様々な地域的状況すべてに共通するものを規律する必要はない。こうした共通事項はつまらないものであろう。この点について詳細には，注123）を参照。

異種の国家任務は，その活動手段である計画において，抽象的なものや具体的なもの等の配分の仕方が異なるのである。この点を解明したのは，プログラム形式ないしプログラム化形式の分析であり，この分析は当時新たに生み出されたものであった。この分析は，様々な国家任務と，計画という具体的な法律上の形成物との間における，不可欠の中間段階・連結段階を与えている[118)]。条件プログラムと目的プログラムの対置は，ニクラス・ルーマンにより定式化され，急速に浸透した。なぜなら，この対置は，限界付けの難しさを残しているものの，様々な任務についての本質的かつ法にとって重要な表現を行ったからである。全導出関係は，以下のようなルートとして再現できるようになった。
——国家理解から，
——国家任務の理解，
——プログラム形式（プログラム化形式）を経て，
——行為形式の定型的カテゴリー（例えば，個別行為ないし規範のメルクマール）へ。

以下において，略して，社会的・経済的変化による法への挑戦というときには，常にこのような媒介された影響のルートを意味しており，決して，現実の発展が，法に無媒介かつ直接的に（反映または）模写されることを意味しない。この点で，「行政の現代的課題と行政法のドグマーティク」という1971年の国法学者大会のテーマの定式は，その核心においては受け入れられるが，重要な変更が加えられる。社会の問題状況や国家任務の変化が認識されてから実定法が変化するまでの道は遠く，少なくとも，現代的課題と行政法の対置よりも遠い。ここで計画について育て上げられた分析図式は，国家任務がその後に変化した際にも用いられる。この図式が，そこでも一般的な解明モデルとして真価を発揮することが明らかになるであろう。

2．計画の法的に重要ないくつかの特殊性

地域的計画は，50年代において，危険の防御をはるかに超える複雑な問題状

118) ブロームは，1971年の学会報告において，計画行政が有する特質を摘示することに重点を置いている（*Brohm*, Die Dogmatik des Verwaltungsrechts vor Gegenwartsaufgaben der Verwaltung, VVDStRL 30 [1972], S. 245 ff.）。

況を法的に克服した最初の例となった。それと同時にまた，地域的計画は，従来参照領域として機能していた警察・危険防御法がもはや決定的意味を持たない最初の大きな法領域であった[119]。顧みて初めて明らかになることであるが，危険防御は，目前に迫った侵害をその主要な問題状況としており，明確な前提的事実関係を有している。危険防御法にとっては，危険状態が比較的明確であること，およびこの特殊な状況に対応するための同じく比較的明確な防御措置・防御的介入が，なくてはならないものである。計画については，最初に建設管理計画（Bauleitplanung）を典型例として精査・検証されたのであるが，はるかに多くの行為連関が視野に入った。個々の事案における建築許可の前には，誘導および制御というもう一つの層があった。終局決定たる行政行為は，後々まで効果を及ぼすが，特殊に枠づける方法で，Bプランによって誘導されている。計画という追加的な手段が必要になるのは，次の理由からである。それは，秩序だった都市建設上の発展が，多数の個別的企てが相互に無関係に併存するのではなく，満足のいく地区の「像」が生まれるようにするために，非常に多くの目標や広範なコンテクストの実現を前提にしているからである。個別許可は，そのために必要な「問題解決能力」を到底有していない。それゆえ，もう一つの層を，計画によるコンテクストの処理というところに前置しなければならないのである。そして，（終局的に規律する）建築許可すら，従来のように，行政／建築主の二面関係（公益――所有権者の利益）に限定することはできない。建築法に関係する地域的コンテクストにおいて看過できないことは，「第三者」すなわち隣人も関わりを有しており，その際，第三者もまた法の中に取り込まれなければならない，ということである。解釈学は，三面的ないし多面的な現実の問題に，三面的ないし多面的な行政行為の制度（多極的法関係）によって応答した[120]。

119）このようなコメントをすると驚きを招くかもしれない。むろん，しばしばフォルストホフ流に生存配慮の法と称される給付行政は，すでに30年代において新たな法領域として論じられていた。しかし，給付行政は伝統的な行政法解釈学およびその中心的諸制度を超越するものではなく，根本的な挑戦をもたらしていない。そのようなものとして，*Brohm*（Fn. 118），S. 257, 308 = LS 6. アクセントが異なるものとして，*Bachof*, Dogmatik（Fn. 46），S. 212 ff., 223 ff.

3．計画という国家任務から計画法の解釈学へ

計画法が，まず重要性を増したＢプランによって行政法の注目範囲に入ったとき，裁判を指向し，権利保護に支配されたドイツ行政法においては，まずはＢプランに対する訴訟類型や原告適格が焦点にならないはずがなかった。その際，裁判所で処理すべき他のすべての問題の前提問題として，既述のように，計画の行為形式が解明されねばならなかった[121]。連邦建設法10条および行政裁判所法47条[122]の規定により，権利保護上の問題に，実務の必要性にとって十分な解決が与えられた[123]。結局，法律による定式化（建設法典10条「Ｂプランは条例とみなされる」）が，成果のないままになっていた議論のゴルディオスの結び目を断ち切ったのである。

確かに，連邦建設法の立法者は，その一筆で，訴訟の適法性の問題をプラグ

120） これについて，*Scholz/Schmidt-Aßmann*, Verwaltungsverantwortung und Verwaltungsgerichtsbarkeit, VVDStRL 34 (1976), S. 145 ff., S. 221 ff.

121） *Forsthoff*, Norm und Verwaltungsakt im geltenden und künftigen Baurecht, DVBl. 1957, S. 113 ff.; これについて要約するものとして，*Brohm*, Rechtsschutz im Bauplanungsrecht, 1959, S. 53-62; *Breuer*, Die hoheitliche raumgestaltende Planung, 1968 および，この議論に関する省察として，*Wahl*, Landesplanung (Fn. 116), S. 27-45（文献も挙げられている）; *Imboden/Obermayer*, Der Plan als verwaltungsrechtliches Institut, VVDStRL 18 (1960), S. 113 ff., 144 ff.

122） 行政裁判所法47条は，当初，すべての州でＢプランに適用されたのではなかった。1976年の行政裁判所法改正によって初めて，Ｂプランに対する規範統制が義務的となった。

123） 連邦建設法10条は，計画の伝統的な行政法への順応力について，その可能性に加えて限界をも明らかにしている。10条の定式化が示しているのは，計画が本来は規範と行政行為に対する異物だということである。実定法秩序は（法的に記述されていない）異物を扱いようがなく，特に，権利保護や，行政行為と規範とを区別することの要求がプログラム化されているので，Ｂプランを主意的に条例に分類することは，現実の法生活にとっては，きわめて合理的な決断であった。「通常の」規範に対する計画の特殊性は，いくつかのところで現れている。Ｂプランという条例は，もっぱら抽象的な確定を内容とするものであってはならず，Ｂプランによる確定は，「いわば地域の具体的な状況を考慮して！」行わなければならない。それゆえ，大都市の全平面について，あらゆる土地に一本の樹木を植えなければならないという統一的要求を確定することはできない。そのように述べる判例として，BVerwGE 50, 114, 120 ff.－緑化計画判決。同判決には次のような要旨が付されている。「Ｂプランは，その確定を原則として具体的・個別的に行わなければならない。（一般的・抽象的な）『規定』の性格を有する確定は，この点について，プラスアルファの正当化を要する」。

マティックに解決したが，行政法における計画の本当の克服は，新たな，そして重要性を著しく増した機関，すなわち，裁判権と判例法に委ねられたままであった。計画の実体的適法性基準は，当初注目されず，その後，看過しえなくなり，60年代には，前面に進み出た。ひとたび権利保護が肯定されると，実体的基準の必要が生じたのである。権利保護は，計画全体をより強く法の中へと引き込み，いわば訴訟の適法性の段階から本案の理由の段階，すなわち計画の適法性要件へと食い進んでいき，そして，そのような基準に値するものを初めて生んだのである。このような法化の圧力とともに，計画における重要な法的問題の数が急速に増加した。今や，この新たな発展段階において，独自の計画法が成立するのは必然であった[124)]。裁判所による審査可能性や，多数の裁判判決の「生産」により，部門計画（Fachplanung）に関心を有する者の範囲も顕著に変化し，部門計画に関する条文も変化した。判例法は力強く立ちあらわれ，徹底化，解釈および一層の法化といったもののプロセスを突き動かした[125)]。計画確定の立法上および行政上の問題に目を向ける，実務家や官僚のそれまでの視線は，利害関係者の視点によって，持続的に補完されるようになった。利害関係者は，だんだんと専門知識を増した弁護士によって代理してもらって，自己の利害を裁判所に訴えたのである。裁判官は，個人の権利保護への典型的かつ独自の視点によって，訴えに対応した。

個別には，行政裁判所が，その統制活動に際して，まずは，連邦建設法がB

124） 個々の法領域（の浸透）に対する包括的な権利保護の影響の歴史はまだ書かれていないが，それに対する大きな関心がある。なぜなら，この歴史は，1949年以後にドイツ公法において生じてドイツ公法の独自性を基礎づけた包括的法化過程の主要部分であるからである。テーマ全体に対する重要な寄与をもたらしているものとして，*Blümel*, Planung und Verwaltungsgerichtsbarkeit（II），in: Grupp/Ronellenfitsch（Hrsg.), Beiträge zum Planungsrecht 1959-2000, 2004, S. 419 ff.; *ders.*, Planung und Verwaltungsgerichtsbarkeit, DVBl. 1975, S. 695 ff.（= Grupp/Ronellenfitsch, ebd., S. 169 ff.）.

125） 1945年から49年までの時期以後における（公）法の歴史の詳細な叙述は，判例法の，新しくかつ高められた役割を，詳細かつ公法全体について評価しなければならないであろう。判例法と裁判官国家というテーマがすでに50年代において活発に論じられていたことは，むろん不思議ではない。例えば，次のものを参照。*Werner*, Das Problem des Richterstaates, in: ders., Recht und Gerichte in unserer Zeit, S. 176 ff.（および，この論文集に所収されている，最終的にはこのテーマに取り組んでいる他の寄稿論文）; *Marcic*, Vom Gesetzesstaat zum Richterstaat, 1957.

プランに対してそもそもいかなる法的要求を行っているかを解明しなければならなかった。そして，行政裁判所は速やかに突き止めた。建設管理計画は，法的内実を含んでおり，その内実は看過しえないほどに裁判判決において宣言され，さらに，計画の有効ないし無効を決定づけた。関係する利害をすべて衡量しなければならないという要求により，計画法は，わかりやすい中心的基準と指導理念を得た。言い換えると，プランナーや技術者の伝統的な活動手段が法的に構造化され，可視化されたのである。それによって，計画法は，相当な法学的功績を達成した。そこに存する法化は，「利害関係者」，すなわち計画実務により，――それ以外の帰結はありえなかったであろうけれども――（むしろ）批判的に評価された。このアンビヴァレントな評価を，計画法は，法や行政裁判権のさらなる領域拡大と共有していた。同じく50年代に成立した学校法も，当然のことながら，学校行政と教師の実務は単にこれを歓迎しただけではなかった[126]。

法内部において見れば，Bプランの適法性に関する統制図式の発展は，疑いなく，行政法と行政訴訟法の適応可能性に関する真価証明に非常に成功したテストであった。連邦建設法1条およびその個々の項の文言は，あまり内容がなく，または，あまり内容がないようにみえるが，短い間に，その文言の背後に，法律学的に内容豊かな概念や制度が「発見」され，法的に堅固な足場が生み出されたのである。計画法が現実に用いられるようになって数十年経った今日，この功績がもはや認識されていないこともしばしばである。即座に新しく生み出された解釈学の成果が，非常に大きなものであるので，発展の思考上の功績や発展の苦労すら，覆い隠してしまっているのである。

4．学説と裁判の相互作用

計画法解釈学のその後の発展は，包括的な行政裁判権の確立以降の法解釈について必然的に生じた新しい状況の一例であった[127]。その時その時における解釈の先行者・先駆者であるのは誰か。行政法学かそれとも裁判官か。これについては，個々には争いがある。計画の解釈学上の中心的な制度，すなわち衡

126） 当時の困難について，*Werner*, Schule und Verwaltungsgerichtsbarkeit, in: ders. (Fn. 125), S. 319 ff.

量については，長子権に関するこの些細な争点は論じるに値する。なぜなら，ここでは，真に新しいものが生み出されているからである。この点について，裁判官と幾人かの著者との間で，長子権の栄誉をめぐる小さな論争が生じた。ヴェルナー・ホッペが1964年に，基礎となる規定である建設法典１条の法解釈学的な貫徹と明確化を意図した最初の論文を執筆したということは，正しい[128)]。彼はその論文で，おそらく初めて，衡量命令の重要性に注目を促した。この論文は，先駆業績である。しかし，この論文は，規範の明快な構造化ないし審査図式からは，まだいくらかの距離があった。そして，このことは偶然ではない。すなわち，裁判官は，自ら判断を下すべき具体的な事件に直面して，解釈・具体化・体系化の作業を，弁護士や学者よりも多くかつ直接的に行うことを強いられているのである。Ｂプランにおいては，規範統制が計画全体を試験台に乗せるという事情が加わる。行政裁判所が，いわば即座に，建設法典の内容上新しい規定を包括的に視野に入れなければならなかったということは，不思議ではない。何よりも先に明確化しなければならなかったのは，最初は弱くかつ「ソフト」な印象を与える建設法典１条の各文のうちいったい何が「真の」法であるか，ということであった[129)]。次に，本物の審査・統制図式を作り出さなければならなかった。最後に，Ｂプランに対する規範統制申請に理由があるかどうかについて決定するための審査が，適法性審査に関する基準，すなわち，統制図式を要求した。この統制図式も速やかに獲得された。

行政裁判権は，さらに頻繁に，そして本来はすべての行政法上の法領域において，上述の任務を遂行しなければならず，従来は行政に関する行為基準という観点から認識されていた法領域を，統制する裁判所の必要のために加工し，

127）憲法における状況も同様であり，国法の憲法裁判所学ないし憲法裁判所実証主義への――批判に値する――展開を示している。*Schlink*, Die Entthronung der Staatsrechtswissenschaft durch die Verfassungsgerichtsbarkeit, Der Staat (28) 1989, S. 161 ff. を参照。

128）*Hoppe*, Bauleitplanung und Eigentumsgarantie. Zum Abwägungsgebot des § 1 Abs. 4 Satz 2 BBauG, DVBl. 1964, S. 165（衡量命令についての先駆的論文）.

129）国土整備法１条の同様の規定（国土整備の原則）は，空虚な定式のきらいがあるとして強い批判を受けた。「国土整備法の言語詩」という完全にいきすぎた非難もなされた（*Rupp*, in: Konzertierte Aktion, 1971, S. 4; *Wahl*, Landesplanung [Fn. 116], S. 210 f. において挙げられた文献）。

法素材を審査図式または手引きの形で構造化しなければならなかった。建築計画法におけるこのような継続的任務の処理が非常に目を引くのは，もともと大きな「発展」があったからではなく，一つのブレイクスルー，真のティンパニーの響きがあったためである――1969年12月12日の著名な連邦行政裁判所判決（BVerwGE 34, 301）がそれである。むろん，この点についても，下級審裁判所[130]や――量的にささやかではあるが――学説において行われた議論による，いくらかの準備作業が存在した。しかし，一つの判決が，当該法及び法領域を，いっぺんにかつ包括的に，全く異なるレベルの解釈や理解へと導く，というのは，まれなことであった[131]。王位請求権または長子権をめぐる争いがいささか誇張される一方[132]，裁判と実務を指向する学説（弁護士）との協働も

130） 下級審裁判所の裁判，とりわけ，マンハイム行政裁判所の衡量命令に関する13裁判例; Nachweise bei *Hoppe*, Die Schranken der planerischen Gestaltungsfreiheit, §1 Abs. 4 und 5 BBauG. Das Urteil des Bundesverwaltungsgerichts vom 12. 12. 1969 zum Abwägungsgebot, § 1 Abs. 4 Satz 2 BBauG und seiner Rechtskontrolle, BauR 1970, S. 15 ff., 16, Fn. 3. 当時，他の裁判所も衡量命令の法的統制を扱った。例えばバイエルン行政裁判所，ヘッセン行政裁判所がそうである。VGH Mannheim vom 22. 07. 1966, BRS 17, 16, 19 (= ISVGH 17, 101, 104).

131） この判決の特徴を示すサブタイトルを付された，*Hoppe*, Entwicklung von Grundstrukturen des Planungsrechts durch das Bundesverwaltungsgericht – Hommage an die Leitentscheidung zum planungsrechtlichen Abwägungsgebot vom 12. Dezember 1969 (BVerwGE 34, 301) - DVBl. 2003, S. 697; *ders.*, Abwägungsgebot (Fn. 128); *ders.*, Schranken (Fn. 130), BauR 1970, S. 15 ff. この判決が，繰り返し，（法を継続形成し，法を創造する）判例法の偉大な功績の一つと評価されていることは，この判決の地位を裏付けている。例えば，*Berkemann*, Horizonte rechtsstaatlicher Planung, in FS Schlichter, 1995, S. 27, 47 f.; *Konrad Redeker*, Entwicklungen und Probleme verwaltungsgerichtlicher Rechtsprechung, in: FS Scupin, 1983, S. 861, 874（「過去20年における判例法の偉大な功績の一つ」）; *Stich*, Das neue Bundesbaurecht, 1994, S. 275; *Sendler*, Über Wechselwirkungen zwischen Rechtsprechung und Gesetzgebung im Bau- und Umweltrecht, in: FS Weyreuther, 1993, S. 3 ff.; *ders.*, (Un)erhebliches zur planerischen Gestaltungsfreiheit, in FS Schlichter, 1995, S. 55 ff.; *Bartlsperger*, Das Abwägungsgebot in der Verwaltung als objektives und individualrechtliches Erfordernis konkreter Verhältnismäßigkeit in: Erbguth/Oebbecke/Rengeling/Schulte (Hrsg.), Abwägung im Recht, 1996, 79 ff.; *Käß*, Inhalt und Grenzen des Grundsatzes der Planerhaltung, 2002, S. 135; *Schulze-Fielitz*, Das Bundesverwaltungsgericht als Impulsgeber für die Fachliteratur, in: Festgabe 50 Jahre Bundeverwaltungsgericht, 2003, S. 1061, 1065: 革新的な「傑作」を参照。

当然存在した。ヴェルナー・ホッペと下級審裁判所がそれを始めた。連邦行政裁判所は諸概念を刻印し，そして，文献の叙述と裁判の素材を「厳密な定式へと統合した」のである[133]。

さらに，基本原則を確立した判決およびその後の諸判決は，裁判所による統制や多数の関連裁判例が連邦建設法／建設法典1条のようなイノセントな規定について意味するものの，顕著な例である。「展開する」，「適合する」，「顧慮する」のような概念[134]が真の規範，真正な法であるのか，それとも拘束力のない記述であるのか[135]，という問いを学説が投げかけることができたときよりも前に，それらの概念は，裁判によってすでにハードな法にされており，これらの概念はBプランの適法性を失わせることができたのである。連邦建設法1条の個々の項は，要求の多い法的要件・統制図式へと変容し，特に，衡量命令は，有効な計画法上の制度として発展した[136]。同判決は法創造的なもの

132）　基本原則を確立した判決であるBVerwGE 34, 301に対する多数の賞賛の声がある中で，衡量解釈学の本来の先駆者であったのは，判例かそれとも注128）に掲げられたホッペの前掲論文かという問題について見解が分かれている。この問題については，本文で述べたことを超えて追求しないことにする。

133）　同様に，*Hoppe*, Entwicklung (Fn. 131), S. 700 によれば，同判決は，本質的なものに集中し，簡にして要を得た，説得力ある論証を伴う語の選択をしつつ，文体の輝かしさや洗練，厳密性を保っている。*Sendler*, Wechselwirkung (Fn. 131), S. 6 は，連邦建設法1条は，裁判による批判と刺激によって初めて，説得的な構成と，人に見られても恥ずかしくないような構造を手に入れているのである」とする。*Franßen*, in: FS Weyreuther 1993, Geleitwort IV によれば，同判決においては，「内容が，それと等しい形式を見いだした」。「レトリックの傑作」である。

134）　これら3つの概念によって，同法は，Bプランを他の計画または計画主体という環境の中に位置づけている。Bプランは土地利用計画（Fプラン）に基づいて「展開」されねばならず，BプランとFプランは，隣接市町村の計画と「調和」（建設法典2条2項）していなければならず，以上の計画は，国土整備と州計画の目標に「適合」していなければならない（建設法典1条4項）。これらの概念が法的に真面目に考えられており，原則として無効のいうサンクションの威嚇を付与されているということは，それぞれにつき，いつでも，最初は疑念をもたらすかもしれない。

135）　この点については，注122）。

136）　衡量命令は，教科書や注釈書によって発展させられた。高度に分化した解釈学の形成を特にHoppeが促した。要約的なものとして，Hoppe/Bömker/Grotefels (Hrsg.), Öffentliches Baurecht, 2. Aufl. 2002, § 7, S. 223-313; *Brohm*, Öffentliches Baurecht, 3. Aufl. 2004 §§ 11-14 における独自の体系も参照。

であり，同時に，法実務上成功し，豊かな成果を生んだ。それとともに，計画という複雑な行為類型に関する統制方法も生まれたのである。

5．他の計画とりわけ部門計画への基準の転用

それ以降，他の計画または単に計画的な要素にすぎないものであっても，それらが法および裁判所の視野に入ったところでは常に[137]，ここで生み出された行為基準および統制基準を適用できるようになった。法的構造化の成果が大変説得力に富むものであったので，その適用範囲は急速にきわめて大きなものとなった。国土整備（Raumordnung），景観計画（Landschaftsplanung），環境計画（Umweltplanung），そしてとりわけ部門計画のいずれについてもそのようなことがいえる[138]。建築計画法は，「計画的」特徴を有する決定に至るまでの，計画の全領域について，参照領域であることが明らかになっている[139]。

部門計画は，すぐに一般にそのように称されるようになったものであるが，法律的に処理され，注意を引いてきた点では，確かにかなりの伝統がある[140]。計画作成および計画確定ならびに計画確定決定は，すでに，その収用法上の含

137）BVerwGE 34, 304 における，もともとすでに人口に膾炙した名言であった，以下の印象的な箴言は，特に一般化され，転用された。「第一に，計画権限は，いずれにせよ，形成の自由において多かれ少なかれ広範な余地を含み，また，含まなければならない。なぜなら，形成の自由なき計画は自己矛盾に陥るであろうから」。さらに *Ibler*, Die Schranken der planerischen Gestaltungsfreiheit, 1985 を参照。

138）ここでは，連邦行政裁判所の判例は，キューリング裁判官の論文による準備作業を受けて，まさしく演繹的な道を歩んだ（*Kühling*, Fachplanungsrecht, 1988, Rn. 4, 20, 23）。先行するのは，計画の実質的な性格の定義である。この性格を満たすすべてのプログラム決定が計画として理解され，統制図式にしたがって取り扱われる。それによれば，実質的計画決定は，「計画上の広範な形成余地によって特徴づけられ，他方において，様々な利害を統一的な決定過程の中で衡量するという要請に拘束される」。BVerwGE 74, 124, 133; BVerwG, NVwZ 1986, S. 640; BVerwG, NVwZ 1989, S. 458, zum ganzen *Wahl*, Entwicklung des Fachplanungsrechts, NVwZ 1990, S. 426, 427.

139）シュミット－アスマンが，Hoffmann-Riem/Schmidt-Aßmann/Schuppert（Hrsg.）, Reform（Fn. 102）において造った概念である。

140）*Blümel*, Die Bauplanfeststellung I. Die Planfeststellung im preußischen Recht und im Reichsrecht, 1967; *ders.*, Die Entwicklung des Rechtsinstituts der Planfeststellung, in: FS Hoppe, 2000, S. 3-20; *Wahl*, Die Fachplanung in der Phase ihrer Europäisierung, in: FS Bartlsperger, 2006, S. 427-450.

意と効果ゆえに，法学的・法実務的考察の古い対象となっていた[141)]。しかし，ここでも，法的規範の急速な構造化を強いたのは，初期の訴訟であった。長きにわたり，道路行政に対する沿道住民の騒音訴訟はおよそ存在しなかったのであるが。1975年２月の連邦行政裁判所の第48巻所収の判決（BVerwGE 48, 56）は，部門計画にかかる判例法の出生時刻であった。同判決は，建設管理計画にかかる統制図式を部門管理計画に転用した。その際，部門計画の独自性を適切に評価するため，個別的に，部門計画に適合させたり修正したりすることが必要であった。そして，またしても，解釈学上の実り豊かな成果が速やかにもたらされ，最も重要なもののみを挙げても，道路計画，鉄道計画，空港計画といった幅広い分野が法的に構造化されたのである。

計画確定という法制度は，すでに19世紀半ばに成立したものであるが，ドイツ行政法の最高の作品であると解することができる。遺憾ながら，このことは，ヨーロッパレベルの合議体で活動しているドイツの法律家には知られていない。統合的決定，すなわち，すべての環境利益の包括的考慮を目指した，欧州連合に由来する革新（環境影響評価指令 UVP-RL，環境汚染の統合的回避および低減に関する指令 IVU-RL）のうちのいくつかは，計画確定を格好の手本とすることができたであろう。そもそもドイツ人が他国の法律家に計画確定の長所と功績を伝えようとしていたら，の話であるが。もともと，決定類型としての計画確定は，決して輸出ヒット商品でないにせよ輸出品になるよう運命づけるすべてのものを備えている。多数の許認可が求められていることに伴う問題を，包括的な集中効によって計画確定ほどシンプルかつエレガントに解決している決定類型が他にあるだろうか。

６．判例法の重要性を示す例としての建築法

建築法は，判例法の大きな重要性を含む，法の変化全般についての例でもある。特にドイツにおいては，法典化を指向し，法律に準拠した法秩序という一般的な枠組みの中で，法創造の広範な持ち分，すなわち半分以上が，判例法によって定礎された。法学にとって，こうした裁判についての事後的な註釈学派

141）先駆者はブリューメルであった。これについて，注140）に掲記の文献および *Blümel*, Beiträge zum Planungsrecht 1959-2000, hrsg. von Grupp/Ronellenfitsch, 2004.

ないし註解学派の役割から脱し，法学を独自の着眼基準や固有の解釈学および体系論によって営むということは困難である。裁判の受容と独自の体系構想の発展との間における正しいバランスを見いだすことは，非常に難しい。行政法学が，すべてまたは多くの法領域において説得力ある独自の体系構想に行き着いた，ということはできない。判例法の素材，特に，指導原則や一般的大前提を記述の中ですべてをつなぎ合わせる誘惑が，大きすぎるのである。

Ⅲ. 環境保護と環境法

1. 新たな法領域の成立

さらなる挑戦は，——ここでは厳密な時間的順序で扱うわけではないが——公法では，環境政策，（技術法における）リスクの克服，規制緩和，迅速化および民営化を通じて生じた。環境法は，その自己理解によれば，新たな法領域であるが，それは事物の性質上，多くの古典的な法素材を含んでいる。つまり，すでに何十年，何百年も前から，法秩序は，大気，水，土壌および自然の意図的な保護を目指していたのである[142]。ドイツでは，近隣や一般社会を大気汚染から保護する法規定が，産業の存在と同じくらい長く，すなわち150年以上前から存在した[143]。水を保全する規定は常に，自然を保護する規律は100年以上前から存在した。そして，それにもかかわらず，環境，環境保護，環境政策および環境法という概念は，ドイツ語においても，その他の言語における Environmental （Law）〔英〕，environnement〔仏〕，derecho del medilambiente〔自然環境法—西〕という概念と同様に，新しいものである[144]。これらすべての概念は，1960年代の終わり，すなわち1965年と1970年との間の時期に

142） 参照に値するものとして，*Kloepfer*, Zur Geschichte des deutschen Umweltrechts, 1994. 特に，歴史学において環境史という独自の分野が形成されたことが言及される。例えば，*Brüggermeier*, Natur- und Umweltschutz nach 1945: Konzepte, Konflikte, Kompetenzen, 2005; *ders.* （Hrsg.），Industrie-Natur: Lesebuch zur Geschichte der Umweltim 19. Jh., 1995; *ders.*, Das unendliche Meer der Lüfte: Luftverschmutzung, Industrialisierung und Risikodebatten im 19. Jh., 1996 を参照。

143） *Kloepfer*, Geschichte （Fn. 142），S. 37 ff.; *ders.*, Umweltrecht, 3. Aufl. 2004, §2; *Mieck*, Luftverunreinigung und Immissionsschutz in Frankreich und Preußen zur Zeit der frühen Industrialisierung, Technikgeschichte 48 （1981），S. 239 ff.

成立した。指摘しておかなければならないのは，1960年と1970年との間に，新たな諸概念を前にして，そしてそれらの諸概念を用いて，新たな政策，つまり環境政策が生じたこととの示唆的な同時性である。そして，環境政策が形成されえたのは，新たな意識の成立，すなわち，顕著な危険状態や，環境媒体および環境全体の機能が，新たに意識されたからに他ならない。知覚と意識の高まりによって，諸々の個別的観察がある包括的知覚へと一体化し，周囲を取り巻く自然の個々の要素は全体の一部として理解され，それら諸要素の関係は相互作用およびエコシステム連関として理解された[145)]。法にとって，そのことから導かれる結果は，大きなものであった。一連の伝統的な法素材，例えば，水法，自然保護法，工場施設に関する法が，ある内的なシステム連関へと行きついた。それらの素材は，その後，固有の環境分野ないし環境媒体の保護に奉仕しただけではなく，環境全体を改善するという任務において，そしてその任務のために，そのすべてが，結びついたのである。その生い立ちからして，環境法は，すでに改善の法，進歩の法であったのであり，――逆説的に定式化しようとすれば――法政策を指向する法であった。

法は，新たな意識からの挑戦に対し，突然に，かつ素早く応答した。Environment や Umwelt が生まれたかと思うと，すでに Umweltrecht や Environmental Law も存在していたのである。法は，しばしば不正確に言われ主張されるように，意識や政治的定式化に遅れたわけではない。むしろ驚くべき，そして称賛に値するほど迅速な応答を示した。遅れたのは，法および政策および公衆の知覚であり，それらすべてがかねてより明らかになっていた事項問題に遅れたのである。政策および法がほぼ同時に応答するまでには，まず60年代に問題圧力が世界規模で増大し，いわばその全体像が示され，看過しえないものとなる必要があった[146)]。

144）それについて最近では，*Schulze-Fielitz*, Umweltrecht. Ein Paradigma für verlegerische Funktionen, in: FS C. H. Beck Verlag, 2007; *von Lersner*, Zur Entstehen von Begriffen in Umweltrecht, in: FS Sendler, 1991, S. 259, 263.

145）私達を取り巻く自然のすべての要素は，一度にしてある全体の一部として理解された。同じく，環境のすべての要素は，全体概念またはシステム概念の一部，すなわち私達を取り巻くものの全体の一部として理解された。

2．各分野に向けられた環境法の立法

環境法は，ただ一つの新たな端緒によって，環境政策の全般的で拡大された問題状況を取り上げ，処理することができたわけではない。環境法は既存のものに結びついており，そしてこれはその限りで，既存の法律を踏まえるものであった。既存の法律は，とりわけ法律の目標や保護目的の拡充，および新たに定式化された環境法の諸原理の採用によって，根底から改革された（それについてはすぐに後述する）。1974年連邦イミッシオン防止法は，先行条文である営業法の最終改正規定（1959年）に比して，まさしく飛躍的発展であった。水法は，1976年の改正により現代的な条文となり，同様に自然保護に関する法も1976年連邦自然保護法で現代的な条文となった。1972年廃棄物処理法により初めて，新たな環境政策の中心的素材が規律された。急速に，全範囲を包含する環境法が成立したのである[147]。まだ幾つか異論があるとはいえ，環境法は，独自の法領域の地位を獲得した[148]。環境法は，一般行政法と個別の環境法律との間に位置する中間的な抽象段階の法領域として定着した[149]。

70年代初頭からの環境立法やそれに基づく行政実務[150]が，現代的な環境法を形成する中で，その諸々の素材において成果を上げたのに対し，それと同じ

---

146)　意識の変化よりも前に，法は，伝統的な水法，大気汚染防止法および自然保護法の延長線上で，幾つか注目すべきことを成したが，新たな状況または新たに知覚された状況において，正当にも必要不可欠なものと思われたことは，成さなかった。しかし，これもほとんどやむをえないことである。最終的には，環境法やそれに先行する法は，とりわけ侵害する法である。民主政において，如何にして，負担を課し侵害する法が成立すべきであったのか，そして法定立が危険状態に対する政治家や社会の意識に依存しているにもかかわらず，一般的に問題だと考えられていないものを，いわば先回りして広く解決しうるのか？

147)　個別の立法措置を指摘するものとして，*Kloepfer*, Umweltrecht（Fn. 143），Umweltrecht, § 1 II.

148)　それについては理論的観点から，*Schulze-Fielitz*（Fn. 144），Abschnitt B.

149)　中間的な抽象度の構想につき，*Wahl*, Die Aufgabenabhängigkeit（Fn. 102），S. 177, 211 ff.; *ders.*, Neues Verfahrensrecht für Planfeststellung und Anlagengenehmigung – Vereinheitlichung des Verwaltungsverfahrens oder bereichsspezifische Sonderordnung?, in: Blümel/Pitschas (Hrsg.), Reform des Verwaltungsverfahrensrechts, 1994, S. 83, 87-91.

150)　法律と個別事例の実務との間の中間項は，非常に重要な行政規則である。例えば，大気汚染防止技術指針（TA Luft）や騒音防止技術指針（TA Lärm）。

ことを，環境思想のさらなる挑戦，すなわち環境とその保護の体系性および総体性の核心思想について言うことはできない。ドイツ環境法は，70年代初頭以降に成立し，そして精緻化されたが，それは分野に結びついた，環境媒体ごとの法から構成されている[151)]。ドイツ環境法は，個別の環境媒体の間での相互関係を積極的に考慮し，エコシステム連関を取り上げる全般的な規律を，独自の発展刺激から形成したのではない。その点では最初に，ヨーロッパ共同体法が，環境影響評価（UVP）プロジェクト，統合された許認可（環境汚染の統合的回避および低減IVU）および環境影響評価プランというトリアーデを以って，新たな幕開けへの決定的なきっかけを与えたが，そのきっかけは，特徴的なことにドイツ法においては，躊躇いがちにしか採用されず，時節しぶしぶ採用されたにすぎない。環境法もまた，出発点によって，すなわち個別の環境媒体への指向によって，あまりにも刻印されすぎている。このような指向は，深く根を下ろしていた。

環境政策の刷新を，排出する工場施設の高権的統制に則してみることにしよう。一方では，革新的な1974年連邦イミッシオン防止法が，その始まりである1845年プロイセン営業法[152)]以来，規律形象として認められてきた許認可という伝統的手法を受け継いだのは，驚くべきことではない。その結果として，従来の営業法16条以下は，連邦イミッシオン防止法５条および６条に基づく，新たなイミッシオン防止法上の許認可によって置き換えられた。解釈学的によく練り上げられた，予防的許認可の形象やその法的帰結を中心とする許認可法は，新たな環境法のこの重要な領域における規律〔にかかる負荷〕を著しく軽減した。イミッシオン防止法上の許認可が，環境法における高権的統制のモデルおよびそのモデル形象となったのに応じて，この有効性はその他の法律における規律にも普及した[153)]。他方で，継続性と同様に重要であったのが，革新である。それは，とりわけ，そして最も強く，新たな特別の内容的基準，すなわち

151）厳密な記述として，*Breuer*, Umweltschutzrecht, in: Schmidt-Aßmann（Hrsg.）, Besonderes Verwaltungsrecht, 13. Aufl. 2005, 5. Kapitel, Rn. 37 ff., 51 ff.; *ders.*, Entwicklungen des Europäischen Umweltrechts－Ziele, Wege, Irrwege, 1993.

152）1845年プロイセン営業法および1869年ライヒ営業法に関する文献として，注140）を参照。

153）許認可法の解釈学的構想につき，*Wahl*, FS GfU（Fn. 50）, S. 237-265.

事前配慮命令に見出される[154]。事前配慮命令によって，環境法は初めて本格的に革新の舞台に足を踏み入れ，自らの対象と中心点を確認した。環境法のこの指導原理は，まさに環境法の大きな発見であり，その原理によって，環境法は初めて独自の法領域となる[155]。事前配慮原理は，本質的に，危険閾を下回るゾーンへの侵害権限の拡大と伸長によって特徴づけられる。何よりもまず，事前配慮の思考，すなわち発生源での危険の予防または除去という思考の原則的な受け入れおよび定式化によって，である。同様の考察が，危険法のよく知られた大きな法領域である古典的な警察法とならんで，さらなる独自の行政法区分を定着させることをも正当化する。イミッシオン防止法上の許認可は，2つの主要な方針の表れである。なぜなら，それは，一方では古典的な許可留保を伴う禁止を受け継ぎ，他方では実体的な審査プログラムを，危険防御から包括的な事前配慮へと拡張するからである。それゆえ，イミッシオン防止法上の許認可は，警察法から環境法への一歩を象徴している。過去数十年の間に，持続性原則が，同様に根本的で環境法に固有の原理に付け加わった[156]。環境法の原理の見取り図は，今日では，4つの領域または区分を含んでいる。すなわち，持続性原則，事前配慮原理，原因者責任負担原理および協働原理である。

3. 3つの省察段階での環境法の議論

環境法は，政策の中心的な変化に応答した。つまり，単に多くのもののうち

154) それについては，教科書における詳細な取り扱いや注155)に挙げられた文献とならんで，*Rehbinder*, Prinzipien des Umweltrechts in der Rechtsprechung Bundesverwaltungsgerichts: Vorsorgeprinzip als Beispiel, in: FS Sender, 1991, S. 269 ff.; *Wahl/Appel*, Prävention und Vorsorge. Von der Staatsaufgabe zur rechtlichen Ausgestaltung, in: Wahl (Hrsg.), Prävention und Vorsorge, 1995, S. 1-126.

155) それについては，*Steiger*, Umweltrecht - ein eigenständiges Rechtsgebiet, AöR 117 (1992), S. 100; 事前配慮原則の成立については，*Schulze-Fielitz*, Das Bundesverwaltungsgericht als Implusgeber (Fn. 131), S. 1061, 1070. 内容的には，環境法が事前配慮命令を以って，それにより初めて，環境法に固有の特別な基準を得た。それについては正当にも *Steiger*, ebd.

156) *Appel*, Staatliche Zukunfts- und Entwicklungsvorsorge. Zum Wandel der Dogmatik des Öffentlichen Rechts am Beispiel des Konzepts der nachhaltigen Entwicklung im Umweltrecht, 2005; *Baucamp*, Das Konzept der zukunfsfähigen Entwicklung im Recht, 2002; *Lange* (Hrsg.), Nachhaltigkeit im Recht, 2003.

の一つではなく，決定的な挑戦に応答したのである[157]。そのことと対応しているのは，環境法の法的処理や浸透も，単に法律の細かな作業および従来の解釈学的形象の慎重な変更として起きたわけではないことである。それに代わって，環境法の文脈でも，すでに〔前述の〕計画のところでみられた三段階の分析プロセスおよび省察プロセスが再び現れる。

土台となる作業を指導したのは，環境法のパイオニアであるエカルト・レービンダー，ハインハルト・シュタイガーおよびミヒァエル・クレプファーである[158]。行政法分野および固有の法領域[159]として，環境法は急速に拡大した。研究会，研究機関，雑誌，文献シリーズ，教科書およびモノグラフィーの形で，環境法の承認と自立性が示されている[160]。膨大な文献やそれに劣らず収穫の多い裁判が，多くの新たな規定を解釈学的に浸透させる基礎作業のための豊富な素材を提供した。これはすべて，環境法を実定法領域として成立させる作業，

157） 少なくとも，環境法の背後には新たな政策領域の新たな自己理解があり，この理解の背後には，重要な問題のシンボルである新たな政党の出現と緑の台頭の中に示される全体的な環境運動があった。

158） 初期の論文として，*Rehbinder*, Grundfragen des Umweltschutz, ZRP 1970, S. 250 ff.（おそらく初めての構想的で整理された論文である）; *ders.*, Umweltrecht, RabelsZ 40 (1976), S. 363 ff.; *Steiger*, Umweltschutz durch planende Verwaltung, ZRP 1971, S. 131 ff.; *Kloepfer*, Zum Umweltschutzrecht in der Bundesrepublik Deutschland, 1972. さらに挙げられるべきものとして，*Weber*, Umweltschutz im Verfassungs- und Verwaltungsrecht, DVBl. 1971, S. 806 ff.; *Kimminich*, Das Recht des Umweltschutzes, 1972; *Soell*, Rechtsfragen des Umweltschutzes, WiVerwR 1973, S. 72 ff.

159） それについては教科書として，*Kloepfer*, Umweltrecht, 1. Aufl. 1989, 2. Aufl. 1998, 3. Aufl. 2004; *Hoppe/Beckmann*, Umweltrecht, 1. Aufl. 1989, *dies./Kauch*, Umweltrecht, 2. Aufl. 2000; *Sparwasser/Engel/Voßkuhle*, Umweltrecht, 5. Aufl. 2003（詳細な文献リストとして同983-1008頁）; *Koch*（Hrsg.）, Umweltrecht, 2002; *Schmidt-Aßmann*, Das allgemeine Verwaltungsrecht (Fn. 42), S. 113 ff. 今日重要なものとして，*Schulze-Fielitz* (Fn. 144)，固有の法領域として「地位」およびその承認への道程につきＢ節およびＣ節，さらに「承認のペースメーカーとしての文献ジャンル」という素材についてもＣ節。

160） 膨大な文献を掲げ，正当に評価するものとして，*Schulze-Fielitz, Umweltrecht* (Fn. 144); *ders.*, Das Bundesverwaltungsgericht als Implusgeber (Fn. 131), S. 1061; *ders.*, Notizen zur Rolle der Verwaltungsrechtswissenschaft für das Bundesverwaltungsgericht, Die Verwaltung 36 (2003), S. 421. 以下も参照，*ders.*, Was macht die Qualität öffentlich-rechtlicher Forschung aus?, JöR 50 (2002), S. 1. 環境法の定着は，例えばトリーア，オスナブリュック，ミュンスターおよびハンブルクで毎年開催される会議にも，独自の刊行シリーズにも現れている。

すなわち，新たな法領域の全体構築における**第一層**または**第一段階**での作業であった。環境保護を改善しようとする強い努力が，専門分野としての環境法に，法政策的なアクセントを刻み付けた。まだやっと現行法が初めて解釈され，体系化への第一歩が踏み出されたときには，もうとっくに，さらなる一歩のための法政策的議論は再び始まっていたのである。

環境法の新たな中心的思考は，**事前配慮原理**である。その広がりと根本性ゆえに，事前配慮原理は，三段階すべてを含んでいる。その原理は，実定法の構成要素（最初のものとしては，連邦イミッシオン防止法５条２号）であり，全法領域の指導原理である。さらに，事前配慮思考は，その根本性において，指導的な社会・国家理論的理念である第三段階に属する。事前配慮原理のより詳しい輪郭は，ヨーロッパ共同体設立条約（EGV）174条２項にみられる。曰く，共同体の環境政策は，「事前配慮や予防の原則，環境干渉をその根源を優先して除去する原則ならびに原因者責任負担原理」に基づいている。

環境法における考察の**第二段階**は，法政策へのこのような指向を，多くの詳しい提案を超えて規定していた。根本的な政策が強く改善へと向けられていたとすれば，その政策は法政策的な議論において，まさにこの問題をも，すなわち改善への適合的な手段と端緒についての問題を中心に据えなければならなかった。つまり，現行法に沿って解釈するという作業を超えて，望ましい改善のための構想を発展させなければならなかったのである。この内在的衝撃は，環境行政における執行不存在の経験的研究や，その影響の大きい普及を通じて，強められた[161)]。それにより，**手段の議論**が生じた。そこで，環境保護を強化し，拡大するためには如何なる政治的手段，そして如何なる法的手段が適合的であるかについて思案がなされた[162)]。この指向は，環境法を，遥かに大きな議論連関，すなわち経済学との対話へと至らしめた。経済学は，まさにそれについて，つまり適合的手段の問いについて，環境経済〔分野〕で多くの論文を発表し，また，一般的に言って，命令，禁止および許可のような従来的手段の適合性を疑問視していた[163)]。このような改善のための端緒の地平で，環境法は，その学説，形象および制度を，繰り返し再編成し，変更し，異なって描写し，新たな結びつきを確立しなければならなかった。このことは，環境法を，その手段の観点から体系化していく中で生じ，大規模な教科書は，大きな章を用いて，手段の種類に応じて体系化を行った[164]。この議論は，同時に，規制の正しい「あり方（Wie）」を問うところで，法政策を促進した。さらにその議論によって，個別的な手段の作用方式への洞察が深められたが，それは，その理論的構想化から，立法における部分的受容を経由し，個別的な適用措置や現実化措置へと至る長い道程の上でのことであった。

計画の議論とのもう一つの共通点として挙げられたのは，環境法においても，法的検討ないし法に関する検討の第三段階である。環境政策と環境法は，特別な国家任務[165]の表現として定義され，捉えられた。環境法への歴史的発展は，国家任務の知覚の変化および新しい重要な任務の発見として描かれた。素材としての環境法ならびに環境政策は，重要な国家任務の根本的な段階で再発見さ

161） 先駆的著作物として，*Winter*, Das Vollzugsdefizit im Wasserrecht, 1975; *Mayntz* u. a., Vollzugsprobleme der Umweltpolitik, 1978; *Bohne*, Der informale Rechtsstaat, 1981. さらに，*Lübbe-Wolff*, Modernisierung des Umweltordnungsrechts, 1996, S. 1 ff.; 教科書類からは，例えば，*Sparwasser/Engel/Voßkuhle*（Fn. 159），§ 2 Rn. 2 も参照。70年代に発見された執行不存在は，「新たな行政法学」のタイトルの下で，行政法の一部を新たに方向づける決定的な作動因である（それについては，ＣⅤ７）。執行不存在の意義については，相対化して次のように述べられている。執行不存在についての経験的所見は——議論の余地のない——実状を説明しているが，そこからの推論は解釈であり，意見と反対意見の通常のプロセスに服する。従来の法における根本的ないし広範な挫折をこれらの研究から導こうとする推論は，どのような場合に執行が適切で「良い」のかについての基準がないことに基本的に頭を悩ませている。税法や社会法にも，大きな執行不存在がある。それゆえ，ある執行結果が「良い」のか，それとも受け入れ可能なのかは，決して些末な問題ではない。

162） 手段の議論については，*Franzius*, Die Herausbildung der Instrumente indirekter Verhaltenssteuerung im Umweltrecht der Bundesrepublik Deutschland, 2000; それにつき，教科書および注釈書から，*Kloepfer*（Fn. 143），§ 5; *Hoppe/Beckmann*（Fn. 159），§ 6-9; *Sparwasser/Engel/Voßkuhle*（Fn. 159），§ 2 III; *Kloepfer*, Instrumente des Technikrechts, in: Schulte（Hrsg.），Handbuch des Technikrechts, 2003, S. 111.

163） *Voßkuhle*, Ökonomisierung des Verwaltungsverfahrens, Die Verwaltung 34（2001），S. 347; *Sparwasser/Engel/Voßkuhle*（Fn. 159），S. 101（環境経済に関する文献についても，それぞれ包括的に文献が掲げられている）. 教科書は，手段を記述するのみではなく，それらの手段に環境法のシステム化における重要な位置を与える。

164） 注159）を参照。

165） *Rauschning/Hoppe*, Staatsaufgabe Umweltschutz, VVDStRL 38（1980），S. 167 ff.; *Hofmann*, Die Aufgaben des modernen Staates und der Umweltschutz. Vom Rechts- und Kulturstaat über den Sozialstaat zum Industrie- und Umweltstaat, in: Kloepfer（Hrsg.），Umweltstaat, 1989, S. 1 ff.

れた。環境，事前配慮および予防という概念ないし構想は，20世紀の後半にかけて，国家の中心的な任務の表現だと理解された。この文脈では，憲法改正により環境保護という国家目標（基本法20a 条）が補充されたことは驚くべきことではない[166]。この観点から，環境政策ないし環境保護が，特別な国家類型——環境国家[167]または将来への事前配慮国家——を示すものとして現れた[168]。ある大規模な刊行シリーズが，多くの寄稿論文をこの符号の下で収集し，そこでは，環境国家および環境憲法が素材となった[169]。全体でみれば，もう一度，長く大きな思考上の連関が歩まれたわけである。その連関は，〔第一に〕単純法律規範から，環境法典の法典化プロジェクトまで[170]，〔第二に〕そこで使われた手段を経由して，環境への事前配慮という国家任務とそれに属する環境憲法にまで至った。

166） 基本法コンメンタールでの環境保護の国家目標に関する文献として特に *Murswiek*, in Sachs（Hrsg.）, Grundgesetz, 3. Aufl. 2003, Art. 20 a; *Epiney*, in: von Mangoldt/Klein/Stark, Kommentar zum Grundgesetz, Bd. 2, 5. Aufl. 2005, Art. 20 a; *Schulze-Fielitz*, in: Dreier（Hrsg.）, Grundgesetz-Kommentar, Bd. 2, 1998, Art. 20 a を参照。

167） *Kloepfer*（Hrsg.）, Umweltstaat, 1989; *Hofmann*, „Umweltstaat“: Bewahrung der natürlichen Lebensgrundlagen und Schutz vor den Gefahren und Risiken von Wissenschaft und Technik in staatlicher Verantwortung, in: FS 50 Jahre BVerfG, 2001, S. 873 ff.（自らの初期の諸論文が挙げられている）; *Callies*, Rechtsstaat und Umweltstaat, 2001, S. 153 ff.; *Wahl/Appel*, Prävention（Fn. 154）, S. 13-24; *Steinberg*, Der ökologische Verfassungsstaat, 1998 はそれぞれ広く文献を掲げている; *Bosselmann*, Im Namen der Natur. Der Weg zum ökologischen Rechtsstaat, 1992; *Baumeister*, Der Weg zum ökologischen Verfassungsstaat. Umweltschutz ohne Öko-Diktatur, 1994; *Wolf*, Der ökologische Rechtsstaat als prozedurales Programm, in: Roßnagel/Neuser（Hrsg.）, Reformperspektiven im Umweltrecht, 1996, S. 57 ff.

168） 将来や発展への事前配慮といった概念を形成する中で，持続性および世代間正義が，構想上，共に把握され，手に入れられた。基礎的なものとして，*Appel*, Staatliche Zukunfts- und Entwicklungsvorsorge（Fn. 156）.

169） それについては，das Ladenburger-Kolleg „Umweltstaat“ der Gottlieb-Daimler- und Karl-Benz-Stiftung ein von *Kloepfer* seit 1988 geleitetes Kolleg mit den „Studien zum Umweltstaat“ mit 20 Bänden.

170） *Kloepfer/Rehbinder/Schmidt-Aßmann u. Mitw. von Kunig*, Umweltgesetzbuch, Allgemeiner Teil, Berichte 7/90 des Umweltbundesamtes, 1991; *Jarass/Kloepfer/Kunig/Papier/Peine/Rehbinder/Salzwedel/Schmidt-Aßmann*, Umweltgesetzbuch－Besonderer Teil, Berichte 4/94 des UBA, 1994; BMU（Hrsg.）, UGB-KomE, 1998; Entwurf eines Gesetzes, gescheitert wegen（vorgeschobener）Kompetenzprobleme.

4．裁判の役割について

裁判は，環境法のすべての領域で積極的であった[171]。最も注目を集めたのは，原子力法であった。というのは，政治的論争およびそこから生じた状況，つまり原子力発電所が多くの場合すべての審級を通じてずっと「苦言を呈され」てきたという状況があったからである[172]。一連の政治的争点は，しばしば法学文献へと流れ込んだ。連邦行政裁判所が最終的に1985年のヴュール判決で，事前配慮，危険の疑いおよび仮定に基づく想定といった問題群への最終的な「教義」を見出すまで[173]，事前配慮の問題は主に原子力法で扱われていた[174]。同様に根本的なものとして，すでにその１年前に，連邦行政裁判所は，個別事例における事前配慮措置が，恣意的または予測不能であることがないようにすべきであるならば，それが行政の包括的な（行為）構想における支えを必要とすることを宣言した[175]。まずは，構想と結びついた事前配慮が，法治国家的に制御され，輪郭を描かれるものであると示されたのである。

法的浸透の最も大きな推進力は，1949年以降の公法の大きな刷新と成果の一つである，**第三者訴訟**の承認と拡大，およびその際に前提とされる**近隣**および**第三者の主観的公権**の承認と拡大を伴う，裁判であった。継続的に発展したこのプロセス全体においては，常に学説と裁判権との徹底した協働作業が重要で

171）特に重要な裁判例につき，以下の注に掲げられた文献を参照。さらに，水法の第三者保護につき，BVerwGE 78, 40; 植物保護法につき，BVerwGE 81, 12－パラコート; 限界を超える環境保護につき，BVerwGE 75, 285; 事前配慮への憲法上の義務につき，BVerfG (Kammer), NJW 2002, S. 1638 － モバイル通信; *Murswiek*, Ausgewählte Probleme des Allgemeinen Umweltrecht, Die Verwaltung 38 (2005), S. 154 ff.; BVerfG, NJW 1997, S. 2509－（第一次）電磁波スモッグ決定，批評として，*ders.*, Umweltrecht und Grundgesetz, Die Verwaltung 33 (2000), S. 241, 250.

172）BVerfGE 49, 89－カルカー; BVerfGE 56, 54－ミュールハイム―ケールリッヒ; BVerwG, NJW 1981, S. 1393; BVerwGE 70, 365－クリューメル; BVerwG, DVBl. 1993, S. 1149－エムスラント原子力発電所.

173）BVerwGE 72, 300, 314－ヴュール. そこでは，事前配慮，危険の疑いおよび「単に」理論的でしかない思案について，非常に集中的に述べられた。

174）それにもかかわらず，事前配慮原則の規範的中心地は，連邦イミッシオン防止法５条１項２号である。

175）BVerwGE 69, 37－熱電併給プラント（可能な限り広範な〔恣意性・予測不能性の〕低減等々の原則を伴う事前配慮が，構想依存的であるという重要な要請につき，同44頁以下）。

あった。学説の体系的な準備作業は，しばしば，裁判判決やその後の広範な判例法の模写と体系化を通じて，追従的に承認された[176)]。憲法はその際，特別な役割を演じ，しばしば知覚されていない役割を（それも，明示的には学説において，示唆的には裁判判決において）演じた。第三者保護の拡大への長い道程の上で，決定的な基準である保護目的理論[177)]は，ずっと同じものであった。しかしそれにもかかわらず，その成果は第三者保護を支持した。この一義的な方向性の根拠は，――たいていの場合――〔第三者保護を〕積極的に推し進める学説において明示的にであれ，すべてを決する法律の保護目的を裁判によって解釈する方法において内在的にであれ，基本権の影響下にあった。法律の文言やその本来的な（たいていほとんど認識できない）目的が第三者に主観的権利を与えなかったとしても，裁判の解釈を通じて，幾人かの第三者が保護領域に含められるとされた。言及されていないが，その背後には，そうしなければ，それに対応する法律規範が第三者および近隣の正当な利益を主観的権利へと強化しなかったがゆえに，憲法違反となってしまうという思慮があった。このような思慮が明示的になされる必要はなかった[178)]。なぜなら，とりわけ裁判が，すぐに進んで法律の保護目的を拡張的に解釈したからである。結果的に，行政

176）上級審の裁判官の側からは，繰り返し非難の声が上がった（例えば，*Vallendar*, Planungsrecht im Spiegel der aktuellen Rechtsprechung des Bundesverwaltungsgerichts, UPR 1998, S. 81 ff.）。それについて，次の論文によれば，学説は追従しているだけとされる。*Ronellenfitsch*, Fachplanung und Verwaltungsgerichtsbarkeit, in: FS Blümel 1999, S. 497. シュトライスも，行政裁判権の観点から，「学説は，実務に先立って光明をもたらすのではなく，実務を追従し，その引き裾を持つ」としている（*Stolleis*, Verwaltungsrechtswissenschaft [Fn. 2], S. 257）。深められた研究が欠けているが，おそらく裁判所と学説との相互関係は，分かりやすい定式が与える印象以上に複雑である。

177）数多くの文献から，*Wahl*, in: Schoch/Schmidt-Aßmann/Pietzner (Hrsg.), VwGO Kommentar, Stand 1996, Vorb. § 42 II Rn. 45 ff.

178）発展の終わりに，*Schmidt-Preuß*, Kollidierende Privatinteressen im Verwaltungsrecht: das subjektive Öffentliche Recht im multipolaren Verwaltungsrechtsverhältnis, 1992 (2. Aufl. 2005) は，水平的関係において，様々な所有権者の利益が相互にぶつかるところではどこでも，隣人も主観的権利を有さねばならないことを確認することができた。そして，このことは，一つの的確な解釈であるが，明白に，法律がおそらく本来的に意図したはずの保護目的をもはや超えた解釈であり，基本権の考慮の下になければならなかったはずの法律目的を基礎に置く解釈である。

法における第三者の主題全般および第三者への原則的な主観法的資格付与は，憲法裁判所の裁判なしに，連邦憲法裁判所へ移送されることなく，行政裁判所や学説の解釈のみによって達成された。疑いなく存在する憲法の影響は，明示的には記述されなかったものの，保護目的の拡大プロセスを指導したのである。（第三者への資格付与の拡大の結果として，すぐに集団手続および集団訴訟が浮かび上がり[179]，行政手続や行政訴訟法はその問題を大きな課題とした。）

5．環境法における複雑な決定

環境国家的観点を通じて刻印された環境法上の許認可にとって重要な特徴の一つは，一般的にその複雑な性格である[180]。そのことを明確に示すものの一つは，70年代における複雑な決定という概念の急速な台頭である[181]。その概念を通じて，インフラ領域における膨大な計画確定や工業施設への許認可決定が特徴づけられる。複雑な性格は，「実状（Sachverhalt）」という実際の状況の観点から情報問題を増大させる。その性格は，関係者の数が増加することにより衝突潜在性をも高める。さらに，事前配慮の分野では，保護が早められるがゆえに，不確実性と不確定性へと歩を進めることになる[182]。不確実性と不確定性は，同時に，〔後述する〕リスク行政法のところでより大きな連関の中で取り上げられる[183]。全般的にいって，行政は，徐々に，ますます多くの専門

179） *Blümel*, Masseneinwendungen im Verwaltungsverfahren, in: FS Weber, 1974, S. 539 ff. und die Kommentare zu §§17-19 VwVfG, 例えば，*Bonk/Schmitz*, in: Stelkens/Bonk/Sacks（Hrsg.）, VwVfG, 6. Aufl. 2001.

180） 高い煙突を伴う技術工場は，第一に，狭い直接的な影響範囲を伴う工場であり，その影響においてある程度見通せるものであると思われるかもしれない。それにもかかわらず存在する拡張，厳密に予測可能でない影響，正確に定義できない危険状況，これらすべての相違は，その工場がその現実の影響において包括的および全体として観察される場合に，初めて意味を持つ。それは，明らかとなったように，観点および観察の問題である。正しい観点に立てば，その施設は，それがその高い煙突の上から，多くの環境利益への非常に広範な影響を有するがゆえに，複雑な企てである。複雑性の意識の成立と大きな企ての素材は，大部分で，意識現象および適切で包括的な観察の結果である。それに対して，視野の狭い観察が行われていた過去の年月は，まさに法的には単純な時代とされてしまうかもしれないが，そのことは，不適切な観点に明白に立脚していた。

181） *Schmidt-Aßmann*, Verwaltungsverantwortung und Verwaltungsgerichtsbarkeit, VVDStRL 34（1976）, S. 223 ff., 269; *Wahl*, Rechtsfragen（Fn. 116）, Bd. 1, 1978, S. 42 f.; *Di Fabio*, Risikoentscheidungen（Fn. 42）, S. 24 ff.（複雑な決定を通じた行政法の挑戦）.

知識や予測に依存するようになる。複雑な決定は，手続費用，問題材料および衝突傾向を増加させた。特に原子力法上の許認可においては，許認可が制度として耐えうるかが大きな次元で試された。しかし，結局，複雑な決定や集団手続の諸々の困難は，単に企ての複雑性を，技術的観点やその社会的影響の観点から映し出しているにすぎない。複雑なものは適当な配置によって幾らかその複雑性を軽減することができるが，複雑なものが実際に単純になりうるわけではない。

複雑な決定という特性は，複雑な決定の決定プログラムの拡張の中でも，法的な表現を得た。環境法や技術法の規定のほかに，多くの具体化規範が，下位法次元で存在し，それは行政規則および技術規格の多くの規定において頂点に達する。技術規範や技術基準の問題点がますます大きな注目と重要性を得ていることが，この記述を特徴づけており，これと関連づけられるべきである。いわゆる規範を具体化する行政規則の「発見」により，裁判は，急激に増大した統制範囲や，監視すべき技術的な状況・細部といった諸々の困難から，自らを解放しようと試みた[184)]。それにより，ひそかに，そしてそれ以上の理論化なしに，裁判による完全な審査の教義が部分的に放棄された。それは，裁判官や学説の一部の側にとっては，〔発見の〕積極的な副次的効果であり，その他の側にとっては誤りであった。

技術に関する規制の領域では，環境法とそれに引き続いて取り扱われるべき技術法とが，部分的に重複している。どちらの法領域もその点で，ある特性を共有している。その特性とは，行政行為の科学技術化と呼びうるものであり，

---

182) すなわち，目に見える確かな危険が存する，ある程度輪郭づけられた領域から足を踏み出せば，国家の干渉およびその手段は，極めて複雑な連関を有する見通しの悪い領域に陥る。確かな状況または特質が，有害な結果または憂慮すべき結果をもたらし得るかは，必ずしも確かではない。因果関係も，規定するのが困難なだけではなく，しばしば不確実であり，複雑な組み合わせの中で散逸してしまう。環境法は，健康法と同様に，ここでリスク行政法に変化する。

183) C IV 3 および 4.

184) *Wahl*, Risikobewertung der Exekutive und richterliche Kontrolldichte, NVwZ 1991, S. 409 ff. この形象の批判者らのうちここでは，*Schulze-Fielitz*, Technik und Umweltrecht, in: Schulte (Hrsg.), Handbuch des Technikrechts, 2003, S. 474 ff. m. w. N. が言及される。

そして，それは専門知識を通例的ないし強力に取り込むことの中に示されている。どちらも原則的に，散発的にのみ，不確実性や不確定性を除去していればいいというものではない。専門知識の関与，つまり日常知識を超えた学問的にのみ分析されるべき分野的知識，研究および予測の関与は，劇的に増大した。したがって，環境法，技術法および健康法は，専門家問題[185]にとっての最も重要な適用事例となった。事項問題は，学問的または技術的専門知識の援用が行政活動に常に伴うことになるほど複雑であり，その応答の仕方において不確実である。それゆえ，これらの領域は，初めから事物の性質上，学際的である[186]。専門家問題から，次いで，非常に困難で永続的にほとんど解決しえない任務が生じる。すなわち，行為の効率性だけでなく，決定の正統化可能性も必要とされるのと同様に，一方では政策および行政による責任ある決定と，他方では技術的な専門知識とを，相互に分類する任務である。

6．環境法の憲法による刻印

環境法においても，公法は，行政法と憲法という二重の姿で現れた。ここでは，憲法による刻印が，その基本的命題の証拠として，具体例に則して示される。環境法では，憲法の関与は，環境憲法それ自体においてすら，自立したものとなった。それは，環境法における憲法の重要性を目に見える形で示している。教科書は，この分野化された憲法——そう呼んではどうかと思うが——に広くページを割く。その際，主として，環境法における基本権や憲法原理の適用が問題となり，他方で，基本法20a条の国家目標規定の場合のように，環境

185） それにつき今日では包括的に，*Voßkuhle*, Die sachverständige Beratung des Staates, in: Isensee/Kirchhof (Hrsg.), Handbuch des Staatsrechts, Bd. 3, 3. Aufl. 2005, § 42; 以下も参照。*Schulze-Fielitz*, Technik (Fn. 184), S. 449:「技術的および自然科学的な専門知識の自立性」; *Scholl*, Der private Sachverständige im Verwaltungsrecht, 2005; Fehling, Verwaltung zwischen Unparteilichkeit und Gestaltungsauftrag, 2001; *Seidel*, Privater Sachverstand und Staatliche Garantenstellung im Verwaltungsrecht, 2000. 専門家らが中心的に共同作業にあたっているところの決定的な問いの一つは，十分に安全だと確実に言えるのはどのような場合か，である。

186） それにつきここでは，*Salie*, Technikrecht und Ökonomische Analyse, in: Schulte, Technikrecht (Fn. 184), S. 73-110; *Vec*, Kurze Geschichte des Technikrechts. 当初から第一次世界大戦まで，in: Schulte, Technikrecht (Fn. 184), S. 3-60 のみを挙げておく。

に焦点を合わせた憲法の内容が問題となる。第一のグループに属するのは，基本権問題である。基本権問題は，環境法において，防御次元でも保護次元でも大きなプレゼンスを持っていたし，今でもそうである。他方のグループ，すなわち環境に焦点を合わせた憲法は，基本法20a 条において表現された。長いこと議論され，激しく争われた憲法改正[187]は，少なくともそれが環境保護のテーマを憲法上のテーマとしたことには意義がある。このことはまったく必要不可欠であった。なぜなら，基本権が人間と国家との関係，および他者との関係を規律している一方で，人間とその環境（または共存世界とも定式化されたもの）との関係を規律してないからである。本来的に環境に関する命題として，国家目標は時間的に法律に先行してそこにあったわけではない。むしろ，憲法テクストに採用された国家目標は，一般環境法において表現されている保護目標や原則的な国家の義務を，事後的に格上げしたものである。

個別的な環境法律の憲法による刻印は，連邦イミッシオン防止法の下で，そして他でもない事前配慮概念の下でもみられる。国家の権限の内的限界づけは，国家による侵害可能性を大きく拡大する，この環境法の中心概念の下でも必要不可欠である。際限なき事前配慮は，その侵害水準をますます下へ手前へとずらすが，それはありえない。誰も，そのようなことを真剣に主張することはできなかった[188]。成功した概念形成によれば，学説や裁判は，事前配慮のための（憲法および単純法律上の）要件として，不安要因（Besorgnisanlaß）を挙げた。事前配慮が許容されるのは，学問的根拠によっても想起される不安要因がある場合である[189]。連邦イミッシオン防止法は，経営者義務（連邦イミッシオン防止法５条）と，環境法上の中心的規定である事後的命令（連邦イミッシオン防止法17条）の規律——それらは，古い工場の改装にとって大きな実践的意義を伴う——においても，短期の，しかし激しい論争を生じさせた[190]。

環境法における政治的に最も論争的な法領域である原子力法はなかでも，ま

187) そのことと解釈問題については，多くの文献が掲げられている基本法20a 条についての注釈を見よ。

188) 事前配慮に対する法的闘争は，示唆的な，それゆえ役に立たない「際限のない事前配慮はありえない（Keine Vorsorge ins Blaue hinein）」という標語の下で行われた。

189) この限界より下で，推測に基づく因果経過のみが問題となる場合には，その不安に対する事前配慮により侵害することはできない。

さに最も論争的であるがゆえに，憲法上の議論に長く随行した。一方では工場施設の周辺に住む人間に対する保護義務が，他方では経営者の基本権が，ほとんどすべての単純法律上の問題設定に含まれていた。基本権は絶え間なく単純法律上の適用問題に映りこんだ。このことはしばしば基本権ごとに，そして当事者ごとに生じたが，紛争当事者の総和でみれば，憲法は完全に裁判の俎上にのった[191]。諸裁判所により，例えば，次のことが決められた。原子力が一般に許容されるかどうか，許認可が裁量に任せられてよいかどうか，事後的命令の射程がどの程度かということである。結果として，原子力法はすぐれて憲法を通じて作用する法となる[192]。伝統的な法領域である水法は，連邦憲法裁判所の水管理法（WHG）決定[193]によって深く基礎づけられ，明確に方向づけられたのである。

7．当初からヨーロッパ化された法としての環境法

新たな言及と強調を要するのは，環境法が，国家法において取り上げられ，体系的に形成されるや否や，急速に共同体法の増大する影響の下に置かれたことの確認である（ヨーロッパ化された法としての環境法，共同体法と国家法の結合としての環境法）。大気汚染防止法や水法は，立法により並行的に，もちろん共同体法の優位と国内法化の義務を伴って進展した。共同体法の著しい増加により——ヨーロッパ共同体設立条約174条にはEU固有の自律的権限がある——，ドイツ法は高度に国内化のための法となり，ドイツの立法者は国内法化する立

190） *von Mutius*, Bestandsschutz bei Altanlagen, in: Umwelt/Verfassung/Verwaltung（Veröff. d. Instituts f. Energierecht zu Köln），Bd. 50, 1982, S. 203 ff.; *ders.*, Immissionsschutzrechtliche Vorsorge und Bestandschutz bei Altanlagen. Rechtsgutachten im Auftrag des VDE, 1982. その所見は以下の文献により批判された。*Sendler*, Wer gefährdet wen: Eigentum und Bestandschutz den Umweltschutz－oder umgekehrt?, UPR 1983, S. 33 ff. und 73 ff.; *Sach*, Genehmigung als Schutzschild, 1994, S. 95 ff., 100 ff. 例えば，連邦イミッシオン防止法17条の下では，存続保護，信頼保護および経営者義務が問題となっており，所有基本権の部分的な開放性が明らかとなった。

191） *Wahl*, Genehmigungstatbestand und Dynamisierung der Schadensvorsorge, in: Ossenbühl (Hrsg.), Deutscher Atomrechtstag 2004, 2005, S. 15 ff.

192） 原子力法が比較的古く（1959），政治的論争が少ないがゆえにあまり改正されえなかったという状況も，この結果に寄与した。そこで，その補充は判例法に委ねられた。

193） BVerfGE 58, 300.

法者となった。ドイツの法律における多くの，非常に多くの規定は，その内容，とりわけその「目的」[194]と権限において共同体法に由来する。ドイツ環境法は，時間的にも内容的にも，国内法化の義務づけを追いかけるサイクルに移行した。立法は，それが独自の決断や権限から生じることはますます稀となる一方で，跡づけ的に国内法化することで，共同体法に従っている。国内法化が遅れたために不完全な仕方で，立法が行われることもしばしばである。

ヨーロッパの影響は，70年代初頭から量的に増大しただけではなく，質的にも変化した[195]。初めに，異なる限界値を見込んだ大気汚染防止指令があり，すぐに環境法の第一次法的基礎が[196]，その後に独自の立法的構想を追求する指令が続いた（環境全体への連関，相互作用の考慮，統合された許認可）。それらは，ドイツ法の蓄積をもちろん非常に深く侵害し，ヨーロッパ化の真の挑戦となった。ヨーロッパ法から，今日，異なる個別の規律だけではなく，異なる体系的な構想がもたらされ，それは，——もちろん——それほど簡単にはめ込まれることも，摩擦なくはめ込まれることもない。この素材は，環境影響評価指令や，環境汚染の統合的な回避および低減に関する指令の際の国内法化の議論を支配し，今日では情報自由に関する指令の際の国内法化の議論を支配している。

---

194) ヨーロッパ共同体設立条約249条３項：「指令は，達成されるべき目標については名宛人たる各構成国を拘束するが、形式および手段についてはその選択を国内機関に委ねる」。

195) それに対応する適合圧力や代替戦略については，許認可法を例として，*Wahl*, Genehmigungs- und Umweltrecht（Fn. 50）, S. 248 ff.

196) ヨーロッパ法および国際法における事前配慮原則（precautionary principle）に関するヨーロッパ共同体設立条約174条につき，*Appel*, Europas Sorge um die Vorsorge, NVwZ, 2001, S. 395 ff.; *ders.*, Staatliche Zukunfts- und Entwicklungsvorsorge（Fn. 156）, S. 199 ff., 202 ff., 国際法の事前配慮原則につき，S. 217 ff., 227 ff.; *Erben*, Das Vorsorgegebot im Völkerrecht, 2005（海洋環境保護，オゾン層保護，気候保全，外洋漁業，遺伝子組み換え生物の取り扱い，WTO における健康警察措置および植物保護措置における国際法的な条約実践の関連諸領域を取り上げている）; *O'Riordan/Cameron*, Interpreting the precautionary principle, 1994; *Rehbinder*, Das Vorsorgeprinzip im internationalen Vergleich, in: Battis/Rehbinder/Winter（Hrsg.）, Umweltrechtliche Studien, Bd. 12, 1990.

Ⅳ．リスク

1．新たな中心概念としてのリスク

1980年代において，リスク概念[197]のますますの台頭，この新たな中心概念の興隆は，新たな問題の重心，あるいは新たな行政の類型[198]をも予告していた。「リスク行政法」[199]なる新語の創設は，ともかくもこのような方向性を志向するものである。自然科学の領域において長らく既知であったこのリスク概念が，法においてなじみ深いものとなったのは，環境法における個別的な使用（何よりもまず原子力法における残存リスクとして）にその端緒を有しており，その後次第に，環境法・技術法[200]と称される法素材への移行が生じた。この法

197） *Wahl/Appel*, Prävention und Vorsorge（Fn. 154）, S. 84 ff., 92 ff., 106 ff., *Wahl*, in: Landmann/Rohmer, Umweltrecht, Bd. IV, Vorb. GenTG Rn. 10-20; §6 Rn. 32-72; *ders.*, Risikobewertung und Risikobewältigung im Lebensmittelrecht, ZLR 1998, S. 275 ff. 全般については以下も参照。*Dietrich Murswiek* und *Bernhard Schlink*, Die Bewältigung der wissenschaftlichen und technischen Entwicklungen durch das Verwaltungsrecht, VVDStRL 48（1990）, S. 208 ff., S. 235 ff. 広範な議論のうち，それぞれの引用文献も含め，議論の当初および現状について論じるものとして，*Scherzberg*, Risikosteuerung durch Verwaltungsrecht: Ermöglichung oder Begrenzung von Innovationen?, VVDStRL 63（2004）, S. 214 ff.; *Lepsius*, ebd., S. 264 ff.; *Stoll*, Sicherheit als Aufgabe von Staat und Gesellschaft, 2003; *Böhm*. Risikoregulierung und Risikokommunikation als interdisziplinäres Problem, NVwZ 2005, S. 609; *Kahl*, Risikoverantwortung als Teil der Innovationsverantwortung, DVBl. 2003, S. 1105 ff.; *Schulze-Fielitz*, Technik（Fn. 184）, S. 443.

198） この点の詳細については，*Wahl*, Risikobewertung（Fn. 197）, S. 278-291; UGB-KomE（Fn. 170）, S. 439. 環境法典の委員会草案２条は，「危険（Gefahr）」および「リスク（Risiko）」の概念の明示的な定義を含んでいる。それによれば，リスクとは，「実際上排除しえないと思われる限りで，本法の保護法益に対する単に軽微とはいえない有害な影響をもった侵害の可能性」とされている。同草案２条６号は，まず環境リスクを定義し，次いで「環境危険」につき，「その発生蓋然性の程度およびあり得る損害の範囲にかんがみもはや受忍することはできない環境リスク」と規定している。*Schlacke*, Risikoentscheidungen im europäischen Lebensmittelrecht, 1998.

199） *Di Fabio*（Fn. 42）.

200） クレプファーの概念使用。同氏は特に技術法についても論考を発表している。例えば，*Kloepfer*, Technikentwicklung und Technikrechtsentwicklung, 2000; *ders.*, Technikumsteuerung als Rechtsproblem, 2002; *ders.*, Technik und Recht im wechselseitigen Werden, 2002; *ders.*, Kommunikation - Technik - Recht, 2002.; *Schulte*（Hrsg.）, Handbuch des Technikrechts, 2003.

素材は，そこからリスク（行政）法の適用領域へと広く開かれていたものであり，とりわけ薬品法，食品衛生法，遺伝子工学法，およびその他の現代テクノロジーにかかる法を包含するものであった。新たな法概念としてのリスクが創案され，さまざまな法律（たとえばとりわけ遺伝子工学法６条[201]）や環境法典の法典化プロジェクト（UGB-K）[202]，および体系化する文献[203]などにおいて定着した。

注目に値するのは，かつては自然科学的に把握されていたリスク概念が法において承認されることにより，同時にきわめて広範な概念分野が定着したということである。リスクという指導概念は，急速に，概念誘導体（Begriffs-abkömmlingen）と称されうる諸概念，たとえばリスク調査（Risikoermittlung），リスク知覚（Risikowahrnehmung），リスク処理（Risikoverarbeitung），リスク査定（Risikoabschätzung）といった諸概念によってとり囲まれた[204]。これらの随伴的な諸概念においてすでに，（リスクパラダイムの）リスク法の決定的な特徴は明らかである。その中心に置かれているのは，プロセス的な諸観念である。すなわち，リスク調査の方法およびリスク査定の仕組み，このリスク査定に参加する学識経験者や専門家の確定の仕組みのようなプロセス的な諸観念である。法的規律の直接の重心は，あるリスクがどの程度の高さまで許されるかという問題にあるのではない。法的規律が目指すのは，たいていは，次のことである。すなわち，そのリスクが具体的な事案において発生しうるか否かを，誰がいかなる方法で，そしていかなる専門知識を考慮に入れて確認することが許されるのか，ということである[205]。リスク概念が，そこまではある行動が許容される実体的な閾値を一見示しているような場合でも，詳細に見れば，その実体的問題――たいていは判断不能ないし規律不能であるが――は，いかにしてある

201） *Wahl*, in: Landmann/Rohmer, Umweltrecht, Bd. IV, GenTG §6, Rn. 13 ff., 25 ff.

202） UGB-KomE（Fn. 170），§2 Nr. 4 und 5, この点については S. 439-442.

203） 注197）も参照。

204） *Schlacke*, Risikoentscheidungen im europäischen Lebensmittelrecht, 1998, S. 20-43, 136, 154, 253 ff.; *Falke*, Institutionen zur Risikobewertung und Risikomanagement im In- und Ausland, 2003; *Böhm*. Risikoregulierung und Risikokommunikation als interdisziplinäres Problem, NVwZ 2005, S. 609; *Appel*, Staatliche Zukunfts- und Entwicklungsvorsorge（Fn. 156），S. 164-166, および *Di Fabio*（Fn. 42.），S. 128 ff., 142 ff. -145, 154 ff. も参照。

結論に至りうるかを確定する手続的・権限的規律に解消される。

2．法概念のリスクからリスク社会の法へ

法におけるリスク概念の台頭は，環境概念の場合と同様に，新たな観察の方法および新たな知覚の次元を示すものである。もとよりすべての安全法・警察法も，将来は不確かであり，そしてその不確かな将来において危険が迫っているという基本的な状況は了知していた。リスクという新たな中心概念が伝統的な危険（防御）の観念に加わったことは，意識の変化を示すものである。この新たな概念は，一方では技術的な事象の推移にかかるますます増大する複雑性に答え，他方では環境および周囲に対する知覚された影響に答えるものであった。不確実性および不確定性が，新たな中心概念に昇格したのである[206]。いまや，きわめて長大かつ複雑な因果関係が視野に入れられることとなる。ある行動の効果は，多様な領域および次元において辿られる。先述の計画および環境政策のところで分析したように，それと類似する（あるいはより弱められた）かたちで，ここでもまた，この意識の変化への応答にかかる多層をなすプロセスが確認されることとなる。このプロセスの最終段階において，リスク社会としての社会の自己知覚が存する。

法学的な作業の第一の層ないし段階では，新たな法規定に登場する概念と同じく，リスクは，法適用および法実務のために解釈学的に解釈されなければならない。たとえば環境法典の専門家委員会は，単純リスク（発生の蓋然性と損害の高さとの積）と，特別リスクとしての危険とを区別している[207]。その際に明らかなのは，たとえば遺伝子工学法と食品衛生法・薬品法というような，さ

205） リスク法は，十分な内容的基準を欠いているために，どの程度の高さまでリスクが許されうるのか，という問いの答えに貢献するところは少ない。とはいえ，リスク法は，そのリスクが具体的な事案において発生しうるか否かを，誰がいかなる方法で，そしていかなる専門的知識を考慮に入れて確認することが許されるのかを規定することはできるのであり，そして，実際にそうしている。

206） *Ladeur*, Die Akzeptanz von Ungewißheit, in: Voigt (Hrsg.), Recht als Instrument der Politik, 1986; *Appel*, Staatliche Zukunfts- und Entwicklungsvorsorge (Fn. 156), S. 145 ff. 不確実性のテーマは，とりわけ可動式通信・電磁波スモッグ問題の際には裁判判決の対象となっている。この点については，注219)。

207） リスク概念については，Entwurf der UGB-KomE (Fn. 170).

しあたってはきわめて多様で相互に全く無縁のように見える数々の法分野が，この新たな中心概念によって一つの体系的な統一性を獲得するに至り，一つの整合的な問題領域へと進展している，ということである。この点における洞察は，解決方法の相互交流および体系的な認識を容易にした。

第二の段階では，次に，これら共通の法領域ないし法分野の特性が中心点に置かれることになる。この点について革新が不可避であることは，すでにウド・ディ・ファビオの先駆的業績のサブタイトルにおいて示されている。いわく，法治国家におけるリスク判断：公法における解釈学の変遷について[208]。

きわめて急速に，既述の**第三の段階**が，この法素材の取り扱いの中で見出されることとなった。すなわち特別の国家任務についての再考，国家の変容および国家任務の理解の変容についての再考である。とりわけウルリヒ・ベックによる社会学的な熟考を基礎に，リスク社会[209]という，当時の人々を熱狂の渦に巻き込んだ概念をもって，リスクへの事前配慮にかかる国家任務に関する観念が発展させられる。リスク・将来への事前配慮は，とりわけイーヴォ・アペルによって，包括的に新たな国家任務として発展させられる[210]。そのタイトルもまた啓発的である。すなわち，「将来・発展への国家の事前配慮。公法の解釈学の変遷について。環境法における持続的発展の観念を例に」[211]とされている。この業績は，行政法の新たな方向づけを志向するものであり，その際に中心をなしているのは，行政法における伝統的・限定的な将来への連関と，今日的・拡張的な将来・発展への伸長との対置である。

3．リスク・事前配慮・危険

さらに続けて，リスク判断の全分野における基本概念を明らかにするという，それ自体として注目に値する試みは，ここでは詳細には追求しないこととす

208）タイトルの全文は次のとおり。*Di Fabio*, Risikoentscheidungen im Rechtstaat; Zum Wandel der Dogmatik im Öffentlichen Recht, insb. im Arzneimittelrecht, 1994, S. 11 ff.（行政法の発展段階）, S. 445-472（解釈学における変遷）.

209）*Beck*, Risikogesellschaft, 1986.

210）*Appel*, Staatliche Zukunfts- und Entwicklungsvorsorge（Fn. 156）.

211）同書における詳細な（そして同書の基礎をなす）「変遷を被った国家任務の視角」については，*Appel*, ebd., S. 42 ff.

る[212]。特に，次の点が関心事とされてきた。それは，危険，事前配慮，リスクという諸概念を一定の整序された関係に置くことである。この議論の内部においては，伝統的理解の変容について，充分に基礎づけられた多くの提案が存する。伝統的に受け継がれてきたのは，残存リスク，事前配慮，危険，の三図式である。より立ち入ったかたちでの洞察を通じ，これとは別の三図式に長所があることが示された。すなわち，残存リスク，単純リスク，高められたリスクとしての危険，の区別である[213]。

前述の第二の段階は，リスク行政法にあっては重要であり，法的革新が生じた分野である。その革新のいくつかは，環境法・技術法の交差領域を契機としてすでに論じたところである。不確実性・不確定性のような中心的諸概念と，リスク調査・リスク評価のプロセス的な技術は，リスク行政法の法的性格をも強度に特徴づけている。同様に，ここにおいては，技術的な規格，およびその規格に対する法的要請にかかる広範な問題領域も見出される[214]。

ここでは，学問的な審議と政治的・行政的決定との合流にかかる諸モデルもまた重要な場所を占める[215]。その際，近年では，次のような認識が広く受け入れられている。すなわち，リスク判断は，技術的・学問的な専門知識と政治的・法的責任との混合物を含んでいる，という認識である。認識の基礎が不確

212) この点についての若干の考察は，*Wahl*, Risikobewertung (Fn. 197).

213) 省略された原典については，*Wahl*, Risikobewertung (Fn. 197)に示されている。

214) *Müller-Graff* (Hrsg.), Technische Regeln im Binnenmarkt, 1991; *Marburger*, Die Regeln der Technik im Recht, 1979; *ders.* (Hrsg.) Technische Regeln im Umwelt- und Technikrecht, 2006; *Jörissen*, Produktbezogener Umweltschutz und technische Normen, 1997; *Breulmann*, Normung und Rechtsangleichung in der Europäischen Wirtschaftsgemeinschaft, 1993; *Rengeling* (Hrsg.), Umweltnormung, 1998; *Schulte*, Materielle Regelungen: Umweltnormung, in: Rengeling (Hrsg.), Handbuch zum Europäischen und deutschen Umweltrecht (EUDUR), Bd. 1, 2003, § 17; *Kloepfer*, Instrumente des Technikrechts, in : Schulte (Fn. 184), S. 111, 113 ff. 基準の法的意義，および反証可能な間接証拠としての技術的ルールの作用については，BVerwGE 79, 254, 264; BVerwG, UPR 1997, S. 101 f., この点については，*Kloepfer*, ebd., S. 145 ff.

215) 原則的な問題については，*Voßkuhle*, Beratung (Fn. 185), § 43 Rn. 17-23，私人による学識的な答申の危険の潜在性については，Rn. 50 ff., および Rn. 63 ff. (専門家の鑑定に関する法の一般的な解釈学の礎石); 以下も参照。*Di Fabio* (Fn. 42), S. 292 ff.: 薬品法上のリスク判断における学問への依存性について，S. 294 ff., 297 ff., 457 (協働的なリスクの内容形成); *Stoll*, Sicherheit als Aufgabe von Staat und Gesellschaft, 2003, S. 421 ff.

かになればなるほど，すなわちリスク認識が理論的・経験的に不確かになればなるほど，当該リスク判断の枠内においては，政治的・法的な構成要素，ならびに立法者，行政，および——その審査権の範囲に応じて——裁判所の評価権限がますます重要となる。そして観念上は，憲法上の保護義務が，あらゆる判断に先立ち，立法者が次の点について情報に基づく原則的決定を行なうことを要求する。すなわち，一定のリスクをともなうあるテクノロジーがそもそも許容されうるか否か，あるいはそのマイナス効果が制御ないし限定されうるという予測に根拠があるのか否か，という点である。

4．憲法による刻印

ここで言及したすべての（原則）問題は詳細な議論の対象となっており，これをさらにここで展開することはできない[216]。リスク法・技術法に固有の問題群を列挙する際，その頂点に位置するのは，次のような憲法上の諸問題である。すなわち，立法者の保護義務の範囲はどこまで及ぶのか，とりわけ事前配慮の領域においては，保護義務が存在するのか否か，という問題である。法律の留保にかかる諸問題が生じるのは，十分に安全だと確実に言えるのはどのような場合かについて定める者が立法者でなければならないか否か，が問われる場合である。狭義のリスク行政法にかかる主要問題は，規格化，すなわち技術的基準の設定をめぐる多くの問題に関わる。リスク行政法・技術法においては，技術的基準，すなわち立法者ないし行政によってではなく専門知識をもって作り上げられたルールに対する，渇望とも称しうる極めて強大な需要が存する。これによって，技術的規格の法規範化というテーマについて，国法上の，あるいは組織法上の問題にさらなる領域が開かれる。解決が必要なのは，専門家（委員会）の正当性の問題，および専門知識と公的責任を負う判断との分類の構築である。

裁判判決や判例法の大きな役割というものは，リスク行政法においては見られない[217]。最も裁判になりやすいのは，遺伝子工学法にかかる諸事件[218]，ならびに数の上で頻繁に登場する，可動式通信用施設および電磁波の影響をめぐ

216) 最近のものとして，*Scherzberg* und *Lepsius*, Risikosteuerung (Fn. 197), S. 214, 264 ff., およびそこに引用されている多くの文献を参照。

る争訟である[219)]。技術法のその他の部分では，不確実性および不確定性という中心的なテーマと結合した諸問題が浸透しているようであり，それゆえに，リスクの内容的・実体的な評価が問題となる限りにおいて，この部分で裁判による法的保護が得られるのはおよそ困難である，との評価が支配的なようである。技術法において典型的な評価の余地・主張可能性の余地・衡量の余地は，執行府を強化し，これに対応して逆に，裁判所の統制密度を限界づける[220)]。内容的なリスク評価は，裁判所に対し，専門家の鑑定意見を求めた場合においてもおよそ困難をもたらしうるのみであり，あるいは現状の変更となりうる。この法領域全体における規律の構造によれば，判断あるいは統制の出発点はむしろ，そしてほぼ専ら，リスク探知・リスク判断・リスク評価の手続である。

217）例えばBVerwGE 81, 12－旧植物防疫法15条にかかるパラコート事件。これについては，個別的・散発的な判例が出されており，一定の広範にわたる作用を有している。裁判所へ訴える道は，この分野では他の法分野ほどには広がっていない。

218）裁判所に対する官庁の評価特権にかかる問題については多くの判例がある。BVerwG, NVwZ 1999, S. 1232（= DVBl. 99, S. 1138; OVG Berlin, NVwZ 1999, S. 96）; VG Freiburg, ZUR 2000, S. 216 mit Anm. *Ginzky*, VGH Mannheim DVBl. 2001, 1463; 判例に対する批評として; *Kroh*, Risikobeurteilung im Gentechnikrecht-Einschätzungsspielraum der Behörde und verwaltungsgerichtliche Kontrolle DVBl 2000, S. 102 ff.; Die Zentrale Kommission für die Biologische Sicherheit, ZUR 2001, S. 61, 65; 批評として，*Guy Beaucamp*, Zum Beurteilungsspielraum im Gentechnikrecht, DÖV 2002, S. 24 ff.; 遺伝子工学の当初からの国際化，および国際比較的な視角については，*Dederer*, Gentechnik im Wettbewerb der Systeme, 1998.

219）非熱的放射，とりわけ可動式通信にかかるケースについては相当数の訴訟が存在する。いわゆる電磁波スモッグについては，*Murswiek*, Umweltrecht und Grundgesetz, Die Verwaltung 33（2000）, S. 241, 249 ff.; BVerfG（Kammer）, NJW 1997, S. 2509（= JZ 1997, S. 897）mit Anm. *Determann*, NJW 1997, 2501 ff.; *Di Fabio*, Rechtsfragen zu unerkannten Gesundheitsrisiken elektromagnetischer Felder, DÖV 1995, S. 1; BVerfG（Kammer）, NJW 2002, S. 1638－可動式通信。これについては，*Murswiek*, Ausgewählte Probleme des Allgemeinen Umweltrechts, Die Verwaltung 38（2005）, S. 254（そこに引用されている文献，および専門裁判所の判決も参照）.

220）リスク行政法における衡量・裁量・主張可能性にかかる条項については，*Scherzberg*, Risikosteuerung（Fn. 197）, S. 224 で示されているもの，および重要判例たる BVerwGE 81, 12－旧植物防疫法15条にかかるパラコート事件を参照。これについては，*Di Fabio*（Fn. 42）, S. 276.

5．技術法について

リスク行政法と密接に結合した技術法[221]においては，とりわけ技術法というものは単に限界づけ，統制する法であるのみならず，可能にする法（Ermöglichungsrecht）でもある，との洞察が進展した[222]。技術法は，その保護委託に従い，一方では危険除去およびリスク減少という意味において技術発展を限界づける。かつては主として考慮されてきたこの側面に対し，他方で，新たなテクノロジーの影響の新規性，および拡大した不確実性に行動指針を付与する法的な規律を通じ，技術・テクノロジーの可能化が生じている。この基本思想は，現行の環境法・許認可法の構造と接合しうる。これはちょうど，その基本思想が，情報法・コミュニケーション法，ならびに民営化効果法の内容形成の際にあらかじめ考慮に置かれうることと同様である。

V．民営化――規制緩和――迅速化

1．（法）政策的目標としての規制緩和，民営化および迅速化

新たな社会的挑戦への公法の応答は，――当然のことだが――リスク管理につきるものではない。むしろこの10年から15年の間，行政法の根本的な変化，再構築，改革および現代化といった言葉が特に頻繁に聞かれるようになっている。このような改革論議（これについては，後述７参照）の背景あるいはきっかけとなっているのは，多くの諸国において同時並行的に進行している現代化政策であり，一般には「規制緩和，民営化そして迅速化」という３つの概念によって知られるようになったものである[223]。これら３つの政策目標に共通する国際的な方向は，当然ヨーロッパレベルを含んでいるが，それだけに尽きる

221） *Schulte* (Hrsg.), Handbuch des Technikrechts, 2003; *Franzius*, Technikermöglichungsrecht, Die Verwaltung 34 (2001), S. 487; *Kloepfer*, Recht als Technikkontrolle und Technikermöglichung, in ders./Brandner/Meßerschmidt, Umweltschutz und Recht, 2000, S. 109; *Stoll*, Sicherheit als Aufgabe von Staat und Gesellschaft, 2003.

222） 技術と法，および技術法のアンビバレンスにかかる，多様に分岐する原理的な議論を示したものとして，*Schulze-Fielitz*, Technik (Fn. 184), S. 443; *Vieweg* (Hrsg.), Techniksteuerungsrecht, 2000.

ものではない。ここでいう国際性とは，各国の国民経済が参加する競争状況を意識することをも意味しており，このような競争状況は，お互いの法秩序間の関係にも独特の影響を及ぼしている[224]。すなわち，規制緩和および民営化政策を促す様々な刺激のかなりの部分が外国に由来するものである場合には，外国の法が模範となり，あるいは少なくとも自国の法との比較の対象となるのも，驚くにはあたらない。したがって，通信法または郵便法のような分野における民営化措置または規制を行う場合の法政策は，ヨーロッパ法，国際法（たとえばWTO法），あるいはイギリスまたはアメリカのような先駆的諸国の，模範と考えられる法の，完全な（法的なあるいは事実上の）圧力下にあるとは言わないまでも，その強い影響を受けている[225]。民営化に関する法が，当初からヨーロッパの様々な準則および作用と関連していたことは明らかである。とりわけ通信法，郵便法，そして鉄道法の場合がそうである[226]。

223） 民営化の諸形式については，*Schuppert*, Verwaltungswissenschaft, 2000, S. 370 ff.（民営化の種類）; *Hoffmann-Riem/Schneider*（Hrsg.）, Verfahrensprivatisierung im Umweltrecht, 1996; *Schoch*, Privatisierung von Verwaltungsaufgaben, DVBl. 1994, S. 962 ff.; *Weiß*, Privatisierung und Staatsaufgaben. Privatisierungsentscheidungen im Lichte einer grundrechtlichen Staatsaufgabenlehre unter dem Grundgesetz, 2002; *J-Axel Kämmer*, Privatisierung. Typologie - Determinanten - Rechtspraxis - Folgen, 2000; *Burgi*, Funktionale Privatisierung und Verwaltungshilfe, 1999.

224） *Mehde*, Wettbewerb zwischen Staaten. Die rechtliche Bewältigung zwischenstaatlicher Konkurrenzsituationen im Mehrebenensystem, 2005.

225） 特に強い影響を与えたキーワードは，「立地競争」および「ドイツの立地への脅威」という言葉であった。これらの言葉は，投資家の地位の改善を求めるあらゆる期待および要求を束ねたものであった。なぜなら，様々な経済圏の競争の中で行動し，かつ移動する主体である投資家が，政治的および経済的思考においてのみならず，まもなく法政策的な議論においても，決定的な利害関係者になったからである。これについて奇妙なのは，立地という純粋に経済に関する概念が，特に深い考慮もなしに，法的または法政策的な議論に影響を与えたということである。

226） ヨーロッパ法の制定は，きわめて広範囲にわたっている。例えば，通信法の分野では，1984年の公的通信市場開放の第一段階に関する理事会の「勧告」から始まって，様々な法制定が行われてきた。鉄道および郵便の分野についても同様である。これらの発展の経過については，通信法，郵便法および鉄道法に関する最近のコンメンタール類の中で述べられている。鉄道，郵便および通信のヨーロッパ的および国際的な関連については，*Wieland*, in: Dreier（Hrsg.）, Grundgesetz, Bd. 3, 2000, Art. 87e Rn. 6 und Art. 87 f Rn. 5 ff. 参照。

国家の任務の変化に対する公法の応答には，２つの点で特徴がある。第一に，すでに見たように，挑戦に対して様々な抽象レベルおよび理論レベル（思考レベル）における複合的な処理が繰り返されていることである。第二に，近年および現在の挑戦を，新しい行政（法）学に導かれた行政法の根本的な再構築を求める機会としてとらえようとする傾向が広がっていることである。すなわち今度は，比較的限定された学問体系の内部でも，根本的な再構築の構想による応答がなされたのである（これについては，後述７）。この後者の，現在にまで深く関わる公法の発展段階については，時間の関係上簡単にしか言及できない。

２．法政策の諸分野

このような大きな挑戦は，幅広い対象および事柄の領域に及んでいるが，その一部はインフラストラクチャ全体の根本的な変化，すなわち，これまで国家が運営していた郵便，通信，鉄道，公営近距離交通の部分的または完全な民営化，および地方公共団体による公営企業のより民営化された形態への再編にかかわっている。言い換えれば，これまで自明のように思われていた公的な生存配慮から，経済的な意義を持つ企業（ヨーロッパ共同体設立条約16条による）への根本的な変化ということもできる。この言い方にもすでに，これらの改革がもつヨーロッパ的な，さらには国際的な背景がはっきりと示されている。まもなく，政治においても，法政策においても，任務の変化およびそれによって追求されている国家の負担軽減は，その目的を必ずしも国家が完全に手を引くことに見いだす必要はないことが認識されるようになった。単なる二者択一，すなわち国家の活動がすべてか零かではなく，適切で創造力に富んだ新たな中間的形態が可能であり，実際にも追求されてきたことが明らかになったのである。そこでインフラストラクチャの分野では，国家が完全に手を引くのではなく，国家の活動のレベルを相当程度引き下げることになった。国家は，インフラストラクチャに対する責任を持ち続けた（基本法87c 条４項，および87f 条１項）[227]。

227) *Hermes*, Staatlich Infrastrukturverantwortung. Rechtliche Grundstrukturen netzgebundener Transport- und Übertragungssysteme zwischen Daseinsvorsorge und Wettbewerbsregulierung am Beispiel der leitungsgebundenen Energieversorgung in Europa, 1998.

これによって，国家はインフラストラクチャに関するサービスを公共企業体を通じて自ら提供することを止め，これからは私企業がこれを「担当する」ことになる。しかし，憲法に定められたインフラストラクチャに対する責任に伴う公的な目的（公益目的）を達成するために，国家は民間のアクターに対する規制あるいは保障の任務を有する。このような，国家の任務の大幅な変化という基本構想の枠内において，民営化の程度および範囲についてはそれぞれかなりの違いがある。たとえば通信の分野においては，きわめて広範囲にわたる民営化が実現しており，通信サービスがもっぱら民間の株式会社によって提供されているのみならず，通信ネットワークも民間の所有となっている。国家には，インフラストラクチャの目的を保障するいくつかの手段（通信法２条２項１号から９号）および「規制」官庁としての権限だけが残されている[228)]。これに対して，部分的に民営化された鉄道の場合には，国家はまだかなり強い関わりを持っている[229)]。国家の役割を部分的に縮小するための第二の重要な方法として，任務の遂行にあたって行政と民間とが協同する場合がある。行政が単独で行動するのではなく，官民の異なる行動合理性が共に作用することによって利点を引き出せることを期待して，行政が民間のアクターと協力するのである（官民パートナーシップの考え方[230)]）。国際的に突き動かされている規制緩和および民営化の政策は，大規模な立法の企てあるいは大量の法案を伴わなければ実現できるものではなく，その一部は憲法の改正さえ必要とするものであった（基本法87e条およびｆ条）。任務の変化は，全く新しい法律，あるいは根本的に改正された法律が制定されたこと（通信法，鉄道再編法，一般鉄道法，郵便法，

228）任務に適した組織という要請に従い，民間のインフラストラクチャ企業に対する国家の新しい役割を反映した規制官庁の新たな組織類型が特別な注目を集めたのも当然のことである。*Röhl*, Die Regulierung der Zusammenschaltung, 2002; *Oertel*, Die Unabhängigkeit der Regulierungsbehörde nach §§ 66 ff. TKG, 2000; *Paulweber*, Regulierungszuständigkeiten in der Telekommunikation, 1999; 経済学的観点から *Knieps*, Ansätze für eine „schlanke" Regulierungsbehörde für Post und Telekommunikation in Deutschland, 1997.

229）もっとも，鉄道を経営する経済的企業は，「その経済的企業の活動が，鉄道路線の建設，維持および運営を含む限りは，連邦の所有とする」と定められているからではあるが。連邦はその持分を譲渡することができるが，その場合持分の過半数は連邦に残さなければならない（基本法87e条３項２文および３文）。

各州の公共近距離交通法など[231]）に目に見えて現れている。建築法における規制緩和措置，および許認可法および計画法における迅速化措置も，かなりの法律改正を必要とした[232]。そのため，これらの措置全体として，多数の立法の企てが，共通の政治的・経済的環境の中へ包み込まれて，そこから共通の基本的構想を得ることになった。具体的な法として実現することは，これまでも現在も，いくつかの中間的段階を経て行われる複雑なプロセスであり，ここではこのプロセスを，これまでと同様に，新たな国家の諸任務が法およびその様々な反映段階に及ぼす影響の三段階構想の枠組みで分析する。

重要でありかつ新しいことは，きっかけとなった社会・経済空間における変化が，第一義的にはドイツ起源のものではなく，他の諸国に由来していたこと

230） これについては，*Schuppert*, Grundzüge eines zu entwickelnden Verwaltungskooperationsrechts – Regelungsbedarf und Handlungsoptionen eines Rechtsrahmens für Public Private Partnership, Gutachten 2001; *Ziekow*, Verankerung verwaltungsrechtlicher Kooperationsverhältnisse（Public Private Partnership）im Verwaltungsverfahrensgesetz, Gutachten 2001, beide in: Bundesministerium des Innern（Hrsg.）, Verwaltungskooperationsrecht, 2001; *Ziekow*（Hrsg.）, Public Private Partnership – Projekte, Probleme, Perspektiven, 2003; *Tettinger*, Public Private Partnership, Möglichkeiten und Grenzen – ein Sachstandsbericht, NWVBl. 2005, S. 1-10.

231） 公共近距離交通法に関して，理論的観点からも，適用に関する部分においても重要な文献として，*Knauff*, Der Gewährleistungsstaat: Reform der Daseinsvorsorge. Eine Rechtswissenschaftliche Untersuchung unter besonderer Berücksichtigung des ÖPNV, 2004.

232） 迅速化の法律として，交通路計画策定迅速化法（1991），計画策定簡素化法（1993），許認可手続迅速化法（1996），ステンダール法（1993）およびヴィスマール法（1994）がある。文献は豊富にあるが，中でも，*Schlichter* u.a., Investitionsförderung durch flexible Genehmigungsverfahren: Bericht der Unabhängigen Expertenkommission zur Vereinfachung und Beschleunigung von Planungs- und Genehmigungsverfahren, 1994; *Ronellenfitsch*（Hrsg.）, Beschleunigung und Vereinfachung der Anlagenzulassungsverfahren, 1994; *Steiner*, Die Beschleunigung der Planung für Verkehrswege im gesamten Bundesgebiet, in: Blümel/Pitschas（Hrsg.）, Reform des Verwaltungsverfahrensrechts, 1994, S. 151 ff.; *Erbguth*, Zur Vereinbarkeit der jüngeren Deregulierungsgesetzgebung im Umweltrecht mit dem Verfassungs- und Europarecht – am Beispiel des Planfeststellungsrechts, 1999; *Lübbe-Wolff*, Die Beschleunigungsgesetze, in: Dally（Hrsg.）, Wirtschaftsförderung per Umweltrecht? Loccumer-Protokolle, 5/97, S. 88. Übersicht bei Blümel, in: ders., Beiträge zum Planungsrecht 1959-2000, 2004, S. 457 ff.; *Stüerl/Probstfeld*（Hrsg.）, Die Planfeststellung, 2003, S. 2-7.

である。振り返ってみると，迅速化政策および迅速化立法は，――最初はそのように理解されていなかったが――，**公法におけるグローバリゼーションへの処理の先駆者**であることが明らかである。認識および意識の変化によって，国内政治的な事情および国内法が，突然，他の諸国およびそれらの国々の法秩序との比較にさらされ，そこから多くの影響を受けることになった。これまで数十年間にわたり国内に向けた文脈において理解され，議論されてきたこと，さらに例えば許認可法のように，しばしばドイツ法の成功の歴史と見なされ，またそのように見なす十分な理由があったことが，突然，他の諸国の事情（あるいは，このような議論を主張する人々がそう考えたもの）との比較が今はじめて行われるようになり，そのために引き合いに出され，不十分だと批判されるようになったのである[233)]。

民営化と規制緩和に伴って生じた様々な変化の大きさを考えれば，このような変化に対して法がくり返し及ぼしてきた影響の方もまた，それ自体きわめて多種多様なものになったのも当然のことであった。かつての様々な発展の時にもまして，はじめから国家任務論が重要な役割を果たしていた。すでに何度も分析してきた様々な抽象レベルおよび思考レベルを，はっきりと見て取ることができる。議論の対象となったのは，適切な新たな法的規制およびふさわしい法制度を作り出すための改革だけではなかった。そうではなく，民営化および規制緩和計画を作るに当たって，国家の――正当な――任務設定について考えるための思考上の決定的な枠組みとなっていたのは，当初から国家理論上の諸構想であった。国家の撤退および負担軽減が必要となり，その後それが実際にも行われたときには，国家のイメージが，そして国家とその任務に関する議論が不可欠になった。公益観念が復活することになったのも不思議ではない[234)]。他にどのようにして，民営化された分野に対して国家の（監督）任務が残ることを理解し[235)]，「必要な」国家の任務を決めるというのであろうか[236)]。

以下では，紙幅の関係上，これまで普通に行ってきた三段階の分析を完全には行わないことにする。立法および行政実務がきわめて幅広いものであるとはいえ，第一段階の実定的な法素材は扱わない。以下の考察は，まず契機となっ

233) これについては，*Wahl*, Die zweite Phase (Fn. 11), S. 505 ff.

た国家論から始め，次いで法制度および法的仕組みの改革を扱う。

民営化というテーマは，――当然のことだが――すぐれて国家理論的なテーマであり，規制緩和の場合もこれと異ならない。すなわち，その核心においては国家と社会，国家と経済，そして国家の任務と個人の自己責任との関係の再調整が問題となっている。だから民営化というテーマは，過去数十年間における顕著な国家理論的な挑戦，あるいは――経済学者らの言葉を借りれば――最も重要な秩序政策上の挑戦となったのである。民営化が行われた場合（そしてそれが組織の民営化にとどまらない場合），すなわち真の任務の民営化，あるいはそれに近い形態の民営化が行われた場合には，それまで国家が決定していた行動分野が，社会経済的空間，とりわけ市場にゆだねられる。その背後にある国家論的アプローチは，これまで言われてきたように，過大な要求を課せられて任務の重い国家の負担を軽減して，国家をその中心的諸権限に立ち返らせ，国家に残される若干の――従来の――生存配慮の諸任務を，「サービス」あるいは「一般の経済的利益の職務」と解釈し直そうとするものであった（ヨーロッパ共同体設立条約16条）。

3．国家論的レベル

しかし，国家論的な議論は，民営化および規制緩和が始まるときにだけ行われたわけではない。民営化が進めば進むほど，国家論的な議論は，いっそう民営化の結果および目標へと向けられるようになった。この段階になると方針が

234） *Wahl*, Privatorganisationsrecht als Steuerungsinstrument bei der Wahrnehmung öffentlicher Aufgaben, in: Schmidt-Aßmann/Hoffmann-Riem（Hrsg.）, Verwaltungsorganisationsrecht als Steuerungsressource, 1997, S. 335 ff. 公共の福祉概念のルネサンスについて; *Münkler/Fischer*（Hrsg.）, Gemeinwohl und Gemeinsinn im Recht, 2002; *Schuppert*, Staatswissenschaft, 2003, S. 218 ff.（Kap. 2: Auf der Suche nach Kulturen des Gemeinwohls）= *ders.*, in: ders./Friedhelm Neidhardt（Hrsg.）, Gemeinwohl: Auf der Suche nach Substanz, WZB-Jahrbuch 2002, S. 19 ff. m. w. N. Mehrere Bände der Forschungsberichte der interdisziplinären Arbeitsgruppe „Gemeinwohl und Gemeinsinn“ der Berlin-Brandenburgischen Akademie der Wissenschaft, 2001 ff.

235） このような任務は，「広域的な供給」あるいは「適切な価格での」供給というように保障の目標が確定していた狭いインフラストラクチャ分野においてはうまくいった。

236） *Gramm*, Privatisierung und notwendige Staatsaufgaben, 2001.

分かれた。多くの経済学者および秩序政策担当者は，民営化は完全民営化でなければならないのを当然と考え，これまでの国家の諸任務を最終的には完全に民間の責任へと移管し，一般的な法秩序によって規制するだけにしようとする。これに対し法政策において支配的になったもう一つの考え方は，民営化の形態がきわめて多様であって，それぞれの形態ごとに国家の撤退の範囲および程度が異なることを前提としていた[237]。決定的になったのは以下のような考え方であった。すなわち，政治的・実際的に関心の的となった一連のインフラストラクチャの諸分野については，民営化は国家の完全な撤退を意味するのではなく，国家の実質的な撤退と新たに構成される国家の積極的な保障任務あるいは規制任務との組み合わせからなる，国家活動の質的な変化を意味するのだということである。これによって，任務の変化および任務遂行の変化をどのように特徴づけるかに議論が集中することになった。郵便，通信または鉄道におけるサービスが民営化された後，国家になお残る任務，あるいは民営化によって新たに発生する国家の任務は何かということに，根本的な疑問が向けられているのである。このような内容豊富な国家論議の成果は，様々な民営化概念を分化させたことに表れており[238]，民営化概念の分化は，これと平行して進行した任務概念——あるいはその中で重要な位置を占める責任概念——の分化と内的な関連を有している。このような道具立てによって準備されたことにより，数々の民営化現象を——すべて国家論的レベルにおいて——遂行責任[239]から保障責任への転換として構想し，理解することが可能になった。従来の一体的な責任概念を，国家の遂行責任，規制責任，保障責任，監督責任，監視責任，そして補充責任[240]に類別することが，構想上の重要な手段であることが明らかになった。

インフラストラクチャの分野における新しい行政像は以下のようなもので

237） *Wahl*, Privatorganisationsrecht（Fn. 234）, S. 335 ff.

238） 注223）に挙げたものの他，*Wahl*, Privatisierung im Umweltrecht, in: Gusy（Hrsg.）, Privatisierung von Staatsaufgaben: Kriterien - Grenzen - Folgen, 1998, S. 260, 263 ff. も参照。

239） 国家がすべてを行い，国家が任務を定め，国家が公務員を動員し，国家が公法によって活動の規則とプログラムを定め，国家がすべての資金を出し，国家がすべての手続を実施する。

あった。すなわち，インフラストラクチャサービスは（それぞれ違った形態において）民営化され，行動主体は今や経済的企業である（基本法12条，基本法87e条3項）。しかし国家は，重要な諸目標（たとえば「全国的，適切，かつ十分なサービス」）が維持されるように配慮する権利および義務を有する。すなわちより正確に言えば，国家は，法秩序により，そして新たな組織単位，すなわち規制官庁を設立することにより，これらの目標が維持されることを「保障」しなければならない。これに対応して**保障国家**[241]という概念が形成されたことに，国家論的な背景が常に存在していることがはっきりと示されていた。ここでも，これまで何度もみてきたように，新しい行動領域が新しい国家類型の表れと理解されるという，最後のステップが踏み出された。これと同じ長い道のりをたどったのは，これに関連したもう一つの大きな行動分野，すなわちすでに何度も述べてきた，一方的に公権力を行使する国家から，急速に知られるように

240） 個別の責任類型について，および責任段階の考え方については，*Schmidt-Aßmann*, Verwaltungsverantwortung (Fn. 181), S. 221, 231 ff.; *ders.*, Zur Reform des Allgemeinen Verwaltungsrechts, in: Hoffmann-Riem/ders./Schuppert (Hrsg.), Reform des Allgemeinen Verwaltungsrechts, 1993, S. 43 f.; *ders.*, Das allgemeine Verwaltungsrecht (Fn. 42), S. 170 ff.; *Hoffmann-Riem*, Tendenzen in der Verwaltungsrechtsentwicklung, DÖV 1997, S. 433 ff.; *ders.*, Verantwortungsteilung als Schlüsselbegriff moderner Staatlichkeit, in: FS Vogel, 2001, S. 47 ff.; *Schuppert*, Verwaltungswissenschaft (Fn. 223), S. 400-419; *ders.*, Staatswissenschaft (Fn. 234), S. 289-296; *Trute*, Verantwortungsteilung als Schlüsselbegriff eines sich verändernden Verhältnisses von öffentlichem und privatem Sektor, in: Gunnar Folke Schuppert (Hrsg.), Jenseits von Privatisierung und schlankem Staat: Verantwortungsteilung als Schlüsselbegriffs eines sich verändernden Verhältnisses von öffentlichem und privatem Sektor, 1999, S. 136 ff.; *Voßkuhle*, Beteiligung Privater an der Wahrnehmung öffentlicher Aufgaben und staatliche Verantwortung, VVDStRL 62 (2003), S. 268, 285 m. w. N.

241） 保障国家については，*Hoffmann-Riem*, Vom der Erfüllungs- zur Gewährleistungsverantwortung－eine Chance für den überforderten Staat, in: ders. (Hrsg.), Modernisierung von Recht und Justiz, 2000, S. 15 ff.; *Schuppert*, Verwaltungswissenschaft (Fn. 223), S. 933 ff., 939 ff.; *ders.*, Staatswissenschaft (Fn. 234), S. 289 ff., 441 ff., 571 ff., 585 ff.; *Voßkuhle*, Beteiligung (Fn. 240), S. 266; *Schuppert*, Der Gewährleistungsstaat－modisches Label oder Leitbild sich wandelnder Staatlichkeit?, in: ders. (Hrsg.), Der Gewährleistungsstaat－Ein Leitbild auf dem Prüfstand, 2005; *Hoffmann-Riem*, Das Recht des Gewährleistungsstaates, in: ebd., S. 89 ff.; *Franzius*, Der „Gewährleistungsstaat“－ein neues Leitbild für den sich wandelnden Staat?, Der Staat 42 (2003), S. 493 ff.

なった官民パートナーシップの形態にもっとも良く現れているような，民間と協力する協調的・協同的行政への変化においてもそうであった。あらゆる形態の協同あるいは任務分担にとって支配的な観念として，責任分担の構想が生み出された[242)]。さらに一歩を進め，思考過程を要約して，国家論的な議論の狙いは，議論を要領よくまとめ，さらに議論を高めることを意図した，国家像あるいは行政の理想像[243)]を作り上げることにおかれたのである。

4．保障法および規制法

このような国家論的議論の広がりと根本性，ならびに民営化および規制緩和政策の実際政策的な重要性を考えれば，一般的な任務論と実定法あるいは具体的な法政策とを結びつける必要が大きいことは，自ずから明らかである。これまで何度も述べてきた，システム形成と新たな制度の構築という第二のレベルが，これほど内容豊富な新たな発展を遂げることは滅多にないことであった。また，上述のような国家任務についての活発な議論および憲法改正が行われたことを考えれば，ここでも憲法的特徴の典型的なメルクマールが豊富な形で存在していたこともまた明らかである。新たな観念および制度の必要性が，多くの論者によって唱えられた。２つの（相競合する？）アプローチが出現した。すなわち**保障**（行政）法説と**規制**（行政）法説である[244)]。どちらの学説も，民営化後の法的状況，すなわち民営化の帰結という問題領域を，概念化し，体系的に解明しようと試みた。すでに言及したような，責任概念を複数の下位概念

242）一つの留保が必要である。すなわち，規制責任および保障責任といった国家の負担軽減のシナリオ，ならびに官民パートナーシップおよび協同にあたっては，国家が今や背負わされた要求の多い仕事をいかにして果たすことができるのか，公的な行動合理性と私的なそれとがぶつかり合うときに，国家が履行責任（保障責任）および規制責任を果たす力を持っているのかという，差し迫った問題が生ずる。当時よく使われた比喩的表現でいえば，これからは国家は船をこぐのではなく，かじを取るべきだという言い方がある。船の中にこれほど強力で強情なこぎ手がいるときに，国家は船のかじを取り，進路を変える力をどこから得るというのであろうか。この構想が維持できるかどうかはまだ分からない。

243）*Voßkuhle*, Der „Dienstleistungsstaat“. Über Nutzung und Gefahren von Staatsbildern, Der Staat 40（2001）, S. 495 ff.; *Münkler*, Politische Bilder, Politik der Metaphern, 1994.

に類別すること，規制された自己規制の観念も，このような試みに属する。さらに，人々は再び概念整理の努力に立ち戻ってきた。鍵概念の理論[245]が明示的に展開され，この理論によって，各自が新たに作り出した概念が，指導概念または鍵概念，そして新たな法による決定的な道標へと高められた。いわゆる鍵概念は，国家任務のレベルと解釈論上の観念との間を媒介する役割を果たしている。

このような文脈の中で，高権委託[246]のような古い制度が，新たな注目を集め，あらたな輪郭を与えられることになった。行政への私人の参加という，最初はどちらかと言えば無骨なあるいは技術的であった概念が，一般的な背景において，とりわけ官民パートナーシップの枠内において，協調的行政のような手続民営化の諸形態の上位概念として望ましいものと考えられるようになり，これに対応して学説上も中心的な地位を占めるようになった[247]。また民間の専門知識の導入というテーマも，同様に強化され，そして深化された[248]。普

244） *Ruffert*, Regulierung im System des Verwaltungsrechts, AöR 124 (1999), S. 237 ff.; *Trute*, Regulierung－am Beispiel der Telekommunikation, in: FS Brohm, 2002, S. 169 ff.; *Masing*, Die US-amerikanische Tradition der Regulated Industries und die Herausbildung eines europäischen Regulierungsverwaltungsrechts, AöR 128 (2003), S. 558 ff.; *Badura*, Wettbewerbsaufsicht und Infrastrukturgewährleistung durch Regulierung im Bereich der Post und der Telekommunikation, in: FS Großfeld, 1999, S. 35 ff.; *v. Danwitz*, Was ist eigentlich Regulierung?, DÖV 2004, S. 977; *Kühling*, Sektorspezifische Regulierung in den Netzwirtschaften, 2004.

245） 国家理論的あるいは国家任務に関するレベルと，解釈論上の観念との媒介者という鍵概念の機能に関する内容と考察については，*Baer*, Schlüsselbegriffe, Typen und Leitbilder als Erkenntnismittel und ihr Verhältnis zur Rechtsdogmatik, in: Schmidt-Aßmann/Hoffmann-Riem, Methoden der Verwaltungsrechtswissenschaft (Fn. 96), S. 223 ff.; *Voßkuhle*, „Schlüsselbegriffe" der Verwaltungsrechtsreform, Verwaltungsarchiv 92 (2001), S. 184 ff.; *ders.*, Beteiligung (Fn. 240), S. 282. そのような鍵概念として挙げられるものに，行政配分，技術革新，ネットワーク，競争，事前措置，情報，コミュニケーション，知見，協働がある。*Schuppert*, Schlüsselbegriffe als Perspektivenverklammerung von Verwaltungsrecht und Verwaltungsrechtswissenschaft, in: Die Wissenschaft vom Verwaltungsrecht, Die Verwaltung, Beiheft 2/1999, S. 103 ff.; 連結概念（Verbundbegriff）をめぐる争いについて，*Schmidt-Aßmann*, in: ders./Hoffmann-Riem, Methoden der Verwaltungsrechtswissenschaft (Fn. 96), S. 401 ff.

246） *Burgi*, Der Beliehene－Ein Klassiker im modernen Verwaltungsrecht, in: FS Maurer, 2001, S. 581 ff.

段は隠れた存在であることが多い組織法が，立法による改革の過程において注目を集めざるを得なかったのも，当然のことであった。

個別の専門分野，および各分野の中に新たに成立した法領域，たとえば通信法，郵便法，および鉄道法といった領域では，料金規制（通信法27条以下），専門分野における最大企業の特別な責任（通信法28条），負担可能な価格による基本的サービスの広域的な提供という大目標の表明の諸形態（通信法１条）のように，特殊な具体的法領域を超えて保障法あるいは規制法全体の典型的な規制の構成要素となった新たな法概念が成立した。

国家の保障責任あるいは規制責任という考え方は，概念的・理論的にも，組織的にも，通信法の関連領域において典型的に具体化された。規制官庁[249)]という，任務に適合した新たなタイプの官庁が，この分野ではじめて設立された(そしてその後エネルギー経済に転用された)。放送法の分野ではすでに知られていた基本的サービスの考え方と密接に関連した，ユニバーサル・サービスの制度[250)]のような新しい諸制度が，国際社会およびヨーロッパ社会から取り入れられた[251)]。様々な文献による検討の結果，第二の中間的レベルにおいて，こ

247) これについてここでは，*Hintzen* und *Voßkuhle*, Beteiligung Privater an der Wahrnehmung öffentlicher Aufgaben und staatliche Verantwortung, VVDStRL 62 (2003), S. 220 ff., 266 ff.（それぞれより詳しい説明を含む）だけを挙げておく。

248) 民間の専門知識については，計画策定手続においても諮問的目的および民間の部分的出資を実現する目的で，またとりわけ建築規制法上の免責手続の中で利用される。まさにこのような規制モデルを見れば，国家が予防的コントロールを放棄して，これを民間の自主的コントロールおよび自己責任に委ね，それを今度はコントロールの高権的コントロールという意味で，制度的な保障，専門的な数値基準の設定，および抑圧的な介入の可能性によって支えていることがよく分かる（*Schmidt-Preuß*, Verwaltung und Verwaltungsrecht zwischen gesellschaftlicher Selbstregulierung und staatlicher Steuerung, VVDStRL 55 [1996], S. 162, 194 ff. 参照)。

249) 注228)の指摘を参照。

250) 通信，郵便，エネルギー，および交通といった部門におけるユニバーサル・サービスモデルによれば，民間の供給業者が，公益を目的とした特定のサービスの提供を義務づけられる。すべての利用者に対して，固有の品質を持つ定められたミニマル・サービスを負担可能な価格で受けることを可能にすることが意図されている。

251) 基本的サービスの提供は，市場のすべての業者が担うことも，あるいは一部の業者が担うこともあり得るが，その場合そのサービスの提供に伴う負担は通常均等化される。国家の視点から見ると，この法制度は，インフラストラクチャ整備の責任を競争的な枠組み条件の下で果たすことを意味する。

れまでばらばらに扱われてきた個別的規制を分類し，よりよく理解することを可能にするような，一連の基本的概念の体系が作られたのである。

5．ヨーロッパ化および国際化

規制行政法および保障行政法[252]の新たな諸テーマは，最初から国際的な文脈で，その後はさらにヨーロッパ的な文脈において見なければならない。立法における法政策的な諸決定も，その後に作られる行政法上の様々な構造物も，このような国際的文脈ぬきに理解することはできない。規制行政法――これはドイツの行政法が，はじめから，そして消し去りがたいほどにヨーロッパ化され，そして国際化された領域である。この領域では，このような超国家的な結びつきが，独特の，そしてまた先駆的な形態を見せた。このときには，法発展の先駆者およびペースメーカーの現象を含めた，様々なレベルにおける法の共進化（Ko-Evolution）現象は，まだほとんど見られない。とりわけ通信法の分野では，当初から三段階状況が存在していた。まずイギリスおよびアメリカといった民営化の先駆的諸国において決定的な法発展が起こり，ヨーロッパ法がこれにならい，WTO が後を追った[253]。ここで述べた法の三層，あるいは三段階の状況は，きわめて短期間のうちに発生した。この多層構造の建築物の内部では，ある段階で用いられた諸概念が，他の段階に「移動」する。たとえば，アメリカやイギリスのような先駆的諸国の国内法段階においてある概念が成立すると，それがその後国際的な規制の段階において取り入れられ，そこからヨーロッパの法秩序を経由して，他の国の国内法にまで到達する。さらに強調すべきことは，国内法が最も重要な諸制度を実施に移した後も，国際法およびヨーロッパ法の段階がその重要性を失わなかったということである。その他の法適用においても，国際法およびヨーロッパ法に由来する統一的な概念理解が基準となっており，とくにこの２つの上位段階は，その後も新たな法および法改正の源泉として機能し続けている。

252）これらについては，注241）および注244）を参照。

253）民営化という問題の成立過程によっても，この問題に関する法の制定過程によっても，ドイツの通信法の制定および発展は，当初からヨーロッパの先行条件および国際的な傾向および模範と密接に結びついていた。

そして法の共進化に続いて起きるのは，共通の継続発展である。この現象は，3つの段階の法的根拠がほぼ歩調をそろえて，あるいは一致して起こることもあり得るし，あるいはまたこの場合にも国内法または国際法秩序において先駆者が存在することもある。法の三段階状況は，今後分析の対象とすべき新たな専門的諸問題を作り出しているにとどまらず，国内法秩序が自律的に法を発展させる可能性が小さくなっていることを如実に示している。このような三段階状況は，食品法，環境法（廃棄物の概念，国際環境法，ヨーロッパ環境法，そして国内環境法のピラミッド構造），および情報法の分野でよく見られる。国内法秩序が基本的な法的概念を自律的に発展させる能力は，至る所で小さくなっており，まだそれができるのは先駆的諸国だけであって，他の諸国はこれに同調し，追随しているにすぎない。この問題における相互の密接な関連を考えれば，法もある程度協調しなければならないため，他の諸国は追随せざるを得ないのである。

6．任務の変化および公法の発展の進展

新しい国家の諸任務あるいは古い諸任務の評価の変化によって法が直面している挑戦は，民営化政策および規制緩和政策によって終わるものではなかった。社会生活における情報およびコミュニケーションの重要性が増大するにつれて，ずっと以前から社会それ自体が情報化社会となったことを自覚するようになっており，それに対応して情報法という分野が成立し[254]，情報化社会における国家の役割の変化が語られるようになった[255]。同様のことは，知識社会というキーワードについても言える。国家の主要目的の一つであり，国家の正当性

254) *Kloepfer* (Hrsg.), Technikentwicklung und Technikrechtsentwicklung, 2000; *Schoch/Kloepfer/Garstka*, Entwurf eines Informationsfreiheitsgesetzes für die Bundesrepublik Deutschland, 2002; *Schoch*, Informationszugangsfreiheit im Verwaltungsrecht, in: FS Erichsen, 2004, S. 247-263; *ders.*, Öffentlich-rechtliche Rahmenbedingungen einer Informationsordnung, VVDStRL 57 (1998), S. 158-217; *Franzius*, Strukturmodelle des europäischen Telekommunikationsrechts. Ein Rechtsrahmen für die Informationsgesellschaft, EuR 2002, S. 660.

255) *Bullinger*, Neue Informationstechniken－neue Aufgaben des Rechts im Staat der Informationsgesellschaft in: Kloepfer, Technikentwicklung (Fn. 254), S. 149 ff. がそのように指摘している。

の核心でもある，安全という古くからの国家の任務も，国家と社会に関する新たな議論の中に持ち込まれ，新たな文脈の中で議論されている[256)]。

7．「新しい行政法学」

ここ10年から15年の間は，「民営化と民営化効果法，そして規制緩和と規制法」というテーマの組み合わせによって，新たな社会的な問題状況が公法の注目を集めただけではない。それ以上に，この時期には，学問のレベルにおいて新たな意識が広がった。その自己理解は，「新しい行政法学」という公準の中に表現されている。行政（法）学の新たな理解を求める綱領的な要請は，個別の著作においてのみならず，かなり大きな集団によって共同の出版物の中で表明されている。9巻からなる「行政法の改革」というシリーズで，11年以上にわたる9回の会議を経て完成したのがそれである[257)]。この共同作業から，改革の中心概念[258)]をめぐって集まり，自ら「改革者」あるいは「改革派行政学者」と名乗り，あるいはそのように呼ばれる法律学者の大きなグループが現れた[259)]。綱領的文書[260)]があり，最初の総括的著作[261)]があり，多数の論文集[262)]が

256） このテーマの再興に道を開く現代の安全に関する諸問題について，*Stoll*, Sicherheit als Aufgabe von Staat und Gesellschaft: Verfassungsordnung, Umwelt- und Technikrecht im Umgang mit Unsicherheit und Risiko, 2003; *Möstel*, Die staatliche Garantie für die öffentliche Sicherheit und Ordnung, 2002.

257） Schriftenreihe „Reform des Verwaltungsrechts“（シリーズ「行政法の改革」）: *Hoffmann-Riem/Schmidt-Aßmann/Schuppert* (Hrsg.): Reform des Allgemeinen Verwaltungsrechts. Reformbedarf und Reformansätze, 1993; *Hoffmann-Riem/Schmidt-Aßmann* (Hrsg.), Innovation und Flexibilität des Verwaltungsrechts, 1994; Öffentliches Recht und Privatrecht als wechselseitige Auffangordnungen, 1996; Verwaltungsorganisationsrecht als Steuerungsressource, 1997; Effizienz als Herausforderung an das Verwaltungsrecht, 1998; Strukturen des europäischen Verwaltungsrechts, 1999; Verwaltungsrecht in der Informationsgesellschaft, 2000; Verwaltungskontrolle, 2001; Verwaltungsverfahren und Verwaltungsverfahrensgesetz, 2002; *Schmidt-Aßmann/Hoffmann-Riem* (Hrsg.), Methoden der Verwaltungsrechtswissenschaft, 2004.

258） シリーズ全体のタイトルの他，例えば，*Hoffmann-Riem*, Verwaltungsrechtsreform. Ansätze am Beispiel des Umweltschutzes, in: Hoffmann-Riem/Schmidt-Aßmann/Schuppert (Hrsg.), Reform des allgemeinen Verwaltungsrechts, (Fn. 102); *ders.*, Die Reform des Verwaltungsrechts als Projekt der Wissenschaft, Die Verwaltung 32 (1999), S. 445; *ders.*, „Schlüsselbegriffe“ der Verwaltungsrechtsreform, Verwaltungsarchiv 1992 (2001), S. 184 ff.

あり，そして大きな出版計画がある。第１巻が2006年に出版された行政法学ハントブーフがそれである[263]。このような端緒は，極めて多くの綱領的な発言によって表現されてきたので，ここでも著者自らの言葉で語ってもらうことにしよう。共編者の一人であるアンドレアス・フォスクーレは，次のように述べている[264]。

「はじめに確認したような行政法における根本的変化は，教科書やコンメンタールにおいてはこれまでのところほとんど考慮されていない。……その点では，Beck 出版社が担当する行政法学ハントブーフのプロジェクトは，一つのエポックをなすものである。編者であるヴォルフガング・ホフマン―リーム，エバーハルト・シュミット―アスマン，そしてアンドレアス・フォ

259) *Voßkuhle*, Allgemeines Verwaltungs- und Verwaltungsprozeßrecht, in: FS C.H. Beck Verlag, 2007, S. 950（「改革グループ」は，「方法論的にも行政法学の新たな方向に到達した」）. この自己理解は，独自の歴史記述にも反映している。全体として，グループをグループとして描写することが先行している。

260) *Schuppert*, Verwaltungsrechtswissenschaft als Steuerungswissenschaft. Zur Steuerung des Verwaltungshandelns durch Verwaltungsrecht, in: Hoffmann-Riem/Schmidt-Aßmann (Fn. 102), S. 93 ff.; *Voßkuhle*, Methode und Pragmatik im Öffentlichen Recht, in: Bauer u.a. (Hrsg.), Umwelt, Wirtschaft und Recht, 2002, S. 171; *ders.*, Die Reform des Verwaltungsrechts als Projekt der Wissenschaft, Die Verwaltung 32 (1999), S. 445; *ders.*, „Schlüsselbegriffe" der Verwaltungsrechtsreform, Verwaltungsarchiv 1992 (2001), S. 184 ff.; *Bumke*, Methodik (Fn. 2), S. 73, 103 ff.

261) *Schuppert*, Verwaltungswissenschaft (Fn. 223).

262) Regulierte Selbstregulierung als Steuerungskonzept des Gewährleistungsstaates. Ergebnisse des Symposiums aus Anlaß des 60. Geburtstags von Wolfgang Hoffmann-Riem, 2002 (Die Verwaltung Beiheft 4/2001); *Schuppert* (Hrsg.), Jenseits von Privatisierung und „schlankem" Staat: Verantwortungsteilung als Schlüsselbegriff eines sich verändernden Verhältnisses von öffentlichem und privatem Sektor, 1999, および注257)掲記のシリーズ。

263) *Franzius*, Funktionen des Verwaltungsrechts, in: Hoffmann-Riem/Schmidt-Aßmann/Voßkuhle (Hrsg.), Handbuch der Verwaltungsrechtswissenschaft, Bd. 1, 2006 は，全３巻を予定されたこの行政法学のハントブーフを，はじめて全面的かつ一貫して制御の観点を指導原理として現在の行政法の姿を描こうとした基礎的業績であると特徴付けている。

264) *Voßkuhle* (Fn. 259) unter C II. 3: Neuaufbruch: Projekt des Handbuchs der Verwaltungsrechtswissenschaft.

スクーレの庇護の下，ここに40名を超える改革派の行政法学者らは，共同で，——多くのワークショップを経て——これまでの基礎の上に行政法を一層発展させるために貢献しようという，過去数十年にわたり行政法において行われてきた学問的努力の集大成を行おうと努めてきた。これによって実務をより豊かなものにできるかどうか，引き続き見守っていかなければならない」。

クラウディオ・フランツィウスは述べている[265]。「……行政法学自体が，動き始めた。制御の観点から自らを定義し，行政法はまず第一に行動プログラムを提供するものであって，単なるコントロールプログラムを提供するものではないという言葉によって表現された，新しい行政法学が宣言されている。このような注目すべき認識関心の変化によって，行政法学は学問分野として（再び）開かれたものになり，ヨーロッパの法的発展および学問的発展との結びつきを追求しており，このような変化の基礎となっている行政法の機能の多様性への認識は，行政府における法適用の実務にも，影響を及ぼさずにはいないであろう」。

これらの綱領的文書は，集団を形成するにあたっての，包括的に表現された構想，高度の要求，時代を画する意識，そして集団形成の推進力となった諸要因を表現している。これらすべての性格を最もはっきりと表しているのが「新しい行政法学」という自称であって，この自称は，頭文字を大文字で書くことによって，自らが新時代を体現していることを主張している[266]。

(1) その法学的綱領によれば，「新しい行政法学」は，意識的に学問的，学際的，そして立法あるいは法政策的な指向を有する。明示的な学問性の主張とは，「新しい行政法学」が，もはや（個別事件の）裁判に焦点を当てて行政実務および行政裁判所に振り回されることはしないということを意味している。む

265) In seinem Beitrag: Funktionen des Verwaltungsrechts, in: Hoffmann-Riem/Schmidt-Aßmann/Voßkuhle (Hrsg.), Handbuch der Verwaltungsrechtswissenschaft, Bd. 1, 2006, unter „Einführung".

266) これによって，行政法学における「新しい科学」としての革新を要求し，すなわち質的な飛躍，画期および隔絶のカテゴリーにおいて考える，自信に満ちあふれた呼称が創案された。

しろ追求されているのは綱領レベルの論議，すなわち将来あるべき正しい法についての論議である。行政法学が進むべき道についての綱領的なスローガンは，法の適用に関する解釈学から法設定を指向する行為科学および決定科学へ，というものである[267]。

学際的とは，社会科学が当然の対話相手と考えられていたこれまでとは異なって，今ではとりわけ経済学，環境経済学，そして新制度派経済学が関連分野となっていることを意味する[268]。さらに，立法あるいは法政策的な指向性は，行政法を制御科学であると理解する[269]。強調されるのは，いわゆる法の準備的機能，すなわち，積極的活動に限界を設定するだけではなく，むしろ積極的活動の可能性を広げるために役立つという，すでにこれまでも理解されていた法の役割である。強調された法政策的な指向と相まって，ここでは法政策における強固な形成への意思が表されている。

(2) ここで「新しい行政法学」の綱領に対する関心を呼び起こすのは，――新たな国家の任務に対する法律学の応答に着目したテクストの主題的問題設定に対応して――彼らのプロジェクトが，はたして，そしてどのように，彼らの関連分野から，そして彼らが現れた時代の独特の状況に組み込まれたことから，影響を受けているかという問題である。その諸構想の契機となったのは，民営化および規制緩和を目指した社会的および政治的な動きであった[270]。これらの目標は，長年にわたる法政策的な努力および議論を必要とする大規模な法律

267) *Voßkuhle*, Die Renaissance der „Allgemeinen Staatslehre“ im Zeitalter der Europäisierung und Internationalisierung, JuS 2004, S. 2-7 がすでにそのように書いている。

268) これについては，*Engel/Morlok* (Hrsg.), Öffentliches Recht als ein Gegenstand ökonomischer Forschung. Die Begegnung der deutschen Staatsrechtslehre mit der Konstitutionellen Politischen Ökonomie, 1998. *Kirchgässner*, Homo Oeconomicus. Das ökonomische Modell individuellen Verhaltens und seine Anwendung in den Wirtschaftswissenschaften, 2. Aufl. 2000; *Voßkuhle*, „Ökonomisierung“ des Verwaltungsverfahrens, Die Verwaltung 34 (2001), S. 347-369.

269) これについて綱領的に述べたものとして，*Schuppert*, Verwaltungsrechtswissenschaft als Steuerungswissenschaft. (Fn. 260), S. 93 ff.; Verwaltungswissenschaft (Fn. 223) (本書では，制御が基本的カテゴリーとなっている); *ders.*, Staatswissenschaft (Fn. 234), S. 389 ff.; *Hoffmann-Riem*, Modernisierung von Recht und Justiz, 2001, S. 31 ff., *Schmidt-Aßmann*, Das allgemeine Verwaltungsrecht (Fn. 42), S. 18 ff.

群がなければ実現できないものであった。だから法政策の優位は，はじめは新しい学問的な（方法論）理解の中に含まれていたというよりも，むしろそれ自体も長年にわたって法政策のプロジェクトであった民営化政策の独自の法則性への応答の中にあったのである。それだけの理由ですでに，これらの分野においては長年にわたって誰も個別の諸事例あるいは裁判所の判決の検討に重点を置くことはできなかった。そんな事例や判決はそもそも全く存在しなかったのだ。

法政策への指向と関連して，「新しい行政法学」は，立法学を再興しようとする，あるいはそうせざるを得ない。なぜなら立法学がなければ学問的な根拠をもった法政策は不可能だからである。このような法政策的指向の特徴的なメルクマールは，より詳しい考察に値する。法政策的な主張をすることは，特に1949年以後の50年間において，決してなじみのないことではなかった。望ましい法律についての主張が，あからさまに法政策的な議論とは違ったやり方で行われていたというにすぎない。憲法と通常の法律との距離がきわめて近いことの当然の結果として，いかなる法政策的問題の場合にも憲法上の「前提条件」が関わっている。その限りでは，ドイツにおける法政策はこれまで常に憲法上の論拠からも推進され，あるいは限定されてきたし，今でもそうである。最近15年間の主役の一つであった民営化効果法あるいは保障法の発展も，このような法政策の指針として憲法を活用する一つの表れである。このようなドイツに典型的な方法によって，憲法が民営化政策の限界を設定し，あるいはサービス自体が民営化された場合でも，特定の部分については国家の影響力を維持するように憲法が要求してきた。

「新しい行政法学」が法政策および法の制御機能について語る場合には，そこで彼らがどのような法政策を意味しているのか，必ずしも正確に確定することができない。もし今述べたようなドイツの伝統的方法を維持するのであれば，これまでの方法によって民営化政策および規制緩和政策について語ることは十

270） 今日「新しい行政法学」と呼ばれている運動が，「行政法の改革」に関する議論の時期にさかのぼるものであることは確かなようである。しかしさまざまな鍵概念と主要な諸構想の形成が，民営化と規制緩和の時期にはじめて行われたものであることも同様に見逃せない。

分に可能であるが[271]，それでは新しいことは何もない。多くの点から考えて，当然の前提とされている指向性はこれを超えようとしていて，実際に何か新しいことを，すなわち内容的に正しい事柄，正しい目標設定そして正しい綱領を求める開かれた法政策的努力に参加することを目標にしていると思われる。今や決定的な問題は，そのような法的（憲法的）論証を超えた論議のための特殊な方法論を見いだすこととなのである。「新しい行政法学」は，個別の事例を念頭においた狭い法的議論をすることから脱却しようとすることを強調する。問題となるのは，このような狭い議論の反対は何かということだけである。「正しい」政策を学問的に進めるという要求を追求するならば，その反対とは，もはや扱いきれないほど多様な次元や考慮になる可能性がある。法政策的な論証の方法論は，大きな未知数である。この点については，公務員制度改革に関連して70年代の初めにビーレフェルトでディスカッション・ペーパーとして配布された，「法政策の迷宮の中で」と題されたニクラス・ルーマンによるコメントが想起されるべきである。このタイトルおよび論述によって，公共団体のあるべき秩序について考えようという意思を除けば，このようなかなり範囲の広いかつ見通しのきかない複雑な問題を扱うための方法論を持たないままで，公務員制度の改革を目指すプロジェクトが，どのようにして当初は明確であった改革理念の中核から，ますます幅広い問題領域へと極めて急速に展開し，ますます幅広い関連を含むようになっていったか，はっきりと表されていた。「新しい行政法学」にとって，単なる憲法論の衣をまとわない，開かれた法政策的議論のための方法論を開発し，説得力のある実例を示すことは，未解決の（試験）問題なのである。

論じられることはまれであるが，ますます重要性を増している問題がある。すなわち，法制定を指向するアプローチは，共同体法に強い影響を受けている加盟国の法秩序においては，国内法とヨーロッパ法との共同統治あるいは提携における法制定理論に依拠する他はないということである。これによって関連

271） これまでに国家のインフラストラクチャ責任は，憲法に定められ（基本法87条），これによって現行憲法の規範的命題となった。それ以前に行われたこの憲法規定の是非をめぐる争い，そしてそもそもインフラストラクチャ設備における民営化推進の程度をめぐる争いにおいては，社会国家原理から導かれる憲法上の様々な論拠が重要な役割を果たした。すなわち，憲法上の諸原理を背景とした法政策的な議論が有意義なのである。

する次元がさらに拡大する。実際に，この次元拡大に関連する諸問題は，極めて近い将来にこれを扱い，処理しなければならなくなる。しかし，このような立法におけるヨーロッパ法と国内法の提携システムに手を伸ばすことが，これまで重視されてきたような，開かれた包括的な法政策的次元への法律学的議論の拡張と両立し，かつこれを強化することができるか否かは，まだ明らかではない。

(3) 計画策定，環境保護，リスク処理および民営化ならびに規制緩和といった国家の新たな挑戦あるいは新たな問題状況に対する公法の応答を振り返ってみると，新たな挑戦の知覚およびその結果生ずる国家の新たな任務には，特にその先駆的諸国の場合には，それぞれの新たな任務の分野だけを一面化したり過大視したりする具体的な危険が伴っていたことが分かる。それぞれの任務に高い期待が寄せられた大きな原因は，新たな事柄は，その時点でそれが唯一の重要な事柄だと考えられる傾向があったことにある。しかし，その後の経過を見れば，確かに新たな事柄は現れたが，それはこれまでの事柄に取って代わり得るものではなく，既知の任務およびそれに関する法に新たに加わったに過ぎないことが明らかになった。「新しい行政法学」は，極めて高い要求と，自己表示を好むはっきりした傾向をもって登場した。これに匹敵するような新登場は，ここで扱っている50年間には他にほとんど見いだすことができない[272)]。おそらくここで考慮している過去の出来事から学ぶことができるのは，新しい事柄から典型的にあるいは高い蓋然性をもって生ずる経過，すなわち新しい国家の諸挑戦とその法および法律学への影響から生ずる経過である。新天地への最初のそして最強の新登場の一角を担うのであれば，それは計画策定運動である。そこには，計画策定節制，計画策定熱狂，そして計画策定沈静化というサ

272) 強いて言えば，——比較は常に部分的のみ可能である——計画策定論が思い起こされる。この議論は，15年の期間に計画策定節制，計画策定熱狂，そして計画策定沈静化というサイクルをたどった。すでに早くから，声高な計画策定の高揚状態が注目を集めた。例えば，*J. H. Kaiser,* Planung I-III, 1965, 1966, 1968における有名な序文では，「計画策定は，われわれの時代の大きな潮流である」(I, S. 7)，「計画策定は，今日人々の意識にのぼるようになった鍵概念である」(I, S. 7)，「計画策定，それは危機が生んだ娘」(III, S. 7)。

イクルが理想的な形で観察できる。結局のところ，計画策定から新たな国家，新たな政府，あるいは新たな社会が生まれることはもはや期待されていなかった。しかしそれでも，計画策定のテーマは，例のサイクルが終わったからといって解決したわけではない。計画策定に特徴的なことだが，計画策定は，高まりすぎた将来への期待をはぎ取られて，「普通の」国家および行政の任務になったのである。計画策定は，立法，行政実務および行政法の中で行われる。計画策定はもはや新たなパラダイムではなくなり，建築基準計画，国土整備計画，および環境計画という形で，様々な国家任務の中の一つとして法の中に定着した。同様に，計画策定法も，もはや全く新たなもの，あるいは偉大な代案ではなく，様々な重要な法領域のうちの一つに過ぎないと考えられるようになった。このことから，一つの結論を導き出すことができる。すなわち，行政法の全体を一つの点から改良することはできない。行政法の全体は，国家任務の全体と同様に，一つの任務の領域だけからこれを解明することはできないということである。

これと関連して，この50年間の公法の発展のあゆみから慎重な教訓を引き出そうとするならば，建設期の後の時期について以下のように言うことができよう。すなわち，発展の一時的な諸原因は，法律学に内在的な動きではなく，社会の現実的な問題状況の変化にあったのであり，そのような現実の変化が法の前に挑戦として立ち現れ，そしてその回答もまた公法の中に見いだされたのである。

(4) この30年から40年間の発展全体を見ると，古い行政法学の支持者である私には，公法の回答が根本的にあるいは大幅に不十分であったとは思われない。むしろ逆である。それにもかかわらず，「新しい行政法学」の一部の論者によれば，旧来の公法には，70年代の初めにも，80年代の初めにも，危機があったという[273]。当然，当時の関係者にも観察者にも全く感じられなかったような危機が存在した可能性はある。しかし重大な危機が存在した可能性はほとんどない。伝説を作らないように注意しなければならない。歴史の記述には複数の

273) *Voßkuhle* (Fn. 259), MS, Teil B I 5: Von der „Krise“ zur „Reform“ des Verwaltungsrechts; *Bumke*, Methoden (Fn. 2), S. 98 f.

可能性がある。ここで述べている過去50年間の歴史は，考えられる様々な解釈のうちの一つであって，それ以上でもそれ以下でもない。「新しい行政法学」は，歴史の記述を自らの綱領的目標の不可欠の構成要素であると考えているが，「新しい行政法学」の歴史の記述もこれと同じことである。「新しい行政法学」は，自らがそれまでへの反動あるいは対抗勢力として成立したと述べているが，それは正しい。これは学問にとってごく普通の歩みであって，学問は従来のものおよびその継続への批判から活力を得るのである。従来のものを修正しながら独自に発展させていくことを，あたかも危機の克服のように描写しようとするか否か，あるいはそれができるか否かは，学問的戦略の問題，そしておそらくはプレゼンテーションの選択の問題という面が大きいであろう。「新しい行政法学」は，それ以前の発展段階に対する反動であって，必ずしも自動的に古いものと新しいものとのジンテーゼでもあるわけではない。そのようなジンテーゼは，今のところまだ成立していない。もしそのようなジンテーゼがあるとすれば，それは豊富な行政任務のすべてに適用して，実証されなければならない[274)]。その際，行政法上重要な様々な関連領域および問題状況を合わせて視野に入れなければならない。そしてこれまでのあらゆる経験からみて，行政および行政の法全体を一つの視点から理解することができないことは明らかである。すなわち，よく使われる言い方や，様々な経験からわかるように，行政は肯定文によって定義することはできず，否定文によってしか定義できないのである[275)]。そのもっと根本的な理由は，国家任務および行政任務の豊富さに直接由来する。このような国家任務の豊富さおよび多様性のため，行政に対して内容に関連した有意義な定義を与えることは不可能である[276)]。行政は，その様々な任務の全体として把握するしかないのであって，それ以外のどんな定

274）その中には，最近また発展しつつある領域になっているように思われる警察法，あるいは給付行政も含めなければならない。「新しい行政法学」が，これらの諸領域について，彼らの方法論から導かれる独自のアプローチを示せるか否かは，彼らがまだこれから実証しなければならない。

275）*Forsthoff*, Lehrbuch des Verwaltungsrechts, 1. Band, 1 Aufl. 1950. だからフォルストホフは，この教科書を次のような言葉で始めている。「ずっと以前から，行政法学はその対象，すなわち行政の定義に苦慮してきた」。これは簡単に取り除ける理論的欠陥ではない。「むしろ，行政を記述することはできても定義することができないのは，行政の性質にその原因がある」。

義をしても，それは許されざる省略になってしまう。したがって，行政法は，極めて豊富な，内容的に多様な任務に関する法なのである。

276) 蛇足ながらこの論拠を補足すると，すべての行政の任務を一つの観点から，あるいは一つの理論によって有意義に把握しようとするためには，あらゆる任務を包括する国家任務の究極的理論に他ならないものを必要とする。そのような理論は存在していないし，存在し得ないと考える十分な理由がある。したがって，行政の場合にも，任務については記述的，列挙的なやり方をするしかない。

I D. ヨーロッパ化と国際化
——基本法の下における公法の第二期

I. ヨーロッパ化という根本事象
——自律的法秩序から一構成国の法秩序への変遷

1949年以降のドイツ法秩序の展開の中でもっとも影響の大きいものは，1958年にドイツが欧州（経済）共同体に加盟したことから生じている。ドイツは，今後も引き続き国家である。確かにそうであるが，しかし，様々な観点から，ドイツを構成・国（Mitglied-Staat）と特徴付けるのがより適切である[277]。ドイツの法秩序は，もはや自給自足的でも自律的でもない。構成国における法は多元化された。ドイツにおいて妥当している法は，たんにドイツ法ではなく，むしろ，複数の源に由来する，合成されかつ密接に絡み合っている法である[278]。この基本事実は，ほとんどあらゆる法領域にとっての前提状況を規定する。ドイツの法領域が自らだけで孤立して存在している避難所はもはや存在しない[279]。そうではなくて，あらゆる具体的法領域が，優位する共同体法とそれが影響を及ぼす一連の間接的な方法が存在しているという意味においてヨー

277） 欧州共同体における支分国性（Gliedsstaatlichkeit）に関する基本的文献として，*Pernice/Isensee/Kirchhof*, Handbuch des Staatsrechts（Fn. 185）, Bd. VIII, § 191 Rn. 20 ff.

278） *Schwarze*, Europäisches Verwaltungsrecht, 2 Bde. 1988, 2. Aufl. 2005.

279） このことは，70年代に至るまでの評価とほとんど全面的な対立の関係にある。よく知られているのは，*Ulrich Scheuner*, Der Einfluß des französischen Verwaltungsrechts auf die deutsche Rechtsentwicklung, DÖV 1963, S. 714 の名言である。「行政法は，国民と国家のナショナルな独自性がもっとも強く現れる法素材の一つである。それ故，行政法においては，絡み合いは比較的少ないのである」。1978年においてもなお，著名なフランスの行政法学者ジャン・リベローは似たことを述べている。これについて，さらに全体について，*von Danwitz*, Verwaltungsrechtliches System（Fn. 41）, S. 1. 80年代初頭の先駆的業績として，*Schwarze*, Europäisches Verwaltungsrecht im Werden, 1982, および *ders.*, Europäisches Verwaltungsrecht, 2 Bände, 2.（um ein Vorwort erweiterte）Auflage 2005 がある。

ロッパ化している，ということが通常の状況になっている[280)]。

根本事象として，ヨーロッパ化は，個別の法領域[281)]のみならず，法秩序全体をも包摂し，かつ包含する。ヨーロッパ化の結果として，様々な法秩序の包括的な遭遇が，より正確には，直接的には共同体法秩序とドイツ法との間の対話が，そして間接的には様々な構成国の法秩序の間の対話がもたらされた。根本事象は，法典における法に及ぶのみならず，法のあらゆる次元を含むものである。全体としての法秩序のヨーロッパ化によって，法秩序は包括的な対話の状況に行き着く。2つの法秩序の遭遇――この概念はこれまでは一般的には使われてこなかった――は，独自の性質を有する。ドイツ法は，欧州連合の他の構成諸国の法と同じように，20世紀後半においてその展開の第二期に入った[282)]。それは，共同体法の影響が客観的に非常に重大となり，その間にそれに対応して主観的にも高く評価されて以降のことである。特徴的なのはドイツ法の多元化である。それ故，ドイツ法の新たな自己理解にとって決定的であるのは，ドイツにおける法は，通常の場合，そしてほぼ全域にわたって，すぐに

280）ヨーロッパ化という根本事象に関する文献は，もはや見通すことはできない。これについては，*Wahl*, Die zweite Phase（Fn. 11）, S. 495 ff. これについてはさらに，*ders.*, Zwei Phasen des Öffentlichen Rechts（Fn. 3）, S. 411 ff.; *Schoch*, Europäisierung des Allgemeinen Verwaltungsrechts und des Verwaltungsprozeßrechts, NordÖR 2002, S. 1 ff.; *ders.*, Die Europäisierung des Verwaltungsprozeßrechts, in: Festgabe 50 Jahre Bundesverwaltungsgericht, 2003, S. 507 ff.; *von Danwitz*, Verwaltungsrechtliches System（Fn. 41）; *Kadelbach*, Allgemeines Verwaltungsrecht unter europäischem Einfluß, 1999.

281）ドイツ法全体，公法およびその一部のヨーロッパ化に関する文献は，もはや見通すことはできない。筆者は，ヨーロッパ化を次のような法領域において具体的事例に即して追跡してきた。*Wahl/Groß*, Die Europäisierung des Genehmigungsrechts am Beispiel der Novel-Food-Verordnung, DVBl. 1998, S. 2-14; *ders.*, Europäisches Planungsrecht－Europäisierung des Deutschen Planungsrechts, in: FS Willi Blümel, 1998, S. 617-646; *ders.*, Einiges Grundprobleme im europäischen Raumplanungsrecht, in: FS Hoppe, 2000, S. 913 ff.; *ders.*, Das deutsche Genehmigungs- und Umweltrecht unter Anpassungsdruck, in FS GfU, 2001, S. 237-265; *ders.*, Materiell-integrative Anforderungen an die Vorgabenzulassung－Anwendung und Umsetzung der IVU-Richtlinie, NVwZ 2000, S. 502-508; *ders.*, Materiell-integrative Anforderungen an die Vorgabenzulassung－Anwendung und Umsetzung der IVU-Richtlinie, in: Gesellschaft für Umweltrecht e. V.（Hrsg.）, Die Vorhabenzulassung nach der UVP-Änderungs- und der IVU-Richtlinie: Dokumentation zur Sondertagung der Gesellschaft für Umweltrecht e. V. Berlin, 1999, 2000, S. 67 ff.

282）*Wahl*, Die zweite Phase（Fn. 11）.

第一のアクターに展開していく可能性がある第二のアクターを有している，ということである。

ヨーロッパ化を理解するためには，この根本事象がいくつかの次元を有していることに注意を払うことが，出発点において重要である。大いに議論の対象となる共同体法の優位は，一つの重要な次元ではあるが，唯一の次元ではない。当然のことながら，この優位は，もっとも多くの注目を集めるものである。共同体法の優位は，そのままの形ではローマ条約において規定されていなかったが，欧州裁判所は，共同体法の優位の法理によって，司法府の重要性をまさに真に構成する広範囲の権限を自らに付与してきた。

これによって，様々な内容上の理論，例えば，基本権の客観的次元の理論を通して，自己の射程範囲と重要性を一定の部分において自ら作り出してきた連邦憲法裁判所の場合[283]に匹敵するプロセスが進行した。共同体法の優位によって，欧州裁判所は，言わば自らを揺らぎない地位におき，非常に高度の統制権限を自ら創設した。これらの事象からの教訓は，政治的統一体における最高裁判所の設立は，その効果において，ほとんど予見できない行為である，ということである[284]。

共同体法の優位の——受け入れられた——理論は，共同体の制度的構造を著しく変更し，構成諸国の法秩序の劣位を確固たるものにした。この理論は，欧州裁判所のための権限の力強く沸き立つ源泉である。共同体法の優位は重大な意義を有しているが，それにもかかわらず，構成国およびその法秩序にとっての，連合への構成の効果は，それに尽きるものではない。加盟は，様々な法秩序の包括的な「遭遇」を引き起こす。この結果として，構成国の法が共同体法または他の構成国の法の根本観念に適合していく自発的な受容と学習過程の多様なプロセスが生まれる。それ故，形式的優位を超えて，事実上の適合要請[285]の数多くの領域が存在することになる。国内法秩序にもっとも深く影響を与えているのは，国内法秩序が現在では一加盟国の法秩序となっており，それ故，共同体法との（さらには他の構成国法秩序との）継続的な，もはや解消す

283)　*Wahl*, Die objektive Dimension (Fn. 3), Rn. 27, S. 763.

284)　アメリカ合衆国最高裁判所が1803年に Marbury vs. Madison 事件において規範統制を自らに認めて，それによってその将来の地位の基礎を築いたことに類似している。

ることのできない結合の中に入り込んでいる，というすでに強調した状況である。法秩序それ自体は，あらゆるその部分について，欧州連合および他の構成国において自己の理解に対する選択肢が存在し，それは，ドイツ法にとって何らかの理論的な関心事であるというだけではなく，長くかつ部分的には間接的でもある道程において実際に重要となるものである，ということを考慮に入れなければならない。ある他の構成国――ドイツはこの構成国と当然のことながら非常に密接に絡み合っているのであるが――において法観念に現実化されていることは，それだけですでに国内の法形成の事実であり，要因となり得る。というのは，利益団体が他の構成国に自分たちにとってドイツにおける法よりも有利な法を見出した場合，彼らは，これに対応する適合と改正を支持することになるからである。経済的および社会的絡み合いは，いろいろな側面へ向けて法政策上の適合圧力を生み出している。

Ⅱ. 比較現象としての憲法化とヨーロッパ化

共同体法の適用優位は，欧州裁判所によって極めて初期に「案出」された(Costa/ENEL[286])。それは，その間に争いの余地のないものとなった。少なくとも法律に対してはそうである。適用優位の効果は，超国家的法の，構成諸国の法への前例のない接近である。1949年以降の50年以上にわたるドイツ法の視点からは，共同体法の優位は，まさに，実定法律の大部分が優位する法の影響と統制に服するのが1949年以降２回目であることを意味する。これによって，1949年以降のドイツ法の大規模でかつ一貫した発展路線の一つとして，法律が２度にわたり劣位することが明らかになったこと，つまり，法律が優位する法

285）この場合，適合（Anpassung）という表現は，あるいは誤解を招くかもしれない。共同体法が法秩序の一部に対して特別の規制を，例えば，環境領域全体において官庁の情報提供義務と何人も有する情報公開請求権を定めた場合，国家任務のその他の部分が形式法上はこれによって影響を受けないことは自明である。しかし，この複線性から法秩序全体に対して問題が，一つには，非常に困難な画定問題（何が環境に属し，何が属しないのか？）が生じる。そして，複線性の負担と費用が検討されなければならない。これらすべてのことから，いくつかの事例において，この場合であっても，ヨーロッパ法上影響を受けない部分も変更するという実際上の適合圧力が生じる。

286）EuGH RS. 6/64, Slg. 1964, 1254, 1269.

に対する適合強制に服することを確認することができる。法律は，つねに視線を「上に向けて」，つまり，憲法または共同体法に向けて理解されなければならなかったし，理解されなければならない。法律の自主性を語ることはできない。50年以上にわたる法展開の際立った特徴は，憲法化とヨーロッパ化である[287]。この2つの概念は，法律の依存性をはっきりと際立たせようとするものであり，影響と指令力の2つの源泉についての情報も与える。法律が自己完結的ではないこと，つまり，法律が2回にわたり，法律よりも上位の規範によって影響を受け，形成されてきたし，また，影響を受け，形成されていることは，ドイツの法律家の基本的経験に属するものであるし，さらに，その社会的適応に属するものでもある。

歴史的展開については次のことが当てはまる。まず，法律全体に対する憲法の（国内的―内部的）優位が1949年以降成立し，数十年の長い期間をかけて個別の法領域において認められた。それは，長期的プロセスであり，1回限りの行為ではなかった。それに続いて，部分的にはこれと重なり合いつつ，同じように数十年をかけて，ドイツ国内法に対する共同体法の外部的優位の妥当性要求と貫徹がなされた[288]。2度とも，このプロセスは，まさに手間のかかるものであって，特殊な適合問題と結び付いていたし，法律という劣位する領域からのかなりの内部的抵抗とも結び付いていた。それ故，憲法化とヨーロッパ化というこの2つの主要傾向は，ある法層の他の法層に対する優位という中心的構想の点で一致している。私が1949年以降の公法の第一期と特徴付けた期間においては，法律に対する憲法の国内的優位が問題であった。法律が憲法によって形成されることは，ドイツ法の「集積（acquis）」に属する。ヨーロッパ化は，もう一つの優位，つまり外部的優位を主題化した。EU法の優位は，これに加えてより包括的であり，これによってあらゆるEU法――一次法だけではなく

287） 最近の数年において普通に使われるようになった表現である憲法化は，実質において憲法への法律の依存性を言い表しているにほかならない。しかしこの概念は，言葉としては，基礎にある事象の要約としてより適しており，とくに憲法化とヨーロッパ化の二重概念における2つの事象の短縮的記述に適している。

288） 内部的優位と外部的優位との区別についてすでに，*Wahl*, Erklären staatstheoretische Begriffe die Europäische Union?, JZ 2005, S. 916, 921; *ders.*, Konstitutionalisierung (Fn. 76), S. 191, 197 が扱っている。

――は，国内法（その憲法を含めて）に対して優位する。この点に連合体の事象の独自性が現れている。連合体の事象にとっては，より大きな統一体の権限に基づく法の全体がより小さな統一体の法に対して優位するということが大事なのである。

優位する法層による法（法律）の上層形成という２つの大規模事象を比較しつつ記述することは，魅力的であろうが，ここで遂行することはできない。明らかなのは，何よりもまず――このことは，あらゆる理論を超えて単なる記述として語られているのであるが――，法の妥当性は機械的に理解してはならないということである。法における基本決断および路線決定として憲法の優位または共同体法の優位が定められることは，一つの側面にすぎない。この妥当性が徐々に広がり，慣習化され，引き受けられることは，もう一つの側面である。これらは，ゆっくりと一歩一歩生じ，ある法領域から他の法領域へと拡大していく。理論的な優位要求は，ゆっくりと，生きた，実際的でかつ実務で適用される優位，まさに受け入れられた優位へと移行していく。当然のことながら，例えば，幸か不幸か欧州裁判所に到達したすべての事案および状況は，理論的妥当性の完全な厳格化を伴って，さらに欧州裁判所の育成しようとする意欲を伴って判断される。どこかで一般予防が行使され，その行使に成功し，その後，優位に関する事件における欧州裁判所の判例によってそれが行使されたとしても，欧州裁判所は，それ自体として不信に満ちた共同体法の，構成国法の実施方法に対する不信を具現している。欧州裁判所は，原則的妥当性が求めることを構成国の法実務が履行していないことを，つねに予期している。しかし，当然のことながら，共同体法の優位が「それ自体として」関連しているあらゆる状況が直ちに欧州裁判所または構成国の裁判所の判決に至るとはとうてい言えないし，また，一般に欧州裁判所または構成国の裁判所の判決に至るともとうてい言えないので，重層化の全プロセスの間に，優位が現実化されていなかった，すなわち，優位が，いつの日か生命が吹き込まれるために，つまり，生きた法（Law in Action）となるために言わば眠っている未踏査の法的地域が繰り返し存在してきた。

この２つの基本的プロセスは，最近，一つの機関によって，もっとも美しくかつ的確に具現化された。その機関とは連邦憲法裁判所である。連邦憲法裁判所は，２つの優位次元および上層形成事象の「受益者」であり，「不利益を受ける者」である。連邦憲法裁判所は，ドイツ法秩序の憲法化の大いなる勝利者である。同時に，連邦憲法裁判所は，――人が犠牲者を欲するのであれば――欧州裁判所と欧州人権裁判所のもう一つの増大する優位の不利益を受ける者である[289)]。連邦憲法裁判所以外に，この優位によって不利益を受ける者の防御的反応の内的理論と自走性を学習できるところはない。欧州人権裁判所に対する連邦憲法裁判所の最近の判例においてまさにそうである。欧州人権条約の「介入」が，実際には欧州人権裁判所による欧州人権条約のさらに一段と徹底的な解釈が，攪乱する仕方で「国内法のバランスのとれた部分体制」に侵入していることに極めて敏感に気付いた[290)]。新たな法秩序が既存の法秩序の上に進み出た場合は，まさにそういうことである。例えば私法との関係における憲法の優位の場合もそうであったし，そうである。これらの効果は，一次的な効果ではなく，数的にはもっとも頻発するものではないが，しかし，それは存在するものであって，将来においても存在するであろう。このような重層事象がまったく調和的にかつ軋轢がなく行われることなどはあり得ない。欧州人権裁判所の判決を例にとれば，現在，連邦憲法裁判所は，その優位する諸判決によって連邦共和国における（最高の）各専門裁判所に「加えて」きたことを経験している。優位が論理的にかつ実質的に劣位なくしては不可能であるということは，２度とも明らかである。２つの優位状況を実際の適用上も貫徹するプロセスの長い進行は，この意識形成を長期間先延ばしにし，その限りで緩衝材としても作用するが，しかし，２つの場合とも自己が劣位しているという意識形成を回避することはできない。

したがって，結果として，憲法およびヨーロッパ法の優位も，それが及ぶ範囲でコストがかかるものである。しかし，負担可能なコストであり，それをより大きな法空間の長所と比べて誇張してはならないという点については，おそ

289) このことは，記述的な特徴付けであり，多少とも複雑な法的関係に関する立場表明ではなく，将来において明確に主張される欧州人権裁判所の判決の優位に対する連邦憲法裁判所の退却戦に関する何らの立場表明でもない（それは，基本法に対する欧州人権条約の優位の不存在と欧州人権条約46条から生じる連邦共和国に対する欧州人権裁判所の判決の意味との間の重大な相違である）。

290) BVerfG, NJW 2004, S. 3407 ff. - Görgülü.

らく一致があるだろう。この一般的なコメントは，個別の点においてのみならず，原理的にも，優位する法秩序と他の法秩序との関係を解釈によって適切に規定し，かつとくにその効果も処理するという多くの問題が存在することを隠蔽することはできないし，隠蔽しようとするものでもない。将来の重要問題は，まさに各国国内法の体系的統一性を原理的に攪乱するまでに至っている共同体法レベルにおける影響が（垂直において）持続的に予期される場合に，内部において秩序付けられ論理的でかつ体系的に調整された法秩序を（水平において）維持する国内法秩序の能力にかかわる[291)]。

法の重要な構成要素が共同体法に由来するものである場合，つまり，共同体法がたんに多数の条項と裁判所の判決の集積ではなく，本物の**法秩序**となっている場合，「重要なこと」のすべてがドイツの法秩序に由来するものであり，共同体法に由来するのは枝葉の部分だけである，ということは，当然のことながら，あり得ない。そうではなく共同体法は，独自の原理，指導観念および制度という点において，ずっと前から独自の形態を獲得していた。これらのことすべては，国内法秩序における場合ほどまだその特徴がはっきりとしていないかもしれない。共同体法は，それが大規模なものであるために，たしかに内部的にもあまり調整されていない。これらのことすべては，優位が付与された要求の多い法秩序が存在することを変えるものではない。構想能力および体系能力は，ドイツ法にとっては――すべての国内法にとってそうなのであるが――，国内法が共同体法の重要な諸原理，例えば公開原理を受け入れ，これを自己のものとすることによってのみ維持し，保持することができる。ますます強くその特徴が現れてきている優位する法秩序に対しては，もっとも強い防御的態度であっても対抗することはできない。反対に，将来の能力は，新たな状況および新たな原理の地平に立ち，かつそれを自国の体系形成の基礎とする場合にのみ，保持される。このような新しい指導路線を既存のドイツ法秩序の中に組み込むことは，重要性が低いなどということはまったくない任務であり続けてい

291）主要問題は，国内法秩序の発展能力および構想能力にかかわる。加盟国の法秩序が共同体との垂直的関係に基づいて異なる法観念の継続的影響に下に立った場合，加盟国の法秩序の水平レヴェルにおいて内的論理性と体系性をどのように保持し，かつ創出することができるのか。この問題のいくつかについては，環境法を例として *Wahl*, FS GfU (Fn. 50), S. 237, 248 ff.

る。ここでは相当な範囲の余地が存在し，それを利用しなければならない。しかし，受容を真剣にかつ無条件に賛成した場合にのみ，それを利用することができる。これらの示唆によって，優位する法秩序との遭遇という諸条件の下で国内法秩序の体系能力および展開能力を発揮させるという重大な任務は，当然のことながら未だ解決されてはいないが，少なくとも問題と解決の方向性は示された。

Ⅲ．国内法秩序の間および国内法秩序と共同体法秩序との間の相互作用

共同体法秩序の優位およびその相当な範囲の適用領域も重要ではあるが，国内法とヨーロッパ法の**相互作用の領域**は，すでに言及したように，はるかに重大である。欧州統合によって，国内法秩序および共同体法は，相互的影響の非常に細分化された複雑な領域に入っている。個別の規範が出会うだけではなく，法秩序に属することのすべてが，つまり，異なる解釈方法，判例法の異なる役割，法の解釈と適用の過程における学問の特殊な役割，そして一般的には，法が結果の正当性に基礎をおき，それに準拠するのか，それとも手続の正当性に基礎をおき，それに準拠するのかというその時々の法理解も出会うのである。ここにリストアップしたにすぎないすべての主題は，共同体法においては，ドイツ法における場合とは別の判断がなされることもあり得る。同じことは，他の加盟諸国の法秩序——そこから全体として新たな共同体法が成長し，成立する——との関係についても妥当する。欧州裁判所は，規範を——おそらく——ドイツの裁判所とは異なって解釈しており，明らかに異なった仕方で理由づけをしている。欧州裁判所は，はるかに広い範囲において判例法を創造し，判断過程の筋道を形成する別の技術を有している。ヨーロッパの手続理解については，それがドイツの手続理解とは異なる基本的指向性を有している，つまり，そもそも手続の正当性が結果の正当性よりも大きな役割を果たしている，と言われているが，これも正当である。要するに，法と関連することすべては——そしてこのことは規範の純粋な内容よりもはるかにそうであるが——，対話と遭遇の状況に入っている。ドイツ法およびドイツの法律家の注意は外部指向性

を帯びざるを得ない。自国の法秩序と他の法秩序との間に存するこの相違に対して敏感であり，好奇心が強くなければならない。しかし，この好奇心と感受性は，言わば強制的に別のものを，それが別のものであるという理由で，より良いものと判断することを含むものではない。ここでは，前段階として，相違と多元性の存在を確認し，その限りで基本的態度において新たな方向付けを行うことに賛成しているのである。国内法の中で成長した法律家にとっての理想像は，あらゆる構成国において，二重の視点でなければならない。すなわち，自国の法を認識するのみならず，すべての問題が重要なヨーロッパの関連領域において別の判断や別の考えがなされていることもあり得る，ということも考慮に入れなければならない。

ヨーロッパ化が国内法秩序相互の情報交換的な対話をもたらすことを強調することは大事である。比較法および比較法への関心の伝統的形態に対して，次のことをいくら強調しても十分ということはない。すなわち，比較法は，その初期においては，どちらかと言えば理論的な関心（いくつかの経済的領域においてのみ実務的な関心もあったが）であって，それは，もっとも興味深いまたは「最善の」規制の発見に向けられていた。今日，様々な加盟国における法実務および生活が比較されなければならない。実務家は，他のヨーロッパ法秩序における法生活の知識を大いに必要としている。比較法は，ここでは言わば実務化されており，認識事象としてのみ扱われているわけではない。そして，この非常に大きく拡張された観察素材に基づいて，他の法秩序における選択肢についてのより大量の情報提供，より大量の知識が存在する。自己適合および受容のプロセス，つまり，選択肢となる思考による自己の論証手段の拡充および刺激の受け入れのプロセスが存在する。加えて，法規範の執行，つまり，法設定および法適用の全体プロセスの最後において実際に現れていることに照準を合わせようとする傾向が存在するが，これは重大な結果を生じさせるものである。EU 規定が等しく適用されているかに関心が持たれる――経済に関与する者はこれに関心を持たざるを得ない――場合，その関心は，法律における法の比較可能性をはるかに超えて及ばざるを得ない。イギリス，フランスその他の国の経済主体との競争関係にある経済事業体は，規範がほぼ同じであるとしても，ドイツにおいては権利保護の密度がはるかに高く，それによって長期間の訴訟のリスクがはるかに高い場合には，安心することができない。似たようなことは，行政手続に要する時間が異なる可能性があることにも当てはまる。これらすべての問題は，選択肢と比較可能性に引き立てられて別の重要性を獲得する。

ドイツ的思考全体がそれ自体から，つまり，その伝統，その自己理解およびその法文化から自律的に理解されなければならず，その変更も同じく自律的に自己の源泉から供給されていた時代に戻るという憧れは，無益である。防御的で臆病な基本的態度も同じように誤りである。新たに成立する法の大規模実験室において——それが欧州共同体における法の形成であるときに——攻撃的に関与する者のみが，自国の法文化の肯定的なもののいくつかを護ることができる。ドイツ公法は，いくつかのものに加えてたくさんのものを提供しなければならないし，すでにかなりのものをブリュッセルとルクセンブルクに向けて送り出している。これらすべては，他の法秩序についてもまったく同じように妥当する。みなが共演者であるが，みなが共演者にすぎず，もはや自己決定者ではない。

それでは，EU の法形成共同体は，いかなる状況になっているのか？　ヨーロッパにおける共通の法伝統のコンサートが行われているが，そこでは，非常に強く異なったアクセント，様々な楽器と調が存在している。50年代に新たに創設されたドイツ公法は，法秩序の法化を特徴とする第一期を経験した。ドイツ公法は，この発展路線を現在，第二期において単純に続けることはできない。むしろドイツ公法は，——ヨーロッパにおける他の国内法秩序も同様であるが——前例のない仕方で，具体的法形象に始まり基礎的法理解に至るまで，恒常的な比較の中に，つまり，多くの選択肢の可能性空間の中に立っている。新たな基本状況は包括的かつ広範囲に及ぶ効果を有する。この効果を認識している者および認識しようとする者，つまり，新たな状況の地平に立つ者のみが，成功の見込みをもってそれを協働して形成することができる。共同体法と国内法との共同進化が大事である。国内法は，自足性の立場にもはや到達することはできないが，ドイツ法は，その伝統によって，共同体法と国内法との共同進化を協働して形成する相当のかつ十分なチャンスを有する。これらのことすべては，楽観主義はもちろんのこと，ましてや軽率な楽観主義とは何らかかわりがない。私の自己理解は，発展路線を分析し，新たな状況を観察し，そして，この新たな基本状況が望ましいものであり，それは原則的に肯定されるという評価をこれに付け加えた一人の現実主義者の自己理解である。

I E. 結　語

これによって出発点に，つまり，すでに言及した現行ドイツ法の歴史化の第二の根拠に立ち戻る。歴史的分析の直接のかつそれ自体から生じる効用のほかに私は，歴史化を，自己理解の深化のための媒介であると同時に，今日では不可欠である他の法秩序との対話のための基礎であると特徴付けてきた。連邦共和国における50年に及ぶ公法に目を向ければ，発展経路に関する使い古された像が確認される。創設期に始まり，持続的に継続され，強力な法化，一貫した主観化および包括的な権利保護の経路が成立した。さらに，ドイツ公法は，50年の間に国家任務の度重なる変遷（計画，環境保護，リスク対処，民営化および規制緩和が追加された）に対応してきたが，全体として対応に成功した。ドイツ公法は，その構造メルクマールを主要な部分において維持しつつも，しかし同時にかなりの程度までそれを適合させてきた。新しいものは，その時々に，具体的な法律において，つまり特別行政法において，まず取り上げられ，その後，役立つことが分かった場合には，中程度の抽象化である法律の欠缺に移行し，そして最終的には一般行政法に移行する。しかし，あらゆる新しいものは，ドイツ行政法の典型的な憲法依存性の故に憲法という段階の前で認められなければならないのであり，憲法からも目標と指令を獲得する。行政法が憲法によって刻印されていること，そして，社会的問題状況や新たな国家任務に対して開放されていることが，基本法の下における公法を相当な成果と内的完結性に導いたのである。主要な要素は，すでに詳しく説明したように，社会生活および政治生活の法化が広範に促進されたことであり，これらの司法化が同じく高度化したことである。

この点において歴史化は自己了解の媒介として機能する。50年に目を向けることによって特殊な発展経路が示される。回顧すれば，ドイツ公法の独自性の意識が研ぎ澄まされる。その独自性は，ヨーロッパ化と国際化の第二期においてとくにはっきりと現れる。この時期において共同体法および他の構成国の接近された法における対抗像が明らかになるというのが，まさにその理由である。法秩序相互の遭遇のこの時期においてドイツ法の構造メルクマールは，二重の性質を有する。それは，アイデンティティを規定するメルクマールであり，しばしばドイツの展開の品質保証マークでもある。しかし同時に，それは他の法秩序に対する独自性，つまり，他の法秩序に対する特殊性および区別メルクマールでもある。第二の視点からは，それは，質問され調査される地位におかれる。ヨーロッパの法空間における包括的な比較視点は，アイデンティティを規定するメルクマールの前でも立ち止まることはない。こうしたメルクマールも，第二期において，別の方向性を有する他の法秩序との対話に直面して，そして対話においてその真価を発揮し，正当化されなければならない。他の法秩序に対しても，同じことが正反対の方向で妥当する。何故なら，当然のことながら，比較と調査において一方通行は存在しないからである。ヨーロッパにおける，つまり，EU と構成諸国における法展開は，法政策上の大規模実験室であり，その素材は，構成国の法秩序およびその法原理から供給されている――実際，それ以外に何があるのか？　しかし，いかなる法秩序も変化を被らないわけにはいかない。

この基本状況に直面して，他のヨーロッパ諸国における類似の事象に目を向けることが有益である。例えば，フランスやイギリスがヨーロッパ化の結果として体験し経験したのは，アイデンティティを規定するメルクマール――それは，発展経路の独自性を成している――も著しい変化を被った，ということである。イギリスにおいては，ずっと以前から議会主権の原則が妥当していた[292]。これは，フランスでも似たような状況であった。この古い原則を修正した決定的に新しいことは，EU への加盟である。他のあらゆる諸国と同じように，連合王国もその法秩序においてもはや自律的ではない。イギリスの法秩序はもはや独自の法思考に従うことはできず，EU の構成国として他の基本的諸決定，例えば議会法律の審査可能性も付け加わっている。その効果として欧州裁判所は，初めて1989年にウェストミンスター議会の法律をヨーロッパ法違

292)　これに関する最新の文献として，*Gernot Sydow*, Parlamentssuprematie und *Rule of Law*. Britische Verfassungsreformen im Spannungsfeld von *Westminster-Parliament*, *Common-Law*-Gerichten und europäischen Einflüssen, 2005.

反であると判断し[293]，この発展の過程において2005年に上院は，イギリス議会のテロ対策法をヨーロッパ人権条約に違反するとして廃止した。ドイツにおいても同じような規模の変化および影響がすでに進行している，または進行するであろう，という診断および予測をすることは困難ではない。ドイツについても確実なことが一つある。それは，法展開は自律的には進行しないのであって，法展開は原則的に他の構成国および欧州共同体の法秩序との共同進化の中で行われる，ということである。

最近の数年において共同体法のドイツ法秩序への影響をきっかけとして述べられた憤慨のかなりの部分は，ドイツ法が唯一の判断基準であって，そこからの離脱は本来は否定的にのみ判断され得るといういささか熟慮が足りない態度を背景としてのみ理解することができる。この態度は，新たな全体システム，つまり根本プロセスにおいては，たんに国内法に対する共同体法の優位という一つの方向が問題となっているのではなく，この優位が，個別の国内法も国内法の側から大きな影響可能性を有しているという非常に包括的なプロセスの中に埋め込まれている，ということを認識していない。この全体プロセスは，共同体法を優位におくことのみによって構成されるのではなく，このプロセスにおいては，共同体法の成立がこれに劣らないほどの重大な役割を果たしており，そこにおいては構成国の法目録が理念供給者および提案者の役割を演じているのである。全体として，欧州連合における加盟の枠内において，様々な法秩序の遭遇の多様なプロセスという事態に至っている。この多様性およびそこに含まれているチャンスは，しかし，国内一辺倒の思考様式から離れた者のみが認識することができる。

将来においては，相互的な適合という事態になるだろうし，そうならざるを得ない。この適合は，ドイツ法の諸原則および体系的基礎の前に立ち止まることはない。（もはや変更や接近の有無ではなく，むしろ）変更の規模ないし接近の程度について議論されなければならない主題は，行政の形成余地，つまり裁量と判断余地の全体的問題性であり，さらに，行政裁判所の統制構想の体系的支点，つまり訴権，統制密度，職権主義であり，これに加えて，手続構想および

293) EuGH RS. C-213/89, Slg. 1990 I-2433 ff. - FACTOTAME. それについては, *Sydow* (Fn. 292), S. 92 ff.

手続瑕疵論，ならびに行政の公開および情報の自由に関連するあらゆる事項である。厳格な比例性審査とほとんど輪郭のない照射効を伴う基本権ドグマーティクも，比較と適合のプロセスから逃れられない。全体プロセスの方向は，——これは明確に強調しておかなければならないのであるが——「上から」または外部から来ることのすべてにドイツ法が一方的に適合することではない。学問の任務は，EU の一次法および二次法，さらに欧州裁判所の判決を，ここでは優位の法が現れているからという理由のみで，良いものであり，正しいものであると判断することではない。批判を加え，体系化に向けての独自の貢献を提供するという学問の本来的任務は，当然のことながら，ヨーロッパ法に対しても遂行されなければならない。法源の多元性という基本的構成要件は維持され，EU 法の優位は動かないものである。ヨーロッパ法秩序の内部における比較および対話に着手し，ヨーロッパ法およびヨーロッパにおける法の成立過程に関与しようとする法秩序および法律学のみが自己を主張し，真価を発揮することができる。選択肢によって自己の位置を確認し，外部との比較をしながら思考する場合，この比較思考は確固たる基礎を必要とする。他の法秩序との競争に巻き込まれて，他の法秩序との対話を行おうとする者は，自らが何者かを知らなければならないし，自国の法秩序について，そしてその基本的諸原則，思考慣習および基本前提について意識しなければならない。その基礎は，自国法の十分なかつ十分に深められた知識であり，自国の法秩序の生成に関する確固たる観念，つまり，その際に実効的であった基本的諸観念に関する確固たる観念である。現行公法の歴史化は，これに貢献するものであり，それ故，それは必要不可欠なものである。

Ⅱ　立憲国家の歴史的考察

Die Historie des Verfassungsstaates

Ⅱ　第1章

1866年までのドイツにおける立憲国家の発展

Ⅰ．ドイツにおける立憲国家の成立

ドイツ連邦共和国の市民は国家をとりわけ立憲国家として体験している。1949年以降の国家秩序にとって，（憲法が定めている）自由で民主的な秩序は最も強力な統合要素・同一化要素の一つである。憲法がこのように特別の意味を持っていることからすれば，基本法のパースペクティブからドイツにおける立憲国家の発展を追跡しようとする特別の問題意識が生まれるのはもっともなことである。基本法と立憲国家の以前の時期との共通性・相違性を追及する，このような，核心において比較法的なアプローチは，基本法の定める国家秩序の特性を正確に浮彫りにすることに役立つことができる。

しかし，このアプローチは以前の時期を立憲国家の現段階の単なる前身かつ序幕としてのみ見る危険性をも持っている。それゆえ，現代の立憲国家の歴史的基礎づけには，19世紀における立憲国家の構築をそれ自身の歴史的出発点およびその当時の発展条件から理解することも必要である。以下においては，両方の考察方法がとられることになる。即ち，先ず，ドイツにおける立憲国家の成立と19世紀における発展の概略が叙述され，次に体系的な見地から立憲君主政の特性が，とりわけ基本法との比較をふまえて論述される。

1．北アメリカおよびフランスにおける成文憲法の成立

立憲国家の成立は，形式的意味における憲法の成立と同義である。確かに，

すべての政治秩序は法的に組織されており，従って，すべての国家は，政治的・社会的構成様式[1]という意味での憲法，もしくは，記述的憲法概念という意味での憲法を持っている。しかし，厳密な意味における立憲国家は成文憲法の存在を前提しており，成文憲法が存在して初めて立憲国家としての国家の自己認識が成立することができる。そのように理解すると，容易に，立憲国家の最初の実現を1776年の北アメリカにおける最初の成文憲法（諸州の憲法）および1787年の連邦憲法[2]，ならびに（1789年８月26日の人および市民の権利の宣言の諸原理の受容をふまえての）[3]1791年のフランスにおける成文憲法[4]から開始させることができる。

その場合，アメリカ憲法およびフランス憲法の第一の特質は，憲法の成文性という憲法の形式的事情ではなく，憲法の形式・内容・機能の特殊な結合である[5]。形式それ自体に新しさがあったわけでもなく，宣言の厳粛性に新しさがあったわけでもない。また，個々の内容，即ち，生命・自由・財産の保障によ

1）　これは，*Ernst-Wolfgang Böckenförde*, Der deutsche Typ der konstitutionellen Monarchie im 19. Jahrhundert, in: ders., Staat, Gesellschaft, Freiheit, 1976, S. 112, 114 による，憲法の憲法史的概念の概念規定である。この概念規定はオットー・ブルンナーに依存している。以下の文献はこれとは異った概念規定をしている。*Dieter Willoweit*, Deutsche Verfassungsgeschichte. Vom Frankenreich bis zur Wiedervereinigung Deutschlands, 5. Aufl. 2001, § 1; *Hans Boldt*, Verfassungsgeschichte I. Von den Anfängen bis zum Ende des älteren deutschen Reiches 1806, 1984; II. Von 1806 bis zur Gegenwart, 1990, S. 9 ff.

2）　1776年６月２日のバージニア権利章典および1787年９月17日のアメリカ合衆国憲法のテキストは *Günther Franz*, Staatsverfassungen, 2. Aufl. 1964, S. 6 ff. によった。ペンシルベニア憲法とマサチューセッツ憲法は *Wilhelm Altmann*, Ausgewählte Urkunde zur außerdeutschen Verfassurgsgeschichte seit 1776, 2. Aufl. 1913, S. 3 ff., および21 ff. に含まれている。

3）　1791年と1793年の憲法については，*Franz* (Fn. 2), S. 302 ff., *Altmann* (Fn. 2), S. 58 ff., 86 ff. また，1795年と1799年の憲法については *Altmann* (Fn. 2), 96 ff., および129 ff.

4）　*Hasso Hofmann*, Die Grundrechte 1789, 1949, 1989, NJW 1989, S. 3177-3187 mit Nachw.; *Christian Starck*, Die Französische Revolution und das deutsche Staatsrecht, JZ 1989, S. 601-609.

5）　そのこと，および以下のことについては，*Hasso Hofmann*, Zur Idee des Staatsgrundgesetzes, in: ders., Recht - Politik - Verfassung. Studien Zur Geschichte der politischen Philosophie, 1986, S. 264 f.; S. 261 ff. そこでは，形式的国家基本法の成立について詳細に述べられている。

る個人の自由の基礎づけ及び国民代表制・権力分立制による近代国家の法的制度化に新しさがあったわけでもない。むしろ，諸々の政治的根本規範を完結的・組織的に一つの憲法典のなかにまとめて定めることこそが先例のないことであった。もっと重要なことなのであるが，そのことと支配の根拠づけと正当化の全く新しいタイプ，即ち，歴史と伝統に諸原理の積極的定立がとって代わることとが結びついている。立憲国家を構築するということは，それゆえ，歴史を諸根本規範に切替え，伝統を正当化諸原理の意識的選択と制定に切替え，自明の支配を合理的に根拠づけられた支配に切替えることを意味する。

このように重大な意味を持ったイノベーションが行われたのは，2つの国における特別の歴史的事情，即ち，北アメリカではイギリス本国からのそれまでの植民地の決別によって，フランスではフランス革命によるアンシャン・レジームの根本的打破によって，政治的・法的真空状態が生まれたということに基づいている。根本的内容と厳粛な宣言という形式とを持った憲法は政治秩序の完全に新たな設立という当面の任務に対する回答であった[6]。法的真空状態のなかで設立するという差し迫った必要性に迫られて，種々異なった歴史的伝統を背景とする諸原理が一つのアンサンブルへと編成され，諸権利宣言と諸組織規範とが新たなる統一体へと合成された[7]。憲法を通じて新しい政治的秩序が個々の点においてのみならず全面的に法的に構成された。国民主権という新しい正当化原理が憲法の統一的基礎となった。

---

6) *Dieter Grimm*, Entstehungs- und Wirkungsbedingungen, in: Dieter Simon (Hrsg.), Akten des 26. Deutschen Rechtshistorikertages, 1987, S. 48, 61. 近代憲法の新しさをグリムは，それが支配を構成すること（支配を制限するだけでなく），包括的であること（部分的であるだけでなく），その拘束力が普遍的であること（契約当時者に対してのみ個別的にはたらくのではなく）に見出している（同48頁）。近代憲法の成立の特殊な条件の一つとして，革命による伝統的な国家権力との断絶と，そのことからの帰結としての正当な国家権力を新しく構成する必要性が挙げられている（同61頁）。

7) *Gerald Stourzh*, Vom aristotelischen zum liberalen Verfassungsbegriff. Staatsformenlehre und Fundamentalgesetze in England und in Nordamerika im 17. und 18. Jahrhundert, in: Rudolf Vierhaus (Hrsg.), Herrschaftsverträge, Wahlkapitulationen, Fundamentalgesetze, 1977, S. 294 ff., 326 f. (auch in: ders., Wege zur Grundrechtsdemokratie, 1989, S. 1 ff.); *Klaus Stern*, Die Verbindung von Verfassungsidee und Grundrechtsidee zur modernen Verfassung, in: FS Kurt Eichenberger, 1982, S. 197 ff. も参照。

2．模範としてのフランスの発展

1789年は，当時憲法は制定されてはおらず，重要な憲法史的出来事が起こってはいなかったとしても，ドイツの憲法史上の重要な年である[8)]。1789年の諸理念[9)]とそれを実現するための最初の不可逆の諸措置とは，幾ら高く評価しても評価しすぎることのない，決定的な効果を及ぼした。そのため，それまでの政治的秩序の正当性はそれにとって代わろうとする正当性原理の登場によって強く脅かされ，包括的な社会秩序としての身分制秩序はそれまでの不変の承認を失い，取返しのつかない打撃を被った。ドイツにおいては（そして他の国々においても），特別の事は起こらなかった。それにもかかわらず，正当性の基礎はもはや以前の如くではなくなった。ドイツにおける知識人たちの最初のうちの熱狂がこのことを的確に表現していたし，彼らが後に正気に戻った時でも目的や理念に対する同意を撤回することはなかった。それまでフランスや他の国々に対して進歩のうえでの相対的な先進性を誇ることができていたドイツの改革絶対主義は，いわば一夜にして後塵を拝するにいたった。1789年の諸理念とそれの段階的にして迅速な実現とは全体の座標系を変えてしまった。1789年のドイツでは何事も起こらなかった。しかし，それまで前方にいた者が後方にさがったし（フランスからいえば逆になるわけであるが），それまで正当であって競争相手を持たなかった者が強力な挑戦者・敵対者を持つことになった。フランスにおける出来事はこうして理念の異なった地平をもたらし，恐らくもっと重要なことと思われるが，国家実務の新しい現実をもたらした。理念やプロジェクトはそれ以前のすべての国々においてしばしばアンシャン・レジームあるいは旧いヨーロッパの大きな障壁の前に降伏しなければならなかったのであるが，1789年のフランスにおいては降伏しなくてもよかったし，理念やプロジェクトは国家や社会の権力構造の前に挫折することなく，障壁を乗り越えるのに成功

8)　*Otto Kimmnich*, Deutsche Verfassungsgeschichte, 2. Aufl. 1987, S. 274 は明らかに違った考えをとっている。一般的な歴史の叙述の文脈のなかで，*Thomas Nipperdey*, Deutsche Geschichte 1800-1866. Bürgerwelt und starker Staat, 1983, S. 1 は「初めにナポレオンありき」という文章を冒頭においている。

9)　*Hasso Hofmann*, Zur Herkunft der Menschenrechtserklärungen, JuS 1988, S. 841 ff.; *Jörg-Detlef Kühne*, Die französische Menschen- und Bürgerrechtserklärung im Rechtsvergleich mit den Vereinigten Staaten und Deutschland, JöR, Bd. 39 (1990), S. 1 ff.

した[10)]。

作動因としての1789年とドイツの３つの出来事年としての1803年，1806年，1815年は政治的・社会的発展，従ってまた憲法史の区切りをなしている。歴史的出来事に対する概念として転回点や区切りという概念が適切に用いられ[11)]，すべてが異なったものとなり，新しくなったというように想定されないかぎり――そして如何なる区切りの場合にもこういうことはないことなのであるが――，前記の出来事年は転回点・区切りをなしている，ということができる。既にフランス革命，即ち今論究している大事件に関してアレクシス・ド・トクヴィルが彼の古典的著書のなかで，多くの新しいことが起こっただけでなく，絶対主義が浸透した国家の国家行政の継続・継受もまた多く行われたということを指摘していた。革命後のフランスは単純に革命後のかつ革命を経過しただけのフランスではなかった。実際に転回点を体験した革命の国において，非常に多くの古いものや連続性が下部構造のなかに残っていたとすれば，革命なしに近代市民社会及び立憲国家へと発展したドイツにおいては，その何倍も強固な連続性の要素があったと考えられる。ドイツにおいては1789年，1803年，1806年の後に革命なしに区切りが存在し，従って当然のことであるが著しい連続性が存在した[12)]――というのが私のテーゼである。それにもかかわらず，これが転回点であったということはいわなければならない。けだし，政治的・社会的全体状況が根本的に変わったし，秩序の変更の目標が主立ったエリートたちによって認識されていたからである。思考と行動が身分制社会とそれに固有

10）ドイツについては，*Hans-Ulrich Wehler*, Deutsche Gesellschaftsgeschichte, Bd. 1: 1700-1815, 1987, S. 332 ff., 353 ff. がこの障壁を詳細に記述し，強調している。同340頁以下で絶対主義の「社会政策上の内的制約」と明確に述べているのは正当である。

11）連続か非連続か，というのは歴史学における終わることなきテーマであり，その始源的テーマであり，かつ，永遠のテーマである。連続・非連続の両方が見出されないような，かつ，とりわけ，一般的に認められる断絶が非連続の要素の指摘によって疑問にさらされないような断絶や歴史的転機は歴史上存在しない。しかし，1789年のような年代，ドイツでいえば1803年，1806年，1815年のような年代の場合には，先ずどちらが優位するかという問題が提起されねばならず，次いで非連続が優位すると明確に答えられなければならない。

12）*Michael Stolleis*, Geschichte der Öffentlichen Rechts in Deutschland, 2. Bd.: 1800 bis 1914, 1992, S. 39-45 のきめ細かな全体像も同様である。シュトライスは，学問史上の断絶，1803年，1806年という憲法史上の画期的年，転換期について述べている。

の不平等秩序が基準となる状況を克服し，社会秩序と政治的秩序観の交替という新しい状況が基準となるにいたった。不平等が原理として脱落し，国家秩序が伝統的な君主によってのみならず独自の政治的ファクターとしての国民および第二の政治的ファクターたる国民代表によっても動かされるようになり，また，個人が私的な権利だけでなく政治的権利をも持つようになり，法治国原理だけでなく国民および個人の政治的参与もまた国家の基礎となるにいたれば，実現がいかに長くかかるにしても，システムの交替が始まっているのであり，新しい状況に向けての突進が起こっているのである。そして，この突進はドイツにおいても現実に意識や精神の変化となって現れたのである。もちろん，既に1789年以前においても変化のスピードが上がって来てはいた。しかし，今や，この変化は別の目的と新たなパースペクティブを持つにいたった。とりわけ，変革・改革政策は，フランスにおける，新しい秩序の動態と力学を背景にして，それまで持っていなかったもの，即ち貫徹の現実的な見込みと，とりわけ改革政策の潜在的犠牲者，即ちそれまでの特権身分と体制全体によって強固に守られた彼らの利益に対する高い貫徹力を持つにいたった。

優勢な要素としての不連続性と重大ではあるが劣勢な要素としての連続性とから特有の発展路線が生まれた。即ちドイツ独自の途が生まれた。もっとも，独自の途を辿っていることは他の国々でも同じであり[13]，フランスとてもフランス独自の途を辿っているのである。けだし，「ドイツと西欧」という広く行われている言い廻し[14]――これは，いつまでも模範であり続ける西欧と後進国ドイツとを対置する観念以外の何ものをも含んでいないのであるが――がそのように思わせたがっているのとは違って，フランスの途が唯一のモデルでもなく，

13)　ますます重要となって来ている比較憲法史的視点が重要な視点の転換をもたらす。これについては，*Martin Kirsch*, Monarch und Parlament im 19. Jahrhundert. Der monarchische Konstitutionalismus als europäischer Verfassungstyp－Frankreich im Vergleich, 1999; *ders.*, Die Entwicklung des Konstitutionalismus im Vergleich. Französische Vorbilder und europäische Strukturen in der ersten Hälfte des 19. Jahrhunderts, in: ders./Pierangelo Schiera（Hrsg.）, Denken und Umsetzung des Konstitutionalismus in Deutschland und anderen europäischen Ländern in der ersten Hälfte des 19. Jahrhunderts, 1999, S. 147 ff. を参照。

14)　*Hans August Winkler*, Der lange Weg nach Westen, 2. Bde., 2000, 2001. これは，２つの世紀を驚くほどの方法で一つのテーマに集中させた叙述である。

唯一正しいモデルでもないことは当然のことだからである。しかし，反対の見方，即ち，フランス革命はドイツの憲法発展をどちらかといえば妨げたのであり，立憲国家へ向けてのドイツ独自の歩みにマイナスの影響を与えたという見方も[15]説得力を持つことができない。確かに近時の思想史研究[16]は前立憲国家的思想もしくは立憲国家の先駆的思想の重要な要素を探り出した。そのようなものとして，裁判による憲法，憲法の代わりとしての自然法，憲法の代わりとしての一般国家学，プロイセン国家のための憲法としてのプロイセン一般ラント法，更に，裁判による自由および基本権の保護や帝国裁判所による帝国都市や小領邦国家における憲法改革が指摘されている[17]。これらの定式は18世紀ドイツにおける改革の途が豊富であったことおよび当時の文献が活発であったことを証明している。しかし，このような傾向は部分的なものであったし，また，部分的なものであり続けたし，実現もまた限定的なものであった。完成した草案，完結した構想，諸要素の結合・相互強化にはいたらなかった。そして，憲法草案が提出された場合でも[18]起草者が権力の中枢から遠く離れていたり，あるいはトスカーナおよびウィーンのレオポルトのような有力者によって作られた草案は個人的色彩の強いもので，広汎な基礎を持っていなかったりした。それゆえ，一般的な意味で発展は立憲国家への入口まで来ていたかもしれないが[19]，しかし，途はまだまだ遠かった。なによりも，行為の当事者たちが理念

15) *Thomas Würtenberger*, Der Konstitutionalismus des Vormärz als Verfassungsbewegung, Der Staat 37 (1998), S. 165 ff., 176.

16) 膨大な文献のなかから――ディーテルム・クリッペルやホルスト・ディッペルの著作の参照をも指示しつつ――以下の文献だけを挙げることにしたい。*Thomas Würtenberger*, An der Schwelle zum Verfassungsstaat, Aufklärung 3, 1988, S. 53 ff.; *ders.*, Staatsverfassung an der Wende vom 18. zum 19. Jahrhundert, in: Wendemarken in der deutschen Verfassungsgeschichte, Der Staat, Beiheft 10, 1993, S. 85 ff.; *ders.* (Fn. 15), S. 165 ff.; *Rudolf Vierhaus*, Politisches Bewußtsein in Deutschland vor 1789, in: ders., Deutschland im 18. Jahrhundert, 1987, S. 182 ff., 194 ff.

17) こうした表現は *Würtenberger*, Wendemarken (Fn. 16), insberondere S. 92 ff., および *Würtenberger*, in: FS Ernst Benda, 1995, insbesondere S. 447 ff. に見出される。

18) それについては，*Horst Dippel* (Hrsg.), Die Anfänge des Konstitutionalismus in Deutschland. Texte deutscher Verfassungsentwürfe am Ende des 18. Jahrhunderts, 1991. それについては，*Hartwig Brandt*, Der lange Weg in demokratische Moderne. Deutsche Verfassungsgeschichte von 1800 bis 1945, 1998, S. 12 は「考えられ得る立憲主義的実務から著しくかけ離れていた」と述べている。

実現のための本来の登頂に取りかかっていなかったし，なによりも行為の当事者たちは山頂攻略のための権力手段を持っていなかった。身分代表制から国民代表制への発展における連続性と不連続性に関して述べられたことは，憲法全体についてもあてはまる。即ち，憲法の「ハード」な歴史と憲法に先行する政治理論の「ソフト」な歴史とは区別されるべきである[20]。立憲国家の理念の多くが18世紀に既に思いつかれていた，というだけでは十分でないのである。

ドイツとフランスを分かつものは理念と行動の不一致であり，理論と実践との不一致であり，ドイツの萌芽をフランスと比べて精彩のないもの，規範主義的なものとするのは，実現の見込みの欠如である。即ち，18世紀末のヨーロッパ大陸全体について言えることであるが，決着をつける必要があったのは，理念の精神的競争だけでなく，権力問題もまたそうなのであった。即ち，第一次的には社会秩序の変更，従って，旧いヨーロッパの身分制社会秩序から自由と財産に立脚した近代市民社会への非常に葛藤に満ちた移行が決着を迫られていたのである。同時にそれと並行して，まさに君主たちの財産の一部没収，君主たちの単独支配の終結，権力分立への君主たちの同意が進行していた。社会的目的も政治的目的もそれまでの特権享受者たちの抵抗を克服するために，それ相応の力を必要とした。いかなる支配階層も，ましていわんや優位・特権・不平等に立脚した社会秩序のエリートたちが，抵抗なしに引き下がることはなく，あるいは，新しいよりよい理念だというだけの理由で引き下がることはない。従って，ヨーロッパにおいては，社会秩序の変革は著しく理念の歴史であっただけでなく力の歴史でもあった。また，君主たちにその地位の真の制限，即ち法的に拘束力のある制限を受け入れさせるためにも力は必要であった。この場合，根本的な変革のために必要とされる力は，フランスにおける如く，内部的発展や権力の行使から生ずることもあれば，理念的により近代的な，また，遥かに効果的でエネルギッシュな体制による外からの圧力から生ずることもあれば，また，革命の恐怖から生ずることもあった。1789年以前のドイツにおいて

19) *Würtenberger*, An der Schwelle zum Verfassungsstaat (Fn. 16), S. 53 ff.

20) *Hartwig Brandt*, Über Konstitutionalismus in Deutschland, eine Skizze, in: FS Gerhard A. Ritter, 1994, S. 261. これは *Kirsch* (Fn. 13), S. 311 からの引用である。そこで引き続き引用されるキルシュの言葉も参照。

は，こうした外からの圧力がなかったので，改革も身分制社会秩序の限られた枠内にとどまっていた。啓蒙絶対主義の改革は常に身分制社会の社会的基礎の前で立ちどまった。

1800年後のドイツの途の特性の一つに算えられるのは憲法自身の観念の修正が行われていることである。成文憲法の理念が出現したのは，革命的状況においてであった。成文憲法の理念がその後の数十年の間に中央ヨーロッパおよび西ヨーロッパにおいて「身ぶるいするような緊張」[21]を生みだし，革命が起こらなかった国々においても後追いをひきおこした時には，国家の全く新しい設立と成文憲法との間の本来の内容的関連は解消していた。即ち，成文憲法という形式は他の状況，他の目的にとっても利用可能なものとなっていた。それゆえ，1789年の人および市民の権利の宣言や1791年憲法とともにそのいわば唯一正しい形式における立憲国家が登場したのではないということを強調したからといって，これらの文書の起動力としての意義を小さくすることにはならない。確かに，フランス国民議会は，革命の初期においては，既に規範的・抗議的憲法概念を念頭においていた。国民議会が他の国々に対する自己の優越性を意識して人および市民の権利の宣言の第16条において，「およそ権利の保障が確保されず権力の分立が確立されていない社会は憲法を持つものではない」と断言した時がそうであった[22]。しかし，既にフランスにおける発展自身が立憲国家のモデルの可変性を証明していた。即ち，1791年，1793年，1795年に内容的に異なった憲法が相次いで矢継早やに制定され，また，成文憲法という形式がナポレオンによって著しくプレビシット的・権威主義的政治体制のために利用され，1814年には独自性を持ったシャルト憲法が制定された[23]。今度は，このシャルト憲法は君主と国民代表とを結びつけようとする他の国々における憲法の模範となった。フランスの諸憲法の影響は大きく，それを抜きにしては憲法の歴

21） *Hofmann*（Fn. 5），S. 280.

22） Déclaration des droits de l'homme et du citoyen art. 16: „Toute societé, dans laquelle la garantie des droits n'est pas assurée, ni la séparation des pouvoirs déterminée, n'a point de constitution.“

23） 種々のフランス憲法のテクストは *Altmann*（Fn. 2），S. 58 による。部分的には *Michael Erbe*（Hrsg.），Vom Konsulat zum Empire libéral. Ausgewählte Texte zur französischen Verfassungsgeschichte 1799-1870, 1895 にもよっている。

史は考えられない。しかしながら，それを単純に短い定式で表現することもできない。成文憲法という制度は憲法を特徴づけるものとなり，永久にいわば抗し難いものとなった。内容の面での模範としての影響は実に様々な憲法に対して発揮することができた。1814年のシャルト憲法の影響が最も強く発揮されたのはドイツに対してであった。しかし，他の国々，とりわけドイツに対するフランス憲法の模範および起動力としての効果に関して論究する場合，フランスにおける革命的展開と他の国々における改革的展開との間の決定的違いを見落としてはならない。過去との革命的決別という状況のなかでフランス憲法は明確なプロフィールを持つことができ，新しい秩序の原理を純粋な形で打ち出すことができた。フランスでは，革命が急スピードで経過したために，政治的変革も社会的変革も成功裡に実現した。政治的変革が必要であったのは，アンシャン・レジームの主要な勢力であった国王・貴族・聖職者たちが社会秩序の改革を行うことができなかったからである。これに対して，改革的過程においては，最初に政治的革命が行われ，その次に社会的変革が来るという因果関係はなくなっていた。政治的変革と社会的変革とはどちらが先ということなしに別々に行われることができ，異なった時期にかつ，異なった程度において実現されることができた。ドイツにおいて革命の代わりとなった長期的な漸進の全過程のなかで，憲法制定のための枠組条件として基本的に異なったものが生じた。数十年に及ぶ改革・変革の過程において，旧い政治勢力と新しい政治勢力との間の明確な分離が存在していなかった。そのため，当然伝統のほうがより強い決定力を持っていた。旧いものから新しいものへの段階的移行と両者の混合状態が生まれた。憲法制定にとってはとりわけ時期も重要な意味を持っていた。従来の政治的・社会的勢力のうちのどの勢力が引続き尊重されなければならないか，また，どの程度尊重されなければならないか，また，いかなる旧い勢力が新しい秩序においても引き続き承認されなければならないか，を決定するのは，制定の時期であった。

3．立憲国家へのドイツの途

遂行された社会革命を基礎とするフランス憲法およびフランス革命全体から発する強力な刺激はドイツで著しく異なった出発状況にぶち当たった[24)]。しかし，この刺激は支配の法化および社会改革へのドイツ固有の発展の萌芽を変えてしまった。この発展の萌芽はいわばフランスの出来事および1789年の理念の重力の場に入り込んだ。そのことによってドイツ固有の発展の萌芽はその内在的進行を変更され，促進された。といってもフランスの模範の虜になることはなかった[25]。従って，ドイツでは19世紀の進行につれて徐々に社会秩序の根本的変化が生じ，段階的に殆んどすべての国々において憲法が制定され（例外は２つのメックレンブルク大公国）[26]，1871年に国民的統一が達成されたが，しかし，それにもかかわらず，この長い発展過程をフランス革命の単なる後追い，あるいはそれとの並行過程にすぎない，と考えるのは完全に誤っている。当然のことながら，そこにはドイツ独自の発展があった。

18世紀末におけるドイツの出発状況を構成する要素の一つは，啓蒙絶対主義の本来的な政治的・法治国家的進歩性である。この啓蒙絶対主義のもとで君主たちや官僚たちは経済的後進性にもかかわらず啓蒙的・理性法的国家・社会哲学に立脚して改革能力を発揮し，それによって君主制の統治形態に対する永続的な高い評価を作り出し，かつこの評価の正しさを実証した[27]。政治的支配シ

24）　複雑なドイツの出発点に関しては，*Wehler* (Fn. 10)のみ挙げるにとどめる。S. 35 ff., 218 ff., 332 ff., 353 ff. 同書では，「なぜドイツでは革命がなかったのか？」という問題提起がなされ（S. 363 ff.），「革命への誘いに対する回答としての改革」が論じられている。なお，注25)および注27)も参照。

25）　エバーハルト・ヴァイスは，ライン同盟の国々においては，ナポレオンが，国家と社会における改革を可能，必要，切実ならしめた触媒の役割をいとなんだと見ている。*Eberhard Weis*, Der Einfluß der Französischen Revolution und des Empire auf die Reformen in den süddeutschen Staaten, in: Francia I, 1973, S. 569 ff., 583 参照。

26）　*Ernst Rudolf Huber*, Deutsche Verfassungsgeschichte seit 1789, Bd. 3, Nachdruck der 2. Auflage, 1978, S. 220 ff.: ２つのメックレンブルク大公国は1918年まで旧等族的憲法状態にとどまっていた。

27）　啓蒙絶対主義と19世紀初頭の改革期との間の著しい連続性を強調するものとして，以下の文献を参照。*Eberhard Weis*, Absolute Monarchie und Reform im Deutschland des späten 18. und des frühen 19. Jahrhunderts, in: FS Karl Bosl, 1973, S. 436 ff. (überarbeitete Fassung in: Franklin Kopitzsch [Hrsg.], Aufklärung, Absolutismus und Bürgertum in Deutschland, 1976, S. 192 ff.); *Rudolf Vierhaus*, Aufklärung und Reformzeit. Kontinuität und Neuansätze in der deutschen Politik des späten 18. und beginnenden 19. Jahrhunderts, in: Eberhard Weis (Hrsg.), Reformen im rheinbündischen Deutschland, 1984, S. 287 ff.

ステムの核心および身分制的社会システムの基礎を脅かさない限り，理論および行政実務・裁判実務において著しい革新が行われた[28)]。既に述べたように，啓蒙絶対主義によって乗り越えることのできない改革の限界は，身分制的に編成され，不平等に立脚した社会秩序が最高および中級の機関を通じて組織された国家の政治的支配構造に基づいていて，かつ，この支配構造が不可侵のものであったというところにあった[29)]。まさにこの社会の根本的変革という観念は1789年以前の思想と行動の範囲外のものであった。

上述のところで重力の中心としてのフランスというイメージを用いたのであるが，このイメージを用いるについては，ドイツにおける独自の発展および改革の萌芽がフランス革命の急速な展開によってより広いパースペクティブと新しい方向づけを与えられたということをも示そうとする意図があった。この新しい方向づけというのは，身分制社会の解体による社会秩序の根本的変革と法的平等・職業の自由・財産の自由を基礎とする市民社会の展開をめざすものであった。

そのうえナポレオンの権力政策・ヘゲモニー政策の結果としての多様な政治的変化によって誘発されてドイツ諸国は近代化の必要性に迫られた[30)]。とはいっても，ドイツ諸国はすぐにそれに必要な社会的動態に依拠することはできなかった[31)]。市民階級の社会的・政治的意義は非常に弱かったので，市民階級

28)　それについては，注16)を参照。そこには1800年時代についての連続性テーゼの典拠も挙げられている。

29)　1803/1806年以前にあっては，ドイツのいかなる政府も，千年の歴史が構築した溝を跳び越え，伝統的な裁判・農業・軍事・経済体制に根本的に手をつけることに成功しなかった。例えば，*Weis*, in: Kopitzsch (Fn. 27), S. 207 を参照。これについては，*Wehler* (Fn. 10), S. 332, 340 f. をも参照。

30)　この圧力はいくら強調されても強調されすぎることはない。ヴェーラー（*Wehler* [Fn. 10], S. 347 ff.）は，改革期全体を，「防衛的近代化」として，フランス革命とナポレオンに対する反動として特徴づけている。古い正統性と古い確実性との崩壊とフランスによる巨大な近代化の圧力とが一体となってドイツ諸国に対する挑戦となった。圧力と古い社会秩序の正統性の消滅とはドイツ諸国に対して，以前には持っていなかった既存の特権身分に対する行動の余地をも与えた。

31)　ディーター・グリムはそのように述べている。*Dieter Grimm*, Deutsche Verfassungsgeschichte 1776 bis 1866. Vom Beginn des modernen Verfassungsstaats bis zur Auflösung des Deutschen Bundes, 3. Aufl., 1995, S. 106.

は決定的ファクターになることはできなかったし，まして支配的ファクターになることはできなかった。近代化は直ちに官僚の任務となり，官僚は革命の代わりを改革の方法で遂行した。しかも――これが特殊的なことであったが――上からの改革という方法で遂行した[32)]。官僚はそのために行動の余地を必要とし，改革の潜在的犠牲者たちに対抗する力を必要とした。そのため，貴族身分の抵抗を押し切って改革過程を始動させるために，先ず立憲国家が形成されなければならなかった。ライン同盟加盟諸国においては，立憲国家の形成はこの時期に漸く頂点に達した国家形成・中央集権化の過程を通じて行われた[33)]。プロイセンにおいては，内容的な改革措置の必要な基礎としての行政改革に優位，とりわけ意図された憲法改革に対する優位が与えられた[34)]。

従って，行動能力と改革能力は市民階級の圧力と政治的実行力から生まれたのではなくて，外圧および行政国家それ自身の力から生まれた[35)]。行政国家が社会改革と社会秩序の転換を開始し，市民社会を出発させた。しかし，自らは積極的に行動する独自のファクターとして存続した。簡単に言えば次の如くである。即ち，上からの早目の改革が社会による国家の占拠を不必要なものとした。しかしそれはまさにそれゆえに伝統的な国家とその官僚を独自のいつまでも影響し続ける権力ファクターとして存続させ，国家と社会の分離を生みだし

32) これについては，プロイセンの大臣シュトゥルエンゼーがベルリン駐在フランス公使に対して述べた次のような有名な言葉を参照。「あなた方が下から上に向けて行った有益な革命は，プロイセンでは，上から下に向かってゆっくりと行われる」（*Herbert Obenaus*, Finanzkrise und Verfassungsgebung, in: Barbara Vogel (Hrsg.), Preußische Reformen 1807-1820, 1980, S. 244 ff., S. 248 による）。このゆっくりした過程には，「上からの改革」という概念のほうが一層適している。

33) *Weis* (Hrsg.), Reformen (Fn. 27), dort in der Einleitung, S. VII-IX, umfassende bibliographische Nachweise; *Hermann Berding/Hans-Peter Ullmann* (Hrsg.), Deutschland zwischen Revolution und Restauration, 1981; *Karl Möckl*, Der moderne bayerische Staat. Eine Verfassungsgeschichte vom aufgeklärten Absolutismus bis zum Ende der Reformepoche, 1979, S. 98 ff.

34) *Rinhart Koselleck*, Preußen zwischen Reform und Revolution, 1981, S. 163-216: Der Vorrang der Verwaltungsreform und ihre Auswirkungen auf die Verfassungsplanung 1807-1815.

35) 行政国家プロイセンについては，*Koselleck* (Fn. 34), S. 153 ff.; *Bernd Wunder*, Privilegierung und Disziplinierung. Die Entstehung des Berufsbeamtentums in Bayern und Württemberg 1780-1825, 1978.

た。社会的改革の時期の君主制政府の活動能力は，それに加えて，市民階級のなかにも恒常性・連続性・切れ目なき発展の保障者としての政府の承認を作りだした。社会から独立した，強い政府は危惧された国民の気まぐれと主権的国民代表に対する重くかつ望ましい対重および安定化のファクターと考えられた。

そのことに決定的に貢献したのは，1795年以後のドイツの政治思想が既に熟慮された思想，フランス革命の経過をふまえた思想であったことである。当時の人々は1789年の理念を――大抵は強い共感をもって――見聞しただけでなく，次第にいら立ちを募らせながらテロとフランスの権力政治的膨張をも見聞した。当時の人々は理性法的理念とこの理念の実現とを見聞した。ドイツでは，市民階級にとって思想の純潔性とこの思想に基づく行動の純潔性は，そもそも行動が行われる前に失われていた。市民階級の大半は，諸勢力の現実政治的な評価からだけでなく，内面的な確信からも最初から伝統的な君主との調和と結合を志向した。歴史の援用が，この漸進と有機的発展および調和を志向する思想の下支えをした[36]。このことは当然伝統的な勢力の影響力を過度に強く残存させることによって19世紀前半における変革を限界づけ，19世紀後半における発展を妨げることになった。

この状況のなかで形成された憲法観は，当然フランスにおけるものとは異なったものにならざるをえなかった。この憲法観にとっては憲法は改革する国家の法的拘束を目的にするものであって，新しい秩序の理論的・実践的基礎づけを目的とするものではなかった。この根本的な違いは君主の視点だけでなく市民の憲法運動の視点にもあてはまった。市民の憲法運動は現存する国家を法的形態のなかに入れこみ，現存する国家を法的に制限し，権力の制限と権力の分割の手続と形式を設定することを志向した。君主制の廃止が志向されたのではなく，君主の法的拘束の強化が志向された。それゆえ，立憲国家の目的は国家の支配権力の行使を法的に規制し，制限することであった。立憲国家の理念は，支配の法的拘束性の観念と同一視された。

36）*Ernst-Wolfgang Böckenförde*, Die Einhiet von nationaler und politischer Bewegung im deutschen Frühliberalismus, in: ders. (Hrsg.), Moderne deutsche Verfassungsgeschichte (1815/1914), 2. Aufl. 1981, S. 27 ff. 同27頁以下には最初国家をなしていなかった民族の民族としての特性の認識のための本来的な源としての歴史の意義についても言及されている。

基本観念がこのようなものであったので市民の憲法運動は何かと1800年以前に存在していたドイツの法的伝統を支えとすることができた。この法的伝統は，しばしば余りにも一方的に個々の大きな領邦国家における絶対主義的支配様式の形成に注目する見方が認識できる以上に，より強く支配の法的拘束性，法変更のコンセンサス依存性の要素や契約の要素を含んでいたのである[37)]。1806年までの諸邦分立の政治体制のなかでは，なお身分制的制度と統治様式を強く残していた中小の領邦国家およびとりわけ大きな領邦国家に対しては政治的に弱体であったにもかかわらず法的有機体として生き生きと存在し，まさしくその最高裁判所を通じて活動していた神聖ローマ帝国もまた法観念や伝統の形成にとって大きな意味を持っていた[38)]。それに加えて，18世紀末までには，複数の系列の伝統が形成され，これらの系列の伝統は成文憲法の「発明」の後にはこのままの形で全体へと結びつけられることができた。そのうちの一つが神聖ローマ帝国の公法学による神聖ローマ帝国基本法の構築であるが，これは，ヨーロッパのその他の国々でも行われた，政治的秩序にとって重要な，それの基礎となる諸原則を独自のカテゴリーの法規範として提示する基本法の形成のドイツ版ともいうべきものであった[39)]。もう一つの伝統の系列は中世後半の個別的かつ契約形式の規制から始まって，17世紀の，支配契約および統治形態という身分制国家的タイプを経由するものであって，これらは支配契約から憲法典への過渡的なものと解釈された[40)]。全体としてこれらは近時の思想史的研究によって強力に描き出され，また，ある程度1789年の前と後では連続性のほう

37) *Stolleis* (Fn. 12), Bd. 1, S. 321; Gerhard Dilcher, Vom ständischen Herrschaftsvertrag zum Verfassungsgesetz, Der Staat 27 (1988), S. 161 ff.; *Willoweit* (Fn. 1), § 25 mit Literaturangaben.

38) 最近の研究は，２つの帝国最高裁判所，即ち Reichskammergericht と Reichshofrat の存在と活動が支配の法的拘束の観念の形成にとって少なからざる意義を有していたということを明らかにした。それについては全体として次のシリーズを参照。このシリーズは現在35巻以上になっている。Quellen und Forschungen zur höchsten Gerichtsbarkeit im alten Reich, hg. von *Bernhard Diestelkamp/Ulrich Eisenhardt/Günter Gudian/Adolf Laufs und Wolfgang Sellert*, 1973 ff.

39) それについては，*Vierhaus* (Fn. 16); *Rolf Grawert*, Art. »Gesetz«, in: Otto Brunner/Werner Conze/Reinhart Koselleck (Hrsg.), Geschichtliche Grundbegriffe, Bd. 2, 1975, S. 887 ff.; *Hofmann* (Fn. 5), S. 275 ff.

が優勢であるとするテーゼの根拠となっている発展要素である[41)]。これらの伝統の系列は本論文では他の要素と同じように歴史的な力を持ったものとして重視される。しかし優勢なもの，決定的なものとしてはみなされない。けだし，それは旧いヨーロッパの秩序モデルの限界を超えてはいないからである。この連続性の要素は支配的なものではなかった。しかし，もちろん存在していたのであり，ドイツの途を特徴づける要素の一つであった。連続性と並んで適度の不連続性も必要であった。それがなかったら，身分制社会の基礎および身分制によって特徴づけられた法秩序は変更されなかったであろう。しかし，幾つかの理念の連続性が存在したところでも，これらの理念はフランスやアメリカにおける成文憲法という新たなるものを通じて，新しい，統一的な，より広い地平を与えられて，支配の法的拘束性と基本的規定の確定とを一つの法典のなかで内面的に結びつけたものを定式化することへと動かされた。既存の国家を立憲化するという規制目的から，憲法をもって支配権行使に関する体系的でかつ包括的に構想された規制とする理解が生まれた[42)]。

憲法理念を突きつめて考えた結果，当然のことながら自由主義的国家論は既存の君主制国家の形式的な法化という基本観念を乗り越えざるをえなかった。立憲国家思想は，支配の法的拘束を構築しうるためだけにも，国家の基礎づけの問題に突き進まざるをえなかった。法的拘束が単に一方的に撤回可能な君主の自己拘束にあるのではなく，拘束性・不動性という特徴的なメルクマールを具えるべきであるとすれば，支配の契約的性格という伝統的な思想と観念的に結びつくのはもっともなことであった。市民的憲法思想にとっては合意された憲法というのが立憲国家の理想となった。身分制国家の古い二元主義は国家と社会の対立という新しいコンテクストのなかで再生されることができた[43)]。基

40）　*Gerhard Oestreich*, Vom Herrschaftsvertrag zur Verfassungsurkunde, in: Vierhaus (Fn. 16), S. 45 ff. (= in: Oestreich, Strukturprobleme der frühen Neuzeit, 1980, S. 229 ff.).

41）　注15）および注16）にある出典を参照。

42）　*Ernst-Wolfgang Böckenförde*, Geschichtliche Entwicklung und Bedeutungswandel der Verfassung, in: FS Rudolf Gmür, 1983, S. 9 f. 法思想への君主の組み込みということをディルヒャーも述べている（*Dilcher* [Fn. 37]）。

43）　*Hofmann* (Fn. 5), S. 273.

本契約のパートナーとして国民と君主の政府とが登場した。この場合，両者は相互に本源的なファクター，即ち，相手方から派生するものではないファクターであった。憲法制定権力及び改正権力は両者に共同に帰属するものとされ，両者のいずれも主権者ではないとされた[44]。従って，19世紀前半の国家理論[45]は，ドイツ政治思想におけるコンスタントなもの，即ち２つの極の関係で考える思想，支配者と国民とを対置させて考える思想を受け継ぐことになった。即ち，ドイツでは，２つのファクターのいずれか一方を他方より高い地位に置く，その置き方が一方もしくは他方にとってフランスにおけるほどには強くない，ということが中世から19世紀にいたるまでの一貫した流れであるということになる。市民的憲法運動にとって君主絶対主義に対する敵対が明確であったのと同じように，国民主権に対する敵対も明確であった。国王と国民の自由，君主の政府と選挙された国民代表，官憲的・国家的権威と民主的参加との「中間」の立場が意識的に追求された。このような観念の国家論的基礎をなしたのは，倫理的有機体としての国家という，細かな点では様々に解釈され得る概念であって，この概念は国家を優越的統一体および自立・自存的全体として理解したのである[46]。君主をも国民をも政治的秩序の唯一の基礎としようとしない試みが思想の中心点に国家という抽象的な第三のファクターを据えたのは論理的に首尾一貫したことなのであった。そのことによって，主権問題の厳しさから逃れることができ，君主制と国民主権との間の明確な決定が回避されることができた。しかしながら，国家に主権を帰属させるという解決は[47]，国家の種々

44) *Böckenförde* (Fn. 42), S. 11; *Hofmann* (Fn. 5), S. 273 f., 両文献にはとりわけ Staatslexikon von Rotteck und Welcker からの出典がある。

45) それについて，また，理念史的・学問史的テーマについては，包括的なものとして *Stolleis* (Fn. 12), Bd. 2, S. 81 ff.; Staatslehre im Vormärz; S. 121-186: Die ›allgemeine Staatslehre‹ im Vormärz. それについては，更に，*Hans Boldt*, Deutsche Staatslehre im Vormärz, 1975; *Hartmut Brandt*, Landständische Repräsentation im deutschen Vormärz. Politisches Denken im Einflußfeld des monarchischen Prinzips, 1968 を参照。

46) それについては，*Böckenförde*, Art. »Organ, Organismus, Organisation, Politischer Körper«, Abschnitt VII-IX, in: Otto Brunner/Werner Conze/Reinhart Koselleck, Geschichtliche Grundbegriffe. Historisches Lexikon zur politisch-sozialen Sprache in Deutschland, Bd. 4, 1978, S. 587 ff. (›Organismus‹/›Organ‹ als Leitbegriffe der staatstheoretischen und verfassungspolitischen Diskussion), S. 595 (絶対主義および国民主権に対する有機体論の対抗) が詳しい。

の機関がその権利の行使に関して衝突し，最終決定権の問題が不可避となる，国家生活上の実際的に重要な場合にはなんらの回答を与えるものではなかった。それだけでなく，国王と国民代表との間の均衡状態を理想とする，中間という理論的位置どりでは現実の権力問題が考慮の外に置かれている。しかし，現実の権力問題は立憲君主制という具体的な憲法形態にとって必然的に決定的な役割をいとなんだ。この役割を以下の憲法史の概略[48]において追跡することにしたい。

Ⅱ．1866年までの立憲君主制の発展の諸段階

立憲君主制を特徴づける君主と国民代表との結合は，19世紀において，ただ一つの定まった形で現われたのではなく，時代的にも地域的にも分散して現われ，全く様々に修正された形で現われ，とりわけ具体的な憲法における重点の配分に関して様々な形で現われ，なによりも国政における権力の配分に関して様々な形で現われた。憲法史の叙述において後から行われたドイツ立憲君主制というタイプの構成は，立憲君主制の構造，したがってその静態と構成様式[49]を捉えてはいるが，しかし，定義上，その動態および君主と国民代表との権力争いにおける変動を捉えてはいない。しかしながら，19世紀の長い経過の間には，まさしく２つの大きなファクターの間の憲法政治的な権力争いの場における変動があったし，君主と議会との間の境界線の波乱に満ちた展開があった[50]。

47)　*Böckenförde*（Fn. 46），S. 598 f.（多くの文献を含む）。それについては，更に，*Helmut Quaritsch*, Staat und Souveränität, Bd. 1, 1970, S. 481, 487 ff. und S. 502 f.; *Boldt*（Fn. 45），S. 74-83 が詳しい。

48)　ドイツ憲法史の包括的な叙述としては一般的に，*Ernst Rudolf Huber*, Deutsche Verfassungsgeschichte seit 1789, Bd. 1-3, Nachdruck der 2. Aufl. 1975-1978 を挙げておきたい。その他に，*Ernst Forsthoff*, Deutsche Verfassungsgeschichte der Neuzeit, 4. Aufl. 1972; *Fritz Hartung*, Deutsche Verfassungsgeschichte vom 15. Jahrhundert bis zur Gegenwart, 9. Aufl. 1969; *Grimm*（Fn. 31）; *Willoweit*（Fn. 1）; *Boldt*（Fn. 1）; *Manfred Botzenhardt*, Deutsche Verfassungsgeschichte 1806-1949, 1993; *Brandt*（Fn. 18）; *Elisabeth Fehrenbach*, Verfassungsstaat und Nationsbildung, 1815 biz 1871, 1992; 更に，1981年以前の文献の目録については，*Rainer Wahl*, in: Böckenförde（Fn. 36），S. 505 ff. を参照。

49)　ベッケンフェルデ（*Böckenförde* [Fn. 1]）が，„Der deutsche Typus der konstitutioneller Monarchie im 19. Jahrhundert“ という独自の標題をつけることによって，そのための新しい概念をつくりだした。

法律学の文献では，構成と静態的構造の憲法史のほうが，変動の歴史，即ち政治の実際における国民代表の影響が強まり，議会主義化が進んだ段階の存在をも認める，君主と国民代表との間の関係の変動の歴史よりもより強く発達した[51]。国家生活のこれらの変種はここ数十年の間に（個々の段階に関する）驚くほどに多くの研究によって明るみに出された[52]。これらの研究は，君主と国民代表との間の波乱に満ちた抗争の経過史を印象深く描き出している。この経過史は，19世紀前半にあっては単線的なものではなかったし，19世紀後半にあっても決して立憲君主制の後期の形態（1866年後もしくは1871年後の形態）を目ざして突き進んだものでもなかった。以下で取り扱う立憲君主制の３つの時期の諸憲法はこれらの時代的・地域的相違の幾つかを反映している。ただし，個々

50）立憲主義における静態と運動との間の緊張関係はとりわけマルティン・キルシュによって発展可能な視点をもって打ち出されたヨーロッパ諸国の比較において，一層多面的なものとなる（それについては注13）で挙げた２つの著作を参照)。キルシュは，議会が優位する立憲主義，君主が優位する立憲君主制，ナポレオン的立憲主義という３つのタイプを区別した。

51）それについては，*Rainer Wahl*, Die Bewegung im labilen Dualismus des Konstitutionalismus in Deutschland, in: Parlament und Verfassung in den europäischen konstitutionellen Systemen des 19. Jahrhunderts（Tagungsband Trient 2000, 2003）が詳しい。更に，根本問題と細部とを包括的に検討している次の論文をも参照。*Jörg-Detlef Kühne*, Volksvertretungen im monarchischen Konstitutionalismus（1814-1918）, in: Hans-Peter Schneider/Wolfgang Zeh（Hrsg.）, Parlamentsrecht und Parlamentspraxis. Ein Handbuch, 1989，§2, Rn. 1-34.

52）*Lothar Gall*, Der Liberalismus als regierende Partei. Das Großherzogtum Baden zwischen Restaration und Reichsgründug, 1968, およびとりわけ，議会主義と政党の研究のための非常に功績のある委員会の刊行になる Handbuch der Geschichte des deutschen Parlamentarismus の諸巻（このなかには *Hartwig Brandt*, Parlamentarismus in Württemberg 1819-1870, 1987という基本的な研究も含まれている）を参照。個別のラント議会の分析については以下のものを参照。*Günter Grünthal*, Parlamentarismus in Preußen 1848/49-1857/58 Preußischer Konstitutionalismus－Parlament und Regierung in der Reaktionsära, 1982; *Klaus Erich Pollmann*, Parlamentarismus im Norddeutschen Bund, 1867-1870, 1985; *Manfred Botzenhart*, Deutscher Parlamentarismus in der Revolutionszeit 1848，1850, 1977; *Dieter Langewiesche*, Liberalismus und Demokratie in Württemberg zwischen Revolution und Reichsgründung, 1974; *Franz Mögle-Hofacker*, Zur Entwicklung des Parlamentarismus in Württemberg. Der ›Parlamentarismus der Krone‹ unter König Wilhelm I., 1981. 個別的研究は *Brandt*（Fn. 18）の総合研究および *Fehrenbach*（Fn. 48）の研究報告のなかに含まれている。

の国家における発展のすべての特性を取り上げることはできない。

初期立憲主義（1814年―1848年）の第一段階においては，最初のうちは明らかに君主・官僚勢力が支配的であった。即ち，先ず上からの改革を行った勢力，次に王政復古を遂げた勢力が支配的であった。従って，初期立憲主義を特徴づける二元主義は著しく一方的に形成されていた。1830年以降そして三月革命の前の時期になって初めて市民階級と市民の憲法運動が重要性を持つにいたった。従って，1848年の革命は国民代表のほうに重点を移動させることを志向することはできなかったとしても力の均衡を真剣に志向することができたのである。内容的に模範となるものであり，それゆえ遠い後の時代にまで影響力を持ったパウロ教会憲法と並んで，バーデン，ヴェルテンベルクおよびクールヘッセン，ザクセンといった国々における既に制定されていた憲法の重大な変更もまたこの第二期における重要な出来事だったのである。革命の失敗後，1848年に欽定され，1850年に施行されたプロイセン憲法は不安定な二元主義を立上げた。この二元主義の紛争誘発性はプロイセン憲法争議によって明らかになったが，紛争に決着がつけられた後も取り除かれなかった。このようにして，プロイセン憲法争議の結末によってドイツの立憲君主制は最終的に確立された。しかも，発展の可能性が限られており，大きくないものとしても確立された。しかし，それ以前においては，立憲君主制は，憲法争議とその当時の基準となるにいたった立憲君主制のプロイセン版が狭くしたものよりは，より多くの発展の余地と可能性を持っていたのである。

１．南ドイツの初期立憲主義

1814年から1824年にかけて15の国々で新しい憲法が施行された。すべての憲法が国民代表制的憲法のタイプのものであったわけでなく，幾つかの憲法は旧等族制原理に基づいていた[53)]。その後の発展にとって３つの南ドイツの憲法，即ち，1818年のバイエルン憲法，1818年のバーデン憲法，1819年のヴュルテンベルク憲法が特徴形成的であった[54)]。この３憲法が1830年のフランスの七月革命に続いて発生した第二波の憲法制定にとって，個々の点で変更を加えたうえ

53）　諸憲法の一覧は *Huber*（Fn. 26), S. 656 f. を参照。

で，基準的なモデルとされた。この第二波によって７つの国（とりわけクールヘッセンとザクセン）が初めて憲法を持つにいたり，ブラウンシュヴァイクとハノーバーはそれまでの憲法を根本的に変更した国民代表制憲法を持つにいたった[55]。1830年の場合と違って，立憲君主政の第一期における憲法制定の時期と機能を説明することは容易でない。いずれにしても，ウィーン会議の間やその直後の時期に，また，社会的変革の運動としてのフランス革命を国内的にも国際的にも終らせようとする試みが行われた時期の後になって，まさにフランス革命によって宣伝された政治体制たる立憲国家や国民代表の参加という政治体制を外形的にせよ導入したということは奇妙である[56]。もちろん，相当アクチュアルな動機は存在した。例えば，憲法に関してまだ行われていないが恐らくは復古的なドイツ同盟による確定に対して先手を打とうとする努力や，あるいは，身分の高い貴族たちやそれまで統治を行っていた者たちを取り込み，紀律に服せしめようという意図がそれであった。更に，一貫して憲法制定を行うについての特殊憲法政策的な打算が問題とされたことも驚くにはあたらない[57]。このような打算が存在したはずである。けだし，憲法というのは自発的に，現実的な圧力も加えられていないのに行われた譲歩であり，予防的な政策だったからである。エルンスト・ルドルフ・フーバーによれば[58]，君主の打算は，とりわけライン同盟時代にその領土の著しい変更が生じた南ドイツの国々に対して憲法および国民代表が持つ統合的意味を狙っていた。その考えによれ

54） テクストは *Huber*, Dokumente zur deutschen Verfassungsgeschichte, Bd. 1, 2. Aufl. 1961; Bd. 2, 2. Aufl. 1964, Nr. 51 ff. これらの憲法にたいする1814年のフランス憲法の大きな影響については *Kirsch* (Fn. 13), S. 299 ff., 322 ff. を参照。

55） *Ernst Rudolf Huber*, Deutsche Verfassungsgeschichte seit 1789, Bd. 2, Nachdruck der 2. Aufl. 1975, S. 46 ff.; ヘッセン選帝候国およびザクセン王国の憲法のテキストは *Huber*, Dokumente, Bd. 1 (Fn. 54), Nr. 56および57 を参照。「ドイツ同盟の41の国々のうち37の国々が三月前期の時期に立憲国家であったし，または立憲国家となった」(*Brandt* [Fn. 18], S. 71 を参照)。

56） そのように正当にも出発点の問題が *Obenaus* (Fn. 32), S. 244 ff. で述べられている。文献における種々の見解の概観がそこで行われている。

57） 注54)から注56)に挙げられている著者のほか，*Brandt* (Fn. 18), S. 68 ff., 70 ff.; *Willoweit* (Fn. 1), § 26 (1915年までの発展); *Fehrenbach* (Fn. 48); *Kirsch* (Fn. 13); *Stolleis* (Fn. 12), Bd. 2, S. 187 ff. を参照。

58） *Huber*, Vertassungsgeschichte, Bd. 1 (Fn. 34), S. 315-318.

ば，王朝とその官僚によって造られた行政国家にとって本来の行政的統合は議会的・国民代表的統合によって補強されることができた。ヘルベルト・オーベナウス[59]は財政危機と憲法制定との関連を最も重視している。身分制的・封建制的秩序の解体の後には，また，私経済的・自由主義的経済体制への移行の後には，必然的に国家の財政様式も変化した。封建体制後の社会においては，国家は主として租税及び借款を通じて財政を行わねばならなかった。国家と国民との間の新たな関係，しかも将来的には唯一の直接的の関係は，具体的には租税の納付と資本の委託に現われる。この基本関係によって統治者と被統治者との間の媒介の必要性が生じた。国民代表は，それゆえ，君主と所有階層との間の信頼創造・創出的紐帯としての機能をも果した。

いずれにしても，憲法は君主の憲法政策的打算から生まれた。成文憲法という形式は，王家の自己維持という政治的目的のために利用され，従って，国家の包括的基礎づくりとはかかわりのない政治的目的のために利用された。しかし，そのかぎりにおいても，成文憲法の実現は法的な代価，即ち君主の恒常的自己制限という法的な代価を払った。憲法前の，無制限のものと考えられた絶対主義的君主の強大な支配権力との断絶は決定的となり，はっきりした。しかし，君主は下からの差迫ったもしくは抵抗しがたい圧力によって憲法を制定したのではなかったから，君主は憲法のなかに含まれている国民代表や臣民の権利の承認をいい加減に取り扱うことができた。いわば市民階級と富裕階層の将来的意義を先取りして制定された憲法は権力を実体において分かつもしくは同権的に分かつ必要がなかった。しかし，憲法は，二元的政治秩序[60]にとって特に重要な問題，即ち，誰の視点から憲法が書かれたか，誰が誰を権力に参与させたか，および，誰が憲法制定の際に，また，権力配分において，第一次的ファクターであったか，という問題に明確に答えていた。これを定めるのが，すべての三月前期の憲法に共通であって，君主と国民代表との間の関係についての重要な根本命題を含んでいるところの，君主制原理の機能であった[61]。即ち，バイエルン憲法典によれば，この原理は次のように述べている。「君主は国家

59)　*Obenaus* (Fn. 32), S. 251 ff.

60)　それについては憲法史の総合的叙述のほか，*Brandt* (Fn. 18), S. 80 ff., および *Fehrenbach* (Fn. 48), S. 1 ff., 9 ff., 71 ff.; *Nipperdey* (Fn. 8), S. 344.

の元首であって，国家権力のすべての権利をその一身に統合するものであり，それを君主によって与えられ，この憲法典の中で定められた規定に従って行使する」[62]。従って——この結論を1820年のウィーン最終議定書57条がドイツ同盟の有権解釈として明示的にひきだした——「主権者は保有する権利の行使に際してのみ議会の参与を受けるように議会的憲法によって拘束される」[63]。君主制原理によって行われた，国家権力の実体的保持と単なる行使との区別は，しかし，法的には完全には納得が行かない。国家権力の実体を君主に保持させることのポイントは君主がその国家権力に立戻ることができ，君主が与えた憲法を一方的に撤回することができる，とするところにある。しかし，そのようなことはなかった。ひとたび憲法が与えられると，君主は二元主義にひっかかり，からめられた，そして憲法の変更は国民代表との合意によってのみ可能であった[64]。従って，君主制原理が法的に根拠のあること以上のことを法的に約

61） *Huber*, Verfassungsgeschichte, Bd. 1 (Fn. 34), S. 651 ff.; *ders.*, Verfassungsgeschichte, Bd. 3 (Fn. 26), Nachdruck der 2. Aufl. 1978, S. 11 ff.; *Ernst-Wolfgang Böckenförde*, Der Verfassungstyp der deutschen konstitutionellen Monarchie im 19. Jahrhundert, zit. nach ders. (Hrsg.), Moderne deutsche Verfassungsgeschichte (1815/1914), 2. Aufl. 1981, S. 146 f., 148= ders., Staat, Gesellschaft, Freiheit, 1976, S. 112-145; *Boldt* (Fn. 1), S. 15-54; *Botzenhart* (Fn. 52), S. 30-53 (君主制原理の時代における立憲的思考について). 古い文献としては，以下の２点を挙げる。*Otto Hintze*, Das monarchische Prinzip und die konstitutionelle Verfassung, in: ders., Gesammelte Abhandlungen, Bd. 1, 3. Aufl. 1970, S. 359 ff.,および *Heinrich Otto Meisner*, Die Lehre vom monarchischen Prinzip im Zeitalter der Restauration und des deutschen Bundes, 1913.

62） テクストは *Huber*, Dokumente, Bd. 1 (Fn. 54), Nr. 30 による。模範となったのは，1814年のフランス憲法であった。この憲法はその前文で権威の所在と行使とを区別していた。しかし，君主制原理は，フランスとドイツとでは違った作用をいとなんだ。これについては，*Brandt* (Fn. 18), S. 69 を参照。

63） 1820年５月15日ウィーン最終議定書57条：「ドイツ同盟は，自由都市という例外はあるが，主権的な君主によって構成される。それゆえ，ここに書かれた基本概念に従えば，すべての国家権力は国家元首に統合されていなければならない。そして，主権者は，ラントシュテンデ憲法を通じて，一定の権利の行使においてのみ，諸身分と結びつけられうる」(*Huber*, Dokumente, Bd. 1 [Fn. 54], Nr. 30 による)。ウィーン最終議定書57条は，有権的解釈の形式をとった，ドイツ同盟規約13条の広汎な文言を限定する試みであった (*Huber*, Dokumente, Bd. 1 [Fn. 54], Nr. 29:「すべての同盟諸国において，ラントシュテンデ憲法が存在している」)。

64） *Böckenförde* (Fn. 61), S. 155, S. 148, および *Quaritsch* (Fn. 47), S. 483.

束したとすれば，三月前期の憲法のなかにこのように過剰な内容が定められ，君主と国民代表との間の基本関係が実体的な非対称のものとして憲法のなかで定式化されたということはやはり重大であり，特徴的なことである。

君主と議会という2つのファクターは，立法という中心的機能に関して結びつけられた。立法に関して――フランスのシャルト憲法（15条）という模範にならって――「立法権の共同行使」という原理が妥当した[65]。南ドイツの諸憲法においては，この定式はこの言葉どおりには登場せず，特定の法律（自由と財産を侵害する法律）は議会の同意を必要とするという規定のなかに付随的に含まれていた。憲法現実においては，この相互依存性は君主の政府と議会との協調と対決との相克をもたらした[66]。

国民代表が典型的な二院制のなかに組み込まれていたということも，初期立憲主義の「不均衡的」二元主義の特徴をなしていた。一院制であったならば国民は君主に対して統一的な国民社会として向き合っていたであろう，という重要な発言もそのことに基づいていた。これに反して二院制は特権諸身分もしくは特権を持った人々の特殊代表と同義であった[67]。第一院には，上級貴族（および，南ドイツ諸国では，1803年もしくは1806年に陪臣化された，嘗っての独立支配者たるシュタンデスヘル）が――唯一ではないにしても明らかに圧倒的に――代表されていた。しかし，第二院も大抵は種々の階級別に編成されていた。そこでは，制限選挙法で選挙された市民・農民の代表が下級貴族・聖職者の代表，および，しばしば大学の代表に対して優位を保っていた[68]。編成に反して，議会はその内部的活動様式に関しては，多数決原理，全体の福祉による義務づけ，委任の禁止を採用していたので，近代国民代表制憲法のメルクマールを示して

65）それについては，*Kirsch*, Monarch und Parlament（Fn. 13）. そこには，この定式のモデルとなったものが指摘されている。

66）*Kirsch*, Monarch und Parlament（Fn. 13）, S. 330.

67）*Grimm*, Deutsche Verfassungsgeschichte 1776 bis 1866. Vom Beginn des modernen Verfassungsstaats bis zur Auflösung des Deutschen Bundes, 3. Aufl. 1995, S. 123.

68）両院の構成に新等族社会（新身分社会）というモデルが表現されている。新等族社会（新身分社会）という概念については *Brandt*（Fn. 45）, S. 4 und 6, および *Wolfgang v. Rimscha*, Die Grundrechte im süddeutschen Konstitutionalismus, 1973, S. 131 ff. この概念は全国民を代表する代表機関の内部で生まれと財産に基づく編成が行われていることを適切に表している。

いた。このような，旧身分制議会の要素と国民代表議会の要素との混合状態が初期立憲主義の諸憲法が成立したときの状況にとって特徴的であった[69]。長い漸進的な過程のなかにあって比較的早い時期に制定されたので，初期立憲主義の憲法のなかには，伝統に依拠する要素と将来の社会的・国家的秩序を先取りする要素とが結びついていた。1815年のドイツ同盟規約13条が用いた「ラントシュテンデ憲法」(landständische Verfassung) という文言はまさにその神秘的なあいまいさ（フォルストホッフの言）のゆえに，この過渡的状況にぴったりであった。この文言はこの状況のなかで橋渡しの機能を果たした[70]。

同時に，これらの憲法は発展の中間段階を総括し，それを固定した。改革過程の経過モデルは独自の法則性を持っている。改革を必要とする古い秩序から離れるについては，当然のことながら，革命におけるよりは狭い限界がある。古い社会秩序の担い手たちは，重要な政治勢力として残存していた。初期の憲法制定においては，彼らは包括的な法の変革過程における参与権を与えられた。この参与権は古い身分制的・封建的秩序の解体のためには必要なものであった。初期立憲主義の憲法の代表制では第一院に強い力点が殊のほか置かれたから，貴族院はすぐれて阻止の立場をとるにいたった。1815年から1848年の時代において南ドイツの国々においても，社会改革を解体立法として推進する必要があった。改革の前進は補償立法の成立にかかっていた。このような立法に第一院の同意が必要であったために，このような措置の犠牲者の手に拒否の可能性が与えられていた。1848年にいたるまでの国内政治の広汎な停滞の責任は彼らにあった[71]。

69）基本権に関しては，この混合関係は国民の一般的権利と特権階級の特別の権利との間の重要な区別に表れている。これについては，*v. Rimscha* (Fn. 68), S. 119 ff. und insbesondere S. 124 ff.（平等について）が詳しい。なお，これについては，*Rainer Wahl*, Rechtliche Wirkungen und Funktionen der Grundrechte im deutschen Konstitutionalismus des 19. Jahrhunderts, Der Staat 18 (1979), S. 335 ff.（本書Ⅱ第３章「19世紀ドイツ立憲主義における基本権の法的効果と作用」）が詳しい。

70）*Forsthoff* (Fn. 48), S. 93. より立ち入って検討したものとして次のような文献がある。*Wolfgang Mager*, Das Problem der landständischen Verfassungen auf dem Wiener Kongreß 1814/15, HZ 217 (1973), S. 296 ff.; *Bernd Wunder*, Landstände und Rechtsstaat. Zur Entstehung und Verwirklichung des Artikels 13 DBA, Zs. f. Historische Forschung 5 (1978), S. 139-185; *Botzenhart* (Fn. 52), S. 21-30.

プロイセンでは，社会改革の発展状態との関連で憲法制定の「適切」な時期の問題が重要であった。プロイセンでは，この問題のために憲法制定が引き延ばされた。犠牲者たちによる阻止的関与や阻止を受けずに社会改革を遂行しようとする積極的な改革官僚の努力はその行動余地の限界にぶつかった。この行動余地は1815年以後外からの圧力によって存立が脅かされることもなかったのに急速に小さくなった[72]。国王の憲法制定の約束は単なる約束のままにとどまった。約束を実行しないことは期待を失望させた点でも，また，1820年に行われた最後の憲法制定の約束のなかに含まれていた拘束の点でも国王を困らせた。即ち，後の点に関していえば，借款は今後将来の議会の同意と共同保証とを条件とすることになっていたのである[73]。プロイセンは1848年まで行政国家の伝統にひたっていた[74]，そして，政治的参加を拒否したので発展する市民社会の同意を取り付けることもできず，さりとて，王政復古の段階では求めて得られた旧勢力の貴族たちの支えだけでは十分な行動範囲を確保できなかった行政国家の限界のいわば歴史的実験を示していた。プロイセンの例および30年代40年代におけるプロイセンの発展の停滞の例から長丁場の発展過程のなかでの憲法制定の意味と機能が憲法制定のない事態との対比において明らかになる。即ち，市民階級が発展すればするほど，そして一歩一歩身分制秩序にとって代われば代わるほど，市民社会と国家とを媒介するものが一層切実に必要となった[75]。国民代表と議会がなければ，国家と社会との間の保障された対話も制度

71）これについては，*Wahl*, Rechtliche Wirkungen und Funhtionen der Grundrechte ... (Fn. 69), S. 333 ff., 335 ff.

72）時期の問題を根本的に論究しているのは，*Koselleck* (Fn. 34), S. 323; *Grimm*, Deutsche Verfassungsgeschichte (Fn. 67), S. 92 ff. である。

73）1820年１月７日付の全国家債務の将来的処理に関する命令のテクストは *Huber*, Dokumente, Bd. 1 (Fn. 54), Nr. 23 にある。1820年までのハルデンベルクの憲法プランについての詳しい説明は *Obenaus* (Fn. 32), S. 55-149 にある。

74）注35)を参照。プロイセンにおける三月前期の憲法制定運動については，*Rolf Grawert*, Verfassungsfrage und Gesetzgebung in Preußen, in: Hans Christian Lucas/Otto Pöggeler (Hrsg.), Hegels Rechtsphilosophie im Zusammenhang der europäischen Verfassungsgeschichte, 1986, S. 257, 258 ff., 304 ff.

75）この媒介任務は1823年以来プロイセン全体の代表の代わりとして設立されていた地方議会によっては果たされることができなかった。これに関する最近の，かつ資料をふまえた叙述として，*Obenaus* (Fn. 32).

化されたコンタクトも存在しなかった。とりわけ新しい（経済）社会を基盤として多くの新しい問題が発生し，社会の個々の部分相互間の利益紛争が発生した。従って，行政国家は，社会内部の公的利益調整過程による負担軽減をあてにすることができなかったから，無理をしなければならなかった。更に，（国民代表制的）憲法という桎梏がまさに国家の借款に際して不可欠の前提として課されることは内面的論理を欠いているわけではなかった。国家は，一般的かつ明確に政治的影響力行使の可能性を含む承認・信頼関係をつくりだした場合にのみ，金銭上の信用付与という強制できない行為を期待することができた。

南ドイツ諸国の憲法実践を振り返ってみると，容易に1830年という年が境目であるということがわかる。1830年までは議会はバーデンを除けば行政の反対者というよりはむしろ行政の出先機関であったし，「従属的な」役割を果たしていた[76]。ハルトヴィッヒ・ブラントは1830年を近代政治生活の誕生年とし，政治文化の転回点とした[77]。この頃から多くの自由主義者は自己を運動党として理解するようになった。憲法テクストが規定する不均衡で非対称的な二元主義は，例えばヴュルテンベルクにおいては既に1848年以前に運用による議会主義の形態のほうに相当程度移行していた[78]。

2．フランクフルトのパウロ教会憲法

ドイツ憲法史の特殊性と問題点とが集光レンズで映し出されるように1848年の革命[79]とその憲法上の成果たるパウロ教会憲法[80]に映し出されている。一見すると，普通選挙制によって選出された憲法制定国民議会による，下からの憲

76) これはブラントの言葉である（*Brandt* [Fn. 18], S. 92 und 93）。ブラントは既に Parlamentarismus（Fn. 52）でもこの言葉を使っている。それについては，*Fehlenbach*（Fn. 48), S. 9 ff. をも参照。

77) *Brandt*（Fn. 18), S. 94 und *Brandt*（Fn. 52), S. 802.

78) 既に次の文献はその標題においてこのことをテーゼ的に示している。*Franz Mögle-Hofacker*, Zur Entwicklung des Parlamentarismus in Württemberg. Der ›Parlamentarismus der Krone‹ unter König Wilhelm I., 1981; *Fehlenbach*（Fn. 48), S. 33 f., 51 f.; *Botzenhart*（Fn. 52), S. 790 ff., 163 ff., 555 ff.

79) 1848年の革命に関しては，1998年という記念の年に多くの著作が刊行された。それについての報告として，*Günter Wollstein*, Die Deutsche Revolution vor 150 Jahien, Der Staat 40（2001), S. 128 ff. を参照。

法制定の――結果としては失敗した――試みは，その間に政治的にも社会的にも力をつけた市民階級が政治権力への参加を要求し，自由な憲法を追求したという意味で，フランス革命とパラレルな過程であるかのように見えるかもしれない[81)]。しかし，1848年には憲法問題だけが解決を迫られたのではなく，出発時点の状況ははるかにより複雑であった。1789年のフランスではもっぱら国民的基礎の面では問題のない国家において新しい政治秩序と憲法をつくるための闘いが行われたのに対して，ドイツでは個別国家を超えたレベルにおいて国民的統一形成というより重要な問題が未解決であった。それに憲法を与えることが必要となる当の国家がまだ存在していなかった[82)]。そしてその可能な外的輪郭をめぐって争いが行われていた。そのうえ，社会的運動が新しい対立を生みだし，その結果1848年の市民階級が60年前のフランスの市民階級が直面したのとは著しく異なった状況に直面したということが問題を重大なものとし，最終的に問題を重大すぎるものとした。即ち，1848年には市民階級は二正面戦闘を強いられた。即ち，一方で貴族とその特権の影響との伝統的な対立を続けねばならず，他方で，形成過程にあった労働者階級との新しく突発した対立に直面した。この状況は市民階級の貫徹力を弱めたし，とりわけその多数派をして運動を余り進めすぎないよう慎重ならしめた[83)]。最初の革命的な出来事が君主的政府の即時の譲歩を呼んでいわゆる三月成果（検閲の廃止，集会・結社の自由の保

80） それについては以下のものが標準的である。*Jörg-Detlef Kühne*, Die Reichsverfassung der Paulskirche. Vorbild und Verwirklichung im späteren deutschen Rechtsleben, 1985; 2., unveränd. Auflage mit Nachtrag, 1998; Huber, Verfassungsgeschichte, Bd. 2（Fn. 55），S. 502 ff.; Grimm, Deutsche Verfassungsgeschichte（Fn. 67），S. 175 ff.; *Dieter Langewiesche*（Hrsg.），Die deutsche Revolution von 1848/49, 1983（mit Bibl.）; *Wolfgang Siemann*, Die deutsche Revolution von 1818/49, 1985.

81） *Hans Heinrich Rupp*, Die Unterscheidung von Staat und Gesellschaft, in: Josef Isensee/Paul Kirchhof（Hrsg.），Handbuch des Deutschen Staatsrechts, Bd. 1, 1987, § 28, Rn. 17 ff.

82） このことは更に，別の重要な問題を生みだした。即ち，既に存在する国家における革命の場合には，革命勢力は初期の成功に基づいて既存の行政および既存の軍隊を掌握することができる。これからつくられるべき国家においては，権力ファクターは２つとも存在していない。議会はフランクフルトで会議を始めたが，自らは権力ファクターではなく，しかもそれまでの権力中枢によって取り囲まれていた。そのうちの２つの決定的権力中枢，即ちウィーンおよびベルリンの権力中枢はすぐに態勢を立て直し，反革命に転ずることができた。

障，リベラルな内閣の設置，封建的負担の廃止，個別国家の憲法制定の約束）[84]をもたらしてしまうと，市民階級は君主と妥協してこうした成果を確保しようとした。

事の成り行きから見て今回は行動の法則と妥協の定式化とは市民階級によって，かつ，国民主権の基盤の上で着手されることができたから，一層市民階級は成果の確保へと急いだ。パウロ教会憲法は，19世紀の君主と国民との間の妥協・仲介の試みを徹底させている点において，他のすべての段階を鏡の如く写し出す表現形態である。出発点をなしているのは考え方が国民主権の枠内にあることを推論させることのできる幾つかの重要な要素である[85]。憲法は国民によって選挙された国民議会によって作成され，議決された。「ドイツ人の皇帝」の君主としての権利は憲法によってのみ設けられたものである。パウロ教会の議会の考え方からすれば如何に大きく重点が変動すべきものとされたかは，憲法に関して君主との合意が必要なものと考えられえていなかったことからして明らかである[86]。1849年３月27日に議決された憲法[87]はその前文においてその点に関して断固として述べている。「ドイツ制憲国民議会は，帝国憲法として

83) 共和政か君主政かの選択をめぐる論争については，*Langewiesche*, Republik, konstitutionelle Monarchie und ›soziale Frage‹. Grundprobleme der deutschen Revolution von 1818/49, HZ 230 (1980), S. 529 ff. = *ders.* (Fn. 80), S. 341 ff.; *Grimm*, Deutsche Verfassungsgeschichte (Fn. 67), S. 197 ff., 200.

84) 「三月要求」および「三月成果」については *Huber*, Verfassungsgeschichte, Bd. 2 (Fn. 55), S. 506 f. (Bayern), S. 508 (Württemberg), S. 521 (Kurhessen), S. 578, 580 (Preußen). 政府の議会主義化を別とすれば，これらの成果の大抵のものは維持され，逆コースの犠牲とはならなかった。これらの進歩のゆえに，即ちプロイセンの立憲主義化，革命の間の実際的に運用された議会主義化の分野における発展，団体・政党制度における発展のゆえに，歴史学には，革命に対する一般的な積極的な再評価がある。それについては，*Fehrenbach* (Fn. 48), S. 114 ff. を参照。中小諸国における国民代表制の著しい改革については，*Botzenhart* (Fn. 52), S. 193-314.

85) 明確な声明は意識的に避けられた。しばしば „*Souverärität der Nation*“ という言葉が用いられた。この定式は，君主と国民との妥協の試みを „*Nation*“ の主権という共通の屋根の下で行うことを可能にするための余地を残していた。これについては，*Kühne* (Fn. 80), S. 577 f. und 464 を参照。しかし，国民議会が憲法制定権力を単独で行使し，パウロ教会における会議の終了時まで手放さなかったということは歴然としていた。憲法は君主と合意されるものではなく，国民議会によってのみ議決された。まさに，このことが第二のファクターの構成，即ち，世襲皇帝の選任を困難なものとし，最終的に失敗に終わらせることになった。これについては次の注も参照。

議決し，布告する」と。しかし，憲法本文自身およびパウロ教会での審議を詳細に分析してみると，議会が国民主権の一元的観念に立脚していたのではなくて，第一にナチオンの主権という隠蔽的な概念および第二に共同に保持された，いわば合有的な主権という概念のほうが好んで用いられたことがわかる[88)]。権力的には，国民が君主との二者関係における完全に同等の，恐らくは優越したファクターであるとの主張は，ベルリンやウィーンにおける反革命が成功した後に行われた憲法の議決の時点において既に勝つ見込みのないものであった。パウロ教会憲法には実効性を実証する見込みはなかった。それゆえ，パウロ教会憲法が安定した機構になり，重要な政治勢力に対する優越的な機能連関になったという証明も行われることができなかった。しかし，19世紀における市民的憲法思想の頂点として，パウロ教会憲法は19世紀の実現された諸憲法のための有益な判断基準をなしている。パウロ教会憲法には有機体的自由主義の思想が広汎に具体化されている[89)]。この思想はパウロ教会憲法によって具体的な十分に仕上げられた憲法的形態を与えられた。とりわけ，パウロ教会憲法は政治生活の広汎な実質的な法化へと突き進んだ。統一的な国民国家の新形成が提供したチャンスが憲法による国家の法化のために徹底的に利用された。憲法だけが追求された国民と君主との媒介のための基礎をなした。とりわけ，皇帝の地位は憲法によって設けられた。世襲皇帝の任命は国民議会によってプロイセン国王を選出することをもって行われるものとされていた[90)]。「ドイツ人の皇帝」という称号（70条）にもこの国民との結びつきが明らかに共鳴していた。中心

---

86)　*Huber*, Verfassungsgeschichte, Bd. 2 (Fn. 55), § 60 Ⅱ, S. 812. 国民議会はライヒのトップに関する種々の問題（世襲皇帝制，選挙皇帝制，総裁制，期限つきで選ばれる大統領）に関する単独決定権を要求したが，プロイセンとオーストリアを先頭に立ててラントは次第に合意原理を主張するようになった。満足すべき解決は成立しなかった。とりわけ，国民議会の決定に諸国を拘束することは成立しなかった。決定が形式上は自律的に成立したとしても，実質的には現実化の見込みはなかった。

87)　テキストは *Huber*, Dokumente zur deutschen Verfassungsgeschichte, Bd. 1 (Fn. 54), Nr. 102 にある。

88)　*Kühne* (Fn. 80), S. 577 (文献指示を含む).

89)　*Böckenförde* (Fn. 36), S. 33.

90)　それによってともかく国民もしくは国民議会の影響力は使い果たされることになる。ひとたび選任されると，世襲皇帝は王位継承のルールによって補充されることになる。

的な憲法条文において皇帝に「委ねられた」権力という文言が用いられており（73条），また，皇帝が「立法権力を帝国議会と共同して憲法の制限のもとで行使する」ということが同じように明確に規定されていた（80条）。とりわけ，共同に行使されるべき立法に関する見解の対立の中心点において皇帝の地位は帝国政府によって行使されるべき単なる停止的拒否権に決定的に限定されていた[91)]。他方において，憲法は皇帝に重要な権利を付与していた。例えば，国際法上の代表権や法律発案権がそれであった。更に，皇帝は「武力を行使する」権利を持っていた（83条）。とりわけ，憲法は皇帝を統治権力の担い手として位置づけていた。皇帝は明示的に帝国議会に委ねられていないあらゆる事項に関する原則的な配分原則に基づいて統治権力を持っていた（84条）。統治権力にはとりわけ政府構成の際のイニシアティブと優越とが含まれていた。

パウロ教会の組織法的コンセプションは政府のシステムに関するルールに最も明瞭に現われていた。パウロ教会の考え方によれば政治生活の重力は議会において働くべきものとされていたにもかかわらず，形式的な議会主義化の途は意識的にとられなかった[92)]。しかし，もちろん，フランクフルトでの審議の間に行われたインフォーマルでプラグマティックな議会主義の運用の実践は考え方にも影響を及ぼした。憲法規定としては，政府と議会との間の均衡状態・同権状態が定められた[93)]。それにもかかわらず，これらの憲法規定によって，政府のシステムは，フランクフルト議会を範とする事実上の議会主義化を，それに対応する力の平行四辺形が前提されれば，なんら妨げないように構成された[94)]。いずれにしても規範的なコンセプトにおいては議会主義原理に対する対重が必要と考えられた。けだし，絶対的に統治する議会の場合にも個人として

91） 絶対的拒否権か停止的拒否権かの選択をめぐる原理的論争については，*Botzenhart* (Fn. 52), S. 645 ff., および *Huber*, Verfassungsgeschichte Bd. 2 (Fn. 55), S. 786 f. 参照。絶対的拒否権は267対207の票差で否決された。停止的拒否権を採用する決定をボツェンハルト（同650頁）は，帝国憲法の立憲主義的構造への民主主義的精神の最初の突入と見ている。

92） *Kühne* (Fn. 80), S. 478.

93） ディーター・ランゲヴィーシェの批判にこたえて，キューネはそのように強調する（*Kühne* [Fn. 80], S. 459 ff. und S. 572 ff. [第二版のあとがき]）。

94） とりわけ *Botzenhart* (Fn. 52) の著作を基礎として，*Brandt* (Fn. 18) はそのことを強調する。

の専制君主の場合と同じように自由が脅かされると考えられたからである。この心配が当時の議会多数派の現実的可能性を決定的に無視するものであったということは，また別の話である。

総じて，議会と皇帝の個々の権利と対抗権との多様な競演は，君主と国民との間の同権の原理をできるだけ徹底して実現しようとし，三月前期の君主制原理の優位と完成した議会主義における国民代表の優位との中間を追求する規範的モデルを示している[95]。もちろん，できる限りの同権を志向した国家指導のコンセプションも政治の実践においては妥協が頼りであった。規範的に定められた最終決定権は規定されていなかった。しかし，この妥協を必要とするものの領域は，三月革命前もしくは三月革命後の憲法のうちのいずれの憲法におけるよりも遥かに強く法的制度や均衡を志向する権利と対抗権によって画されていた。そのことによって，いずれにしても執行府および皇帝が法的論証をもって法的媒介の構造から抜け出して，憲法前の，あるいは，憲法外の権限もしくは包括的な不文の全般的な権源を援用することを許さなくする程度の政治過程の内容的法化が試みられた。

その他の点においてもパウロ教会憲法は実質的立憲国家のコンセプトを頂点にまで導き，19世紀前半における独自のドイツ憲法思想の内在的可能性を開花させた。パウロ教会憲法にとっては，法治国思想を自由と国家権力の制限との明確な保障のための最高原則として仕上げ，実質的意味における法治国家を正義国家としても捉えることが最も重要なことであった[96]。国民主権を基盤として制定された憲法は，基本権を広く理解して，個人的自由と政治的自由との特徴的な結合へと突き進んだが，この結合のもとでは基本権は国家を制限するものでもあったし，国家に要求をつきつけるものでもあった。基本権は，パウロ教会憲法によれば，西ヨーロッパやアメリカの考え方におけるのと同じように，国家の必然的な基礎をなすものとされていた[97]。基本権の妥当力と貫徹力は立法者に対する基本権の優位への大いなる前進によって本質的に強化され，法的

95）　*Kühne*（Fn. 80），S. 477. 帝国議会と帝国政府との関係に関しては，*Botzenhart*（Fn. 52），S. 641-663; *Botzenhart*, Die Parlamentarismus-Modelle der deutschen Parteien 1848/49 in: Langewiesche（Fn. 80），S. 291 ff.

96）　これについては，*Kühne*（Fn. 80），S. 381 ff. が詳しい。パウロ教会における法治国家観の章の要約は同334頁以下。

なものとなった[98]。この基本権宣言は全く異なった発展のための基礎を提供していたことであろう。その中にひそんでいるポテンシャルは相当なものであり，その後実際に生じたものより遥かに大きかった[99]。1848年の基本権が発効していたならば，政治や憲法学による基本権の冷遇など起こり得なかったであろうし[100]，基本権が結局のところ法律による執行権の拘束の無内容な言い換えとしてのみ理解されることもなかったであろう[101]。同様にして，パウロ教会憲法はその名に真に値いし，単なる前身[102]としてのみは理解されえない憲法裁判制を規定していた。1849年の憲法は，これまでのように，君主の側で阻止することのできる実施法律に依存する規定だけを含んでいたのではなく，首尾一貫した，かつ，広汎なコンセプトに基づいた実質的な憲法裁判制を規定していた。この

97） *Kühne* (Fn. 80), S. 274 ff. パウロ教会の広い基本権理解については同159頁以下。フランクフルトの基本権についてのキューネの包括的叙述は基本権のイメージを本質的に充実したものとし，きめ細かなものとした。そのほか，*Heinrich Scholler*, Die Grundrechtsdiskussion in der Paulskirche. Eine Dokumentation, 1982 を参照。

98） *Kühne* (Fn. 80), S. 185 ff. 基本権が立法者に対して効力を持つとされていることが論究されている。

99） ポテンシャルは匿名で発表されたモムゼンの輝かしい青年時代の著作，即ち，*Theodor Mommsen*, Die Grundrechte des deutschen Volkes, Neudruck der anonymen Erstausgabe von 1849, 1969 から読み取られる。

100） そのようにして――法律的理由からだけではなく――こともあろうに基本権が国家論のより厳密な実証主義的な学問への進展の犠牲となり，即ち，主観的公権というカテゴリーの形成が基本権をパスするというイロニーが生じた。19世紀の半ば以前においては基本権論議の精神的昂揚とその理性法的実体は大きかったが，その構成的法律的内容は小さかったのに対して，世紀の半ば以後になると解釈学は精密になったが，しかし基本権の理念への意思はもはや存在しなくなった。あらゆる運動と同じように公法の学問化は政治的価値判断を伴っていた。公法における「法律学的方法」については，*Stolleis* (Fn. 12), S. 330 ff.

101） 文献指示を伴ってそれを論じたものとして，*Wahl*, Rechtliche Wirkungen und Funktionen der Grundrechte (Fn. 69), S. 341（本書Ⅱ第３章「19世紀ドイツ立憲主義における基本権の法的作用と機能」），および，*Wahl*, Der Vorrang der Verfassung, Der Staat 20 (1981), S. 496 ff.（本書Ⅲ第１章「憲法の優位」）。

102） 概念を広くとれば既に神聖ローマ帝国時代から始まる憲法裁判制の先駆的形態について論究し，かつ，豊富な文献の指示をしたものとして，*Jochen Wieland*, in: Horst Dreier (Hrsg.), GG Kommentar, Bd. 3, 2000, Art. 93 Rn. 1 ff., und *Andreas Voßkuhle*, in: Hans v. Mangoldt/Franz Klein/Christian Starck, GG Kommentar, Bd. 3, 2001, Art. 93, Rn. 1 ff. を参照。

コンセプトはビスマルク帝国にもワイマール憲法にも存在しておらず，やっと，20世紀後半になって憲法裁判制の勝利行進の過程でよみがえらされ，実現されたのである。とりわけ，このコンセプトは広範囲に個人に保護を提供することになったはずの憲法異議の導入をも含んでいた[103)]。

3．1848・1850年のプロイセン憲法とプロイセン憲法争議

1848年の革命およびその憲法の失敗は立憲国家の発展における分界線を示している。三月革命の前及び後の諸憲法によって実現されたドイツ立憲主義は1848年までの国家論，およびとりわけ有機体思想のなかで蓄積されたポテンシャル[104)]，即ち，憲法によって国家に実質的な法を浸透させるポテンシャルを汲みつくさなかった。1848・1850年のプロイセン憲法が君主制原理の優位と君主の憲法前的地位の重要性を復活させたことによって，立憲主義化の指導理念が形式的な立憲国家性へと狭められ，既存の国家を法的拘束の中に入れ込むことへと狭められた。1848年以後理性法的思考の伝統は途切れ，それによって実定化された憲法に対する理性法的思考の批判能力は停止した。理性法的アプローチはリベラルな基本態度をもった三月前期の国家論に対して現存の憲法を真の法の不完全な表現でしかないことを示し，現存の憲法を拡大解釈するか道徳的・政治的に補完するよう圧力をかける可能性を与えた[105)]。1849年の理論の実

103）　*Hans Joachim Faller*, Die Verfassungsgerichtsbarkeit in der Frankfurter Reichsverfassung vom 28. März 1849, in: FS Willi Geiger, 1974, S. 827-866; *Kühne*（Fn. 80）, S. 198 ff. フランクフルト帝国憲法126条に基づく帝国裁判所の権限カタログは重要な憲法訴訟手続を含んでいた。即ち，126 b 条は帝国議会の両院の間の機関争訟および帝国議会と帝国政府との間の機関争訟を定めており，126 g 条は――詳細を法律で定める必要があるのであるが――個人の憲法異議を定めていた。即ち，帝国裁判所の権限に属するものとして「帝国憲法によって国民に与えられた権利の侵害を理由とする国民の訴え」があげられていた。この革新のどちらかというと限定的解釈として，*Kühne*（Fn. 80）, S. 199 f.

104）　有機体思想の国家理論的意義は，とりわけ，君主の地位がそれによれば国家の外，あるいは，国家の上にあるものとして考えられなかった，というところにある。これについては，*Böckenförde*（Fn. 46）, S. 598 ff.; *Kühne*（Fn. 80）, S. 532 を参照。

105）　*Dieter Grimm*, Die Entwicklung der Grundrechtstheorie in der deutschen Staatsrechtslehre des 19. Jahrhunderts, in: ders., Recht und Staat der bürgerlichen Gesellschaft, 1987, S. 308 ff., 313（am Beispiel der Grundrechte）.

定法化の失敗と明示的な否認はこの理論の核心をも否認した。1849年以後およびプロイセンの立憲国家への移行後は憲法学は圧倒的に実定法の学問になってしまい，実定憲法に対するその内在的な批判能力は方法論的および内容的な理由から小さかった。ドイツ立憲主義はプロイセンにおいてその最終的形態をとった。それは，明確な二元主義を組織し，それゆえ特別の方法で発展の可能性を持っており，かつ，発展を必要とした1850年のプロイセン憲法のためというよりは，最終的にはプロイセン憲法争議における事実上の権力関係の展開の結果であった。その結末の非常に複雑な問題をどのように判断するとしても，国王がその要求した国家指導および権力手段に関する優位を放棄しなかったことは確かである。

プロイセン憲法は国王によって，プロイセン反革命の流れの中で，かつ，フランクフルトのパウロ教会で討議がまだ行われている最中に，一方的に，1848年12月に，守勢の憲法として制定された。制定に引き続き，新設の両院との合意のもとに行われた憲法の修正の意味は欽定された憲法を合意された憲法に転化することであった。しかし，合意は三階級選挙法のクーデター的な欽定，およびそれに続く新選挙の後に1850年の修正された憲法において初めて達成されることができた[106)]。内容的にはプロイセン憲法は「プロイセン人の権利」の法定と国民代表制憲法によって市民的憲法運動に対する大きな譲歩を含んでいた。法律発案権の承認（64条）は革命の失敗にもかかわらず国民代表の意義が増大したことを証明していた。しかし，憲法制定の政治的な主たる狙いは君主権力の優位を固めるところにあった。

君主の強い地位は先ず憲法の個別規定によって与えられた国王の実質的大権によって固められていた。国王大権は執行権力にかかわるものであり，従って官僚団を自由に動かす法的権利，外交権，最高指揮権および軍に対する統帥権にかかわるものであった。これに加えて，独立の命令制定権，例外状態における広汎な権利があった[107)]。軍に対する統帥権の行使についてプロイセン国王

106）プロイセン憲法の成立については，*Huber*, Verfassungsgeschichte, Bd. 2（Fn. 55）, S. 729 ff., 762 ff.; Ⅲ, S. 35 ff. 1850年1月31日のプロイセン国家のための標準的な改正された憲法典は *Huber*, Dokumente zur deutschen Verfassungsgeschichte, Bd. 2, Nr. 167（Fn. 54）にある。プロイセン憲法の成立と評価は *Günter Grünthal*（Fn. 52）, S. 27 ff., 126 ff., 175 ff. が詳しい。

は，憲法が明文で認めていないにもかかわらず，大臣の副署および大臣責任制からの自由を要求した[108]。国王に留保されている権利は国王に国家の本来の権力的基礎，積極的行動のための制度を意のままに動かすことを可能にした。君主の統治は，これらの権利と国王に対する官僚と軍の事実上の忠誠義務とに基づいて強力かつ独自に展開されることができた。

政府と国民代表とは立法において法的に連携させられた。立法は本来的な妥協の場であり，出会いの場であった。このことはプロイセン憲法16条の「立法権は国王と両院とによって共同して行使される。国王と両院との合意があらゆる法律にとって必要である」という規定からも明らかであった。この国家活動の中心領域において憲法は妥協への強制を定めていた。もっとも，この強制は法的に実行できるものではなかった。ここでは，政治過程のために，またそれぞれの政治力に応じたいずれかの側の貫徹のために多様な余地が開かれていた。とりわけ第二院は立法権への参与によって将来の法律についてその自由の観念を維持する可能性を与えられた。しかし，一方的に貫徹することは国王の，（そしてその前に第一院）の絶対的拒否の可能性によって妨げられた。既に19世紀に著しく活動的となっていた立法国家による法の形成は，従って，妥協の精密な組み立てに委ねられていた。憲法は妥協を制度的に根拠づけることはできたが，その結果を法的に定めることはできなかった。妥協への強制が事実上のものであることおよびその点に含まれている当然の事理としての，不一致の場合には試みは失敗するということは通常の立法の場合には結局のところ受け容れられることができた。けだし，その場合には，恐らくは非近代的なものとなってしまったにしてもともかく現存の法が引き続き妥当するからである。予算法がそれについての絶対的な例外をなしていた。けだし，プロイセン憲法99条の明文の規定が予算法は毎年成立しなければならないと規定していたからである[109]。

立憲君主制に内在する妥協の構造の存立にかかわる基本問題は内的必然性をもって予算法において先鋭化した。憲法は第一院・第二院・国王の３ファクターの合意に依存する予算法律の成立への強制を定めていたが，しかし，不一致の

107）　45条が「国王のみが執行権を有する」と明確に定めている。

108）　*Huber*, Verfassungsgeschichte, Bd. 3 (Fn. 26), S. 57, S. 76 ff.; S. 1002（ドイツ帝国に関して）.

場合に何が妥当すべきか，そのような場合に法的に必要な法律が如何にして成立すべきかに関するルールを含んではいなかった。立憲君主制およびその憲法理解にとって決定的な問題は，この状況において憲法は明示的にもしくは黙示的・慣習法的に君主の最終決定権を含んでいるか，もしくは，君主の政府は退陣しなければならないのか，もしくは議会の解散・新選挙の後で議会の意思に従わなければならないのか，それともむしろ同時に二元的構造の法化の限界を示すところの憲法の欠缺が存在しているのか，というところに存していた。

政治的にはこの決定的な状況は1862年から66年にかけてのプロイセン憲法争議において生じた[110]。この憲法争議は段階的に兵制に関する争議から始まって予算争議を経て，根本的な憲法争議へと発展した。この場合，国王は，ひとまず，彼の軍事的組織権力を援用して兵制改革の内容的問題を議会の実質的立法権からはずすことに成功した。しかし，軍の拡大および兵役期間延長の財政的側面は第二院が予算法律の当該項目を可決することにかかっていた。第二院がその予算議決権に基づいて軍事予算をカットし，第一院がカットされた予算法律に対して承認を拒否した時，予算なき状態が発生し，憲法レベルにおける体制内在的紛争の段階に達した。第二院の憲法上の立場は，1863年５月２日付けの国王あての第二院の上奏文のなかに表現されているのであって，第二院は

109）憲法99条は以下のように定めている。「国家のすべての収入・支出は毎年予め見積られ，国家予算に計上されなければならない。国家予算は毎年法律によって確定される。」この規定の成立の歴史については *Grünthal* (Fn. 52), S. 129-150. 議会の予算議決権の展開については，以下の文献を参照。*Karl-Heinrich Friauf*, Der Staatshaushaltsplan im Spannungsfeld zwischen Parlament und Regierung, 1968, Teil 1; *Reinhard Mußgnug*, Der Haushaltsplan als Gesetz, 1976, S. 113 ff. und zu Preußen S. 149-164; *Wolfgang Heun*, Staatshaushalt und Staatsleitung, 1989, S. 31 ff.

110）事態とそれの評価に関しては以下の文献を参照。*Huber*, Verfassungsgeschichte, Bd. 3 (Fn. 26), S. 275-288, 296 f.; 305-310; 314-316, 324-327, 333-369; *ders.*, Dokumente, Bd. 2 (Fn. 54), Nr. 36-83; *Forsthoff* (Fn. 48), S. 136 ff.; *Brandt* (Fn. 18), S. 123 ff.; *Nipperdey* (Fn. 8), S. 749 ff.; *Dian Schefold*, Verfassung als Kompromiß? Deutung und Bedeutung des preußischen Verfassungskonflikts, ZNR 3 (1981), S. 137 ff.; *Hans Boldt*, Verfassungsgeschichte, Bd. 2, Von 1806 bis zur Gegenwart, 1990, S. 106 ff., 115（ここでは，まさに二元主義的立憲主義のシステムに固有のものとしての憲法紛争のその他のケースについても言及されている）。なお1830年のフランスの憲法紛争，1862年から1866年にかけてのプロイセンの憲法紛争，1884年から1894年にかけてのデンマークの憲法紛争を比較するものとして，*Kirsch*, Monarch und Parlament (Fn. 13), S. 349 ff. を参照。

そのなかで，政府と議会との間の断絶を最終的に埋めるために，人の交代だけでなくて政府のシステムの交代を要求したのである[111]。君主の立場を守るために紛争担当大臣に任命されたビスマルクは，この状況をもって憲法の欠缺として確認した。ビスマルクはこの争議において一定の法的見解に捉われることなく，そもそも彼の立場を主権原理，君主制原理，あるいは超実定法的国家緊急権といった憲法上の武器庫から取り出した論拠によって決定的に根拠づけるということをしなかったが，これは彼の一般的に非教条主義的性格にふさわしかった[112]。ビスマルクは，憲法の拘束力ある解釈は立法に参与するすべてのファクターによって承認されていなければならず，この一致が成立していない場合には，したがって，憲法の拘束力ある解釈は不可能であるとする考えを受け容れた。ビスマルクのそれから先の行動は，法的解釈に成功しなかった場合でも，行動は行われなければならない，という考慮によって導かれていた。ビスマルクは，「国家生活は一瞬たりとも停止することができない」から[113]，行動が行われなければならず，しかも，その能力を持っている者，即ち，政府によって行われなければならない，と主張した。それゆえ，ビスマルクにとっては，紛争の場合に憲法解釈に関する合意が成立しなかったということから政府の優越的解釈権が帰結されるのではなく，合意の不成立から行動の必要性を拒否できないことに基づく政府の行動の権限が帰結されるのである[114]。

この理解は憲法争議の核心問題についてのしばしば引用されるゲルハルト・アンシュッツの「憲法はここで終わる」[115]という言葉に対応している。この言

111） テクストは *Huber*, Dokumente, Bd. 2 (Fn. 54), S. 58 にある。それについてのブラントのコメント（*Brandt* [Fn. 18], S. 126）を参照。「たとえ後になってこの上奏文の表現が控え目なものに書き改められたとしても，この上奏文は議院内閣制の要求であった」。

112） エルンスト・ルドルフ・フーバー（*Ernst Rudolf Huber*, Das Kaiserreich als Epoche verfassungsstaatlicher Entwicklung, in: HStR, Bd. 1, 1987 § 3, Rn. 16; *Ernst Rndolf Huber*, Verfassungsgeschichte, Bd. 2 [Fn. 112], S. 95）との論争においてハンス・ボルト（*Hans Boldt*, Verfassungskontlikt und Verfassungshistorie, in: Ernst-Wolfgang Böckenförde [Hrsg.], Problem des Koustitutionalismus im 19. Jahrhundert, Der Staat, Beiheft 1 [1975], S. 82 ff., 85 ff.）は正当にもそのように指摘している。

113） ビスマルクの主張の要点は *Huber*, Verfassungsgeschichte, Bd. 3 (Fn. 26), S. 309 f. に掲載されている。

114） *Boldt* (Fn. 112), S. 95.

葉が正しいかどうかという問題がもとになって立憲君主制の特性をめぐる論争が相も変わらず繰り返えされている。争議それ自体においては，ビスマルクは４年間の長きにわたって正式に議決された予算なしに国務を遂行した。争議は，憲法上の係争分野における確定的な決定によってではなく，外政およびとりわけドイツ統一政策における成功を通じてのビスマルクと国王の強大さと主張によって終結した。形式的な終止符，即ち，ビスマルクの免責の請求と1866年の免責法律の方法による議会の免責付与[116)]は将来において繰り返えされることのできない，技巧的な解決であった。事後的承認を求めたことによってビスマルクは議会の予算承認権，ただし弾力的に運用される承認権を承認した。他方において，免責の請求と付与とは，危機の場合あるいは緊急の場合に国家の行動力を維持したいという国王の要求を有責とすることを意味しなかった。紛争の原因はそれによって取り除かれなかった。それは帝政時代を通じて効力を持ち続けた。他の未解明の紛争適用分野が議会の予算承認権および予算コントロール権と君主の統治権および留保権との衝突によって発生した。全体として見て憲法争議においては勝者は存在しなかった。けだし，二元主義システムが危機および紛争に陥りやすいということは除去できなかったからである[117)]。あるいは，ハルトヴィッヒ・ブラントの言葉を借りれば，次のように言える。「議会主義化の失敗は傷ついた立憲主義を残した。」[118)]そして，まさにこの立憲主義が保守的なものへ方向を転じた憲法学や憲法史記述によって本来の，もしくは，真のドイツの立憲主義として固定した型にはめられ，作為的に作りあげられ，同時にイギリスの議会主義と過度に鋭く対置された。同時に，1848年後の20年の間に実践による議会主義化が大幅に前進した，ヴュルテンベルク，バーデンあるいはバイエルンのような国々において，更にはバーデンにおけるように自由主義が政権政党[119)]となってそのなかから総理大臣を送りだした国々において，実践による議会主義化へとむかう発展が1866年および1870年の

115）*Georg Meyer/Gerhard Anschütz*, Lehrbuch des deutschen Staatsrechts, 7. Aufl. 1919, S. 906.

116）テクストは*Huber*, Dokumente, Bd. 2（Fn. 54）, Nr. 83 にある。

117）その詳細については，*Wahl*, Der preußische Verfassungskonflikt und das dualistische System des Kaiserreichs, in: Böckenförde（Fn. 36）, S. 208 ff., S. 214 ff., 220 ff.

118）*Brandt*（Fn. 18）, S. 129.

後挫折した。決定はプロイセンで下された。この決定は同時に，帝国およびプロイセンにおいて展開された権威的立憲主義[120]にむかう決定であった。

プロイセン憲法争議は，君主制原理と国民代表原理との結びつきが法的に解決できない二元主義をもたらしたのか，それとも，両原理の対立は法的関連の下に置かれていたのか，という問題のテスト・ケースである。エルンスト・ルドルフ・フーバーは第二の見解を主張している。しかし，最近の研究の成果は反対の方向を示している[121]。このことは――ここで詳しく取り扱われなかった――立憲君主制における統治システムというテーマに関しても示される。（長い）立憲君主制の世紀が現存の諸勢力を束ね，結びつけ，平均的に見て建設的な統治を生みだすような統治方法をつくりあげた，ということは主張されることができないであろう。反対に，トーマス・ニッパーダイ[122]が初期の憲法について述べた次の論述は19世紀全体に関しても同意されなければならないであろう。「自由主義者たちが積んだ経験は政府反対の経験であり，紛争の経験であった。すべての内容的問題は繰り返し議会と政府のウエイトと役割に関する憲法問題に帰着した。それゆえ，政府と議会との機能上の連係あるいは調和のとれた均衡には全体として到達することはなかった。憲法はコンセンサスのための基礎とはならず，紛争のための基礎となった。」

119) これがガルの有名な著書の標題となっている（*Gall* [Fn. 52]）。注76)から注78)までの文献指示を参照。

120) そのようにガルは見ている。*Lothar Gall*, Bismarck. Der weiße Revolutionär, 9. Aufl. 1990, S. 171 ff.; *Lothar Gall*, Europa auf dem Weg in die Moderne, 1850-1890, 2. Aufl. 1989, S. 12-14.

121) その詳細については，*Rainer Wahl*, Die Entwicklung des deutschen Verfassungsstaates bis 1866, in: HStR, Bd. 1, 2. Aufl. 2003, § 2, Teil C I を参照（ここには掲載されていない。最後の段落はここで新しく書き直された）。

122) *Nipperdey* (Fn. 8), S. 353.

Ⅱ　第２章

19世紀ドイツ立憲主義とワイマール時代における立憲国家性

Ⅰ．立憲国家化の限界としての立憲主義における二重の正当性原理

19世紀のドイツ立憲主義の中心的な憲法問題は，君主と国民の間の政治的二元構造をどのように処理し，規制するかにあった。この点に，ドイツ立憲主義に固有の歴史的課題があったと同時に，基本法との違いが明確に示されていた。こうした二元構造から，法の限界と国家の憲法化の限界が生じた。たしかに，議会は，自らの権限をもっぱら憲法から，したがって法から引き出した。しかし，君主については，そのように言いきることはできなかった。1848年の市民革命に君主が勝利したあと，君主の地位が憲法に由来しないことが主張された。19世紀を通して，君主制国家は，自らが憲法以前に存在していたという「長子権」を放棄することはなかった。君主制国家は，自らがもっぱら憲法の恩寵による国家に解消されてしまうことを，すなわち，もっぱら憲法によって基礎づけられた存在であることを欲しなかった。「神の恩寵により」という言葉は，前憲法的正当性に由来することを意味するが故に，憲法上完全に根拠づけることができない地位に対する君主制国家の要求を象徴的に表していた。国民代表議会の正当性理論も，別な理由から，憲法全体を支える基礎となることはできなかった。こうして，立憲制は，百年以上にわたって，「支配を最終的に支える２つの基礎の緊張関係の中で，すなわち，国家元首は相続権にもとづいて在職し，他方，両議院は選挙にもとづいて在職するという緊張関係の中で」存続

し続けることになった[1]。

君主と国民の協働を支えていた合意と妥協は，したがって――それぞれの理解を基準にしてみると――必然的に部分的なものにとどまらざるをえなかった[2]。君主と国民は，彼らの原動力と活力を，それぞれに固有の「生存法則」に負っていた。すなわち，国民主権あるいは君主主権を目指すというそれぞれの「生存法則」の貫徹は，妥協によって否定され，それぞれに固有の原動力は，正当性を奪われはしなかったものの，ブレーキをかけられた。目的において一致しがたい地位の間の合意として成立した妥協は，必然的に限定されたものとなり，また，両者の重要性が政治的展開に応じて変化したことから，妥協は不安定な性質をもち，妥協は常に新たに見直されるという問題に直面した。そして，こうした妥協を見直す話し合いにあたっては，直ちに根本的な対立が生じ，その際，憲法は限界に遭遇することになった。というのも，憲法はこうした妥協を認証し，文書として確定する働きをもつにすぎず，妥協された範囲の外側には，調停されることのない両者の原則的立場が存在していたからである。つまり，憲法が発生するすべての政治問題を規制することができるためには，両者は統合されることが必要であったが，憲法は，そうした統合を行うことができなかったのである[3]。二元構造の憲法秩序である立憲主義は，必然的に政治に広い活動の余地を認め，政治過程の法的統制にあたって，立憲主義に必然的に随伴する限界をもった憲法秩序である。このことは，憲法の優位という問題

1)　*Hartwig Brandt*, Von den Verfassungskämpfen der Stande zum modernen Konstitutionalismus. Das Beispiel Württemberg, in: Martin Kirsch/Pierangelo Schiera (Hrsg.), Denken und Umsetzung des Konstitutionalismus in Deutschland und anderen europäischen Ländern in der ersten Hälfte des 19. Jahrhunderts, 1999, S. 99.

2)　君主制原理と民主制原理をいかにして仲裁させるかという問題については，原則として *Hans Boldt*, Die deutsche Staatslehre im Vormärz, 1975, S. 131 ff., 278 ff. を参照。

3)　立憲主義における政治的正当性原理の欠如については，*Ernst-Wolfgang Böckenförde*, Der Verfassungstyp der deutschen konstitutionellen Monarchie im 19. Jahrhundert. in: Werner Conze (Hrsg.), Beiträge zur deutschen und belgischen Verfassungsgeschichte im 19. Jahrhundert, 1967, S. 70-92 (= ders. [Hrsg.], Moderne deutsche erfassungsgeschichte [1819/1914], 2. Aufl. 1981, S. 146 f., 148= ders., Staat, Gesellschaft, Freiheit, 1976, S. 154, 159-161). 対立する立場を主張するのは，*Ernst Rudolf Huber*, Das Kaiserreich als Epoche verfassungsstaatlicher Entwicklung, in: Josef Isensee/Paul Kirchhof (Hrsg.), Handbuch des Staatsrechts, Bd. I, 1. Aufl. 1987, §2, Rn. 59 ff.

や憲法裁判権の発展にとって影響を及ぼすことになった[4)]。

立憲主義の統一的な法的正当性原理というここで否定された問題から，個々の立憲主義国家，とりわけ1871年後の帝国で事実上達成された正当性の問題は区別されなければならない。二元構造を含むあらゆる国家形態も，十分な働きをするかぎり，働きによる正当性を，つまり，市民の（多数の）期待を実現することによる正当性を獲得することができる。こうした意味で，ビスマルクは，国民の統一政策に成功した後，憲法争議に政治的に勝利することができた。そして，新しく創設された帝国は，ライヒの統一に対する切望[5)]と，権力政策，すなわち，植民地政策，海軍政策そして世界政策に対するドイツ人の願望を体現したがゆえに，国民の中に共鳴を見出した。しかし，こうした国民の同意からは，議会と君主の間の対立関係の上に法的にそびえたって両者を結びつけるような正当性の理念は生じなかった。とりわけ，新しい帝国を国民の観点から基礎づけようとする試みは，帝国が国民主権という基礎の上に立った場合にのみ君主と議会の統合に成功することができたであろう。しかしながら，1871年後には，こうしたことは問題とはなりえなかった。このように，皇帝の国民に対する関係は国民投票的支配形式に頼らざるをえなかったが，他方，国民投票的支配形式は，国民から政党を経て議会へという議会制的・代表制的正当性の筋道とは調和し難い対立関係にあった。

Ⅱ．立憲主義と憲法裁判権

立憲主義憲法は内在的限界をもつという命題は，立憲主義の憲法思考と個々の実定憲法において，その実際的意義は概して小さいものではあった[6)]にせよ，

4)　この点については，ⅡおよびⅢを参照。

5)　この点を重視するのは，*Ernst Rudolf Huber* (Fn. 3), § 3, Rn. 59.

6)　以下で重要なことは，何故に憲法裁判権に関する憲法規範が立憲主義において形成されず，19世紀の憲法生活を特徴づけなかったのかという理由である。この点の検討の中では，ワイマール憲法と基本法の民主主義的秩序の中ではじめて徹底した形で具体化されることになった今日の憲法裁判制度の主要部分の基礎が19世紀の学説と憲法規範の中に見出されるということは言及されていない。この点については，*Scheuner* (Fn. 7), S. 2-13 を参照。

憲法裁判権の端緒が存在していた[7]ということと一見して矛盾しているように見える。このことは，とりわけ，大臣弾劾に関する規制や政府と邦議会の間の憲法争訟に関する規律についてあてはまる。

大臣弾劾は，当時の学説や憲法草案の審議に際して主張された多くの見解によれば，立憲主義の最も重要な制度に属し，まさに立憲主義という法的統制のかなめ石を形成していた。いかなる君主制においても，君主自身は不可侵であるがゆえに，君主の命令は，大臣の副署を必要とし，そうした副署により，大臣が責任を負っことになっていた。したがって，両院の議決にもとづいて行われた大臣に対する弾劾は，政府に対する憲法の法的保障に役立ち，間接的には国王に対する憲法の法的保障に役立つ可能性をもっていた。しかしながら，国家生活の実際においては，大臣弾劾制度は，立憲主義の展開[8]の中での裏通りにすぎないものであることが明らかになった。というのも，政府は，大臣弾劾制度に必要な法律の成立を全力を尽くして阻止したからである。大臣弾劾に関する憲法の規定は，実務上なんらの力ももたず，それは歯のない道具であった[9]。そして，数十年に及ぶ憲法闘争と憲法争議の中で，クールヘッセンにおいてみられたように，大臣ハッセンプフルク（Hassenpflug）に対する弾劾が成功した場合でも[10]，それは，制度が機能したことを証明するものではなく，30年以上にわたって邦の内部で解決することができず，代わってドイツ同盟の継

7） *Ulrich Scheuner*, Die Überlieferung der deutschen Staatsgerichtsbarkeit im 19. und 20. Jahrhundert, in: FS BVerfG I, 1976 S. 2 ff., S. 20-44; *Rudolf Holte*, Verfassungsgerichtsbarkeit in den deutschen Ländern in der Tradition der deutschen Staatsgerichtsbarkeit, in: Christian Starck/Klaus Stern（Hrsg.）, Landesverfassungsgerichtsbarkeit, Teilbd. 1, 1983, S. 25-73; *Rainer Wahl/Frank Rottmann*, Die Bedeutung der Verfassung und der Verfassungsgerichtsbarkeit in der Bundesrepublik－im Vergleich zum 19. Jahrhundert und zu Weimar, in: Werner Conze/M. Rainer Lepsius（Hrsg.）, Sozialgeschichte der Bundesrepublik Deutschland, 1983, S. 339 ff., 347-353; *Karl Kreuzer*, Vorläufer der Verfassungsgerichtsbarkeit im süddeutschen Konstitutionalismus, EuGRZ 1986, S. 94 ff. 規範統制については，*Christoph Gusy*, Richterliches Prüfungsrecht. Eine verfassungsgeschichtliche Untersuchung, 1985; *Franz Josef Peine*, Normenkontrolle und konstitutionelles System, Der Staat 22（1983）, S. 521 ff.（本文で主張された立場に対する根本的に異なった見解をも含めて）

8） *Scheuner*（Fn. 6）, S. 34; *Matthias Jestaedt*, Grundrechtsentfaltung im Gesetz, 1999, S. 368 und 367.

続的な干渉を誘発し，最終的には1866年のプロイセンによるクアヘッセンの併合によって終息された憲法争議の一部にすぎないものであった。また，ヘッセンにおける大臣弾劾も，争訟が発生しやすい立憲主義に対して大臣弾劾制度が親和的であることを証明するものでは決してなかった。逆に，実例は，大臣弾劾制度が体制の危機の先鋭化に貢献したことを示している。

今日の読者にとっては，クールヘッセンやザクセンの憲法[11)]にみられたように，政府と邦議会の間の憲法争議についての裁判権，すなわち，国事裁判権が定められているような場合には，立憲主義憲法についての理解が一層容易になるであろう。つまり，そこでは，２つの自立的主体による二元構造は，両者の間に紛争が発生した場合には，紛争に関与していない第三者が当該紛争を裁定できるときには解消されると考えられたようにみえる。必要という点からみれば，立憲主義は，憲法裁判権の育成をまさに宿命づけられていたようにみえる[12)]。しかし，構造的に首尾一貫しているようにみえるもののすべてが必ずしもまた実現可能であり，構造に適合的であるわけではない。まさに二元構造において，法律の効力をめぐる争訟についての裁判官の決定の中立性，規範性および可能性の限界が直ちに生じる。裁判は，紛争の当事者によって共有されている基礎を必要とするが，二元制構造のもとでは，こうした基礎は存在してお

9) *Jörg-Detlef Kühne*, Die Reichsverfassung der Paulskirche. Vorbild und Verwirklichung im späteren deutschen Rechtsleben, 1985; 2. unveränd. Auflage mit Nachtrag, 1998, S. 466; *ders.*, Volksvertretungen im monarchischen Konstitutionalismus (1814-1918), in: Hans-Peter Schneider/Wolfgang Zeh (Hrsg.), Parlamentsrecht und Parlamentspraxis. Ein Handbuch, 1989, § 2, Rn. 1-34, Rn. 33. ここには，議会で投票されたがすべて否決された16の弾劾事例のリストが掲載されている。*Hartwig Brandt*, Der lange Weg in die demokratische Moderne, Deutsche Verfassungsgeschichte von 1800 bis 1945, 1998, S. 87. そこでは，「時代の周辺現象であり，だからこそ法律のガラス玉ゲームの好んで用いられた対象でありつづけたのであろう」と述べられている。

10) この点の詳細については，*Ernst Rudolf Huber*, Deutsche Verfassungsgeschichte seit 1789, Bd. 2, 2. Aufl. 1968, S. 70 ff., 908 ff, 926 ff.; Bd. 3, 2. Aufl. 1970, S. 217 ff., 436 ff.

11) 両憲法の規律を詳細に紹介したものとして，*Scheuner* (Fn. 6), S. 32, Anm. 111 u. S. 34, Anm. 120, また，*Hoke* (Fn. 6), S. 59-63 und 66-69.

12) 第三者の必要性を明確に主張していたのは，*Robert v. Mohl*, Die Geschichte und Literatur für Staatswissenschaften, Bd. 2, 1856, S. 279 f. (1834年の同盟における仲裁裁判所創設との関係について); *Hartmut Müller-Kinet*, Die höchste Gerichtsbarkeit im deutschen Staatenbund 1806-1866, 1975, S. 179 ff. をさらに参照。

らず，それ故，優位する規準も欠如していた。したがって，立憲主義においては，国法が機能を停止するような場合[13]が例外的にせよ生ずることになる。

二元構造におけるこうした第三者への訴えがいかに問題のあるものであったかは，「中立性」という正当性を問題にすることによって明らかとなる。「妥協の裁判」とも呼ばれた裁判所は，身分制議会と政府によって構成員の半数ずつが指名された。1831年のザクセン憲法（143条）が長官は最高裁判所の構成員の中から君主によって任命されることが補足的に定められていたのに対して，1831年のクールヘッセン憲法（154条）は，形式的中立性を徹底して推し進めた。すなわち，投票が同数であった場合のキャスティングボートをもつ長官は，議会と政府によって同数ずつ指名された者の中からくじで選出されることと定められていた。現実化されることはなかったものの，主権にかかわる決定が事実上くじの幸運に委ねられたのである。

したがって，19世紀を通じて二元構造の両当事者が（憲法）裁判権の創設あるいはその実施について実りある合意に達しなかったのは意外なことではない[14]。該当するフランクフルト憲法の規定は，明らかな例外であり，それは，他の立憲主義憲法とは異なった背景から生じたものである。19世紀においてはこのことは知られており，あるいはうすうす感じられていた。それ故，たとえば，プロイセンにおいて，大臣責任に関する憲法条項（61条）を実施するため

13）そのように，アンシュッツは，プロイセンの憲法争議についての彼の有名な言葉の中で述べている（*Georg Meyer/Gerhard Anschütz*, Lehrbuch des deutschen Staatsrechts, 7. Aufl. 1919, S. 906）。二元制憲法の法的空白について，私は，Ernst Rudolf Huber との論争の中で，かつて詳しく論じた。*Rainer Wahl*, Der preußische Verfassungskonflikt und das konstitutionelle System des Kaiserreichs, in: Ernst-Wolfgang Böckenförde（Hrsg.）, Moderne deutsche Verfassungsgeschichte, 1972, S. 171/174-176; また，*Hans Boldt*, Verfassungskonflikt und Verfassungshistorik, in: Probleme des Konstitutionalismus（Beihefte zu Der Staat）, 1, 1975, S. 75 ff. を参照。

14）たしかにザクセン憲法の152条から154条には，*Christoph Jestaedt*, Die Sächsische Verfassung von 1831, in: Suzanne Drehwald/ders., Sachsen als Verfassungsstaat, 1998, S. 11 ff., 34 がまさにセンセーショナルな現代風の規律と称した3つの規定，すなわち，憲法改正，有権解釈そして法律に対する憲法の優位に関する規定が存在している。しかし，クリストフ・イェシュテート自身も認めているように，憲法裁判制度は一度も現実化されたことはなかったということをも考慮すれば，少なくともそのときには，たんなる規範的解釈の効果は狭い範囲にとどまるということが明らかとなる。重要なのは，書物の中の法ではなく，生きた法なのである。

に必要な法律が制定されなかったのは偶然ではなく，権力的計算によるものであった。憲法争議が発生する以前の平穏な時代においてすでに，プロイセン政府は，君主と議会の間の具体的関係に関する紛争を裁定するいかなる裁判所も国家における主権的権力となるがゆえに，こうした法律の制定を拒否した[15)]。後に，憲法争議中に，下院によってこうした法律が提案されたとき，ビスマルクは，原則的反対の立場を，そのまま引用されるのにふさわしい特徴的な言葉で主張した[16)]。すなわち，憲法上疑義ある問題についての決定権をもつ裁判官は「立法者の権限」を獲得することになること，すなわち，「裁判官は，憲法を有権的に解釈する権限をもつことにより，憲法を実質上完成する権限を有することになるであろう」と述べ，続けて次のように主張した。すなわち，「裁判官は，判決の中で，判例にしたがって憲法を解釈することにより，プロイセンの憲法生活の将来の発展の方向を確定する権限を有するであろう。私は，プロイセンの裁判官を法律の権威として高く評価すればするほど，政府は，国の政治的将来，国王と邦議会の間の権限配分および邦議会の両院間の権力配分が裁判所を構成する者の多数の主観的見解にしたがって表明される判決に依存せしめられるなどとは考えない。政府は，こうした国法上の問題は立法によってのみ，すなわち，立法に関与する主体間の合意によってのみ決定することができると考える」。

種々論じられたにもかかわらず承認されなかった**司法審査権**も，必然的に立憲主義の神経痛的紛争にかかわる事柄であった。すでに，プロイセンにおいては憲法106条により明示的に裁判所の権限外とされていた国王の命令に対する審査権は，国王の命令権と議会の同意を必要とした法律の間の限界づけという権力政治的に敏感な問題にかかわるものであった[17)]。この点を理解するためには，フロッチャー[18)]によって報告された具体的規範統制の初期の例が役立つように思われる。すなわち，ハノーヴァー国王は，1853年に，上院と協力して企

15) *Erich Hahn*（Ministerial Responsibility and Impeachment in Prussia 1848-63, in: Central European History, Bd. X, 1977, S. 3 ff., S. 14）は，1858年のプロイセン司法省の internes Gutachten の中で，大臣弾劾についての裁判所の判決は主権問題と明らかに関係するということを述べている。主権がこっそりと移動するという危険を避けるために，彼は大臣責任に関する施行法律に反対した。

16) *Huber*, Verfassungsgeschichte, Bd. 3（Fn. 10）, S. 312 f.

てた1848年憲法の改正に失敗し，自らが誘発したドイツ同盟の要求に応ずるための命令を制定した。しかし，アウリッヒの上級裁判所は，この命令を議会の同意を欠いているがゆえに違憲と判断し，具体的争訟において同命令を適用しなかった。これに対して，政府は，裁判官に対する政治的圧力によって応答し，――議会の同意なしに制定された――法律により，審査権の行使を国王の主権に対する侵害であるとして禁止したのは驚くにはあたらないことであった。

憲法実践において，二元構造における対立が最も先鋭化することになった事例であるプロイセンの憲法争議において，憲法裁判所が君主と議会の間の全面的な対立に，それゆえ，なお決着がつけられていない主権問題にいかに深く巻きこまれてしまったかがとくに明瞭となろう。成文化され同意された妥協の限界に関する争いにおいては，妥協以外の法的基準や両当事者に共有された正当性の基礎が欠如していたことから，中立的第三者にとって必要な基礎も欠けていた。そこでは，立憲主義の二元的対立構造を法的に架橋することはできなかった[19]。国法の限界にもかかわらず，また，君主と議会の間の紛争に対する法の欠如を補う指導原理の欠如にもかかわらず，裁判所が内容を決定したならば，裁判所は，未決定の主権問題をその都度決定し，そのことにより，主権を自らに対して要求しなければならないという不可能な課題に直面することになったであろう。国王と議会の間の紛争についての憲法裁判による決定は，必然的に国王に対する他律的な法的および裁判的なコントロールを含むことに

17）　*Rudolf v. Gneist*, Verhandlungen des 4. Dt. Juristentages, Bd. 1, 1863, S. 114 は，この問題が司法審査権をめぐる議論の本来の意味での中心を形成するものと考えた。君主の自立的な命令権と法律との間の範囲の画定の問題については，*Ernst-Wolfgang Böckenförde*, Gesetz und gesetzgebende Gewalt, 1958, S. 220-226 m. w. N. 司法審査権をめぐる争いとロバート・フォン・モールの肯定的意見については，*Rainer Wahl/Frank Rottmann* (Fn. 6), S. 349 f., およびそこで引用されている文献（ここでは省略される）を参照。

18）　*Werner Frotscher*, Die ersten Auseinandersetzungen um die richterliche Normenkontrolle in Deutschland, Der Staat 10 (1971), S. 383 ff.

19）　こうした見解は，*Richard Thoma*, Diskussionsbeitrag, in: VVDStRL 5 (1929), S. 104 f. で述べられている以下のようなコメントと偶然一致する。すなわち，「憲法裁判所を純粋の司法裁判所にすることは，政治権力の自立的な担い手の間の権力闘争が憲法によって規制され，立憲主義的二元構造に代わって権力の一元構造が出現したときにはじめて成功することができるであろう」と。

なったであろう。1848年のフランクフルト憲法は，国王を法的に統制し，国王を均衡のシステムの中に組み込もうとする努力の中で，ライヒと各邦の君主にこうした他律的なコントロールを要求しようとした[20]。しかし，君主達は議会に対して自らが優位するという要求を裁判所によって脅かされることを欲せず，多くの場合，彼等は憲法に定められた裁判所の権限を形骸化する道を選択したことは，1848年革命に対する国王の勝利とそれと結びついた自立的権力主体としての国王の自己主張によるものであった。この点に関するかぎり，憲法の優位（すなわち，裁判所の決定権の優位）と国王の優位の間にはいかなる妥協の余地も存在することはできなかった。

立憲主義の根幹にかかわる紛争は，二元構造が自己規制する場合，すなわち，政治的に規制される場合にのみ回避することができた。したがって，そのかぎりで，国家権力の行使を憲法によって内容的に拘束することは無意味ではなかった。政治的紛争において，憲法上の論拠は重要な役割を演じた。憲法上の論拠を主張することは，公衆の法意識への訴えを意味していた。支配者は法に拘束されているという考えが人々の法的確信の中で尊重されていたことは，憲法遵守を確保するうえで重要な支えであった。実際政治の中で，とりわけ立法にさいして妥協を当てにせざるをえず，国家的問題の中で道徳的勝利を得ようとしていた政府は，自らが憲法問題について公衆によりどのように評価されているのかということに無関心ではいられなかった。立憲主義においては，憲法の存続は公衆の共感に決定的に依存していた。そこでは，憲法の実現は，政治過程の領分であって，裁判官によって保障されるものではなく，したがって，憲法の実現は，憲法の内容と憲法のパトスを政治的に活性化することによって遂行されざるをえなかった。

Ⅲ．法律に対する憲法の優位

立憲国家の観念には，憲法は基本法であり，そのようなものとして憲法には法秩序における最高の権威が帰属するという観念が当初より含まれていた。し

20）　フランクフルト憲法126条ｂおよび126条ｅを参照。

かしながら，19世紀の国家学および公法学に普及していた観念は，法律的に綿密に仕上げられた憲法の優位という観念とは同じものではない。というのも，憲法の優位という観念は，最高のランクという一般的な考えをさらに推し進めて，基本法の中でその徹底した実現が示されているように，多くの要求を伴った特殊な法的観念だからである。すなわち，憲法は法律に優位し，基本権は立法府をも拘束すること，つまり，基本権に反する法律は実体的に違憲となるという観念である。それ故，憲法の優位は，憲法に対する法律と立法府の劣位を意味する。こうした憲法の優位の観念のかなめ石となるのが，とりわけ，法律の合憲性を統制することができ，そのかぎりで立法府に優位する憲法裁判制度である。こうした憲法優位の観念は，アメリカ合衆国における立憲国家の初期に実現され，20世紀後半の諸憲法の中で，再び――ようやく――実現されることになったものであり，19世紀の立憲主義の時代においてはもとより，ワイマール共和国においても生じることはなかった。このように，憲法は最高のランクの規範であるという命題は，まだ憲法の優位と憲法裁判権によるその保障という観念が承認されたことの証拠ではないのである[21)]。

立憲主義の国法と実務は，こうした立憲国家の観念と多くの点で正反対である。立憲主義の国法と実務は，法律的に徹底化された今日の立憲国家の像とかけ離れたものではありえなかったであろうが，今日と当時のシステムの間の相違は，この憲法裁判という中心制度が，立憲主義においては，19世紀前半に萌芽がみられたにもかかわらず，結局承認されなかった点に現れている[22)]。とくに，立憲主義においては，法的に重要な効果をもつ法律に対する優位が基本権に認められていなかった[23)]。自由主義的あるいは自然法的傾向をもつ1848年以

21)　この点について，*Wahl*, Vorrang der Verfassung, Der Staat 20 (1981), S. 485-488, 499, in diesem Band S. 121-125, 138.

22)　*Ulrich Scheuner*, Die rechtliche Tragweite der Grundrechte in der deutschen Verfassungsentwicklung des 19. Jahrhunderts, in: FS Ernst Rudolf Huber, 1973, S. 139 (= in: ders., Staatstheorie und Staatsrecht, 1978, S. 633 ff.); *ders.* (Fn. 6), S. 40; *Wahl* (Fn. 21), S. 491-498, in diesem Band S. 128-138. これに批判的なのは，*Dieter Grimm*, Die Entwicklung der Grundrechtstheorie in der deutschen Staatsrechtslehre des 19. Jahrhunderts, in: ders., Recht und Staat der bürgerlichen Gesellschaft, 1987, S. 308 ff., 313 (基本権の例に即して)，S. 316 (1848年３月以前の態度決定に関して)，および *Stern*, Einführung, in: Starck/Stern (Fn. 6), S. 6, Fn. 16.

前の国家学においては，法律に対する憲法の優位という観念がしばしば述べられ，憲法の基本権規定から立法に対する指示・委託・プログラムが引き出されていた[24]。しかし，当時の国家学は，こうしたプログラム的意味をもった基本権の法的性格を明らかにすることはなかった。法律に対する基本権の優位を法律的かつ裁判的に履行可能なものにする定式化が行われず，立法府の劣位が表明されず，そして，とくに国王の拘束を目指した決定的な措置がとられることはなかった。そうした意味では，19世紀前半にみられた萌芽は，19世紀後半における一層の発展と確立のための幕開けではなく，徹底化されず実現されなかった萌芽にすぎなかった。こうしたことすべては，二元構造における権力問題とそこに含まれていた第三者のもとに国王を服従させることへの要求と密接に関連していた。したがって，1848年の革命の挫折とプロイセン憲法争議の終結後の権力状況の影響を明らかに受けていた後期立憲主義の国法の中で，共同立法者たる君主に対する拘束が実現されなかったことは不思議なことではなかった。実証主義国法学において，法規範の階層序列を認めない考えが確立されたが，そうした立場の古典的表現は，憲法は立法権に優位せず，立法権の自由に委ねられているというゲルハルト・アンシュッツの命題の中に見られた[25]。こうした展開の帰結は，基本権は立法者に対していかなる法的拘束力ももたないということであった。こうして，法律は，基本権に反するという理由で，裁判所によって無効と宣言されることはなかったのである。

23）基本権についてはここでは詳述されない。基本権については，*Rainer Wahl*, Rechtliche Wirkungen und Funktionen der Grundrechte im deutschen Konstitutionalismus des 19. Jahrhunderts, Der Staat 18 (1979), S. 321, in diesem Band S. 341 ff.（本書Ⅱ第３章「19世紀ドイツ立憲主義における基本権の法的効果と作用」），および *Rainer Wahl*, Die Entwicklung des Verfassungsstaates, in: Josef Isensee/Paul Kirchhof (Hrsg.), Handbuch des Staatsrechts, Bd. 1, 1987, § 1, Rn. 36 f.; *Jörg Kühne*, Bürgerrecht und Deutsches Verfassungsdenken 1848-1871, Hermann Wellenreuther/Claudia Schnurmann (Hrsg.), Die Amerikanische Verfassung und Deutsch-Amerikanisches Verfassungsdenken. Ein Rückblick über 200 Jahre, 1991, S. 230 ff.; *Jörg Kühne*, Die Reichsverfassung der Paulskirche Vorbild und Verwirklichung im späteren deutschen Rechtsleben, 1985; 2. unveränd. Auflage mit Nachtrag, 1998, S. 171 ff. を参照。

24）*Dieter Grimm* (Fn. 22), S. 315-319.

Ⅳ．ワイマール共和国における憲法と憲法裁判権

新しい状況は，ワイマール共和国とともに生じた。国家秩序は，今や，統一的な民主主義的正当性の観念にもとづいて構想された。すなわち，国家秩序はもっぱら憲法によって創設されたものとされ，広範な法的規制と憲法裁判制度導入の理論的前提が存在することになった。しかしながら，当時の政治的危機状況の中では，大きな政治的制約が存在していた[26]。加えて，当然のことながら，当時においても，どこまで「法の手段」に訴えられるべきかということが最も重要な憲法政治上の問題であった。ワイマール憲法の19条と59条が定める国事裁判権を指標としてみるならば，そこには限定的な発展像が示されているにすぎない。ウルリッヒ・ショイナーにとって，国事裁判権に関する規定は，「ワイマール時代と当時の思考が当時意識されていた以上に広範に帝政時代の遺産によって規定されていた」という広く認められていた彼の主張の証拠である[27]。こうした見方は，憲法上の具体的な改革に関するかぎり，同意されなければならないであろう（この点については，１以下で述べる）。これに対して，ワイマール時代後半における憲法政治上および国家論上の論議は，包括的な憲法裁判権の条件・限界・改革に関する議論を内容とし，そのことにより，基本法のもとではじめて現実のものとなった問題を先取りするものであった（この点については，２以下で述べる）。

１．1919年のワイマール憲法において，人の点ではライヒ裁判所に依存してい

25）　*Georg Meyer/Gerhard Anschütz*, Lehrbuch des deutschen Staatsrechts, 7. Aufl. 1919, S. 734 f. 同様に *Paul Laband*, Das Staatsrecht des Deutschen Reiches, Bd. 2, 1911, S. 39. Anschütz の命題に関する私の解釈に反対するのは，*Matthias Jestaedt*（Fn. 8), S. 95, Fn. 102 であり，彼は，当該命題は序列の問題にかかわるものではなくて，制度にかかわるものだという，十分説得的でない異論を主張した。しかし，序列問題と制度の問題はしかくはっきりと分離できるものではない。制度的観点は，具体的に説明される場合には，必然的に他の観点と重ならざるをえない。いずれにしても，イェシュテートによって引用されているラーバントの文章は，疑問の余地のないほど明確である。

26）　ワイマール時代の憲法裁判権についての包括的説明については，*Ernst Rudolf Huber*, Deutsche Verfassungsgeschichte seit 1789, Bd. 6, 1981, S. 541 ff.

27）　*Scheuner*（Fn. 6), S. 45.

たものの，国事裁判所という独特な制度が形成された[28]。連邦制にかかわるすべての争訟は，今や裁判所のコントロールに服することになった。これに対して，最高の憲法機関の間の機関争訟については，国事裁判所の（補充的な）管轄権により，ラント内部の争訟に関してのみ対象とされ，そうした意味では半歩前進したにすぎなかった。つまり，ライヒの領域は，国事裁判所のコントロールから除外されたままであり，国事裁判所の運用も，上記の２つの領域に限定されていた[29]。

ここには，一方でライヒの最高機関という（権力）政治の中心領域に対しての，他方で規範統制に対してのワイマール憲法の明らかな抑制的態度が顕著にみられる。しかし，「立法者意思の真空」は，裁判官の審査権の問題に存在していただけではない。憲法制定国民議会が問題の決定を放棄したのは，その場合だけではない[30]。立法者の基本権への拘束という実体法上重要な問題についても，国民議会は明確な態度決定をしなかった[31]。こうしたワイマール憲法上の推進力の欠如にもかかわらず，この問題がワイマール時代の国法学にとって基本的争点となったのは，新しい憲法のもとで，民主政における立法者の役割という根本的問題が体系的政治的必然性をもって提起されたことによる。すなわち，ワイマール時代には，立憲主義の二元構造とともに，相互抑制をもたらしていた――政治生活の多様な主体間で定着していた――政治的バランスが失

28）しかしながら，国事裁判所には，関連するすべての権限が委ねられたわけではなかった。すなわち，ライヒ裁判所は，ラント法のライヒ法との一致に関する抽象的規範統制の権限をもっていた。この点についての豊富な資料を提供するのは，*Karl Zippelius*, Verfassungsrechtliche Stellung und Entwicklung der Rechtsprechung des Staatsgerichtshofes für das Deutsche Reich, Diss. jur. Freiburg 1973, S. 19-39.

29）*Scheuner*（Fn. 6), S. 56-59. ワイマール憲法の国事裁判所に関する当時の文献としては，*Ernst Friesenhahn*, in: Gerhard Anschütz/Richard Thoma, Handbuch des Deutschen Staatsrechts, Bd. 2, 1932, S. 523 ff.（ここには，詳細な文献目録が付されている）および，*Heinrich Triepel und Hans Kelsen*, Wesen und Entwicklung der Staatsgerichtsbarkeit, VVDStRL 5, 1929, S. 2 ff., 30 ff.

30）*Gerhard Anschütz*, Die Verfassung des Deutschen Reichs, Kommentar, 14. Aufl. 1933, Art. 70, Anm. 5, S. 371 は，成立史を援用して，このように主張する。なお，引用文は，*Karl Loewenstein*, Erscheinungsformen der Verfassungsänderung, 1931, S. 126 による。

31）*Anschürz*（Fn. 30), Art. 109, Anm. 2 III, S. 527 を参照。アンシュッツによれば，「憲法制定国民議会が平等原則という古い言葉で，現在そこに読み込まれているような新しいものをいおうと意図していたであろうと認めるだけの根拠は存在しない」。

われることになった。今や，伝統的構造に内在していた政治的拘束から解放された一元的な立法者，すなわち，政党によって担われた議会の多数派が存在していた。こうして，多数党によって担われた立法者の役割はどのようなものであるべきかという，あらゆる民主主義憲法の政治文化と憲法理解の深層にかかわる問題が提起されることになったのである。

ワイマール時代の論議は，民主主義的立法者に対する信頼か不信か，議会主権か議会絶対主義か，裁判官の王国か政治勢力間の利益調整か[32]を基本的争点とすることによって，理論上可能な選択肢を明らかにした。しかし，同時に，この選択に際して，理論的対立が政治的対立に引き下げられることはなかったものの，政治的価値判断と根本的確信，政治的な期待と恐れ，たとえば，社会民主主義的な議会多数派に対する不安が混在していたことは否定できない[33]。

立法者は法的に拘束され（あるいはされない），コントロールされた（あるいはされない）存在であるべきかどうかという問題に関し，とくにゲルハルト・アンシュッツとリヒャルト・トーマは，憲法が定めた政治装置に全幅の信頼をおいた。すなわち，トーマは，ワイマール憲法はライヒ大統領とライヒ政府の自立的審査権，ライヒ参議院の異議権，国民表決などの憲法遵守を確保するために十分強力で信頼できる保障を含んでいるがゆえに，法律を法的に審査することはできないという立場に固執した[34]。トーマは，「正義と合目的性に関する決定を行うのにふさわしいのは立法者であるということを現代国家の本質的傾向」であると繰り返し断固として主張した[35]。したがって，立法者が平等原則に拘束されることを承認することは，トーマにとっては，「現代国家以前へ

32）　最後の選択肢について，「裁判官の王国」に明確に反対したのは，*Hans Nawiasky*, VVDStRL 3, 1927, S. 41 f. である。他の選択肢の紹介は，Fn. 47-51.

33）　そのように見たのは *Anschütz* (Fn. 30), Art. 109, Anm. 2 V, S. 528. 彼は，立法者は平等原則に拘束されるという当時普及していた見解は，結局のところ，議会の多数派に対する政治的価値判断に根拠をもつと説く。また，ハンス・ケルゼンとヘルマン・ヘラーの間の論争（VVDStRL 3, 1927, S. 54 und 57）を参照。立法者の平等原則への拘束に関する争いを紹介したものとして，*Huber*, Verfassungsgeschichte, Bd. 6 (Fn. 26), S. 104 f.

34）　*Richard Thoma*, Das richterliche Prüfungsrecht, AöR 43 (1923), S. 267/274 f. 同様に，*Gustav Radbruch*, Richterliches Prüfungsrecht?, Die Justiz, Bd. 1, 1925, S. 12. そこでは，立法手続には多くのフィルターがあることが指摘されている。

の逆行」を意味した。すなわち，彼によれば，憲法制定国民議会は，ワイマール共和国をこのような現代国家として，つまり，裁判官の長老政治ではなく民主主義の国家として創造しようとしたのである[36]。

こうした主張と対立する立場も，劣らず明確に主張され，主張を基礎づける理論上の原則も明らかにされた。ハインリッヒ・トリーペルは，すでに1920年に，司法審査権を権力欲に飢えた議会に対する市民的自由の最も重要な砦と称した。すなわち，審査権を排除することは，君主制的あるいは議会制的絶対主義が国家に侵入する扉を開くことになるであろうと[37]。後の論文では，トリーペルは，法律は主権行為ではなくて，憲法上拘束された国家権力の行為であると断言した。つまり，彼は，法律絶対主義，すなわち，立法者をあらゆる法的拘束から解き放とうとする傾向と断固として戦うことを要求したのである[38]。

立法者が基本権に，とりわけ平等原則に拘束されるという見解は支持を拡大したが，しかし，ワイマール時代の終わりにいたるまで，学説上支配的見解となることはなく[39]，確立した判例となることもなかった[40]。司法審査権も，学

35) *Thoma*, Grundrechte und Polizeigewalt, in: Festgabe für das Pr. Oberverwaltungsgericht, 1925, S. 223; *ders.*, in: Die Reichsgerichtspraxis im deutschen Rechtsleben, Bd. 1, 1919, S. 200; *ders.*, in: Anschütz/Thoma (Fn. 29), Bd. 2, 1932, S. 144; トーマは，Handbuch des Staatsrechts (Fn. 29), S. 137-145, 151-153 の中で，今一度，彼の立場を簡潔かつ堂々と要約している。

36) *Anschütz/Thoma* (Fn. 29), S. 152 f.

37) *Heinrich Triepel*, Der Weg der Gesetzgebung nach der neuen Reichsverfassung, AöR, S. 456/537.

38) *Heinrich Triepel*, Goldbilanzenverordnung und Vorzugsaktien, 1924, S. 28. また，*Goldschmidt*. Juristische Wochenschrift (JW), 1924, S. 245 を参照。これは，Gesetzesdämmerung という特徴的な表題をもつ。

39) *Anschütz* (Fn. 30), Art. 109, Anm. 1 und 2 で引用されている文献および VVDStRL 3, 1927, S. 2-62 掲載の報告と討議を参照。

40) ライヒ裁判所は，平等原則に関連した問題を未決定のままにした。RGZ 111, 329; 113, 13; 128, 165; DJZ 1931, Sp. 674（仲裁裁判所の異なった立場については，RGZ 126, S. 161）を参照。当時，憲法訴願制度を採用していた唯一のラントであったバイエルンにおいても，バイエルン国事裁判所は，立法者が平等原則に拘束されることを否定した。*Hans-Heinrich Limmers/Walter Simons*, Die Rechtsprechung des Staatsgerichtshofs für das Deutsche Reich und des Reichsgerichts auf Grund Artikel 13 Absatz 2 der Reichsverfassung, Bd. 3, S. 185 を参照。それ故，女子の文科系ギムナジウムへの入学不許可は，異議をとなえられないままであった。

説上争われ続けたままであった[41]。こうした不安定な学説状況の中で，裁判所は，多くの場合そうであるような仕方で対応した。すなわち，裁判所は，審査権の存在を明確に肯定しつつも，その実際の行使を自制したのである。つまり，ライヒ裁判所[42]の増額評価判決によるセンセーショナルな要求に，法律を無効と宣言するというセンセーショナルな判決が続くことはなかった。審査権は，いわば待機状態のままであった。

以上述べてきたことを要約すれば，ワイマール時代は，憲法理解にとって重要な問題についての潜伏期であったということである。すなわち，伝統を形成するような運用の中での実現という点からすれば，新しい立場は生じなかった。しかし，学説上の論議においても，また，一部に限定されたものであったにせよ若干の判決[43]においても，新しい立場に有利となるようなはっきりとした傾向が示されていた。今日からみると，こうした傾向は，予想外のことではない。立法者の法的無制約という主張は，ワイマール時代には明らかに守勢となっていた。すなわち，現代国家の本質を援用することは，あまりにも一般的すぎるものであった。他方，立法者の無制約という主張に対する疑問は，現実の政治状況によっても根拠づけられた。自由な立法者という伝統的見解を攻勢の立場にたって主張できるためには，そうした見解を新しい基礎の上に，すなわち議会主権という考えの上に築く必要があったであろう。そして，このことは，実

41）*Ernst von Hippel*, Das richterliche Prüfungsrecht, in: Anschütz/Thoma (Fn. 29), Bd. 2, 1932, S. 546 ff. を参照。包括的な文献紹介については，注32）および注33）。今日では，*Huber*, Verfassungsgeschichte, Bd. 6 (Fn. 26), S. 560 ff.

42）RG, Urteil des V. Zivilsenats vom 4. November 1925 (RGZ 111, 320)，しかし，この中で，ライヒ裁判所は，増額評価法を合憲と判断する。同判決は，論拠において，ライヒ裁判所の裁判官会合よりも抑制的である（JW1924, S. 90）。全体の詳細については，*Peter Badura*, Richterliches Prüfungsrecht und Wirtschaftspolitik, in: FS Ludwig Fröhler, 1980, S. 321/328-334 での説明に委ね，本文では要約にとどめる。

43）こうした判決の傾向は，ライヒ裁判所あるいは国事裁判所の裁判でセンセイショナルではない意義しかもたなかった基本権の意義がワイマール憲法19条１項の訴訟による判決を通して仔細に検討されるならば，より明瞭となろう。有益な資料を含むのは，*Albert Hensel*, Grundrechte und Rechtsprechung, in: Die Reichsgerichtspraxis im deutschen Rechtsleben, Bd. 1, 1929, S. 1-32, および，*Albrecht Buschke*, Die Grundrechte der Weimarer Verfassung in der Rechtsprechung des Reichsgerichts, Diss. jur. Berlin 1930.

際には，議会の多数派と少数派の間の交代と政党の多元主義に明確に信頼をおくことを意味することになったであろう。ここでは，この点について立ち入って論ずることを差し控えて，次のことが確認される必要がある。すなわち，議会主権あるいは議会の最高性という原理は，歴史的に様々に条件づけられた政治的憲法的思考の原理のひとつだということである。すなわち，これらの原理は，その成立を促進するような特殊な政治状況[44]と，多くのリスクを伴った理論を実践の中で制限し，鉄輪（たが）をはめるような政治文化を必要とするが，ワイマールの（出発時の）政治状況がこうした諸条件を提供するようなものではなく，政党に絶対的信頼をおくことは事実に反する信仰とならざるをえなかったことは明らかであった。こうして，ワイマール時代における展開は，基本法が反対の道を歩むべきことをすでに示していたのである。

2．ワイマール共和国後半の学説上の論議は，基本法のもとでの問題状況を想起させるものであった。すなわち，そこでの論議は，憲法裁判権の拡大をめざす改革構想[45]によって引き起こされたものであるが，検討された改革構想――ライヒにおける機関争訟や抽象的規範統制――が憲法裁判権の政治的に重要な中心問題にかかわるものであったことから，論議は包括的憲法裁判権の条件，とくに限界に集中することになった。ここでは詳細にわたって紹介することはできないが，この論議は，通例，憲法と政治の緊張関係という表題で論じられる問題状況[46]を自覚させた点に後世に残る意義をもっていた。そして，ここでの問題の核心は，次の点にあった。すなわち，しばしばかなりの政治的効果をもつ政治的紛争から生じ，一般に使用されている表現によれば「政治的法」とよばれている憲法を判断基準とするような争いの決定は，そもそも裁判に属す

44）以下の事例がこの点を示唆している。すなわち，フランスでは，議会主権は，重要な政治的勝利の後，市民階級が明確な社会的階級問題を前にして，また，自らの自由の綱領に関して一層自信をもっていた状況の中で，国民議会とそれを構成していた市民階級によって構想されたのみならず，戦い獲られたということである。

45）*Scheuner* (Fn. 6), S. 46 f.; *Huber*, Verfassungsgeschichte, Bd. 6 (Fn. 26), S. 563 f.; 非常に詳細に論じたものとして，*Karl Zippelius*, Verfassungsrechtliche Stellung und Entwicklung der Rechtsprechung des Staatsgerichtshofs für das Deutsche Reich, 1973, S. 58-82; 当時の文献としては，*Carl Schmitt*, Das Reichsgericht als Hüter der Verfassung, in: ders., Verfassungsrechtliche Aufsätze, 1958, S. 64-66 を参照。

るのか，抽象的規範統制において政治的目標設定と政治的意思の法形式である法律と直接対決する裁判所は裁判権の「正常な」限界の中にとどまっているといえるのか，憲法裁判所はこうした場合には機能的には立法権を行使しているのではないのか，19世紀の考えによれば，およそ拘束力をもつ憲法解釈を行う場合には憲法裁判所は憲法制定権力の一部とみなされていた有権解釈を行っているのではないのか，という点にあった。こうした原則問題を拒みがたい形で提起したのは，とりわけカール・シュミット（Carl Schmitt）[47)]であり，彼は，すべての問題を憲法裁判権を否定する立場にたって決定した。シュミットのこうした断固たる態度決定は，当時の憲法状況と現実の政治状況によれば，憲法裁判権に代わる他の選択肢，すなわち憲法の番人としてのライヒ大統領という選択肢が彼にとっては提供されていたようにみえたことによって生じたものであろう[48)]。しかし，シュミットの立場をこの点に還元してしまうことはできないし，彼によって著しく影響された当時の一般の議論については，なおのことそうである。

こうしたワイマール時代の議論によって問題は解決されず，むしろ新しい問題意識が明確にされることになった。このことは，新しい指導形態の出現とい

46）　このテーマに対する重要な説明を紹介したものとして，*Peter Häberle*, in: ders. (Hrsg.), Verfassungsgerichtsbarkeit, 1976, S. 1 f.; *Peter Wittig*, Politische Rücksichten in der Rechtsprechung des Bundesverfassungsgerichts?, Der Staat 8 (1969), S. 137,142-145; *Gunnar Folke Schuppert*, Die verfassugsgerichtliche Kontrolle der Auswärtigen Gewalt, 1973, S. 121 ff.; *Rudolf Dolzer*, Staatstheoretische und staatsrechtliche Stellung des Bundesverfassungsgerichts, 1972, S. 51 ff.

47）　*Carl Schmitt* (Fn. 45); *ders.*, Der Hüter der Verfassung, 1931, 2. Aufl. 1969. ワイマール時代の論議を紹介したものとして，*Karl Zippelius* (Fn. 45), S. 146-185, 198. 憲法裁判所は規範統制にさいして憲法の有権解釈を行い，そのことにより立法作用を行っているというシュミットの命題は，フォルストホフによって継承された。*Ernst Forsthoff*, Der Staat der Industriegesellschaft, 1971, S. 145, und *Ernst-Wolfgang Böckenförde*, Die Methoden der Verfassungsinterpretation. Bestandsaufnahme und Kritik, NJW 1976, S. 2098/2099; シュミットの命題に反対するものとして，*Ulrich Scheuner*, Verfassungsgerichtsbarkeit und Gesetzgebung, DÖV 1980, S. 473/477.

48）　民主主義的正当性への移行に伴って憲法裁判権のために必要なすべての前提条件が生じたわけではないということ，すなわち，大統領の正当性を直接根拠づけた国民投票的要素も，裁判所によるコントロールに対する政治的あるいは理論的障害と感じられる可能性をもつということが明らかとなる。

う，啓発されるところの多い事象に示されている。すなわち，いまや，「法治国家の戴冠式」ではなくて「憲法の番人」であるという問題意識が重要となった。憲法裁判権が道具として奉仕する法の優位という実体法的観点が法になり，次のような仕方で制度の検討を通して補充され，その結果，憲法裁判権がもつ憲法構造全体に対する大きな影響が明らかとなる。実体憲法を現実化するという法治国家的作用は，制度に依拠せざるをえない。あらゆる他の制度と同様に固有の価値をもつ憲法裁判制度を憲法の体系の中と最高憲法機関の「協調」の中にどのように位置づけるかは，権力分立の独立した一つの問題である[49]。こうした権力分立の問題においては，単純法律に対する憲法の優位という関係は，憲法裁判所と議会の間の権限配分という制度の問題となる。

ワイマール共和国末期の不安定な政治状況は，たしかに憲法裁判権という制度問題を論ずるのには極めて不利な時代であった[50]。こうした政治状況は，最高の憲法機関の中に新しい勢力が導入されることになるという，憲法裁判権がもつ現実の意義を見る目を鋭敏にしたことはたしかである。しかし，国事裁判制度は，対抗勢力という性格を引き受けることにより，国家的危機が加速する中で救済制度あるいは憲法の番人を求める動きに伴って生じた過大な要求に必然的にさらされることになった。

ワイマール時代の学説上の論議は，当時の政治状況との関連でみるならば，憲法裁判権は深刻な危機状況においては決定的な限界をもつということを明らかにした。憲法裁判所の決定を「非現実的なもの」と思わせる政治状況を明らかにしたのが19世紀においてはプロイセン憲法争議であったとすれば，ワイマール時代でそうした役割を果たしたのは，それ以前のいくつかの紛争もさることながら，授権法にほかならなかった[51]。

---

49) 憲法裁判権と権力分立制というテーマについては，*Peter Häberle* (Fn. 46), S. 12 f. での紹介を参照。

50) ワイマール時代の議論は，当時の政治的（危機）という背景を抜きにして十分に理解することはできない。このことは，できるだけ大規模な分析を通して，一つ一つ解明されていく必要があろう。

51) いずれにしても，1932年の有名でかつ悪名の高いプロイセン訴訟は，憲法裁判権，とりわけその解決能力の限界を超えていた。この点については，*Scheuner* (Fn. 6), S. 58 f. を参照。

Ⅴ．基本法の観点からみた立憲主義

立憲主義の憲法秩序に対する基本法の憲法秩序の違いは，基本法の「新しいもの」を明確にすることにより明らかとなる。基本法[52]において根本的に新しくなった点は，立法者が基本権に拘束されるようになったことと，憲法裁判権が包括的なものとなったこと，つまりは，憲法の優位が徹底して実現されたことである。立憲主義に対する基本法の原則的な違いは，また，憲法理解においてもみられる。すなわち，基本法のもとでは，国家は憲法に先行して存在するのではなく，憲法が国家的統一体を法的に構成し，すべての国家権力は，法的には憲法によって創設され，憲法の規準にしたがって行使されなければならない。これに対して，立憲主義の憲法は，憲法に先行して存在する国家権力を制限するという機能に限定されていた。

基本法の憲法秩序のこうした特質の中に，19世紀から20世紀にいたる立憲国家の内在的発展以上の，むしろ内在的発展とは異なったものが示されている。つまり，基本法においては，民主主義的立憲国家が独特な形で実現されているのである。すなわち，立憲主義に対する重要な変更は，立憲主義的二元構造から民主主義的一元構造へという「体系」の変動に起因している。基本法とワイマール憲法は，君主という国家の頂点を共和主義的国家元首によって交替しただけではなく，２つの正当性原理の競合関係を終結させることにより，国家と憲法を民主主義という新しい基礎のうえにすえた。それ故，多くの制度について，基本法と立憲主義の間の比較を行うにあたっては，以下のことが考慮されなければならない。すなわち，立憲主義においては，２つの強力な主体が存在し，総じて二元的性格が重要であり，そのことから問題設定と問題解決における違いが生じる，ということである。

52）詳細については，*Rainer Wahl*, Elemente der Verfassungsstaatlichkeit, JuS 2001, S. 1081.

Ⅱ　第３章

19世紀ドイツ立憲主義における基本権の法的効果と作用

近年の基本権に関する憲法史的研究は，一つの重要な日付けの魅力にとりつかれている。即ち，200年以上前の1776年６月12日に「ヴァージニアの善良な人民」の代表者たちが，最初の近代的自由権の宣言たるヴァージニア権利章典[1)]を宣言した。近代世界に対してこの章典がもっている特別の地位は，とりわけ，それが統一的な自然法的基礎から国家に先立つ，かつ，国家の中における不可譲の権利を承認したこと，また，それがこの徹底した個人主義的基礎から個人の自由および国家秩序の基本原理，即ち，国民主権と権力分立を導出したことに基づいている[2)]。この点においては，この時期の第二の偉大なドキュメントたる1789年のフランス人権宣言[3)]もヴァージニア権利章典に類似している。「1789年の理念」も――新しい――社会秩序の原理および，とりわけ，国民主権，権力分立，基本権の尊重に立脚する政治的憲法の諸原理を定式化した。この宣言は，個々の権利を列挙する前に，前文および１条から６条にかけて，基本権と――少なくとも潜在的には――民主主義的意味を有する国民主権原理

1)　ヴァージニア権利章典のテクストは，*Fritz Hartung*, Die Entwicklung der Menschen- und Bürgerrechte von 1776 bis zur Gegenwart, 1972, S. 40 ff. とりわけヴァージニア権利章典の２条を参照。アメリカにおける権利宣言については，*Roman Schnur* (Hrsg.), Zur Geschichte der Erklärung der Menschenrechte, 1964. 資料豊富かつ着想豊富なものとしては，*Willi Paul Adams*, Republikanische Verfassung und bürgerliche Freiheit, 1973, S. 141 ff.; *Gustav-Adolf Salander*, Vom Werden der Menschenrechte, 1926, S. 6 ff.; *Gerhard Oestreich*, Geschichte der Menschenrechte und Grundfreiheiten im Umriß, 1968, S. 57 ff.

とを密接に関連させる統一的な思想的基本枠組みをかかげていた。人権宣言は，ヴァージニア権利章典とは異なって，そのほかに，平等の思想[4]をより強く強調しており，そのことによって，特殊ヨーロッパ的問題，即ち，古いヨーロッパの伝統的な政治的・社会的秩序，伝統的な封建的・身分制的秩序[5]を法的平等及び財産取得・所有の自由に立脚する国民社会に向かって根本的に変革すると言う，ヨーロッパ特有の問題を反映していた[6]。

フランス人権宣言というモデルおよびそのプログラムは19世紀に効果を発揮し，ドイツにおいても積極的および消極的態度表明を呼びおこした。19世紀のドイツに同じような国民および個人の権利に関する根本的定式化を求めるとすれば，当然1848年のドイツ国民の基本権が思い浮かぶ[7]。Ｅ・Ｒ・フーバーは，

---

2)　イギリス本国からの離脱およびコモン・ローとの断絶のゆえに，自然法を援用することは必然的なことでもあり，もっともなことでもあった。この論証の発展過程については，*Otto Vossler*, Studien zur Erklärung der Menschenrechte, in: Schnur（Fn. 1）, S. 190 ff. さらに S. 179 ff. を参照。*Adams*（Fn. 1）, S. 144 ff., 149 ff., 158 ff., 162 ff.; S. 22-32 および *Martin Kriele*, Einführung in die Staatslehre, 1975, S. 156 ff.; *Gerd Kleinheyer*, Grundrechte, in: Geschichtliche Grundbegriffe. Historisches Lexikon zur politisch-sozialen Sprache in Deutschland, Bd. 2, 1975, S. 1066 f. も参照。新しい秩序の包括的な正当化原理としての国民主権については，*Adams*（Fn. 1）, S. 121 ff., 142, 161, 68 ff., および *Eberhard Grabitz*, Freiheit und Verfassungsrecht, 1976, S. 145 ff. 参照。

3)　フランス人権宣言のテキストは，*Hartung*（Fn. 1）, S. 44 ff.

4)　アメリカ革命における平等原則の基本的に「外政的な」機能については，*Willi Paul Adams*, Zum Gleichheitspostulat in der amerikanischen Revolution, HZ 212（1971）, S. 59 ff.; および *Adams*（Fn. 1）, S. 162 ff., とりわけ 171 ff., および *Kriele*（Fn. 2）, S. 160（Verfassungsstaat ohne Gleichheit）を参照。

5)　封建秩序と封建体制の概念については，注21)を参照。

6)　この過程の古典的叙述については，*Lorenz v. Stein*, Geschichte der sozialen Bewegung in Frankreich von 1789 bis auf unsere Tage, 3 Bde., Nachdruck der von G. Salomon 1921 herausgegebenen Ausgabe 1959. ローレンツ・フォン・シュタインのこの原理的見方を，ベッケンフェルデは評価していた。*Ernst-Wolfgang Böckenförde*, Lorenz v. Stein als Theoretiker der Bewegung von Staat und Gesellschaft zum Sozialstaat, in: FS Otto Brunner, 1963, S. 248-277. *Rainer Wahl*, Der Übergang von der feudalständischen Gesellschaft zur staatsbürgerlichen Gesellschaftsordnung als Rechtsproblem, in: R. Schnur（Hrsg.）, Staat und Gesellschaft, Studien über Lorenz v. Stein, 1978, S. 399 ff. も参照。

7)　テクストは，*Ernst Rudolf Huber*, Dokumente zur deutschen Verfassungsgeschichte, Bd. 1, 1978, Nr. 108, S. 375 ff.（389）.

それを評して次のように述べている。「フランクフルトの基本権は古典的基本権体系の継受である。……ドイツは1848年の基本権カタログによって偉大な西欧の憲法体系の仲間入りを果した」[8]と。実際，フランクフルトの基本権は時代の先端を行くものであった。しかし，政治状況はそれとは異なっていた。

三月革命の失敗のあと，復活したドイツ同盟の同盟議会は当時の表現によれば[9]「いわゆる基本権」を正式に廃止した。基本権の保障として残ったものは，——条文上はそのままの——初期立憲主義の諸憲法および1848年から1850年にかけての欽定されたプロイセン憲法で定められている，君主によって付与されたバーデン人やヴュルテンベルク人，あるいはプロイセン人の権利であった。「基本権」という言葉は19世紀を通じて実定憲法のテキストのなかには存在していなかった[10]。保障された権利は，国民の基本権ではなく，国民主権の思想に立脚したものではなかった。それらの権利は的確，かつ，率直に臣民の権利と呼ばれた[11]。こう呼ぶことによって，これらの権利が前国家的なものであることをすこしでも想起させることをうまく回避できただけでなく[12]，アメリカや西ヨーロッパの基本権思想にとっては不可分とされる市民的自由と政治的自由との結びつきが阻止された[13]。バーデン人，バイエルン人，プロイセン人の

---

8) *E. R. Huber*, Verfassungsgeschichte der Neuzeit, Bd. 2, 1978, S. 776.

9) 1851年８月23日の同盟決議は，*E. R. Huber*, Dokumente zur deutschen Verfassungsgeschichte, Bd. 2, 1964, Nr. 2, S. 2 に収録されている。この決議によって，基本権は反動時代の精神に則って法律的厳密さをもって遡及的に廃止された。

10) それについては，また，一般的に19世紀ドイツにおける用語法については，*Kleinheyer* (Fn. 2), S. 1047 f., 1071 mit Fn. 113, S. 1075 f., 1080. *Wolfgang v. Rimscha*, Die Grundrechte im süddeutschen Konstitutionalismus, 1973, S. 2, Fn. 10 も参照。

11) 諸憲法における「臣民」の概念の使用については，*Kleinheyer* (Fn. 10), S. 1070 ff. にある典拠を参照。「臣民」という表現を原則として無頓着に用いている文献のなかにあって，用語法および内容ともに十分な検討を行っているものとして，*Robert v. Mohl*, Das Staatsrecht des Königreichs Württemberg, 1. Bd., 1840, S. 316, Fn. 3. ここでは，あらゆる国家がもっている臣民と法治国家のみがもっている国民とが区別されている。用語の選択に関する争いにとってレンネによって伝えられている次のようなエピソードが特徴的である。即ち，「臣民」という表現にするか「プロイセン人」という表現にするかをめぐる下院と上院との間の争いのために1868年から1869年にかけて「プロイセン人」としての資格の得喪に関する法律が成立しそこなった，というのがそれである。これについては，*Ludwig v. Rönne*, Das Staatsrecht der preußischen Monarchie, 1882, Bd. 2, S. 2, Anm. 4.

権利には，国民が自ら闘いとり，自らに与えた権利，また，国家の基礎をなし，国家を内面から構成する権利がもつパトスが欠けていた。明文による法的拘束がないところにおいても，また，そういうところにおいてこそ，憲法実践や政治はこういうパトスに依拠することができたと思われるが，実際には依拠しなかった。

それゆえ，19世紀のドイツにおける基本権を論究するにあたっては，要求水準を最初から大はばに引下げなければならないであろう。ドイツ憲法の権利は，同じ言葉を使っていても，西ヨーロッパの模範から遥かに離れていた。即ち，基本権理論は，当然のことながら，憲法理論の一部であり[14]，また，基本権の歴史は全体構造としての憲法の歴史である。それゆえ，基本権の具体的意味は憲法の全体構造にかかっているのである[15]。19世紀のドイツ諸憲法と同じように，そのなかに含まれている基本権も特殊なドイツの発展の表現[16]であり，近

12）　*Kleinheyer* (Fn. 2), S. 1070 ff.（同1072頁で「憲法における臣民の地位も，もはやそれらの上に国家が構成されているという印象をよびおこすことはできない」と的確に述べられている）。19世紀前半における基本権の捉え方の詳細については，*Rimscha* (Fn. 10), S. 83-105.

13）　それについては，*Grabitz* (Fn. 2), S. 174 ff. および §§ 14, 15.

14）　この点は，ベッケンフェルデによって強烈に主張されている。*Ernst-Wolfgang Böckenförde*, Grundrechtstheorie und Grundrechtsinterpretation, NJW 1974, S. 1529 ff.

15）　このことは，1831年のベルギー憲法と1848年から1850年にかけてのプロイセン憲法との間の関係がしばしば持ち出されることにかんがみて強調されるべきである。両憲法は用語のうえでも構成のうえでも，また，基本権に関しても，周知のごとく多くの共通性を示している。しかし，ベルギー憲法は，プロイセン憲法とは異なって，国民主権を基礎としていた。また，ベルギー憲法は，憲法が明文をもって国王に与えた権限以外の権限を国王はもたないとする，有名な78条を含んでいた。これについては，*John Gilissen*, Die belgische Verfassung von 1831－ihr Ursprung und ihr Einfluß, in Werner Conze (Hrsg.), Beiträge zur deutschen und belgischen Verfassungsgeschichte im 19. Jahrhundert, Beiheft Geschichte in Wissenschaft und Unterreicht, 1967, S. 38-69, とりわけ S. 52 ff., 67 f. さらに，*Rudolf Smend*, Die preußische Verfassungsurkunde im Vergleich mit der belgischen, 1904; *Ernst Rudolf Huber*, Deutsche Verfassungsgeschichte, Bd. 3, 1970, S. 101.

16）　社会科学者と（社会）歴史家との間の近年の論争の的になっている，この問題をはらんだ概念については，*Hans-Ulrich Wehler*, Modernisierungstheorien und Geschichte, 1975. なお，*Hartmut Kaelble* u.a., Probleme der Modernisierung in Deutschland, 1978 も参照。

代化，即ち，ドイツにおいて1850年以降著しく促進された過程を通じて，高度に工業化された国の近代的経済構造をもたらしはしたが，しかし，進歩した経済と政治的解放とを同時進行させず，政治的権利と市民的権利とを並行して発展させなかった近代化の表現であった。

このように言うことは，ドイツにおいても法的平等，財産の取得・所有の自由および流通経済への発展が首尾よく進行し，また，1789年の理念に内在していた社会的プログラムが結果として実現され，充足された[17]ということを否定するものではなく，むしろ，前提としている。

本論文の問題関心が19世紀の現世的発展過程における基本権の社会形成の機能にあるとすれば，1848年のフランクフルト基本権という精神的頂点が以下の論究の中心になることはできないのであって，個別の憲法の実定的規定が第一の対象とならざるをえない。そうであるとすれば，基本権の理念史もしくは理論史は決定的なものではありえないのであって，問題関心の中心にあるのは，基本権の現実であり，基本権によって影響された現実である[18]。

この問題提起にとっては，モデルケースとしてのフランスの発展を例として問題分野を画定し，個々の典型的な段階に区分することが適当と思われる（以下のⅠ）。それに続いて，ドイツにおける非革命的で，それゆえ長びいた過程の特殊な状況（以下のⅡ）およびそのことから帰結される，社会的現実における基本権の意味の種々の段階を描きだすことにしたい（以下のⅢ）。

17）フランス人権宣言が社会的プログラムを含んでいたこと，それがその点に関しても基本権思想に対して模範的であったということについては，*Ernst-Wolfgang Böckenförde*, in: Diether Posser (Hrsg.), Freiheit in der sozialen Demokratie, 1975, S. 78-80.

18）以下の論究はこれまで支配的であった理論史的・理念的考察とは異なったアプローチを行うものである。この論究においては，国家実践における基本権の社会形成的・政治的機能が問題とされるのであって，理論史的研究がとる，しばしば著しく一面的な考察方法がとられるわけではない。この考察方法においては，しばしば現代の理解の「前史」だけが問題とされ，それから区別されるもの，そしてしばしばまさに初期の状況の特殊性をなすものが，背後に追いやられてしまうものである。ここで問題とする基本権と立法者との関係に関して，このことはとりわけ注意する必要がある（これについては注44)を参照)。

Ⅰ．超憲法としてのフランス人権宣言

このような社会的・政治的秩序の根本的変革の過程にとって，フランスでは，疑いもなく人権宣言が既に革命の展開[19)]の驚くほど早い時点で新しい秩序の諸原理を展開した基本的な精神的ドキュメントであった。まさに，この近代的な，将来を指し示す観点において人権宣言は今日の読者にも直接理解できる，いわばアクチュアルなものであった。けだし，人権宣言は，――あらゆる中間権力を排除して――すべての国民が国家権力との直接的関係に立ち，まさにそれゆえに，政治的・法的自由の保護も直接的かつ排他的に国家権力との関係において考えられることができ，また，考えられなければならない国民社会の基礎を含んでいるからである[20)]。

しかし，人権宣言は，その発表の時点においては将来の先取りでしかなかった。国民社会は多くの関係において未だ存在していなかった。古いヨーロッパ社会を特徴づけた封建体制，多くの人々の不自由と負担を直接具体的な封建領主から発源させていた「封建体制」[21)]が先ず排除されなければならなかった。それゆえ，特権身分，即ち，貴族，聖職者および特権的団体がその封建的特権の相当部分を放棄した[22)]，有名な1789年８月４日の夜が８月28日の人権宣言に先行したのは歴史的必然であった。それによって法的制度としての身分的権利の廃止に関する綱領的な原則的決定が下された。８月４日と８月28日の２つの綱領的宣言によって，来たるべき20年間の膨大な立法活動を必要とする，国家と社会の新構成のための消極的・積極的枠組みが設定された[23)]。

1791年に人権宣言が前文として1791年憲法の前におかれた時，それまでに，

19）具体的な成立史については，*Sigmar-Jürgen Samwer*, Die französische Erklärung der Menschen- und Bürgerrehte von 1789/91, 1970, および *Jürgen Sandweg*, Rationales Naturrecht als revolutionäre Praxis, 1972, とりわけ（基本的討議に関する）S. 176-247.

20）1791年９月３日の憲法の前文における，あらゆる形態の中間権力の廃止に関する厳粛な宣言を参照。テクストは，*Günter Franz*, Staatsverfassungen, 1964, S. 306 に収録されている。フランスでは，発展は非常に急速に進行した。したがって，国民社会，即ち，すべての国民が国家権力（のみ）に直接服属する状態は短期間のうちに実現され，それによって基本権に基礎をおくモデルと現実との間の合致が生じた。これに反して，ドイツではそうではなかったので，長い移行段階が必要であった。これについては，後述ⅡおよびⅢを参照。

デクレや国民議会の法律によって貴族が廃止され，同業組合が廃止され，関税障壁が撤廃され，土地の自由を宣言した農業法典が制定され，償還法が制定され，教会の土地が収用され，国有財産と宣言され，分割して売られていた[24]。そして，1791年に人権宣言がよりラディカルに解釈された時，決定的な既成事実がつくられた。即ち，いわゆる物的負担の大部分，すべての公課および土地に付着する賦役が1791年の憲法の本来の諸原理に反して，また，憲法制定国民議会の償還立法に反して，補償なしに廃止された[25]。封建秩序は恐ろしく加速された過程によって最終的に廃止され，すべての形態の上級所有権と封建的な処分権の制限が排除された。同じことは営業秩序・労働秩序についてもあてはまる。新しい私法が可能となり，また，必要となった。コード・シヴィルおよ

21）当時用いられたこの表現および償還立法の詳細については，*Ernst Hinrichs*, Die Ablösung von Eigentumsrechten, in: Rudolf Vierhaus（Hrsg.）, Eigentum und Verfassung, 1972, S. 113 ff. 18世紀の古いヨーロッパ秩序が，封建体制（Feudalismus）という概念でもって正しく捉えられるかどうかの争いについては，*Hinrichs*, ebd., S. 118, Fn. 24, 25, および *Jacques Godechot*, in: L'Abolition de la féodalité dans le monde occidental, Bd. 1, 1971, Vorwort VII; *Elisabeth Fehrenbach*, Traditionale Gesellschaft und revolutionäres Recht, 1974, S. 167, Fn. 25; *Karl Kroeschell*, Deutsche Rechtsgeschichte, Bd. 1, 1972, S. 277; *Wolfgang von Hippel*, Die Bauenbefreiung in Württemberg, Bd. 1, 1977, S. 54, Fn. 20. この概念の使用方法に関する基本的なことは，*Otto Brunner*, Feudalismus, in: Geschichtliche Grundbegriffe（Fn. 2）, Bd. 2, S. 337, 350（この箇所には，この概念がその抗争概念としてのその成立史に基づいて「常に新たな異議申立てを免れられない」という正当なコメントがつけられている）。

22）1789年8月4日の決議に関する，力をこめた同意から八百長試合・ペテンというレッテル貼りにいたる，実にさまざまな評価については，*Wahl*（Fn. 6）, S. 354, Fn. 54, 55 にある典拠を参照。更に，*Hinrichs*（Fn. 21）, S. 112 f.

23）立法活動の必要性および膨大な立法活動は，原理的な点においても細部にわたる点においても，既にローレンツ・フォン・シュタインによって記述されている。それについては，*Wahl*（Fn. 6）, S. 342 ff. を参照。

24）フランスの償還立法については，包括的な比較的考察の書たる L'Abolition de la féodalité dans le monde occidental（Fn. 21）, 2 Bde., 1971. なお，*Hinrichs*（Fn. 21）, S. 112 bis 127（ここには多くの文献があげられている）. なお，法史的観点から資料価値あるものとして，*Justus Wilhelm Hedemann*, Die Fortschritte des Privatrechts im XIX. Jahrhundert, 2. Teil, 1. Halbbd., 1930, S. 27 ff.

25）当初制憲議会が企図したような大幅な補償給付を伴った償還が，現実に行われた補償なしの実現可能な対案であったかどうかについては，一方で肯定的な *Hinrichs*（Fn. 21）, S. 152 ff. と他方で否定的な *Fehlenbach*（Fn. 21）, S. 85 とで見解が対立している。

びナポレオンの他の法典編纂によって[26]はじめて全過程が完結し，革命の諸原理が私法のなかへ転換され，後に王政復古がこれらの成果のいかなるものをも取消すことができないほどに[27]法秩序のなかに確固として固定され，刻みこまれた。

この全過程は内容の面で人権宣言によって指導された。この場合，しかしながら，この指導効果は法的意味で理解されてはならない。フランスでは，人権宣言はほとんど常に超憲法として理解されてきた。それは，裁判官によって具体的ケースの解決のために援用されるには余りにも抽象的に定式化されていた[28]。その代わりに，そのなかに定式化されている理念は，社会・国家秩序の根本的変革のための方向を指示する政治的力をもっていた。

26) ナポレオンの立法が原理的意味をもっていたことは，シュタインによって適切に強調されている。*Stein* (Fn. 6), Bd. 1, S. 418 ff., とりわけ S. 421 （ここでは「私法の領域における社会的変革の固定化」と述べられている）。更に，*Fehrenbach* (Fn. 21), S. 9 参照。ドイツにおけるコード・シヴィルの継受については，注67)を参照。

27) ルイ18世は1814年にコード・シヴィルを廃止することもなかったし，国有地の売却を元に戻すことも敢えてしなかった。1814年6月4日のシャルト憲法の71条と9条を参照。テクストは，*Léon Duguit/Bernard Mounier/Pierrre Bonnard*, Les constitutions et les principales lois publiques de la France depuis 1789, 1952, S. 168 ff. に収録されている。

28) 直ちに裁判可能な規範として理解されたアメリカの人権宣言および修正条項との違いを際立たせながら，*E. Boutmy*, in: Schnur (Fn. 1), S. 88 は，そう述べている。この問題については，*Gerald Stourzh*, Vom Widerstandsrecht zur Verfassungsgerichtsbarkeit: Zum Problem der Verfassungswidrigkeit im 18. Jahrhundert, 1974 がすぐれている。シュトウルツは，有名な1803年の，マーベリー対マディソン事件に関する，アメリカ最高裁判所の判決に先立つ世紀に憲法の優位の思想および法律の違憲性の思想が成立していたことを指摘している。フランスでは，第三共和政期においては，部分的に超憲法性という論拠をもって，人権宣言に対して実定法としての効力が否定された。人権宣言の法的性格についての論議の概観は，*Samwer* (Fn. 19), S. 382 f. にある。更に，*Klaus Stahl*, Die Sicherung der Grundfreiheiten im öffentlichen Recht der Fünften Französischen Republik, 1970, S. 7-13, および *Grabitz* (Fn. 2), S. 158, Fn. 92. 憲法院が法律をも憲法を基準として審査するようになって以後の最近の発展については，*Georg Ress*, Der Conseil Constitutionnel und der Schutz der Grundfreiheiten in Frankreich, JöR N. F. 23 (1974), S. 121 ff., とりわけ S. 149 ff.

Ⅱ．政治的進路規定・目標規定としての，19世紀における基本権

1．ナポレオンによる誘発や1830年と1848年のヨーロッパの革命年がわずかにしか発展を推進する力を発揮できなかったドイツにおいては[29]，革命に代わる改革の途は，必然的に一層大きな量の法変更，積極的立法行為を余儀なくした。社会秩序の変革がその時代の時代的テーマであったとすれば，基本権に関しては，それが社会秩序の変革に必要な法変更プロセスに対してもった機能が問題とされるべきである。例えば，すべてのそれに対立する法はおのずから効力を失っていた[30]という今日の考えに従って，19世紀の立憲主義的憲法のなかで基本権が保障されたことは，この法変更過程における根本的で直接的転機を意味した，と考えるのは完全に馬鹿げた，非歴史的な考え方である。19世紀に関して，とりわけ三月前期に関して，ショイナー[31]が基本権が極めて限られた法的効力しかもたなかったこと，および基本権が直接的に徹底的な変更をひきおこす力をもたなかったとしたことは，正当であった。

諸憲法典に含まれていた権利は多くの伝統的な古い権利の上に積み上げられていた。例えば，保障された人身の自由は古い刑法・刑訴法によって妨げられていたし[32]，任意の処分権と絶対的な物支配を意味していた近代的所有権概念は分割所有権および混沌とした多数の負担によって拘束された所有権の伝統的

29) ここで検討する問題については，*Eberhard Weis*, Der Einfluß der Französischen Revolution und des Empire auf die Reformen in den süddeutschen Staaten, Francia 1 (1973), S. 569-583 を参照。

30) 必要とされた壮大な法変更過程にかんがみれば，憲法の明文規定に反するすべての法律・命令は廃止される，とするヴュルテンベルク憲法91条のような規定は，単なるお題目にしかすぎなかった。ゲルハルト・アンシュッツ（*Gerhard Anschütz*, Die Verfassungsurkunde des Preußischen Staates, 1912, S. 95）によれば，基本権規定は，この規定が一般的な形で定められ，かつ，同時に，法の現存状態に深刻な変更を加えている――この状況は少なくとも19世紀前半においては原則的状況であったのであるが――場合にのみ，例外的にその法令廃止的効力をもたなかった。これについては，法令廃止的効力について判例からの例証を行っている，*Anschütz*, ebd., S. 190 f., 287 ff., 303 f., 317 ff. を参照。

31) *Ulrich Scheuner*, Die rechtliche Tragweite der Grundrechte in der deutschen Verfassungsentwicklung des 19. Jahrhunderts, in: FS Ernst Rudolf Huber, 1973, S. 139 ff., 147 f. (= in: *ders.*, Staatstheorie und Staatsrecht, Gesammelte Schriften, 1978, S. 633 ff., 642 f.)

な諸形態によって妨げられていたし[33]，また，他の土地に移住する婦人の自由は伝統的な私法的規制によって妨げられていた[34]。人身の自由，所有権および思想・良心の自由のこのような一般的保障は，これらが基本権の精神に則って定式化された新しい権利によって行使された場合にのみ法的現実となることができた。三月前期に刊行された教科書に一貫しているのは，一般的権利をもってしては何物も得られない，という嘆きであった。原理的に保障された権利の内容に関する数行の文章に続けて，しばしば，数頁にわたって伝統的な権利による制限の説明が行われていた[35]。市民の自由領域は決して基本権の保障と同時に存在したのではない。それは，基本権規範の――憲法条文のうえで証明されている――拡張と精緻化によって直ちに拡張されるものではなく，立法の現在状況と内容とによって拡張された。とはいえ，基本権の積極的定式化は立憲国家への発展にとって基本的意味をもつものであった[36]。けだし，基本権のな

---

32)　それについて，同時代の文献のなかで非常に明確に述べているものとして，*v. Mohl* (Fn. 11), S. 342 ff., および *Friedrich Murhard*, Die kurhessische Verfassungsurkunde, 2. Abteilung, 1835, S. 485 f. を参照。非常に資料的価値に富み，かつ，憲法条項と法律状態との間の乖離および刑事訴訟法の発展を具体的に叙述しているものとして，*Josef Alfons Mackert*, Von der peinlichen Prozedur zum Anklageprinzip, in: *Karl S. Bader* (Hrsg.), Baden im 19. und 20. Jahrhundert, Bd. 2, 1950, S. 91-211. 更に，*Eberhard Schmidt*, Einführung in die Geschichte der deutschen Strafrechtspflege, 1965, §§ 285 ff. も参照。

33)　諸権利が混沌として無数にあったということは，*Fehrenbach* (Fn. 21), S. 88 f., 97 f., および S. 37 をみれば明らかである。実務における償還の困難さについては，同 S. 79-104 頁を参照。公式委員会による6000種以上の税負担の一覧表は，*Carl v. Rotteck*, Abgaben, in: Staatslexikon, Bd. 1, 1834, S. 100 が報告している。

34)　*v. Mohl* (Fn. 11), Bd. 1, S. 384 ff., 386 を参照。妻は，その夫の同意がなければよその土地に移住できなかったし，夫の同意があっても，夫の同行なしには移住できなかった。

35)　注32) に掲げた文献のほか，*Murhard* (Fn. 32), 1. Abt., S. 289 ff., 293 ff., 309; *H. A. Zachariä*, Deutsches Staats- und Bundesrecht, 1841, S. 225 f.; 1853, S. 421 f. の典拠を参照。

36)　とりわけ，人身と財産の自由は法および法律の定める制限以外の制限には服さないという原則の定式化（クールヘッセン憲法21条）は，警察国家に対する「システム交代」を意味していた。そして，学説はそこから的確ではあるが，当時にとっては爆薬を含んだ結論，即ち，すべての国民には，禁止されていないあらゆることが許されている，という結論をひきだした。これについては，*Murhard* (Fn. 32), S. 302, および *Johann Christoph Freih. v. Aretin/Carl v. Rotteck*, Staatsrecht der konstitutionellen Monarchie, 2. Bd., 1827, 1. Abt., S. 5.

かには，個々の臣民が国家に対して権利をもつということの原理的な承認かついつまでも拒否しておくことのできない承認が含まれていたからである。

2．すべてが――新しい――法律の内容にかかっているというこの状況を，19世紀において行政が法律によって拘束され，基本権が否定しがたい法的効力をもっていたということが少しも変えることができなかったということは明らかである。19世紀において実効的に貫徹された基本権による行政の拘束が基本権を行政法のレベルで定着させた重要な法治国家的成果ではなかったというわけではない。しかし，ここでの問題にとって決定的なことは，行政に対する方向において効力をもつ基本権は行政の法律適合性のみを保障することができたということである[37]。これに対して，個々の基本権は，この解釈によれば，働きのないものであり，「無駄なもの」であった。

この解釈をとれば，アンシュッツが詳述したように，複数の基本権があるのではなく，ただ一つの権利，即ち，法律による行政を求める権利があるだけであった。あらゆる憲法のなかに含まれていた権利のカタログは余分なものであることが明らかにならざるをえなかった。そけゆえ，アンシュッツがプロイセンのカタログの個々の自由は「ただ念のために，かつ，立憲主義の伝統にしたがって」特別に掲げられたにすぎない，とはっきり認めたのはいわば当然のことであった[38]。ただし，この結論は本来は基本権の効力と機能を行政にたいする方向における効力にのみ見ることに警告を発するものでなければならなかった。そうでなければ，カタログ作成に払われた努力は最初から無駄なことであったということになろう。

3．しかし，基本権規定のなかに世俗的解放過程の目標が登場したのは偶然の

37） *Anschütz* (Fn. 30), S. 133 ff. 更に，同96頁および101頁も参照。同98頁では，「基本権は，法律による行政の原理のカズイスティックな表現をとった叙述を含んでいる」と述べている。同じことは，*Anschütz*, Die Verfassung des Deutschen Reiches, 14. Aufl., 1933, S. 511; *Georg Jellinek*, System der subjektiven öffentlichen Rechte, 2. Aufl., 1905, S. 103 にも述べられている。これについては，*Grabitz* (Fn. 2), S. 10 ff., および *v. Rimscha* (Fn. 10), S. 172 ff., 175 ff.

38） *Anschütz* (Fn. 30), S. 135.

ことではなかった。このことは，基本権が法変更と社会形成の過程のための進路指示概念としての機能をもっていたことを意味している[39]。

この機能がなかったならば，基本権の政治的意味，即ち，既存の法的地位の確保――これだけなら法律による行政という客観的な法治国家原理でも保障しえたであろう――を意味しただけでなく，自由な秩序の実現と形成をも約束したという意味が理解できないであろう。初期立憲主義の憲法生活の実践において，基本権はこういう意味においても捉えられていた。このことは，そもそも南ドイツの自由主義の憲法理解が憲法を西ヨーロッパにならって国家を内面から変革するための手段として考えていたことからも明らかである[40]。第一回バーデン邦議会が1819年に開かれた時，自由主義者のリーダーたちは既に１週間後には，政府に対して，明らかに国家および社会の状況を根本的に改革し，国家および社会を憲法のなかで宣言されている，「人身の自由・所有権の自由」を原理とする，自由な社会秩序の諸原理と一致させることを目的とする立法提案を大量に提出した[41]。将来の立法を指示した憲法典のなかの多くの規定も示唆に富む。これらの規定はしばしば先ず初めに自由を保障しておいて，それを将来制限するための授権としては理解されず[42]，新しい――進歩的な――法律の「約束」とプログラム[43]として理解された。

こういうことがあったからといって，基本権が19世紀に立法に対する方向で

39）　このことは，*Ernst Rudolf Huber*, Deutsche Verfassungsgeschichte, Bd. 1, 1967, S. 351 に示唆されている。即ち，「基本権の保障は，初期立憲主義の時代においては，社会形成という制度的意味をもっていた。それは，一つの大きな国家・社会の改造であった」。

40）　*Lothar Gall*, Der Liberalismus als regierende Partei, 1968, S. 24 ff.

41）　*Gall*（Fn. 40）, S. 24 ff., 41 f. 第一回バーデン邦議会の立法プログラムについては，*Mackert*（Fn. 32）, S. 125 ff.; *Wolfram Fischer*, Staat und Gesellschaft Badens im Vormärz, in: *Werner Conze*（Hrsg.）, Staat und Gesellschaft im Vormärz, 1970, S. 150 f. 参照。ヴュルテンベルクについては，*v. Hippel*（Fn. 21）, S. 344 ff. を参照。19世紀における法律の４分の３は議会の議員たちによって基本権規定の履行として理解されていた，というブラントの指摘（*Hartwig Brandt*, Diskussionsbeitrag, in: Gesellschaftliche Strukturen als Verfassungsproblem [Beihefte zu Der Staat 2], 1978, S. 134）は，本文の見解と完全に一致している。

42）　この意味において，例えば，政治結社は立法の方法による制限と一時的な禁止に服せしめられることができる，とするプロイセン憲法典30条は，制限留保を企図したものであるということが明白である。

法的効力を発揮しなかったという命題の正しさが否定されるわけではない[44)]。ここでは一々詳しく説明できない幾つかの理由によって，立憲君主制の二元主義的体制には，基本権が立法者に対して効力をもっているとし，それを憲法裁判制によって実効化するという理論的可能性は全くなかった[45)46)]。しかし，基本権は基本権のなかに透けて見える社会的モデルを実現してほしいとの政治に対する期待を生みだした。この期待に応えることなしには，ヨーロッパ革命の時代には国家的支配の正当化は長期的なものとしては達成されなかった。南ドイツの君主たちが，しかもまだ政治的もしくは経済的に強力になった市民階級の圧力を受ける以前の——1818年から1819年にかけての——時期に[47)]，欽定さ

43） 文字通りアンシュッツはそう述べている（*Anschütz* [Fn. 30], S. 138)。その当時の文献では，*Murhard* (Fn. 32), S. 267; *Mohl* (Fn. 11), S. 343 f. も同じように考えていた。憲法のなかで将来の立法を指示するものとして，例えば，プロイセン憲法典19条（特別の法律による民事婚の導入）およびその他の典拠については，注53)を参照。

44） *Anschütz* (Fn. 30), S. 96; *Scheuner* (Fn. 31), S. 157（出典を含む); *v. Rimscha* (Fn. 10), S. 163 ff. 参照。この確認から同時に立法に対する関係における基本権の無意味性が帰結されるものでないことは，以下の本文において叙述されている。しかし，現行法との関連において特に強調される必要がある。今日の基本権理解においては，どの程度この理解が立法者が基本権によって拘束されている状況および憲法裁判制によるこの拘束の訴訟的実効化と法的承認によって特徴づけられているか，が十分に考察されていることは稀である。この理解によれば，実定法として構成され，憲法裁判制によって承認を与えられた拘束のみが，意味をもっている。こうした理解では，第一に，構造的に全く異なった19世紀の憲法状態へのアプローチが遮られてしまうし，第二に，そのことからアクチュアルな討議において，基本権が，例えば立法者に対するアッピールとしての客観法的意味において理解される場合のように，直ちに憲法裁判にとってのコントロール規範としては役に立たないけれどしかし規範という意味をも持ち得るということを認めがたいということになる。

45） 19世紀には，憲法に単純法律に対する優位が認められていなかったということは，偶然ではない。それについては，*Scheuner* (Fn. 31), S. 147 f., 164 f. ドイツ立憲主義のような二元主義的体制は，憲法の法的拘束の可能性および一般に憲法の法化の可能性に対する特別の限界をもっていた。特に立法は立憲主義的二元主義の諸ファクターにゆだねられており，それゆえ，これらのファクターの間の政治的妥協の途をとることを余儀なくされていた。個々のケースにおいて政治によって架橋されるべきこのような二元主義は，法的に整備された拘束の下におかれることはなかったし，憲法裁判制はなおさらのこと考えられなかった。それは，二元主義を構成する諸ファクター間の争いの場合には，中立的な，共通の（正当性）根拠に依拠することができなかったからである。それについては，*Rainer Wahl*, Rezension zur Arbeit v. Rimschas (Fn. 10), Der Staat 14 (1975), S. 599 f.

れた憲法のなかに基本権を取り入れたのは，彼らがこのような状況を基本的に正しく判断したからであった。しかし，まさに基本権を保障しただけでは未だ法の現在状況に決定的な変更を加えたことにはならないから，この期待とそれがもつ正当化の圧力は立法者に向けられ，したがって，立憲君主制国家の２つの重要なファクターたる君主的政府と国民代表との協働によって進められる立法の政治的過程に向けられていた。社会の基本秩序の基本的転換を実現することは立憲君主制体制全体の正当化にかかわる問題であった。自由と財産の保障は議会によって代表されていると考えられた市民社会だけの関心事ではなく，君主制国家もまたこの保障に対して積極的態度をとらなければならなかったのである。

君主の支配と君主制国家は，19世紀には，もはや伝統のみを援用することはできなかったのであり，――啓蒙絶対主義には未だ可能であったのであるが――配慮のためにもしくは後見人の立場からなされる給付を援用することはできなかった。国家秩序の正当化は個人の自己発展，個々の市民の主体としての地位が国家の唯一ではないとしても一つの基礎を構成することにかかっていた。基本権の保障は，君主制国家にとって，これから独自の生活を営むことができるし，また，営むべきである市民社会，したがって国家の原理とは無関係の原理をもつ市民社会のための解放証書ではなかった。近代的社会モデルを先ず立法のなかで，また，立法を通じて実現すべき永続的必要性のゆえに，君主制国家は基本権を保障することによって自らを正当化せよという要求を受け続けた。それゆえ，相対的に自立的なファクターとしての行政もまた19世紀の前半において市民社会を先ず出発させた[48]。そして，それゆえに，君主制国家は経済的自由主義の観念が支配していた時代においても経済過程の保障・刺激・警護の

46）個別国家が基本権にとって重要な立法をなすようドイツ同盟に対して義務づけられていたということは，この原則的確認の正しさを失わせるものではない。というのは，それは自国の憲法の基本権によって憲法内在的に立法が義務づけられたものではなかったからである。

47）*Hartwig Brandt*, Gesellschaft, Parlament, Regierung in Württemberg 1830-1840, in: Gerhard A. Ritter (Hrsg.), Gesellschaft, Parlament und Regierung, 1974, S. 101. 政治的に強力な市民階級がそれを要求しなかったにもかかわらず，1815年以降，君主と政府を憲法制定へと動かしたものが何であったか，という問題を *Herbert Obernaus*, ebd., S. 57 ff. が，このテーゼを示唆するタイトル「財政危機と憲法制定」のもとで論究している。

役割を放棄することはなかった[49]。

4．それゆえ，19世紀においても，基本権には指導機能・進路指示機能が与えられた。しかし，この機能の遂行は立法の政治過程に委ねられていた[50]。したがってそれには大きな留保がつけられていた。基本権の実際上の現実が立法にかかっていたため，それは同時に立法の憲法上の組織にかかっていた，そして，これはドイツ諸国の立憲君主制体制においては３つのファクターから構成されていた[51]。立法府には君主（君主的政府），第一院および第二院が参加していた。したがって，憲法によって定められた２つの院の構成や君主の独自の重みのなかにも社会秩序モデル，即ち，基本権によって構想された国民社会のモデルと著しく対照的な対立モデル，即ち，種々の階級，種々の権利，種々の参加可能性をもった新身分制的社会のモデルが反映されていたことが決定的であった[52]。

ところで，この２つのモデルは，例えば，社会における基本権的自由が政治

48）*Reinhart Koselleck*, Preußen zwischen Reform und Revolution, 1967, 1975, 2. und 3. Kapitel; *ders.*, Staat und Gesellschaft in Preußen 1815-1848, in: Conze（Fn. 41）, S. 79 ff., insbes. S. 54, 87-91, 93 ff., 105 ff.

49）そのことについて，また，ドイツの歴史における任務の遂行の連続性については，*Thomas Ellwein*, Einführung in die Regierungs- und Verwaltungslehre, 1966, S. 13 ff., 19 ff., 26-30; *ders.* und *Ralf Zoll*, Die Entwicklung der öffentlichen Aufgaben in der Bundesrepublik Deutschland, 1973, S. 210 ff., und *Hans-Peter Bull*, Die Staatsaufgaben nach dem Grundgesetz, 1973, S. 67 mit Nachweis. in Fn. 69; *Lothar Gall*, Zu Ausbildung und Charakter des Interventionsstaates, HZ 227（1978）, S. 552 ff., insbes. S. 562 ff. mit Nachw. in Fn. 23.

50）基本権の指導機能および進路指示機能については，*Scheuner*（Fn. 31）, S. 147 f., 154, 157, 164 における示唆を参照。この示唆はショイナーの後の論文 *Scheuner*, Begriff und rechtliche Tragweite der Grundrechte im Übergang von der Aufklärung zum 19. Jahrhundert, in: Von der ständischen Gesellschaft zur bürgerlichen Gleichheit（Beihefte zu Der Staat 4）, 1980, S. 105-110, und in: Günter Birtsch（Hrsg.）, Zur Geschichte der Grund- und Freiheitsrechte vom Ausgang des Mittelalters bis zur Revolution von 1848, 1981 において一層強く打ち出されている。

51）この表現は，*Ernst Rudolf Huber*, Verfassungsgeschichte, Bd. 1, 1975, S. 354 にある。

52）「新身分制的」もしくは「社会的身分制的」社会という表現については，*Hartwig Brandt*, Landständische Repräsentation im deutschen Vormärz, 1968, S. 4 und 6 およびブラントに追随する *v. Rimscha*（Fn. 10）, S. 131 ff. この表現でもって全国民を代表する団体のなかでの出生身分・財産身分にもとづく区分が，適切に記述されている。

的基本体制の組織からかけ離れて確保されていたというような意味において無関係に並存していたわけではない。永続的な法変更過程を背景としてみれば，立法府の組織と基本権にとって重要な法律の内容との間には明白な関連があった。そのかぎりにおいて，貴族が第一院において圧倒的に代表されていたということ，貴族が第二院において長い間特権的地位をもっていたということ，制限選挙法（三階級選挙法）が第二院に関して長い間広汎に採用されていたということは，基本権を実施する立法の可能性に対する内在的制限をなし，基本権の実効化に対する内在的制限をなしていた。

５．詳細にみれば，これらの制限は19世紀における段階の違いに応じて異なった効果をもち，異なった利益に有利に働いた。理念型的にみれば，19世紀の法変更任務および立法任務は２つの段階に区別される。即ち，一方における，身分制的・封建的権利の排除及び警察国家的自由制限の排除としての解体作業と，他方における，建設作業，即ち，基本的法律による国民的秩序の仕上げと自由主義的経済政策・社会政策に付随して，また，その結果として生じた問題の解決とに区分される。制限の解体が前面に立っていた段階では，法的平等と財産取得の自由の実現には進歩的な法律の成立が必要であった。立法の失敗は自由にとって不利な結果をもたらした。伝統的な侵害・既存の侵害の解体が問題となる限りでは，基本権は侵害に対する保護を実際上行うことができなかった。それだけ一層この段階では基本権および基本権の章に含まれている他の規定のプログラム的性格が顕著になった[53)]。防御的効果，一般にしばしば引用される分離思想は，法と社会の十分な自由化の土台のうえで初めて意味をもった。この状況において初めて，即ちそれ以後の法律が傾向として制限的効果をもつようになった状況において初めて，立法の失敗が分離された領域，即ち自由の領域にとって有利に働いた[54)]。

53)　とりわけ，領主に対する農民の賦役，十分の一税，排他的営業権などに関するヘッセン選挙侯国憲法33条，34条，36条および，出版の自由に関する同憲法37条を参照。バーデン憲法11条およびバイエルン憲法第４章７条，８条も参照。

54)　基本権の歴史の解釈において支配的な理念史的解釈では，基本権の古典的な歴史的機能が国家に対する防禦，国家から自由な領域の分離として考えられる場合には，少なくとも19世紀の前半全体を占めるこの第一段階は通常とびこされてしまう。

ところで，段階の違いは，同時に，三者構成の立法府における枢要な地位の特殊性を意味していた。解体作業の段階においては，第一院に集められた貴族的利益は実効的な阻止的地位をもった。自由化された社会秩序の仕上げと発展の段階においては第二院に，帝政時代においては帝国議会における多数派に決定的な役割が帰属した。このようなテーゼおよび２つの段階の分析は第Ⅲ節において詳しく展開される。

Ⅲ．19世紀における基本権政策の種々の段階

１．基本的に三月前期の時代を包含する第一段階にとって特徴的なことは，基本権が――社会秩序の変遷の状態に関連させて見た場合――非常に早い時点，即ち，1791年のフランス憲法の場合にそうであったように，伝統的な社会秩序が未だとうてい実際上克服されていたとはいえないような時点において，保障されたということである。改革によって，即ち，明示的な法変更によって，土地に対する負担の除去，償却，営業に対する制限の除去が片付けられねばならなかった[55)]。南ドイツの諸憲法は，まだ身分制的特権や権利の強いポジションによって特徴づけられる社会変遷の中間状態を表していた。これらの憲法は，新身分制的社会をつくりだした。このことは，基本権にとっては，国民の一般的な権利と，特権を認められた階級の特別の権利との重大な区別に表れていた[56)]。この区別は中間段階の憲法に必然的に内在している基本的な緊張関係の表れであった。一般的な権利は，法文上の表現および方向指示概念としてのその機能において，当時の基本権規範およびその基礎にある国民モデルの本質的構成要素を表していた。しかし，同時に，特別の権利が，貴族の重要な特権を固定化し，身分制の残滓をなお憲法の保護の下においた。とりわけ，ドイツ同

55) 農業改革については *Koselleck* (Fn. 48), S. 487, および *v. Hippel* (Fn. 21) の浩瀚な著書，ならびに Norbert Habermann und Michael Stolleis, in: Helmut Coing/Walter Wilhelm (Hrsg.), Wissenschaft und Kodifikation des Privatrechts im 19. Jahrhundert, Bd. 3, S. 3 ff. und 44 ff. を参照。*Hedemann* (Fn. 24), §§1, 3 も参照。土地の負担解除の実際上のむずかしさについて非常に具体的に論じている，*Fehrenbach* (Fn. 21), S. 79-104, および *Helmut Berding*, Napoleonische Herrschafts- und Gesellschaftspolitik im Königreich Westfalen 1807-1813, 1973, S. 73 ff.

盟規約において，憲法典自身において，あるいは附属文書において保障された，いわゆるシュタンデスヘルや陪臣化された嘗ての帝国等族の権利は，一般的な国民の権利および国民的平等に大きな穴をあけていた。けだし，それらは，一連の高権的権利（領主裁判権，地域警察権，教会後援権など）およびグーツヘルの権利をそのまま残していたからである[57]。シュタンデスヘルの権利は直接ドイツ同盟規約14条の保護のもとにおかれ，それによって，個別国家の憲法の上位におかれていたので，それらは三月前期を通じて侵されることができなかった。バーデン，ヴュルテンベルク，バイエルンの一定の地域の全住民がそのようにして，重要な分野において国家との間接化された関係におかれていた。国民としての一般的地位と，貴族的支配者に対する臣服関係とは，なお長い間競合関係にあった[58]。

このような緊張関係は，第一院の構成の仕方によって効果的に際立たされて

56)　それについて詳しくは，*v. Rimscha* (Fn. 10), S. 119 ff. und insbes. S. 124 ff. 平等については，次のことを注意する必要がある。即ち，国民のなかの特別の階級の特権によって形式的な平等に対する様々な実質的取り崩しが行われていることは，個別の憲法（バイエルン，バーデン，クールヘッセンの対応する標題をも参照のこと。および非常に特徴的なバーデン憲法７条参照のこと）からも，初期立憲主義の憲法のあらゆる教科書からも読み取ることができる。これらの教科書にあっては，特別の権利に関する論述のほうが――法の現実に対応して――一般的権利に関する論述よりも，数においても重要さにおいても，著しく勝っている。例えば，*Zachariä* (Fn. 35), 1. Teil, 1841, S. 224 ff., 2. Aufl. 1853, S. 394 ff., 445 ff. この点 *Konrad Cucumus*, Lehrbuch des Staatsrechts der konstitutionellen Monarchie Baierns, 1825, S. 131 ff. は特にはっきりしている。即ち，平等に関する４頁の注目すべき論述のあとに，例外および特別の権利に関する87頁の論述が続いている。

57)　シュタンデスヘルについては，*Heinz Gollwitzer*, Die Standesherren. Die politische und gesellschaftliche Stellung der Mediatisierten 1813-1848, 1964; *Rudolf Vierhaus*, Eigentumsrecht und Mediatisierung, in: ders., (Hrsg.), Eigentum und Verfassung (Fn. 21), S. 229 ff., und *v. Hippel* (Fn. 21), S. 361 ff., 368 ff., 372 ff., 440 ff., 475 f., 500 ff.; *Hermut Weber*, Die Fürsten von Hohenlohe im Vormärz, 1977. 当時の文献としては，*Cucums* (Fn. 56), S. 140 ff.; *Zachariä* (Fn. 35), 1. Aufl., S. 276 ff., 2. Aufl., S. 460 ff.; *Murhard* (Fn. 32), 1. Abt., S. 427 ff.

58)　その結果，事実上二重の課税が行われた。それについては，*Reinhart Koselleck*, in: Louis Bergeron (Hrsg.), Das Zeitalter der europäischen Revolution 1780-1848, 1969, S. 252, および *v. Hippel* (Fn. 21), S. 249 f., 388 f., 466 f., 539 ff. 十分の一税やその他の税等に対するシュタンデスヘルの権利は，相当の規模に達した。これについては，*Fehrenbach* (Fn. 21), S. 50 ff. の指摘を参照。

いた。「南ドイツの二院制は，旧身分制的勢力に国民としての平等という憲法の前提を絶えず疑問にさらす政治的役割を与えていた[59]」。このことは，政府がライン同盟時代に始めた改革の過程を推進しようとする場合に，常に実際的な効果を発揮した。バイエルンの新しい国王のルートヴィッヒ一世が，1827年から28年にかけて穏健でリベラルな政治を行おうとし，とりわけ，グーツヘルの権利とその裁判権を廃止しようとした時，第一院の殆ど一致団結した抵抗に直面し，改革計画は挫折せざるをえなかった[60]。

バイエルンにおいても他の南部・中部ドイツの国々においても，第一院は1848年まで内政の殆ど完全な停滞の原因をなしていた[61]。その結果として，南ドイツにおいては，封建的税，土地に対する負担，賦役の償却の状態および営業立法の状態は――憲法にもかかわらず，もしくは，むしろ憲法のせいもあって――プロイセンに比べて後れていた[62]。このことは，憲法が早過ぎる発展段階において制定されたこと，および，その身分制的特権をなくすことが必要であった当の貴族に対して憲法によって保障された阻止的ポジションを与えていたことを，大いに物語るものであった。フランスで最終的に「奪われた」権利として補償なしに廃止された封建的税の大部分は，ドイツでは，私法上の権利の装いのもとに入り込み，「神聖な財産権」として保護され，それゆえ，補償と引換えにしてのみ償却されることができた[63]。その結果は，旧いグーツヘルを明らかな勝ち組とする農民解放であって，グーツヘルはその身分制的特権を失ったが，しかし，近代的な大土地所有者として，明確な社会的優位と経済的

59）*Koselleck*（Fn. 48），S. 252. *Brandt*（Fn. 47），S. 111 f.; *v. Hippel*（Fn. 21），S. 350 ff., 368 ff.; *W. Fischer*, in: Conze（Fn. 41），S. 151; *Vierhaus*（Fn. 57），S. 256 f. も参照。

60）それについては，*Hubert Ostadel*, Die Kammer der Reichsräte in Bayern von 1810 bis 1848, phil. Diss. München 1968; *Max Spindler*, in: ders.（Hrsg.），Handbuch der bayerischen Geschichte, Bd. IV, 1. Tlbd., S. 134-142（ここでは，第二院においても貴族が均衡を失して代表されすぎていたということも指摘されている）を参照。後の時代における第一院については，*Wolfgang Zorn*, in: Ritter（Fn. 47），S. 300 f. ヴュルテンベルクについては，*Brandt*（Fn. 47），S. 103 f.

61）*Brandt*（Fn. 47），S. 112.

62）*Koselleck*（Fn. 48），S. 252. バイエルンにおける償還立法については，*Stolleis*（Fn. 55），S. 98 ff., auch S. 56 ff., 87 ff. プロイセンと南ドイツ諸国との関係については，現代の文献としてはさしあたり，*v. Hippel*（Fn. 21），S. 50 ff., 350 f., 578 ff.

な優位を新しい秩序にもちこむことができた[64]。

このような特殊南ドイツ・中部ドイツのタイプのなかに，社会改革のドイツの途の一般的ディレンマが現れている。自由と財産の保護を基礎とするリベラルな秩序を創出するという目標は，既存の権利の侵害によってのみ達成されることができた[65]。この状況は抵抗と中途半端を生みださざるをえなかったし，改革を行き詰まらさざるをえなかった。南ドイツおよび中部ドイツにおいては，旧身分制的権利を処分する可能性を減殺することが，憲法のなかに組み込まれていた。

2．その結果として，南ドイツの基本権のなかに含められている方向指示機能は大幅に阻止された。つきつめていえば，基本権は，三月前期の間は，社会改革・社会政策の観点から見れば，ポテンシャルな権利であった。このポテンシャルな権利という概念は，コゼレックがプロイセン一般ラント法の一般的規定を特徴づけた概念を受け容れたものである[66]。この自然法論に基づく，一般ラント法の一般的規定は――個々の点では優勢な――身分制的権利の法典化を

63）　フランスにおける発展については，注24）および注25）に挙げられている文献を参照。「封建的」権利に対する財産権保護の問題について，根本的なことを述べたものとして，*v. Hippel* (Fn. 21), S. 334-351. Code Civil（Art. 545）および非封建的地代（Art. 530）もしくは地役権（Art. 637, 686）に関する規定を未だ改革されていないドイツの事情に適用したとすれば，全く同じような効果をもったに違いなかった。これについては，*Fehrenbach* (Fn. 21), S. 39 ff., 147, 149 f. および *Berding* (Fn. 55), S. 74 ff. を参照。断絶なしに革命後のフランス私法が法秩序へと移行されることはもちろんできなかった，そして大きな屈折や意味の変化なしに革命の成果を総括するこの私法が革命的法変更過程の手段や引き金とされることはできなかった。

64）　無数の文献のうち，*Friedrich-Wilhelm Henning*, Bauernbefreiung, in: C. D. Kernig (Hrsg.), Sowjetsystem und demokratische Gesellschaft, Bd. 1, 1966, Sp. 600-611 および，ここでは利用し切れない *v. Hippel* (Fn. 21) の著作を参照。重要な統計的資料を含む *Harald Winkel*, Die Ablösungskapitalien aus der Bauernbefreiung in West- und Süddeutschland, 1968, und *Hippel*, a. a. O., S. 511 ff., 519 ff. を参照。

65）　*v. Hippel* (Fn. 21), S. 336 ff.（ここでは，ユス・エミネンスによる論証の意味が特に論述されている），S. 343 ff., 356 が詳細である（それぞれ多くの典拠を含む），および，*Gall* (Fn. 40), S. 27 ff.; *Wahl* (Fn. 6), S. 340, mit Nachw. in Fn. 10 参照。

66）　*Koselleck* (Fn. 48), S. 43 f., 23 ff., 43 ff. ここでは，一般ラント法の多層的内容について，一般的に述べられている。

超えて，新しい国民社会を志向するものであり，将来に対するモデルとしての性格をもっていた。2つの異なった法の層の並存という現象と同じような現象は，フランス民法典のオリジナルな条項の翻訳文を，十分の一税，賦役，分割所有権の諸形態を法典のなかに入れこむ追加条項によって補完するという特殊な方法でフランス民法典を修正した，1809年のバーデン・ラント法にも見られた[67)]。この追加条項とオリジナルな条項とを対照的に対置するということは，バーデン・ラント法の創始者たるブラウアーの意図によれば，プログラムとしての意味をもっていた。即ち，それは発展を促進し，矛盾を解消すべしとする要求に相当していた[68)]。

南ドイツ諸憲法における，一般的な権利と特殊的な権利との間の緊張状態は，更なる現象形態としてこの規制モデルに加わる。即ち，この規制モデルによれば，近代的諸原理がそれぞれ旧い法状態を超えて進み出て，伝統的法およびその基礎にある社会関係が廃止されたのに応じて，アクチュアルな法，かつ，唯一の法となることになった。次いで，1848年から1850年にかけて，残存していたグーツヘルの高権的権利と封建的負担の決定的部分が除去され，もしくは，

67）バーデン・ラント法は，ドイツにおけるコード・シヴィルの継受の過程や計画と同じように，最近強い注目を浴びるようになったが，これは正当なことである。継受の過程全体が法政策的過程であるだけでなく，社会政策的過程でもあり，かつ，憲法政策的に重要な過程であり，この過程の研究には，法制史，社会史，憲法史間の早急な共同作業が必要である。このことは，最近の論文集の公刊が示唆している。継受に関する根本的論究として，*Fehrenbach*（Fn. 21）がある。その104頁以下には，バーデン・ラント法とその追加条項についての論述がある。更に，継受に関して，*dies.*, in: FS Theodor Schieder, 1978, S. 197 ff.; *Werner Schubert*, Französisches Recht in Deutschland zu Beginn des 19. Jahrhunderts, 1977, S. 193-241, auch S. 385; *Berding*（Fn. 55），insbes., S. 73 ff.; *Karl-Georg Faber*, Recht und Verfassung. Die politische Funktion des rheinischen Rechts im 19. Jahrhundert, 1970; *Hans Hattenhauer*, Zwischen Hierarchie und Demokratie, 1971, S. 51-77. バーデン・ラント法に関しては，*Julius Federer*, Beiträge zur Geschichte des badischen Landrechts, in: Karl Bader（Hrsg.），Baden im 19. und 20. Jahrhundert, Bd. 1, 1948, S. 81 ff., 108-117（追加条項に関する論述）も参照。

68）*Fehrenbach*（Fn. 21），S. 108 f., 148 f. はそのように述べている。そこでは，プロイセン一般ラント法との比較においても，ポテンシャルな法という概念が打ち出されている。ブラウアーによれば，本来の条項と追加条項とを印刷技術的に明確に分離することによって，コード・シヴィルの理性法を「法の理想」として承認することが意図されていた。これについては，*Fehrenbach*, a. a. O., S. 108 f., 148 f.

償却立法および償却実務によって廃止された時，基本的には一般的な権利のみが残っており，国民社会が初めて完全に実現され[69]，土地に関する市民の自由な私的財産権が実現され，農民の財産権が自由なものとなった。

まさに1848年と1848年後の事件と立法に照らしてみて，いかに三月前期において償却立法，とりわけ南ドイツ諸国におけるそれが停滞していたか，が明らかになる。テオドール・モムゼンが書いたとされる，フランクフルト基本権に関する文書において[70]，いかなる状態が，また，いかに多くの負担や権利が1848年に更に除去されなければならなかったかということが，具体的にコメントされている。そして，1850年のプロイセンの締めくくり法ですら[71]補償と引換えにもしくは補償なしに廃止されるべき多くの様々な権利を列挙していた。それと同時に，他の多くの理由と並んで封建的秩序の解体の停滞にも原因があった1848年の革命の勃発は，基本権の構想する社会モデルの実現が初期立憲主義の正当化の問題であったというテーゼを証明している。この任務を実現しそこなったことが，君主制国家から正当な秩序としての承認を奪ったのである。それは，これらの君主制国家が立憲国家であったか否かにかかわらないし，また，社会改革の政治的プログラムの根拠が基本権規定にあったか，プロイセンにおけるごとく改革勅令にあったか，にかかわらないことであった。いずれにしても決定的なことは，プログラムが十分に実施されなかったことであった。

---

69)　この点が，農村地帯における1848年革命の重要な攻撃方向であったということの典拠として，バーデンのボクスベルクの農民たちが1848年に「大公万歳」と叫びながら領主の小作料徴収所を襲ったということを *Wolfram Fischer*, in: Conze（Fn. 41）, S. 163 の詳報が示している。なお，*Rudolf Stadelmann*, Soziale und politische Geschichte der Revolution 1848, 2. Aufl. 1962, S. 78 f. も参照。そこでは，次のように述べられている。「それは，16世紀の大農民戦争におけるが如くであった。より身分の低い支配者に対抗して，より身分の高い支配者に助けが求められた」。

70)　*Theodor Mommsen*, Die Grundrechte des deutschen Volkes, Neudruck der anonymen Erstausgabe von 1848, 1969, S. 58 ff.

71)　物的負担の償還および領主と農民との関係の規制に関する1850年3月2日の法律（PrGS S. 77-111）；1811年から1849年までの間に33の法律が廃止された。それについては，*Habermann*（Fn. 55）, S. 23 ff., 28 f., 30 f. それにもかかわらず，それによって農業改革が完了したというわけではなかった。土地の負担解除の実施が遅れていることに対するローレンツ・フォン・シュタインの批判については，*Wahl*（Fn. 6）, S. 358 ff. による指摘を参照。

3．1848年のフランクフルトのドイツ国民の基本権は，現在問題としている観点にとっては，エピソード以上のものではない[72]。そこには，それまでの憲法と対立する憲法像，即ち，はっきりと基本権に基礎をおき，その妥当力を強め[73]，1918年までのドイツ立憲主義の理論と実務がそうしたよりもより強い方法で，君主制的ファクターに対する関係において国民主権の思想に重点をおいた憲法像が反映されている。1848年の基本権が及ぼした影響，特にワイマール憲法の基本権に対して及ぼした遠隔効果については，この論文では判断しない。いずれにしても，それは，それに続く時代，即ち，19世紀の後半に対しては模範とはならなかった。せいぜいその内容の一部分が実現された。しかし，それは異なった憲法的文脈のなかにおいてであった。それがドイツ国民の基本権としてもつはずであった憲法政策的力と推進力とは決定的におしつぶされた。なんといっても，1848年の市民的憲法運動の敗北によって強い打撃を蒙ったのは，その中心をなしていた基本権であった。偉大な理念の時代は過ぎ去った。それは，とりわけ，1848年が少なくとも三月成果が幾つかの古くなった法的状態と身分制的・封建的残滓の廃止のための決定的突破口をもたらしたかぎりにおいて成功したがゆえに，そのように言える[74]。「近代的自由概念は，その勝利の瞬間にその攻撃力の大部分を失った[75]」。市民的自由概念は，今や，それに対しては自分のほうがより高い権利をもっていると感ずることができる明確な反

---

72) フランクフルトの基本権については，*Ernst Eckardt*, Die Grundrechte vom Wiener Kongreß bis zur Gegenwart, 1913; *Herbert Strauss*, Staat, Bürger, Mensch. Die Debatten der Deutschen Nationalversammlung 1848/1849 über die Grundrechte, 1947; *Jörg Franke*, Das Wesen der Grundrechte von 1848/1849 im System der Entwicklung der Menschen- und Grundrechte, jur. Diss. Bonn 1970; *Heinrich Scholler*, Die Grundrechtsdiskussion in der Paulskirche, 1973; *ders.*, Die sozialen Grundrechte in der Paulskirche, Der Staat 13 (1974), S. 51 ff. を参照。そのほか，*Ernst Rudolf Huber*, Verfassungsgeschichte, Bd. 2, S. 776 ff., Oestreich (Fn. 1), S. 93 ff.; *Scheuner* (Fn. 31), S. 148 ff. を参照。基本権の概念史については，*Kleinheyer* (Fn. 2), S. 1075 ff. を参照。

73) パウロ教会が基本権にそれ以前の時代と比べてより高い妥当力を与えようとしたということは，1848年12月21日に基本権と同時に議決された施行法からも明確に読みとることができる（テクストとコメントは，*Mommsen* [Fn. 70], S. 76 ff. にある）。この施行法の意義はしばしば看過されることがあるが，その意義については，*Scheuner* (Fn. 31), S. 151 f. が正当に指摘している。施行法については，*Ernst Rudolf Huber*, Verfassungsgeschichte, Bd. 2, S. 782 f. も参照。

対者を失った[76]。それに反して，新しい社会的な反対者，即ち，後から迫ってきた労働者階級に対しては，最初から反対方向の防禦的立場におかれた。

1848年後及び1866年後の市民の自己批判の表れとして，「標識としては役に立ったが，事実上の・実際上の・現実的な価値をもたない」と考えられた抽象的法原則から市民が離反したことも，政治思想に対する基本権の意義を減殺した[77]。1867年の北ドイツ同盟の憲法審議帝国議会は基本権をめぐって起こり得べき論争のために憲法制定を遅らせようとはしなかった。基本権が内容的に抽象的な方法で保障すべきものは，具体的に時代精神に沿って行使される立法から期待されたのである[78]。帝政期において単純立法によって基本権の時代にあった内容が実現されたということについては，とりわけE・R・フーバーが指摘している[79]。

4．しかし，自由もしくは一定の制度を「特別の法律にもとづいて」保障する旨を定めた基本権カタログ，とりわけプロイセン憲法の基本権カタログのなか

---

74)　この点では，法運動としての自由主義の成果，特に刑法の分野での成果が重要である。これについては，*Dirk Blasius*, Bürgerliches Recht und bürgerliche Identität, in: FS Theodor Schieder, 1978, S. 213 ff., 218 ff., und *ders.*, Bürgerliche Gesellschaft und Kriminalität, 1976, S. 132 ff.

75)　*Christoph Dipper*, Art. »Freiheit«, in: Geschichtliche Grundbegriffe (Fn. 2), Bd. 2, S. 492.

76)　ヴュルテンベルクの自由主義者たちが1850年後は法的な身分上の特権の廃止のみを基本権の主要部分として考えていたということが，そのことをよく表している。それについては，*Dieter Langenwiesche*, Liberalismus und Demokratie in Württemberg zwischen Revolution und Reichsgründung, 1975, S. 257 を参照。

77)　憲法審議帝国議会において，代議士トウェステンとブラウンが，そのように述べている。Stenographische Berichte des Norddeutschen Reichstags, Sitzung vom 19. 3. 1867, S. 257, 254 f.

78)　*Ernst Rudolf Huber*, Verfassungsgeschichte, Bd. 3, 2. Aufl. 1970, S. 665. 同758頁（1871年３月の修正交渉の際の論争について述べられている）も参照。*Julius Hatscheck*, Deutsches und Preußisches Staatsrechts, Bd. 1, 1922, S. 180 ff. mit Nachw. も参照。また，連邦国家における基本権の機能についての論争が論述され，また，注目すべき考察が行われている同178頁以下を参照のこと。ハチェックは，同時に，具体的例（郵便の秘密，営業の自由，人身の自由）に基づいて，基本権は帝国法としての特別法によって代替されることができるという観念を却けている。S. 182 ff. を参照。また，*Gerhard Anschütz*, Die Verfassung des Deutsches Reichs (Fn. 37), S. 507 f. も参照。

にある諸規定も，時代の精神を立法のなかで展開すべしとするこの準則の意味で理解されたし，一般的に法律の留保はこうした準則の意味で理解された。アンシュッツは「命令的ではないにしても勧告的な指示，憲法が立法者に指示した作業プログラム」という言葉を用いている[80]。アンシュッツは文字通り，「立法府は熱心な活動によって，時代が考え，夢見ているあらゆる新しい理念を基準として，また，現代が他の時代よりも引き上げた社会的・経済的利益の必要性に従って，古い法秩序のすべてを変革すべきである」と述べている[81]。

ここでアンシュッツが当時の政治的夢想から独特の方法で明確な距離をとりながら19世紀半ばの時代について語っていることは，基本権が政治的意味喪失と立法に対する法的妥当力の弱さにもかかわらず，もっていた方向指示機能の核心を的確に捉えている[82]。しかし，この場合，ここで言及された指示効果は，法的に拘束力ある方向指示として理解されてはならない[83]。それによってかけられた期待の実現は，既述のごとく，立憲主義体制の正当化の一つの条件としてのみ捉えられることができる。一つの――長期的パースペクティブにおいてのみ危機的となる――正当化の条件として，この指示効果は，遅滞や負荷を許容するものであった。この負荷は，反動時代のプロイセンにおいては，市民社

---

79) *Ernst Rudolf Huber*, Grundrechte im Bismarckschen Reichssystem, in: FS Ulrich Scheuner, 1973, S. 163 ff.; Hatschek und Anschütz（Fn. 78）も参照。このテーゼについては既に *H. G. Frhr. v. Münchhausen*, Die Grund- und Freiheitsrechte im geltenden preußischen Recht, 1908 が論述している。この著作については，*Scheuner*（Fn. 31）, S. 158, Fn. 92 が注意を促している。また，この著作の12頁以下には，基本権を実施する特別法のリストが載せられている。これについては，*Eckardt*（Fn. 72）, S. 132 ff. こまかくいえば，基本権を現実化する立法によって基本権の保障を代替することができるとするテーゼは，個々のテーマ，立法の内容，行政実務や判例における現実化との関連で，一層の精密化を必要とする。このような精密化された分析をすると，こうした規制モデルの典型的な欠陥が明らかになる事例グループも現れてくるといえよう。それについての示唆は，*Hatschek*（Fn. 78）にある。帝国法律による保障がフランクフルト基本権よりも劣っているということについては，*Eckardt*（Fn. 72）, S. 140-145 が例をあげて論述している。

80) *Anschütz*, Die gegenwärtigen Theorien über den Begriff der gesetzgebenden Gewalt und den Umfang des königlichen Verordnungsrechts nach preußischem Staatsrecht, 2. Aufl., 1901, S. 51 ff.; *ders.*（Fn. 30）, S. 94 f., 135 f., 138 ff.（成立史についての言及がある）; *ders.*, Die Verfassung des Deutschen Reichs（Fn. 37）, S. 507.

81) *Anschütz*（Fn. 80）, S. 53.

会が耐えることのできる限界にまで進んだ。即ち，警察国家的方法がもう一度勝利を収めた。しかも，基本権も，その行政に対する方向における効力をもってしても，決定的なことを阻止することができなかった[84)]。そして，1874年の帝国出版法[85)]，1908年の帝国結社法[86)]がこうした状態に終止符を打つまで，反動的な出版法や結社法が，政治的に重要な自由を制限した。これは正当化にとっての負荷であったが，しかし，この負荷は，既に反動時代・紛争時代の間に，リベラルな経済的自由と営業活動の促進・解放・保護によって，有効に埋め合わせが行われていた。この分野では，経済面での著しくリベラルな政策の段階において，即ち，1850年と1875/1878年との間の時代において，実際的な「基本権政策」が，リベラルな経済政策，社会政策を趣旨とする，移転自由化

82) 他の著者も同じような表現方法を用いている。例えば，*Jellinek* (Fn. 37), S. 94 ff.（イェリネックは，制限を廃止する基本権と，積極的構成を必要とする基本権という，正当な区別を行っている）; *Conrad Bornhak*, Preußisches Staatsrecht, Bd. 1, 2. Aufl. 1911, S. 293 参照。この場合，プログラムという概念はしばしば，アクセントの置き方によって，2つの異なった意味をもつことができた。第一に，それによって，アクチュアルな法的効力に対するマイナスが表現され，したがって，一般に基本権の法的無意味性が表現されることができる（例えば，とりわけ，「反動時代のプロイセン国家政府」がそうである。*Anschütz* [Fn. 30], S. 95 にある典拠を参照）。第二に，約束としての性格，改革という意味での変更の予告が強調されることができる。基本権の指令的性格については，注50)にある文献も参照。

83) *Anschütz* (Fn. 80), S. 52.「もちろん，立法者の独白，『よい意図』に帰着する指令」。アンシュッツはここでは憲法を「宣言，いうなれば議会によって承認された国王談話」と見ている。

84) 反動時代については，*Eduard Lasker*, Zur Verfassungsgeschichte Preußens, 1974 による同時代的叙述を参照。この著作は，反動時代におけるプロイセン政府とプロイセン行政の豊富なでっちあげについての注目すべき詳論を含んでいる。ヴュルテンベルクにおける反動時代については，*Rosemarie Menzinger*, Verfassungsrevision und Demokratisierungsprozeß in Königreich Württemberg, 1969, S. 33, また，償還立法の事後的是正をめぐる争いおよび1848/50年後のシュタンデスヘルの法的地位をめぐる争いについては，*Ulrich Neth*, Standesherren und Liberale Bewegung, 1970 および *v. Hippel* (Fn. 21), S. 505 ff.

85) *Eberhard Naujoks*, Die parlamentarische Entstehung des Reichspressegesetzes in der Bismarckzeit (1848/74), 1975. 同18頁以下および26頁以下は，反動時代における新聞の規制およびプロイセン憲法争議における弾圧について論述している。この妥協法律の実際上の適用については，*Hans-Wolfgang Wetzel*, Pressinnenpolitik im Bismarckreich (1874-1890), 1975 がデータ豊富である。

法律，営業法，商事立法などの立法によって推進された。これらの立法は，国営企業の民営化や自由貿易を趣旨とする関税政策によって有効に補完された[87]。

これらのリベラルな経済政策と市民的自由の保護の分野（裁判所法，信書・郵便秘密，権利保護）で，君主制政府と君主制国家は，正当化をえようと試みたし，また，その間に工業市民・商業市民が，高度工業化へと突き進む段階において，経済的に一層強くなり，かつ，政治的権力への参加が狭く限定され，政治的自由権が制限されているとしても，ともかく，市民的活動の自由の保護を求めた時代においては，この分野で正当化をえようと試みざるをえなかった。プロイセン王制が神の恩寵にもとづく王位という客観的にみて将来のない正統主義的原則に依拠することが長びけば長びくほど，一方における，市民的経済社会の発展可能性の保障および，他方における，国民的政策もしくは後になると帝国主義的世界政策による代償的正当化の必要性が，それだけ一層切実なものとなった。

5．1850年から1878年にかけてのこの段階は，国家と社会の分離というモデ

---

86) *Hans-Jürgen Wichardt*, Die Rechtsprechung des Königlich Preußischen Oberverwaltungsgerichts zur Vereins- und Versammlungsfreiheit von 1875-1914, jur. Diss. Kiel 1976; *ders.*, Die Polenpolitik Preußens und die Vereins- und Verwaltungsfreiheit in der Rechtsprechung des Königlich Preußischen Oberverwaltungsgerichts, Zeitschrift für Ostforschung 27 (1978), S. 67 ff. 基本権を実施する法律の時間的順序が，特徴的である。即ち，先ず，営業の自由と移転の自由が保障され，次いで，出版法と裁判所法が制定され，とりわけ政治過程にとって重要な集会・結社の自由の保障が，一番最後に来る。

87) この時代のリベラルな経済政策に関する豊富な文献のなかでは，ここでは，以下の論文集のなかの該当論文をあげておきたい。*Hans-Ulrich Wehler* (Hrsg.), Moderne deutsche Sozialgeschichte, 5. Aufl. 1976, und *Karl Erich Born* (Hrsg.), Moderne deutsche Wirtschaftsgeschichte, 1966. そのほか，以下の文献もあげておきたい。*Helmut Böhme*, Deutschlands Weg zur Großmacht, 1966, insbes. S. 209 ff.; *Wolfgang Zorn*, Wirtschaft und Gesellschaft in Deutschland in der Zeit der Reichsgründung, in: Theodor Schieder/Ernst Deuerlein (Hrsg.), Reichsgründung 1870/71, 1970, S. 197 ff. 19世紀の50年代・60年代における「テイク・オフ」についてのデータは，*Wolfgang Mommsen*, Das Deutsche Kaiserreich als System umgangener Entscheidungen, in: FS Theodor Schieder, 1978, S. 251 ff. にある。そのほか，ガルの重要な論文 *Gall* (Fn. 49), S. 552 ff. を参照。本論文は，insbes. S. 562 ff. mit Hinweisen in den Fn. 23 und 24に重要な示唆を含んでいる。

ル[88]によって最もよく説明されることができる。この時代には，社会が独自の領域であるというイメージを確認する幾つものファクターが集合した。即ち，反動政治・紛争政治に対する市民階級の政治的不関与，できるかぎり妨げられずに経済活動を展開させることを当然と思わせる経済的発展の状態，および，「工業社会以前」のエリートたる官僚と軍を君主制国家が基盤としていること[89]がそれである。それにもかかわらず，このモデルの適用にあたっては，誇張の危険を犯さないよう警告する必要がある。即ち，第一に，国家と社会との間に公然たる対立があったということはできないし[90]，第二に，十分に国家から自由な領域が実現されたということもできない――国家の経済政策は常に重要なファクターでありつづけた。第三に，たとえそれを相対化するとしても，国家と社会の分離が19世紀全体にとって典型的であったというわけではない。このことは，1878年後の，保護関税政策，国家干渉主義の強化，社会立法などによって反対方向をとった反対方向の運動[91]を詳細に分析すれば，すぐにわかることである。この時代には，分離を志向するリベラルな政策は，19世紀における政策の一つの可能性であったことがわかる。この政策は，リベラルな意味での積極的な基本権政策と呼ばれることができる。

これと異なった重点をもつ政策は，基本権からは禁止もしくは阻止されなかった。労働者保護立法および国家干渉主義は確かに政治的に争いのあったも

88) 1850年と1873/78年の間の段階と，1878年と1918年の間の次の段階とに分ける時代区分は，ビーバックの憲法史の研究（*Karl-Jürgen Bieback*, Die öffentliche Körperschaft, 1976, S. 207 ff., 315 ff.）において説得力をもって行われている。

89) それについては，*Hans-Ulrich Wehler*, Das Deutsche Kaiserreich 1871 bis 1918, 3. Aufl. 1977, S. 53 f. が鋭い。

90) *Bieback*（Fn. 88）, S. 206 f. が適切に指摘している。

91) それについては，以下のものを参照。*Hans Rosenberg*, Große Depressionen und Bismarckzeit, 1967; *Böhme*（Fn. 87）, S. 474 ff. （1878年の内政上の転回を「帝国の新設」として特徴づけることについては，S. 419, 566, 574）; *Wehler*（Fn. 89）, S. 48 ff.; *Ernst Rudolf Huber*, Verfassungsgeschichte, Bd. 4, S. 1038 ff., 1068 ff. より広いパースペクティブのもとでは，*Heinrich August Winkler*（Hrsg.）, Organisierter Kapitalismus, Voraussetzungen und Anfänge, 1974 所収の諸論文および *Gall*（Fn. 49）の論文をここであげるべきである（それぞれ多くの典拠を含む）。これらの著作でなされた，干渉国家の開始期と特殊的メルクマールとに関する論争は，憲法史および憲法学によって特別に注目される必要がある。

のであったし，政治過程における激しい闘いの後にやっと実現されえたものであった。しかし，これらの立法は，アメリカの場合とは異なって，基本権の観点から判断されたり非難されたりすることはなかった。アメリカにおいては，初期の労働者保護立法は財産権保障原則との抵触ゆえに憲法違反というレッテルを貼られたのであった[92)]。それゆえ，1878年以降のこの段階においては，立法の一層の発展を基本権具体化立法という観点のもとに捉えることは，もはや適切ではない。この論文で打ち出された観点，即ち，基本権具体化・基本権現実化を正当化の問題として理解する観点も，この点では説明力を発揮できない。第一に，帝政の正当化の問題は，一つの共通項でくくるには余りにも多元的であった。第二に，労働者階級の解放運動が提起した正当化の問題は，リベラルな基本権の射程を超えるものであった。社会問題に対しては，正当化問題は答えをもっていなかった[93)]。

6．1878年以後の，議会によってバック・アップされた政策に関して注目すべきことは，この政策がリベラルな経済政策に教条主義的に固執する姿勢をとらなかったことである。他方において，文化闘争，社会主義者法，および，ポーランドに対する少数民族政策[94)]との関連における強制収用法といった例外的法律制定における議会の多数派形成をあわせて考慮するならば，帝国議会及び帝国議会に議席を有する政党も，市民的・法治国家的自由の防衛において教条主義的ではなかったということも明らかである。したがって，基本権の現実化の程度及び自由への介入の程度とが政治的過程にゆだねられていた[95)]，ということが確認される。市民階級にとっては，こうした状況は，立法者に対する基本権の効力を問題として取りあげる理由とするには及ばなかった。とりわけ，この時代の多党的立法府が非常に多元的であったので，現状を変更する改革も市

92) *Kriele* (Fn. 2), S. 210 ff., und *Helmut Rittstieg*, Eigentum als Verfassungsproblem, 1975, S. 250 f. und 151.

93) 20世紀においては，この問題状況に対する応答は，社会権もしくは社会国家原理の国家目標規定によって定式化されている。

94) 帝国とプロイセンにおける基本権制限的例外法については，*Ernst Rudolf Huber* (Fn. 79), S. 175 ff.; *ders.*, Verfassungsgeschichte, Bd. 4, S. 693 ff., 1153, 268 ff., 283 ff., 1235 f., 489 ff., 504 ff., 509 ff.

民的自由および市民階級の自由へのより大規模な介入も予想されなかったがゆえに，問題として取りあげる理由とするには及ばなかった。

この状況は――少なくとも主観的認識においては――ワイマール憲法によって初めて変わった。即ち，立法府が多元的に構成されていることに基づく保護がなくなり，市民階級は一元的な民主的立法府に直面し，市民階級には立法府の多数派は脅威的なものと映った[96]。幾つかの理由から，1920年代に立法は基本権の効力に関する最も重要な問題分野となった。第一に，一元的・民主的立法者が支配するという現存の状況は，構造的問題を非常に鋭い形で明るみにだした，即ち，その時々の多数派の決定と個人の権利の保護との関係をいかに解決すべきか，という問題を明るみにだした。必然的に民主的立法者の決定にも限界があるのではないか，即ち，憲法自身のなかで宣言されている，投票によっても決しがたいものの領域[97]によって制限が課されているのではないか，という原理的な問題が提起されざるをえない。この問題提起に関して，何よりも先ず民主的多数派の決定と財産権との関係が問題として取りあげられたということは理解できるし，同じような状況において多くの類似現象が見られるところである[98]。第二に――そして1920年代の歴史的状況においては，こちらのほうが時間的に先であり，内容的にも優先しているのであるが――具体的な民主的立法者という観念は，市民階級にはっきりとした恐怖をまきおこした。けだし，この立法者は言葉の党派的意味における「市民的」ポジションを無条件

95)　この相対化は，議会は基本権の番人であった，という19世紀に向けて繰り返しなされる特徴づけに反対するためのものである。市民的リベラル派の自己認識に対応するこの評価は，具体的歴史的状況における市民的運動としてのリベラル派の自己理解・法理解に当然の内在的限界をもっている。この相対化によって，特に意外なこと，新しいことが言われているわけではない。しかし，後の，とりわけワイマール時代に好んで行われた市民階級の自己評価に対して，このような相対化が強調される必要がある。

96)　この過程は，*Rittstieg* (Fn. 92), S. 252 ff. によって的確に把握され，鋭く描き出されている。その際，*Otto Kirchheimer*, Grenzen der Enteignung, in: ders., Funktionen des Staates, 1972, S. 235 ff. の参照が指示されている。*Heinrich Triepel*, Goldbilanzverordnung und Vorzugsaktien, 1924, S. 15 ff. の態度が非常にはっきりしている。

97)　これは，*Adolf Arndt*, Christentum und freiheitlicher Sozialismus, in: ders., Politische Reden und Schriften, 1976, S. 128 f. の表現である。

98)　この1647年のパトニー論争以来繰り返し登場するテーマについては，*Kriele* (Fn. 2), S. 327 ff.; *Rittstieg* (Fn. 92), S. 33 ff., 75 f., 101 ff., 233 ff., 252 ff.

にとらなければならないものではなかったからである[99)]。ワイマール時代の憲法学者たちの意見もこの恐怖を表現していた——とりわけ，立法者は基本権によって拘束されるべしとする要求にも，この恐怖が表れていた。

しかし，民主的国家秩序における基本権が発する問題提起に対して，19世紀の基本権理解は解決や解答を提供することはできなかった。その理由は，19世紀に存在していたと思われる基本権の立法者に対する政治的機能が法的に定式化されず，法解釈学的に整理されることができなかったというところだけにあったのではない。第二の，それに劣らず重要な理由は，19世紀のドイツにおいては，基本権の理解が民主的憲法国家の理論を基礎にして展開されなかったというところにある。憲法における基本権に中心的・憲法体系的な，また，中心的・政治的意義を認めることが，今日の基本権理解にも，また，アメリカやフランスの権利宣言のような歴史的模範にもかなっていることなのである。こうした考え方にとっては，一定の内容が時の経過とともに実現されるということが決定的であるが，しかしそれだけではなく，基本権の推進力と照射効のゆえに，国家秩序全体に対する基本権の基本的な機能が決定的なのである。

しかし，基本権が国家全体に対して構成的意義をもつということは，19世紀のドイツにおいては問題になりえなかった[100)]。一方における君主制国家と君主的正当性と，他方における民主制国家と民主的国民主権との中間形態[101)]であったドイツ立憲君主制においては，基本権は明白な憲法政策的役割を営むこ

---

99) こうした状況において，議会における協働によって自分の，即ち市民の自由を保護することができる，という19世紀のリベラルな自己認識は，ワイマール時代の現実的な立法者は不信に値するのに反して，19世紀には人々は立法者，とりわけ議会を自由の番人として信頼することができた，という幻想へと練り上げられた。これに対しては，19世紀における市民階級の参与のもとでの基本権の侵害の例については注94)を参照のこと。上記の見解は，既にそれ自身として矛盾している。即ち，19世紀においては，議会はせいぜい立法には半分しか参与していなかったのであって，残りの半分は潜在的に自由を脅かすものと見られた政府もしくは君主の手にあった。後者のポジションがなくなったこと，したがって議会が立法権限を全部手に入れたことは，議会における多数派に対する不信が新たな政治的ファクターとしてつけ加わらなかったならば，立法者に対する信頼の喪失を正当化できなかった。しかし，まさに議会における多数派に対する不信が，新たな政治的ファクターとしてつけ加わったのが，ワイマール時代の状況であった。

100) 反対の見解にとっては，*Jellinek*, Gesetz und Verordnung, 1887, S. 196 の言明が典型的である。即ち，「国家はその権利と義務の根拠を自己自身のうちに見出す」。

とができなかった。基本権は，法的性格をもつことは一層できなかった。基本権の意義と基本権の解釈学は，19世紀ドイツにおいては，それらがとにかく国民主権思想を基礎にしていなかったという基本的事態によって，決定的にぐらついたものとならざるをえなかった[102)]。政治的基本権が明らかに弱い効力しかもたなかったということ，政治的自由と市民的自由とが切り離されていたということは，その必然的な結果であった[103)]——同時に，このことも19世紀がワイマール時代の基本権論議に対して残した負荷であった。負荷というカテゴリーがこの考察の最後に登場するのは，偶然ではない。即ち，立憲君主制の19世紀から現代にいたる発展の流れをたどれば，多くの憲法上の制度に負荷が認められる。基本権は負荷の一つの適用例にすぎないが，しかし，重要な適用例である。

101）　*Ernst-Wolfgang Böckenförde*, Der Verfassungstyp der deutschen konstitutionellen Monarchie im 19. Jahrhundert, in : ders., Moderne deutsche Verfassungsgeschichte, 1972, S. 159 ff.

102）　それゆえ，実証主義的憲法学が基本権を国家がその本来無制限の権限を市民に対して自ら制限したものとして理解したのは，内在的に見れば論理的一貫性を欠いているわけではない。歴史的観点からも基本権と民主政との関係を考察したものとして，*Kriele* (Fn. 2), S. 335 f.

103）　これについては，市民の権利としての基本権は国民の（＝政治的）権利とは無関係であるというアンシュッツの断固たる強調を参照（*Anschütz* [Fn. 30], S. 99 f., 527）。また，同92頁以下, 500, 503, 506頁も参照。なお，それに関連して，この見解が結社の自由・集会の自由という具体的問題に関しては，外国人にとって有利な効果をもったということ，および，アンシュッツが帝国国籍所有者に限定する1908年の帝国結社法１条の規定に反対の態度を表明したということを言い添えておきたい。パウル・ラーバントもそうであった（*Paul Laband*, DJZ 1908, Sp. 2 ff.）。ラーバントは，「帝国国籍者に保障されているものを外国人に対して拒否することは，狭量きわまりないことである」という心にとどめるべき冷静な断言を行っている。

III　憲法の優位と憲法裁判権

Der Vorrang der Verfassung und die Verfassungsgerichtsbarkeit

Ⅲ　第1章

憲法の優位

憲法には実定法秩序における最高次の権威が認められる，との観念は，憲法に関する思考，およびそのような基本秩序の明文による確定を求める闘争と同じだけ古い。しかしながら，このような一般的な，むしろ説明的な観念が，憲法の優位というすぐれて解釈学的な構想へと変わったのは，この観念に具体的な法的帰結が結びついたときに始まる。つまり，憲法と対立する旧来の法の排除と，憲法と対立する新しい法律は違法であるという帰結である。このような帰結は，歴史的発展において，憲法というものの存在に常に結びついていたわけではなく，直ちに結びついていたわけでもなかった。違憲性という形象および法規範の段階序列という形象を，憲法的思考は，当初から持っていたわけではない。反対に，ドイツにおける憲法伝統は，かなりの部分，これとは異なる理解の下に成立した。憲法に対する抵触の実質的な帰結は，それが確実な，法的拘束力のある方法で確定しうる場合に，――つまり，憲法裁判権の形成と関連して――法学的に「興味深く」，影響の大きいものとなる。規範統制は，理論的に，規範序列という構想を前提とする。同様に，憲法と法律との関係における法秩序の段階構造という理論は，憲法裁判権が存立する場合に始めて実践的な要所を獲得するのである[1)]。この関連は，憲法の優位が論じられるべき思

1)　法秩序の段階理論の完成と，1920年オーストリアにおける憲法裁判権の成立の間の時間的連関にとどまらない連関について，*Theo Öhlinger*, Der Stufenbau der Rechtsordnung, 1975, S. 10 und 32. 発展につき，詳しくは，*Herbert Haller*, Die Prüfung von Gesetzen, 1979, S. 1-72.

考的環境に，広範な帰結を与える（後述Ⅰ）。

Ⅰ．憲法の優位と憲法裁判権

憲法の優位は，形式的な抵触原理および当初無効か事後の無効可能性か[2)]というこの原理の具体化を含んでいるだけではない。憲法の優位は，基本法の憲法秩序において，それ以上の，より重要な事柄を宣明している。すなわちそれは，単純法律に対する憲法の拘束性，規準性，貫徹力である[3)]。

基本法にとっては，憲法の実質的優位性と，憲法裁判権を通じたその訴訟的貫徹との結びつきが構成的である。すなわち，憲法は，最高次の権威であるのみならず，裁判権にとっての法的規準となった。これによって，憲法により実質的に規律される名宛人が追加されただけではなく，憲法自体が，かつてないほどに，法的で裁判の形をした連関の中に放り込まれたのである。憲法は，憲法裁判権によって実効化され，同時に，憲法の法的性格も増強された。このことは，――実定的なものとして――周知のことであるため，本稿で改めて詳述することは控える[4)]。本稿が関心の対象とするのは，これとは別の，しかしながら，同じく重要な帰結についてである。すなわち，包括的な憲法裁判権の導

2)　これについて，詳しくは，*Christoph Böckenförde*, Die sog. Nichtigkeit verfassungswidriger Gesetze, 1966, S. 27 ff. および，*Christoph Moench*, Verfassungswidrige Gesetze und Normenkontrolle, 1977, S. 118 f., 142 ff. がある。序列理論と「ipso - jure - Nichtigkeit」との間の法論理的な結びつきに対する批判を含む最近の詳細な文献として，*Jörn Ipsen*, Rechtsfolgen der Verfassungswidrigkeit von Norm und Einzelakt, 1980.

3)　コンラート・ヘッセを引用して，*Moench* (Fn. 2), S. 143. 憲法の優位について，注２）に挙げた文献のほか，*Jörn Ipsen*, Richterrecht und Verfassung, 1975, S. 155; *Edouard Campiche*, Die verfassungskonforme Auslegung, 1978, S. 17 f.

4)　*Rainer Wahl/Frank Rottmann*, Die Bedeutung der Verfassung und der Verfassungsgerichtsbarkeit in der Bundesrepublik－im Vergleich zum 19. Jahrhundert und zu Weimar, in: Werner Conze/Rainer Lepsius, Historische Grundlagen der Bundesrepublik, 1982, S. 340 f. m. w. N. 憲法裁判権に関する文献については，現時点のものが *Karl Korinek, Jörg Paul Müller* und *Klaus Schlaich*, VVDStRL 39 (1981) で包括的に指示されているため，以下ではごく限られた範囲で挙げるにとどめる。なお，最近の補充すべき文献に，*Klaus Stern*, Das Staatsrecht der Bundesrepublik Deutschland, Bd. II, 1980, § 44 の論述がある。

入および展開により，憲法の意義が，専ら法的なもの，裁判の形をとるものへと固定され，集中されたことである。憲法に関する思索は，憲法の意義・内容に関わるすべての言明が，極めて敏感な裁判権における法的規準についての言明であることを考慮しなければならない。この事情から生じる広範な帰結として，次の３点を取り上げる。

裁判手続の規準として，憲法は，第一に，可能な限り明確であり，憲法規範の範囲や境界について厳密でなければならない。規準は，その規準によって審査されるものと明確に区別されていなければならず，単純法律とは区別可能なものとして解釈され得なければならない。法律の憲法適合性を審査するのであれば，憲法上の概念は，自立のもの，すなわち「独立したもの」[5)]でなければならない。憲法の優位は，規範の次元間の差異化と距離を要求する。すなわち，憲法の優位は，分離の構想であり，協働の構想ではない[6)]。憲法裁判権と緊密に結びついたこの原理は，憲法と単純法律との間の境界および差異が，解釈によって曖昧となることを許すものではない。およそすべての単純法は何らかの形で憲法に基礎を持つ，という認識は，憲法裁判権の作業にとって，法学的に満足すべき言明でも，先につながる言明でもない。第二に，憲法の優位は，２種の法規範の導出の関係だけに関わるものではなく，さらに，機能的・制度的な関連を含んでいる。この関連の重要性は，憲法の優位は法律の劣位を意味する，と言い換えれば明瞭に現れる。つまりこれは，立法者の劣位[7)]を同時に意味するのであり，しかも，歴史上の憲法制定主体や憲法改正立法者に対する劣位だけではなく，それぞれの時点で憲法を拘束的に解釈する機関に対する劣位を意味するのである。これは，然るべき理由があって，基本法がそのように望んだことである。問題は，民主的立法者が果たして劣位するのかではなく，劣位の範囲である。もし憲法の優位から，憲法裁判所による執行可能で効果的な

---

5)　適切な指摘として，*Walter Leisner*, Von der Verfassungsmäßigkeit der Gesetze zur Gesetzmäßigkeit der Verfassung, 1964, S. 5, 8 f., 61 f. und passim. ライスナーは，５頁においてはっきりと，同書で論じられる問題は，「法律に従った憲法」が規範のヒエラルキーと憲法裁判権を脅かすことであると述べている。

6)　この言明については，さらなる具体化が必要であるが，これについては，後述Ⅳ１を参照。

7)　この言い回しについては，注15)を含め，後述Ⅰ１を参照。

立法者の劣位が帰結されるのであれば，憲法に含まれる最大限の内容を求めるべし，という解釈準則は，決して自明ではない。憲法の内容密度の顕著な増大をもたらすような解釈は，憲法の要求を拡張することによって最高次の権威としての憲法の実質的要求に奉仕するのだ，という理由だけで正当なわけでもなければ，適切なわけでもない。そのような解釈は，憲法裁判所と立法者の関係についての言明をも含んでいるが，この言明自体が正当化を要するものなのである。

第三に，包括的な憲法裁判権の展開は，政治プロセスにおける，また，政治プロセスに対する憲法の重要性を刻印する。憲法裁判権は，政治プロセスの法的拘束を実効化することによって，政治プロセスの部分的法化を増大させる。憲法異議によって各人が憲法裁判所の手続の主導者および当事者になることができる基本法の憲法裁判権については，これが日々における憲法の具現や憲法の活性をもたらしたと言うことができる[8)]。しかしながら，憲法が法の道具として生きているという診断は，憲法が第一次的に法の道具としてのみ生きるとなった場合には，裏面もあわせ持つ。次のことが問われよう。あらゆる憲法問題が直ちに憲法裁判所の手続の可能性と結びついている政治的秩序において，憲法の伝統的なプログラム的機能，あるいは政治的・アピール的機能は，憲法において維持されうるのであろうか。プログラム的指令であって憲法裁判所により貫徹される拘束ではない，政治プロセスに対して非司法的な，しかし指針を与える指令というものが存在しうるのだろうか。

これを考えることにより，政治プロセスの一層の法化によって生じうる損失は何かという問いのみならず，そもそも法的で裁判という形で防護された憲法の優位を有する憲法秩序は，憲法裁判権を持たず，これと結びついた実体法的制度を持たない憲法秩序と本質的に区別されるべきなのかという問いを提起する。まず初めに，この問いについて検討する。〔米独を〕比較した発展史を描写（Ⅱ）することにより，憲法裁判権を有する憲法秩序とこれを有しない憲法秩序との区別可能性というテーゼに対する，観察教材が提供されよう（Ⅲ）。その後に，上述の２つの解釈学的問題，すなわち，優位すべき憲法を単純法律

8)　*Wahl/ Rottmann* (Fn. 4), S. 345.

から厳密に区別しうるのかという問題と，優位すべき憲法の範囲は何かという問題について考察する（Ⅳ，Ⅴ）。

Ⅱ．1933年以前のドイツと比較したアメリカモデル

1．すでに近代立憲主義の始期において，18世紀終盤の北アメリカの憲法発展の中で，優位し，規準となる憲法についていわば完璧なモデルが発展していたことは，注目に値する。このような憲法理解は，正当にもしばしば引用される，1803年のマーベリー対マディソン事件における合衆国最高裁判所長官ジョン・マーシャルの説示に的確に表現されている。

「成文憲法を作ったすべての人々が，国家の基本的で至上の法を作っていると考えていたことは確かであり，したがって，およそそのような統治の理論は，憲法に反する立法部の法律は無効であるということでなければならない」[9)]

この判決より以前の北アメリカの憲法思考について，ゲルハルト・シュトゥルツ[10)]が優れた描写を行っているが，そこからは，本稿の問題に対するさらに啓発的な洞察を得ることができる。

憲法の優位が要求するところの憲法と単純法律との間の距離は，北アメリカの憲法発展においては，制度的にも整えられていたため，明白であった。すなわち，かつての植民地から独立した立憲国家へと編成される長年のプロセスの中で，国民の憲法制定権力を行使するための特別の憲法議会が存在したのである[11)]。通常の法律制定権との差異は，「きわめて重要であった。なぜなら，この差異が，近代初期の立法権と主権の同一性に対して，決定的な打撃を与えた

9）テクストは，例えば，in: Henry Steele Commager (Hrsg.), Documents of American History, 7. Aufl. (1963), S. 193 に収められている。

10）*Gerald Stourzh*, Vom Widerstandsrecht zur Verfassungsgerichtsbarkeit. Zum Problem der Verfassungswidrigkeit im 18. Jh. (Kl. Arbeitsreihe d. Instituts f. Europ. u. Vergl. Rechtsgeschichte, Graz) 1974. 同26頁は，マーベリー対マディソンに触れている。

ためである」。憲法制定権力の制度化は，憲法改正権ないしは修正権の形成によって補強された。この憲法変更のための固有の手続の発展は，18世紀終盤の感嘆すべき新機軸であるが[12]，これもまた，憲法の単純法律に対する独自性および区別可能性を歴然とさせる。これに付随して明言された，暗黙の憲法破毀の禁止は，憲法の同一性と内的実質を保証する上で，重要である。

とはいえ，決定的な理論上の突破口となったのは，憲法違反という観念，すなわち，最高次の法としての憲法の内容上の優位という観念の，ゆっくりとした発展である。この進展の意義と困難さを強調しても，強調しすぎることはない[13]。なぜなら，憲法の優位は，歴史的にも，社会心理学的にも，立法の劣位および立法者に対する制限という新しい意識として理解されなければならないためであり[14]，この根本的な観念が発生するには，主権者として君臨する立法者についての――悪しき――経験がまず存在しなければならなかったのである。北アメリカの植民地では，独立前の幾十年間，議会が不法をなしうるということが，単に想定されただけではなく，実際に経験された。アメリカの憲法発展の偉大な貢献は，「異国の」議会についての経験を，自らの憲法秩序の中に移植できた点にある[15]。この決断は，一方では，憲法違反の問題および基本秩序の優位に関する初期の表明[16]に結びついた成果であり，他方では，民主的であ

11）　*Stourzh*（Fn. 10）, S. 18（本文中の逐語引用も同頁による），および詳細には，*Willi Paul Adams*, Republikanische Verfassung und bürgerliche Freiheit, 1973, S. 68-91.

12）　*Stourzh*（Fn. 10）, S. 19.

13）　この構想に至る道程についての鮮明な描写に，*Stourzh*（Fn. 10）があり，とくに重要な区切りである，1701年のケント州請願事件，1716年の英国における７年法〔イギリス下院の任期延長法〕，1758年のエマール・ド・ヴァッテルの教科書，1761／64年以降の北アメリカ植民地における，特にジェイムズ・オーティス，アレクサンダー・ハミルトン，ジェイムズ・アイアデルの立論を描写している。さらに，*Georg Jellinek*, Allgemeine Staatslehre, 3. Aufl.（1913）, S. 508 ff., insbesondere S. 511 ff. も参照。

14）　*Stourzh*（Fn. 10）, S. 20.

15）　これについては，*Stourzh*（Fn. 10）, S. 17; insb. S. 20 ff. 1776年以降の，裁判官が法律を憲法違反として取り扱った，緊張に満ちた実際の裁判例。そのうちの何件かでは，裁判官が立法議会に召喚され，一部の裁判官は再任されなかった。

16）　*Gerald Stourzh*, Vom aristotelischen zum liberalen Verfassungsbegriff in: Friedrich Engel-Janosi u.a.（Hrsg.）, Fürst, Bürger, Mensch, 1975, S. 97, 120 は，基本秩序の優位と立法者の権能の制限に至る最初の一歩が踏み出されたものとして，1677年のウエスト・ニュージャージーの基本秩序を挙げている。

るとともに，国家の目的であるところの各人の権利を保障しようと欲する国家秩序[17]における，国家権力の限界は何かという問題を根底から考え抜いたことの収穫である。シュトゥルツは，後の最高裁判事であるジェイムズ・アイアデルが初期に執筆した新聞論説に注意を喚起している。その中で彼は，具体的事例を手掛かりに，立法者の違憲の行為に対する対抗の可能性を列挙しており，請願権，抵抗権，および各人の権利により同時に憲法を保護すべき裁判権への訴えを挙げている[18]。この選択肢は，この画期的な歩みに際しての，思考の地平の広がりを明らかにすると同時に，思想家の発明と憲法裁判権の実践的貫徹が意味する革新のスケールを示すものである。これは，他の諸制度に付加的に加えるかどうかといった憲法上の制度ないし要素が展開されたのではない。アメリカ合衆国におけるその起源において，憲法裁判権は，近代立憲国家の重要な現象形態の類型を決定づけ，類型を刻印する，内的に連関した諸要素の組み合わせの一部をなしているのである。要約すれば，次のような理解である。すなわち，①各人の基本権のための，主権者である国民の自己拘束としての憲法，それゆえ，②その創造および変更における自立性と憲法の優位を備えた成文の憲法，③このことから必然的に帰結される，立法者の基本権への拘束，④抵抗権の代用としての，また，抵抗という極限状況を手続という正常性へと移行させるものとしての憲法裁判権，という理解である[19]。

2． 憲法裁判権を持つ立憲国家の北アメリカ「モデル」のこのような精神的背景にかんがみれば，19世紀のドイツにはこれに対応するものが見出せないこと，そして，本質的に異なる憲法上・憲法政治上の全体状況の中で，この対応物を見出し得なかったことを，これ以上強調する必要はないであろう。アメリカ合衆国における憲法形態を構成する上述のどの要素をとってみても，相違点が明らかになるのである。本稿の関連では，相違点は，ショイナー[20]による，ドイ

17) 問題は，もっぱら国民主権という一元的な正統性根拠に立脚する秩序において浮上する。クロムウェルによる憲法論議の「論理的必然」について，*Jellinek* (Fn. 13), S. 511 f. を参照。

18) *Stourzh* (Fn. 10), S. 23 f.

19) ジョン・ロックはまだ，1689年，立法者の拘束の防護を，抵抗権にのみ求めていた。*Stourzh* (Fn. 10), S. 31 f.; *Eberhard Grabitz*, Freiheit und Verfassungsrecht, 1976, S. 142 f.

ツにおいては法律に対する憲法の優位は承認されていなかった，という確認に集約できる。それゆえ，法律に対する裁判官の審査権は貫徹できず，それゆえ，憲法裁判所による規範統制に対する理論的な基盤も存在しなかった。基本権もまた，法律に対する法的通用力が欠けていたために，限られた法的作用を持つにとどまった[21)]。基本権は，立法に対する法的障壁とはならず，憲法制定の際にすでに存在していた法律体を廃止する力は弱く[22)]，基本権は既存の法に挿入されるのであって，新たに制定される法律に対して，法的に上位におかれるものではなかった。特徴的な相違は，内容上の憲法の優位に随伴する諸制度にも見ることができる。固有の憲法制定権力は承認されなかった。通常の立法と憲法改正立法の間に差異がなかったため，暗黙の憲法破毀に対する憲法の擁護は存在しなかった。

憲法の優位は，初期立憲主義においては，ヴェルカー[23)]やモールのような，アメリカ合衆国を指向した論者によって肯定された。とりわけモールは，憲法の成立をもたらした憲法の諸目的に基づいて，憲法を高次の種属の規範であるとみなし，憲法を立法権による変更ないし廃棄から擁護するために，「規範の段階」という観念を明示的に展開した[24)]。これと首尾一貫して，モールは，違憲の法律の無効と，各人の服従の「憲法に適合した服従のみ」への限定を説い

20） *Ulrich Scheuner*, in: Bundesverfassungsgericht und Grundgesetz, FS BVerfG, Bd. 1, 1976, S. 40 mit Fn. 141 und 142.

21） *Scheuner*, in: FS Ernst Rudolf Huber 1973, S. 139, 147 f., 164 f.（= *ders.*, Staatstheorie und Staatsrecht, 1978, S. 633, 642 f., 651, 653）und *ders.*, in: Von der ständischen Gesellschaft zur bürgerlichen Gleichheit, Beihefte zu Der Staat, 4, 1980, S. 105, 108 f.

22） *Rainer Wahl*, Rechtliche Wirkungen und Funktionen der Grundrecht im deutschen Konstitutionalismus des 19. Jahrhundert, Der Staat Bd. 18（1979）, S. 321, 328.（初期）立憲主義における基本権と従来の法律との関係一般については，*ders.*, S. 328 ff., 335 ff.（本書Ⅱ第３章「19世紀ドイツ立憲主義における基本権の法的効果と作用」）。

23） *Carl Welcker*, Art. „Gesetz", in: Das Staatslexikon, Band 5, 1847, S. 695, 702, 704. 一方，ヴェルカーは，Das Staatslexikon, Band 12, 1848, S. 363 ff., S. 373 f. における „Staatsverfassung" の項の論述の中では，優位の観念に，明示的には触れていない。イプセン（*Ipsen* [Fn. 2], S. 23-37）の学説史研究は，もっぱらと言ってよいほど，憲法に対する形式的違反（身分制議会の協働の欠如）に結びつけている。しかしながら，憲法の優位は多くの論者において少なくとも黙示のうちに前提とされ得ていたという主張（同37頁および59頁）は，妥当ではない。ワイマール憲法に対するアンシュッツの立場についての記述（同59頁以下）もまた，誤解を招きやすい。

た[25]。これに対して，後期立憲主義の国法では，憲法の優位に対する拒絶が，ドイツ帝国において通説により肯定された黙示の憲法破毀と結びついて，明瞭に現れた[26]。ラーバントは，――改正が加重されているにもかかわらず――国家には主権者の意思よりも高次の意思は存在せず，憲法の妥当も法律の妥当も主権者の意思に根源を持つことを理由に，憲法に，他の法律よりも高次の権威を何ら認めていない。「憲法は，国家の上空を漂う神秘的な権力ではなく，他の法律と同じく，国家の意思行為であって，それゆえ，国家の意思に従って可変的なものなのである」。それゆえラーバントは，典型的に実証主義的な作法で，特殊法律は常に憲法に適合しなければならないとするフォン・レーネ（v. Rönne）の命題に異議を唱え，それは単に立法政策上の――望ましい――要請であるにとどまり，法命題ではないとした[27]。

アンシュッツもまた，断固として，断定的に，憲法の優位という見解は，ドイツ法とは無縁の，北アメリカ国法の原理（Institut）であると宣告している。「憲法は，立法権の上位に位置するのではなく，立法権の任意にゆだねられて

24）ロベルト・フォン・モールは，自身の立場を，*Rudolf v. Mohl*, Über die rechtliche Bedeutung verfassungswidriger Gesetze, in: Staatsrecht, Völkerrecht und Politik, Band 1, 1860, S. 66 ff., insbesondere S. 81 ff. und 88 ff. という論文の中で最もはっきりと呈示している（同89頁では「規範の段階付け」）。さらに，*ders.*, Staatsrecht des Königreichs Württemberg, 2. Aufl. 1840, Band 1, S. 90 ff. も参照。またすでに，*ders.*, Das Bundes-Staatsrecht der Vereinigten Staaten von Nord-Amerika, 1824, S. 101 f., 133-140.

25）*Mohl*, in: Staatsrecht, Völkerrecht und Politik（Fn. 24), S. 93 ff.; *ders.*, Staatsrecht des Königreichs（Fn. 24), S. 323 f. これについて，*Michael Köhler*, Die Lehre vom Widerstandsrecht in der deutschen konstitutionellen Staatsrechtstheorie der ersten Hälfte des 19. Jahrhunderts, 1973, S. 82 ff. m. N.

26）*Gustav Meyer/Gerald Anschütz*, Lehrbuch des Deutschen Staatsrechts, 7. Aufl. (1919), S. 661 f. und 743; Paul Laband, Das Staatsrecht des Deutschen Reiches, Band 2, 5. Aufl. (1911), S. 39 m. N. この理論は，極めて重大な帰結を有した。黙示の憲法破毀という方法で，ドイツ帝国の連邦法にとって基本的なフランケンシュタイン条項（これについては，*Ernst Rudolf Huber*, Deutsche Verfassungsgeschichte, Band 3, 2. Aufl. 1970, S. 950 ff.）が導入された（ようやく1904年に正規の憲法改正）。議院規則もまた，憲法条文からの重要な乖離がある。例については，*Jellinek* (Fn. 13), S. 538 f.

27）*Laband* (Fn. 26), S. 39 f.（逐語引用は同39頁）．ある書評（AöR Band 9 (1894), S. 271 f.）の中で，ラーバントは，憲法制定権力と立法権の区別を論理必然的な公理ではないとしている。

いるのである。その限りで，憲法は，実際上，他の法律と同様の一つの法律にすぎない」[28)]。「憲法は，法律適用部局にとって，つまり裁判所にとっても，単純な形式的法律以上のものではなく，これと何ら異なるものでもない」。抵触が生じた場合には，一般的排除ルールに従い，より新しい単純法律が憲法に優位する。イェリネックは，これより細かい判断を下している。すなわち，彼にとって，憲法の優位は確かに可能であるが，しかしそれは，裁判所による実効化に依存するというものである[29)]。

黙示の憲法破毀の承認は，本稿の関連で，多くの帰結をもたらす。黙示の憲法破毀の承認は，憲法の実質的優位という観念をそもそも成り立たせない。破毀の可能性があるために，内容上憲法に違反する法律について向けられる関心は，第一次的には，同一のまま残っている憲法との抵触という問題にではなく，必要な多数[30)]を得たにすぎない法律が果たして憲法を変更したのか，という先行問題に向けられた。憲法破毀は，憲法優位の原理に優位し，成文憲法の一体性は保証されなかった。加えて，憲法改正の形式的前提条件を守らずに制定された憲法を内容上変更する法律に対して，制裁が存在しなかった。裁判官による事後審査はなく，憲法改正の形式的前提条件の遵守は，立法担当者が自身の間で片を付けたのである[31)]。イェリネックは，そのような裁判官の審査権がな

28）　*Meyer/Anschütz* (Fn. 26), S. 743 f. 逐語引用については，*Anschütz*, Die Verfassungsurkunde des Preußischen Staates, 1912, S. 66 を参照。この章句は，ほぼ同じ文言で，*ders.*, Die Verfassung des Deutschen Reichs, 14. Aufl. (1933), Nr. 4 zu Art. 70, S. 371; Nr. 1 zu Art. 76, S. 401; Nr. 3 c zu Art. 102, S. 476 に繰り返されている。ドイツ帝国の主要な国法学上の言説の，ワイマール憲法への継続についてアンシュッツが果たした際立った仲介者機能は，詳細な研究に値しよう。

29）　*Georg Jellinek*, System der subjektiven öffentlichen Rechte, 2. Aufl. 1905, S. 96. auch S. 101 f.; *ders.*, Gesetz und Verordnung, 1887, S. 263. 判例は，審査権限を否定している。RGZ 9, 232 ff. (v. 17. 02. 1883) を参照。これについては，*Huber* (Fn. 26), S. 1055 ff., 1058 f.

30）　ライヒ憲法78条による憲法改正は，加重された多数を要求するものではなかった（連邦参議院では58票中の14票の反対に，拒否権が与えられていた）ため，単純法律と憲法改正法律の間の隔たりは乏しかった。それでもなお，憲法の高度の形式的妥当力は，重要な「憲法の法的メルクマール」であるとされた。*Jellinek* (Fn. 13), S. 534. この立場に対するカール・シュミット（*Carl Schmitt*, Verfassungslehre, 1928, S. 16）の批判は，新しい憲法理解を示すものである。

31）　*Meyer/Anschütz* (Fn. 26), S. 744.

ければ，「単純法律が憲法に反して憲法を変更できないことは，法学上の学理としては主張できようとも，これに対する保証は何も存在しない」[32]と冷静に断じている。

3．19世紀における北アメリカの発展とドイツの発展との間の決定的で根本的な「システム」の相違は，各要素の全体的状況を考察の中心におき，これを固有の憲法状況および固有の憲法理解の表出として把握することによって初めて明らかとなる。

ドイツ立憲主義の多くの憲法問題と同様に，憲法の二元的構造が，問題解決の――しばしば過小評価されている――鍵である。二元主義は，憲法の内容上の優位と憲法裁判権の可能性に対して，システムに条件づけられた原理的な制限を加えていたのである[33]。

二元的秩序は，中立的部局を求めるというこれに内在する客観的需要を，典型的には，――あるいはそのように表現したいのであれば――定義上，充足することができない。立憲的二元主義は，法的に架橋できない。一貫した共通の（正統性の）基盤が存在しないために，そのようなシステムでは，法化ができる範囲も必然的に限られている。未解決の問題を解決するために憲法をとことんまで考えつくせば，共通の基準点に到達するのではなく，それぞれ別個に基礎づけられた国王と国民代表の基本的地位の二重性に到達する。それゆえ，国法は，ある地点において現実に停止する[34]。異なる立場間で政治的決着を行う余地は，当然に比較的広く[35]，これを行う場が，立法であったのである。そこでは，国王と国民代表が「一台の馬車につながれて」政治的決断および政治的妥協の発見を行う「運命にあ」った。法律に対する憲法の内容上の優位は，この中心的な政治的（妥協の）プロセスが，「外側から」干渉されることを意味したであろう[36]。

32) *Jellinek* (Fn. 13), S. 538.

33) *Wahl/Rottmann* (Fn. 4), S. 347 f.; *Wahl*, Der preußische Verfassungskonflikt und das konstitutionelle System des Kaiserreichs, in: Ernst-Wolfgang Böckenförde (Hrsg.), Moderne deutsche Verfassungsgeschichte, 2. Aufl. 1981, S. 208, 211-215.

34) アンシュッツの有名で的確な宣告である。*Anschütz*, in: Meyer/Anschütz (Fn. 26), S. 906.

しかしながら，憲法の優位が，首尾一貫し，実行可能となるのは，立法に際して紛争が生ずる次元とは別に，一つの機関と一つの内容上の基盤が存在する場合のみであって，その基盤は，すべての政治的紛争の上にあり，憲法という次元が紛争当事者の権限を基礎づける共通かつ唯一の基盤であるために，すべての政治的紛争の上にあることができるものである。しかし，ドイツ立憲主義の憲法は，このような意義を獲得できなかった。君主は，自らを「憲法の慈悲による君主」[37]としてのみ理解していたわけではない。アメリカ合衆国のように憲法制定に思想的に立ち戻ったとしても，ドイツ立憲主義においては，押し付けられ，後に部分修正された憲法であるプロイセン憲法典の厄介な成立条件や，同じく複雑な1867／71年憲法の成立に行き着くのである。憲法においても憲法制定においても宙に浮いたままの主権問題にかんがみれば，これによって疑義に対する確実な，立法において浮上する紛争状態を中和するような基盤に到達すると考えることはできない[38]。

35）注目すべき初期の論文（*Georg Jellinek*, Ein Verfassungsgerichtshof für Österreich, 1885, S. 63）の中で，イェリネックは，政府と国民代表の間で裁判所が判決するのは，望ましい限度をはるかに超えた権限であるとしている。そのような事態においては，望ましい解決法は当事者同士の政治的礼譲だけであり，裁判官の宣告に期待すべきではないとされる。その他，イェリネック（*Jellinek*, S. 17 ff.）は，市民権の保護のための規範統制を権限とする憲法裁判所の設置を将来的な提案として推奨しているが，これについては，*Haller* (Fn. 1), S. 25 ff.

36）この関連で重要であるのは，あらゆる基本権問題もまた，君主制政府がある基本権制限を国益にとって不可欠であるとみなした場合には，潜在的に王冠と国民代表の間の対決に転調しうることである。

37）君主制は，独自の，歴史的に基礎づけられた正統性に拠り所を求めた。それは，君主制が憲法の中に「持ち込む」ものであって，憲法において放棄することを望まないものであった。このことについて，また，このことから生じる内的崩壊について，*Böckenförde*, Der Verfassungstyp der deutschen konstitutionellen Monarchie, in: ders. (Fn. 33), S. 146, 159 ff., auch S. 149 f. und 155.

38）憲法の優位および憲法の高次の権威をめぐる論争の背後に主権問題が潜んでいることは，ボルンハック（*Conrad Bornhak*, Preußisches Staatsrecht, Bd. 1, 1888, S. 527 Anm. 1）の論争的な注釈から明らかである。「国王は，より高次の権威として，ラント議会の同意を得て命令する国王を戴かねばならない。ラント議会の同意を得て命令する国王は，より高次の権威として，１回目の同意から少なくとも21日間をあけたラント議会の２度目の同意に基づいて命令する国王を戴く。これは，勤務時間によっては自ら報告し，別の勤務時間には回答する，かのナッサウの官吏と同じことである」。

このように，憲法裁判権の歴史的「不可能性」から出発し[39]，それゆえドイツ立憲主義システムの枠内では憲法の内容上の優位の否認が帰結されると，それと同時に，この枠内において可能な憲法理解の実現のために，別の道が探られた。これにより排除されるのは，貫徹のための道具をいわば自装した，完全な法的秩序としての憲法という理解である。これとは別の理解，すなわち，憲法の内容上の諸原理，特に基本権の中に，法という方法により，あたかも自動的に実現されるのではなく，立法に際しての論争や政治プロセスの中で実現されるべき，政治プロセスに対する指令を認めるという理解である。そのような理解の下では，憲法の内容上の確約の重点は，プログラム的・アピール的意義におかれる。基本権および内容上の確約は，政治文化のスタンダードおよび政治の基本コンセンサスを規定する。それらの確約は，政治の中で，また，政治を通じて，世論の中で，また，世論を通じて，実現される。

このような憲法の理解は，19世紀に繰り返し登場した。その出所は，当然のことながら，国法学や国家理論に限られず，むしろ第一次的には，議会やジャーナリズム，世論における政治演説の中に見出される。

国法学は，19世紀中の発展のすべての時期に，このような憲法理解の展開の機会を活用したわけではない。後期立憲主義・実証主義の時期には，憲法の内容上の諸原理の限定的な法的意義は，基本権および他の実体的内容[40]を，およそ相対的に低く見積もることの正当化となった。確かにアンシュッツは，正当にも基本権に「勧告的指令」と新しい内容の法律の予告があるとし，基本権の政治的意義について一定の理解を持ち続けていた[41]。しかし同時に，彼は，こ

39） *Wahl/ Rottmann* (Fn. 4), S. 374 ff. この強調した表現のテーゼは，規範統制と機関争訟に結びついている。テーゼが言わんとするのは，この領域における裁判所の権限が，形式的規定や理論的考察に端緒があったか否かにかかわらず，システム内在的に，現実に発展する機会がなかったということである。誰の名において憲法裁判所は君主と国民代表の間の紛争について裁判するのだろうか。国王の名においてか，国民の名においてか，それとも，憲法の名においてか。

40） この論証は，この箇所および以下において，実体的内容の憲法規定についてである。組織的憲法規定に関しては，別に論じられなければならない。

41） *Anschütz*, Die gegenwärtigen Theorien über den Begriff der gesetzgebenden Gewalt und den Umfang des königlichen Verordnungsrechts nach preussischem Staatsrecht, 2. Aufl. (1901), S. 51 ff.; *ders.*, Verfassungsurkunde (Fn. 28), S. 94 f., 135 f., 138 ff.

の指令が行き着く先は立法者のモノローグおよびある種の「良き決意」であると付言しており[42]，実証主義者にとっての重点は立法に対する法的拘束力の欠如という消極面におかれている。似た言い回しであるが，別の点が強調されているように感じられるのは，中央党の議員（後のワイマール共和国宰相）であったマルクスが1908年にプロイセン議会において行われた情熱的な討論の中で行った演説である。彼は，次のように論じた。プロイセン憲法の平等原則は「はるかに包括的で広範な意味を持っている。平等原則は，法律の適用にのみ関わるのではなく，立法担当者にも向けられている。平等原則は，将来プロイセン憲法後において公布されるべき法律に対する指令を呈示するものなのである」[43]。そして，このような理解に立脚して，野党は，正当にも違憲とみなした[44]1908年の入植法（Ansiedlungsgesetz）を拒絶している。この憲法違反という異議には，この場合にも，他と同じく制裁は結びついていなかった。そもそも，拘束力ある確定が存在しなかったのである。しかしながら，議会における討論や公共における論争では，そのような異議には重みがあった。もっとも，委細は，これまでのところ行われていない，この政治的論争の詳しい分析が行われてはじめて十分に明らかになることである[45]。憲法上の論証の役割は，

42）　*Anschütz*, Gegenwärtige Theorien（Fn. 41）, S. 52.

43）　Verhandlungen des pr. Abgeordnetenhauses 1907/08, Bd. 1, Sp. 729（13. Sitzung vom 18. Januar 1908）. この法案の３回の読会（Sp. 35-103, 106-155; Sp. 630-707; Sp. 709-740）を，憲法上の論証が貫いている。憲法違反という非難は，例えばSp. 41, 62 ff., 86, 108 ff., 130 f., 651, 665, 682 f., 692, 729 ff. にある。法務大臣ベーゼラーの伝統的な平等原則解釈は，Sp. 72 f., 151 ff., 673 f., および Bericht der Kommission, Verh. d. pr. AH, Anlagen 1907/08, Band 1, Nr. 42 にある。法律（これは，意識的にそのように表現された。実際には，ポーランドにしか該当しないものであったが）は，平等原則に合致する。なぜなら，法律に接触するすべてのプロイセン人が，この法律の規定に従い等しく取り扱われるためである。

44）　*Ernst Rudolf Huber*, Deutsche Verfassungsgeschichte, Band 4, 1969, S. 504 ff. を参照。同様に平等原則に違反する初期の諸法律については，同487頁以下。

45）　これに類似して，行政に対する基本権保護の方向も，（行政）裁判手続だけに求められてはならない。政治的決定主体および世論に向けられたアピール的性格の諸制度の重要な意義は，請願権およびバイエルン（他の支邦においても）において存在した，国王に対する（市民のイニシアチヴに基づく）両議院の異議申立権が示している。これに関する内容豊富で非常に分かりやすい資料として，*Max v. Seydel*, Bayerisches Staatsrecht, Bd. 1, 2. Aufl.（1896）, S. 356-398.

——結局は否定的な結果に終わったが——文化闘争に関連した論争の中で明らかとなった。政府の闘争諸法律に対して絶えず加えられた違憲という非難は，プロイセン政府をして1873年に憲法15条と18条を改正し，1875年には教会に対する保障である15条から18条を全面的に廃止することを余儀なくさせた。法的帰結を伴わないにもかかわらず違憲である，という継続した非難は，政治的に耐えられなかったのである[46]。1873／75年まで効力があったこれら憲法条項の機能は，紛争当事者によって結果的には一致して，もちろん評価においては異なるが，一方では，自由の聖域および教会分野への国家立法の浸水に対する最後のダムとして，あるいは，他方では，国家が自らの手を縛るためのひもとして特徴づけられる[47]。

立法政策に対する憲法，特に基本権のこのようなプログラム的意義の例証は，19世紀の時期に多数見出すことができる[48]。前三月革命期，1848年，そしてその後における立憲主義運動のすべての活動は，憲法という基盤において何かを「動かそう」とするもの，基本権のプログラム的内実を達成しようとするものであった。この努力においては，基本権を引き合いに出すことが，政治的・アピール的論証の典型的なパトスを受けとった。前三月革命期の少なからぬ国法学者は，当時まだ特徴的であった解釈学的考察と法政策的考察の未分離の中で，この憲法の政治的・レトリック的側面を受容し，ともに担った。教科書や事典の解説の中で，議会やジャーナリズムの中で，国家権力に対する個人の防護壁としての基本権および憲法について語られ，宣告されたことは，次のような憲法理解に関係する。それは，憲法典における拘束力ある固定と，内容が法の権威に与ることは重要であるが，改革の期待の置換と貫徹，実行は法的「自動性」によってではなく，政治的論争を通じて達成されるということを，いわば自覚した憲法理解である。そのため，憲法および基本権に関する表明は，時と

46) *Huber* (Fn. 44), S. 710, 737 f. を参照。また，*Ernst Rudolf Huber/Wolfgang Huber*, Staat und Kirche im 19. und 20. Jahrhundert. Bd. 2, 1976, Nr. 311, S. 660 f. に再録されている，政府草案の情報に富んだ提案理由を参照。

47) Verh. d. pr. AH 1875, Bd. 2 (46. Sitzung vom 16. April 1875), S. 1261 r. Sp. und 1266 l. Sp.（中央党ライヒェンスペルガー議員）und S. 1281（ファルク文部相）.

48) *Wahl* (Fn. 22). オーストリア議会の審議における基本権の政治的意義については，*Jellinek* (Fn. 35), S. 20 f.

して厳密でなく，解釈学的に細部まで仕上げられた法的形象というよりは，政治的・レトリック的な言い回しが用いられた。

総括すると，19世紀のドイツの憲法理解は，もっぱら憲法の法的意義の乏しさに着目すれば，ある意味で不完全と性格づけられるであろうものであった。これに代わって，この理解には，政治プロセス，特に立法に対する憲法のプログラム的・要求的な作用が本質的に付け加わっていた。今日の憲法上の議論で論じられる多くのテーマや原理は，憲法上の検討と常に結びついているとは限らないとはいえ，19世紀に見出すことができる。憲法の法的内実と，政治的指令ないしプログラムとしての性格の関係は，後者に重点が置かれた，別の形成がなされていた。むしろ両者の境界線も不鮮明であった。政治的論争において憲法に付与された，溢れ出る内実とパトスは，政治プロセスにおける成果をもたらしうるものであり，それは，憲法の威信を全体として高めるものであった。立法者に対する法的拘束力の欠如は，これらの場合には，短所とはならず，したがって，憲法の問題点であるとも，否定的要素であるとも認識されなかった。

ドイツ立憲主義という反対例は，以下のことを明らかにする。憲法の優位という原理には，前提条件があり，その中で最も重要なものが，権力の民主的一元制のために，二元的構造を克服することである[49)]。とはいえ，これが必要条件であり，十分条件でないことは，ワイマールの状況が示している。ワイマールは，そのような憲法理解[50)]への道をたどったが，オーストリアがすでに1920年に到達した目標に，いまだ到達しえなかった。オーストリアには，法秩序の段階構造という理論により，法理論的に精密であるとともに，憲法政策的にも民主制という状況に厳密に対応した構想が存在したのである[51)]。

49)　同じく，*Klaus Schlaich*, VVDStRL 39 (1981), Leitsatz 2 も参照。

50)　憲法の優位は，ワイマールにおいても争いが続いた。これを拒絶した者に，*Anschütz* (Fn. 28) のほか，*Julius Hatschek*, Deutsches und preußisches Staatsrecht, 1922, S. 27がいる。一方，優位拒絶に反対したものに，*Albert Hensel*, in: Gerhard Anschütz/Thoma, HbDStR II, 1932, S. 313 f., 315 f., および RGZ 111, 320, 322 f. がある。これについて論じるものとして，*Ipsen* (Fn. 2), S. 57 ff., および *Wilhelm Henke*, Der Staat Bd. 3 (1964), S. 433 ff.

Ⅲ．優位原理を有する憲法秩序と有しない憲法秩序

憲法の優位および憲法裁判権という制度は，立憲国家の一つのヴァリアントを特徴づけるものである。これらは，立憲国家そのものの掉尾を飾るものではなく，しばしば言われるように[52]，法という方法を特に重視する政治秩序である，法治国家の掉尾なのである。憲法裁判権という制度を持たない憲法秩序と比較してみることは有益であろう。この「完全な」法的制度を持たない憲法は，主として，憲法が公衆の中で得ている共感を糧に生きる。憲法の実現が政治プロセスの一部であるということは，欠点も有しうる。それは，拘束力ある決断が存在しないために，内容上憲法に違反する多くの事例において，憲法問題が未決定のままとなり，より強い政治勢力が，全く邪道ではないとしても大胆な解釈によって，自己の主張を事実上，貫徹できてしまうことである。他方で，このような憲法秩序は，裁判官による決断が存在しないという同じ理由から，利点も有しうる。それは，すべてであるところの政治的議論や公衆の中において，裁判所の判決に期待しうるよりも広い内容で行われる憲法政策的な立論が，優勢を勝ち取るであろうという利点である[53]。このような憲法秩序のさらに別の利点は，憲法的思惟の中で政策的・理念的な評価が持ち込まれることである。すなわち，その要求が法律学的に履行可能かどうかや裁判手続における規準となりうるかどうかを直ちに問われることなく，憲法はプログラムとして，また，内容上の観念を達成するアピールとして理解されうるのである。これとは異なり，憲法裁判権を有する憲法秩序は，憲法の条文化および解釈に対して，固有の要求を課す。すでに1929年に，ハンス・ケルゼンは，そのような秩序におい

51） オーストリアにおける発展については，次のものを参照。*Haller* (Fn. 1), S. 1-72; *Stourzh* (Fn. 10), S. 24, S. 31 f.; *Robert Walter*, in: FS Ernst Hellbling, 1971, S. 743 ff.; *ders.*, in: Klaus Vogel (Hrsg.), Grundrechtsverständnis und Normenkontrolle, 1979, S. 4-17, S. 61 f. オーストリアにおける発展は，次の段階をたどった。1867年，「政治的諸権利」（＝基本権）の保障と行政による侵害に対する法的保護。1920年，立法審査の権限を伴う憲法裁判所。20世紀終盤から，法律の，基本法律およびとりわけ平等原則との適合性審査。

52） 出典については，*Wahl/Rottmann* (Fn. 4), Fn. 1.

53） このことは，議論が性急に，時にあまりに性急に憲法裁判所による判決の可能性へと殺到し，合憲であると確認されると，それ以上の政治的議論はどうやら余計なものとなるような，憲法裁判権を伴う法秩序と比較した場合の，長所でありうる。

ては憲法はできる限り厳密でなければならないと説いていた。「もし憲法が正義，自由，公正といった一般的な諸原理を指示していたとすると，それは極めて危険な巻物である」。憲法は，あらゆるその種の「言葉づかい」を控えなければならない[54]。

これにより，問題が明確となった。以前とは異なり，今日もはや「憲法，そして特に基本権について無邪気な意味投企や全体的構想を想定」しえないこと[55]，そして，憲法は優れて憲法裁判所の手続における規準というその機能の視点から，法律学的に厳密であろうように解釈されなければならないということが，憲法の法化と，拘束力ある決定可能性の一義性が要求する代償なのであろうか。しばしば憲法にあるとされるプログラム的で要求的な機能を，憲法の構成要素として記述することができるのだろうか。それとも，憲法規範の司法適合性の前提条件およびその程度が，このような憲法秩序において可能な憲法理解の限界を画することになるのだろうか。

この二者択一に対する解答には，同時に，憲法の優位および憲法裁判権を伴う憲法秩序とそのような制度を持たない憲法とには原理的な差異があるのだ，というテーゼの根拠づけが含まれている。出発点となるのは，基本法は連邦憲法裁判所の管轄権からいかなる実質的憲法問題も除外していないという事情である。市民の主観的基本権や憲法機関の権能が存在せず，客観法的規定のみが存在する場合であっても，抽象的規範統制によって，憲法裁判所の手続を開始することが原理的に可能である。あらゆる憲法上の紛争に対して裁判所が決定しうるという事実は，しかしながら，大きく影響する。すなわち，その命題の裁判手続における適用可能性をも指向せざるを得ない基本法のような憲法は，基本概念を形成する条件として，厳密に二者択一的な決定――合憲または違憲――という一義性を示さなければならない[56]。同時に基本法は，あらゆる問題についての決定可能性ゆえ，憲法違反の実質的判断を，裁判所の判決による拘束力ある無効（または違憲）宣言の可能性と，不可分のものとして結びつけている。憲法裁判所の判決で違憲ではないと宣言された法律は，その法律が憲法，

54）　VVDStRL 5 (1929), S. 30, 68 ff.

55）　*Ernst-Wolfgang Böckenförde*, Die Methoden der Verfassungsinterpretation, NJW 1976, S. 2089, 2090 mit Fn. 6 を参照。

憲法の精神または憲法のプログラムに完全に応えるものではないといった，さらなる憲法上の評価の可能性なしに，ただ合憲である。次のことが明らかとなる。基本法という憲法は，憲法裁判権との抱きつき，憲法裁判権による抱き込みから解き放たれることはない。国家理論・憲法理論における憲法についての思惟，さらに政治理論および政治実践における憲法的思惟もしかし，もちろんである。

上記の見解は，憲法裁判権に対する規準という機能の限界が憲法の終わりなのではないとする試論に照らし，精査されなければならない。特に憲法委託をめぐる議論では，基本法についても，司法になじまない立法プログラムや立法委託を認めるべきであるとの見解がある[57]。そして，平等原則に関連して，次のようなテーゼがしばしば主張される。それは，憲法によって規範化された内実は憲法上の統制の範囲と同一ではなく，したがって，規準規範と統制規範は分離しうる，というテーゼである[58]。歴史的・国家理論的伝統において正義の思考と緊密に結びついている平等原則について，恣意の禁止という憲法解釈学的・憲法「技術的」理解で満足したくないのは，偶然ではない[59]。憲法上の解決策として，次の区別が提唱されている。あらゆる観点において適切かつ正しい法律を制定すべし，という立法者の憲法上の任務と，立法者が恣意禁止とい

56） これには，次のことも含まれる。そのような憲法秩序においては，法的には，「憲法に適合する」という肯定的評価しか存在せず，大体のところ合憲である，憲法に近いあるいはさらに近い，憲法の良い履行あるいはさらに良い履行である，といった質的段階づけが存在しない。同様に，否定的評価も，「憲法違反」を意味するだけであり，憲法に対する軽微な過誤か重大な過誤かという法的区別を行うことができない。

57） *Ernst Friesenhahn*, Der Wandel des Grundrechtsverständnisses, Verh. d. 50. DJT II, 1974, S. G 13 を参照。憲法委託は，憲法規範であるとはいえ，特別な種類のものであり，その実現は裁判所の審査には委ねられない。類似のものに，*Peter Häberle*, DÖV 1972, 729, 734. さらに，*Hans Zacher*, in: Hans Nawiasky/Claus Leusser/Karl Schweiger/Hans Zacher, Die Verfassung des Freistaates Bayern, 2. Aufl. (1976), Vor Art. 151, Rdnr. 8 も参照。

58） *Konrad Hesse*, Grundzüge des Verfassungsrechts der Bundesrepublik Deutschland, 12. Aufl. (1980), § 12 II 3, S. 179（他の多くの事例も挙げられている）; *Hans Heinrich Rupp*, Vom Wandel der Grundrechte, AöR Bd. 101 (1976), S. 161, 175. この区別は，すでに *Ernst Forsthoff*, Über Maßnahmegesetze, in: Gedächtnisschrift für Walter Jellinek, 1975, S. 221, 232 f. (*ders.*, Rechtsstaat im Wandel, 1964, S. 78, 93 f.) に見ることができる。

う極端な限界にのみ服するところの，裁判所による統制との区別である[60]。

憲法内容の二重化というこのような解決は，論理的にも理論的にも不可能とはいえないが，おそらくは基本法の憲法構造に合致しないであろう。極端に言えば，この見解は，連邦憲法裁判所がある法律を内容的には正しくないと言いつつ，しかし思惟の禁止には抵触していないために合憲と認めることにならざるを得ない。たとえ連邦憲法裁判所がそのような端的な説示を避けると考えたとしても，多くの疑問が残る。一方で，基本権の文言上，内実の差異化や，統制権能の内容上の拘束からの後退は，理由づけを要することである。基本法の条文には，その手がかりは存在しない。他方で，内実および評価の二重化が，当事者および市民の意識の中で理解可能なものなのかという原理的問題がある。裁判所の充実した不断の判決実務は，実質的な憲法違反と裁判所によるその貫徹との連関を，絶えず意識させた。この連関は，法意識の一部となっている。この30年間の実務の中で成立し，刻印された法意識が，実質的には憲法に違反するが裁判では無効にできない法律という形象を「わざとらしい」「極端である」と感じるならば，基本法という土壌の上に成立した，システム内在的で，システムにかなったかの法意識は，あふれ出る要請的内実と限定された統制内容とのそのように区別に対する，越えられない壁として理解されよう。

Ⅳ．別の憲法理解と優位の範囲

1．憲法の優位は，規範次元の差異化と距離を要求する。これは，憲法と単純法との間に，その発生上や内容上の依存関係があることを否認するものではない。行政法（および他の単純法）は具体化された憲法である，あるいは，具体化された憲法でなければならないという認識，そして，この認識の実り豊かな展開は，1949年以降の公法学の最も重要な功績の一つである。とはいえ，具体

59）ヘーベルレは，基本法３条を単なる恣意の禁止へと「瑣末化」することに，断固反対した。*Häberle*, VVDStRL 30, 1972, S. 139 LS 42; これについて，*Günter Dürig*, in: Theodor Maunz/ Günter Dürig/ Roman Herzog/ Rupert Scholz, Grundgesetz, Art. 3, Rdnr. 278.

60）*Hesse* (Fn. 58), § 12 II 3, S. 179.

化された憲法は，単純法であって，単純法として，効力ある憲法を規準に，判定されなければならない。そして，これが可能であるためには，〔両者が〕厳密に区分され，優位する憲法の内実が分離して定式化され，明確に確定されなければならない。一方では，単純法の憲法への指向が今日では原理的に承認され，争いないこと，他方では，優位する憲法の範囲および区画可能性を通じて，憲法裁判所と立法者の機能法的に重要かつ厄介な関係が決定されることにかんがみれば，現在の時点では，単純法律の憲法依存性ではなく，２つの次元の区分可能性および法的輪郭づけこそが，中心的な問題となる。

２．不明確な境界画定が際立つのが，基本権の原則作用から生じる基本権の単純法および具体的事案の細部への「照射効」である。ここでは，構想が具象的に示される。注入という言葉を用いるか，それとも照射という言葉を用いるかにかかわらず，あるいは，基本権を客観秩序の「要素」であると理解するか否かにかかわらず，いずれの場合にも，問題解決に不可欠な法命題のうちで，憲法の次元に属する（それゆえ，他の事例や問題領域において，立法者が優越的憲法として顧慮しなければならない）ものはどれであり，単に「照射される」だけで「照射する」基本権の高位性を得ない単純法に属するものはどれなのかが，明らかではない。ここの点で，基本権の原則作用の基礎にある重要な思考が，解釈学的にいまだ十分に解明されていないとの印象を受けざるを得ない。そのことが，この構想を土台にして，「固有の憲法的部分」を憲法裁判所による統制の唯一の規準であるとするのは困難であり，結局は不可能であることを裏づけている[61]。とはいえ，問題の原因は，憲法上の内実を，照射効の事例において個別事例のあらゆる諸事情の具体的衡量とは別に，あるいはそこから抽象化して確定しようとはしない，基本権解釈の実体法にある。

61）内在的に首尾一貫して，ついに，*Rolf Wank*, JuS 1980, S. 546 ff. は，「固有の憲法的内実」の実体法的規準の探究から決別し，連邦憲法裁判所の審査権限を，上告審裁判官の任務に則って確定する。同様のものとして，*Schlaich* (Fn. 4), S. 122. その際，憲法異議の個人権保護としての機能が脱落することになる。さらに，公権力によるあらゆる法律違反が原則として基本権違反を意味するとなると（出典は同546頁の注８），なぜ基本法93条１項４ａ号で，基本権が固有かつ唯一の審査規準として挙げられているのかも，説明され得ないことになる。

批判の広まり[62]に従って，「相互作用」というイメージから離れることにしよう。そうすると，基本権とこれを制限する法律との関係が問われる多くは，２つの法益の比例的関係づけであると理解できる。しかし，この基本的な原理についても，実践的整合や最適の調整の思考[63]と同じく，上で述べたことを繰り返さなければならない。すなわち，これらが基本法という憲法において極めて重要であるとしても，憲法の優位という構想に関して，最後まで詰められてはいない。適切にも，コンラート・ヘッセは，次のように述べている。実践的整合という解釈原理は，何が個別事例において比例的であるかを告げるものではない。とはいえ，この解釈原理は，憲法に含まれた，それゆえ拘束力のある指令として方向を指示し，憲法に適合した解決の探求がそれによってのみ許される手続を決定する[64]。この引用から明らかになるのは，次のことである。比例性原理および上述のその他の準則は，憲法という次元に根をおろし，それらは決定の需要を優越的次元において，単純法と混交することなく解決するが，しかしそれは，実質的規準の赤字の下でのみ行われる。これらの準則は，憲法裁判所ならびに国法学に対する，内容上の規準による裏付けのない（あるいは，ほとんど裏付けのない）判決の留保であることがわかる。困難性と問題は，実践的整合の原理から最適化の負託が帰結されることになると[65]，より増大する。もし相互に抵触する２つの（憲法）法益が等しく最適な作用を獲得しなければならないとすれば，ただ一つの正解だけが存在しうる。最適化という負託は，言葉を厳密な意味で理解すれば，決定必要性の最大限を意味する[66]。つまり，

62）　例えば，*Fritz Ossenbühl*, NJW 1976, S. 2100, 2107, および *Hesse*（Fn. 58）, § 2 III, S. 29.

63）　*Hesse*（Fn. 58）, S. 28; *Peter Lerche*, Übermaß und Verfassungsrecht, 1961, S. 125 ff. ２つの原理は，一部の文献では，――本来の提唱者に帰すことができない――過度にして極端な使用が行われた。特に，ある問題についての大掛かりな論説の中で，従来の，しばしば詳細に説明された解決策をすべて退けたのち，最後の数文で２つの定式を引用して，期待に満ちた読者を置き去りにするものである。

64）　*Hesse*（Fn. 58）, S. 29.

65）　*Hesse*（Fn. 58）, S. 28 f.

66）　それゆえ，「憲法上の義務としての立法の最善の方法論」という要請もまた，拒否されなければならない。この要請に，*Gunter Schwerdtfeger*, in: FS Hans Peter Ipsen, 1977, S. 173, 176, および *Hans-Jürgen Papier*, Der bestimmungsgemäße Gebrauch der Arzneimittel, 1980, S. 35-40. *Schlaich*（Fn. 4）, S. 108 ff. もまた批判的である。

決定者は，当該事項問題において問題となりうる決定内容の，考えうる最大のものを提供しなければならない。そして，2つの法益の最適な関係づけは，憲法に単一の価値序列が存在せず，あるいは明確な価値序列が存在しない中，利害調整の格闘場である政治的論争で行われた評価をあとづけ，――時に修正――するほかに，どのように判断されうるのであろうか。最適化は，――厳密に行えば――必然的にあらゆる政治的形成の余地を吸い尽くす。本来の政治的評価から無関係ではありえない，この決定内容の最大限を，適切性，最大限の配慮，あるいは適切な調整という形式的に定式化された諸原理の指令の下で達成することについては，首を傾げざるをえない[67]。

上記（Ⅲ）の考察と関連づければ，上に述べた立場は，憲法のプログラム的・アピール的機能を放棄できないと考える見解として現れる。よき政治を要請するためのみならず，憲法ゆえに，立法者は「主張可能な」調整だけではなく，抵触の最適な解決を義務づけられることになる。この立場は，この要請を憲法上の命令であると解することから衝撃力を獲得する。なぜなら，基本法の憲法秩序では，この言明は実体法的次元でとどまらない。内容的に全く確定していないか，ほとんど確定していない評価問題に関する裁判官の判決の留保となることを通じて，この言明は，立法者と憲法裁判所の関係に影響を与えるためである。憲法上のものとして理解された命令としての最適化要請，包括的な憲法裁判権，そして議会立法者の形成自由は，相互に相いれない。これらは，いうなれば，魔法のトライアングルなのである。

時として援用される司法の自己抑制の原理からも，言及した問題の解決を期待することができない。なぜなら，本稿で関心の問題が，間違って設定されているためである[68]。すなわち，問題は，果たして連邦憲法裁判所は手持ちの審査権限を全く行使しない，ないし遠慮がちにのみ行使すべきかではなく，憲法の内容のプログラム的・アピール的内容による充塡という，先行する問題が，

67）推測されるのは，引用した言明において，「最大化負託」の内在的限界が前提とされていることである。

68）これについて，*Schlaich* (Fn. 4), S. 111も参照。原理全般については，*Wolf-Rüdiger Schenke*, NJW 1979, S. 1321, 1324; *ders.*, Die Verfassungsorgantreue, 1977, S. 119 ff. und *Norbert Achterberg*, DÖV 1977, S. 649 ff. いずれも，出典が挙げられている。

適切に判断されているのかどうかなのである。第一段階の過多を第二段階において抑制要請によって修正しようとするのは，二重の誤りであろう。

３．本稿の扱う問題の背後に，憲法解釈の方法をめぐる論争，それゆえ，結局は憲法理解をめぐる論争があるのは明らかである。憲法解釈・憲法理解・憲法の意味内容の範囲・連邦憲法裁判所の権限範囲の間の相互作用については，それ自体はよく知られている。しかし，この諸関係の構成体の中で，足場または推論の確実な出発点となるアルキメデスの要点は，発見されていない。解釈方法論および憲法理解に関する豊富な議論から，ここでは，本稿の関連で見本となる論争を部分的に抜き出すことにしたい。それは，基本権および憲法の解釈か，それとも具体化か，というキーワードで呼ぶことのできる論争である[69)]。具体化により，まさにまだ憲法の内容として一義的でないものが，規律されるべき「現実」を取り入れて確定される[70)]。具体化は，憲法発展，完全利用，強化であり，全規範プログラムの実現を通じた法の継続形成として現れる[71)]。これに対しては，次のような批判が唱えられている。すなわち，この手続は憲法の「増大する確定」をもたらし，憲法の大綱秩序としての性格ならびに立法者の政治的形成の余地を破棄するものであるという批判である[72)]。本稿にとってこの論争で興味深いのは，憲法の内実の強化が，肯定者および批判者により，・まさに正反対に評価されているという決定的な観点だけである。

豊富な判例を通じて，解釈問題の解明と同時に，ある規範に内実が付け加わるのは確かである。民法典は，80年の裁判の蓄積により，改正のない規定でも1900年の時点とは本質的に異なるものとなっている。同じことは，52巻を数える連邦憲法裁判所の判例を経た1979年の基本法にも当てはまる。とはいえ，ある規範を確定する程度には，顕著な相違がある。これは，解釈の志向，ここでは憲法解釈の志向に決定的に依存する。憲法解釈は，――具体化の場合には

69)　*Ossenbühl* (Fn. 62), S. 2105 f. m. w. N.
70)　*Hesse* (Fn. 58), § 2 III, S. 25.
71)　例えば，*Ossenbühl* (Fn. 62), S. 2006 が論じている。
72)　*Ernst-Wolfgang Böckenförde*, NJW 1976, S. 2089, 2097. 同2099頁と2091頁では，対抗秩序としての憲法という理解について述べられている。

――できる限り事物に向き，「事物の構造」や規律されるべき「現実」の状況から多くの内実を取り入れ，特定の時点に合わせて仕立てあげた，法的に満たされた憲法言明を展開することに志向する[73]。このような振る舞いは，あらゆる観点について，すべての解釈が持ち，したがって憲法解釈が持つ創造者的関与という方法論的認識によって正当化され，防御されるわけではない。決定的な，優れて憲法解釈学的な問いは，誰が「具体化」し，誰がどれだけ多く，断片的条文の憲法規範に創造物を付け加えるのかである。憲法規範の創造者的「発展」は，２つのことを意味しうる。第一は，解釈および憲法裁判所を通じた，憲法規範の解明という意味での具体化であり，第二は，憲法上の衝撃を立法者がさらに思索するという意味の具体化である。具体化を志向する学説は，明らかに，前者の意味でのみ理解しようとしている。しかし，問題は，２つの振る舞いの区別である。憲法解釈を具体化の事象として記述することは，憲法「発展」という２つの創造者的振る舞いの区別を失わせ，解釈による憲法充填の取り分を増やすものである。

これに対し，憲法は大綱秩序であるという理解の下では，漸進的司法による憲法規範の充填のプロセスに，より早く歯止めがかけられる。もとより，この構想の下でも，憲法規範の内容についての拘束力ある確定が必要である。しかし，この内実の確定は「大綱」という理解に方向づけられているため，確定が立法者に残し，また残すべき選択肢にも，常に目が向けられている。大綱という理解は，常に２つのことを要求する。すなわち，確定されたものについての言明と，残されたものについての言明である[74]。大綱という理解は，自覚的に

73) *Hesse* (Fn. 58), § 1 III, S. 19 und § 2 III, S. 27 を参照。できる限り事物に向き，特定の時点に合わせて仕立てあげることを強調した憲法解釈のもたらす帰結は，次のものである。別の時点では「規範領域」において別の事情が問題となるため，後の時点の憲法解釈は，別の結果とならなければならない。この変化は，憲法変遷という形象によってのみ求めうるものである。あらゆる憲法充填の高まりは，同時に，憲法変遷の適用領域を拡張する。その際，決定的な問題は，またもや，実体法的標識ではなく，次の点にある。それは，連邦憲法裁判所の拘束力ある判決の後に発生した変遷を法的に承認するには，重大な壁を乗り越えなければならないということである。立法者および他の機関が連邦憲法裁判所法31条による拘束から解放されたと感じるためのものである。憲法裁判所の判決の後に生じる憲法変遷は，いわば連邦憲法裁判所によって「管理される」ことになる。

形成の余地を発掘し，定式化する。大綱の内部に留まるものについては，複数の可能な選択肢の一つであると理解される。大綱として理解された憲法規範を，法律に対する規準として用いるのであれば，判決は，果たして中間点・頂点・最大点のどれに該当するかではなく，他の内容形成がそうでありうるように，ある具体的法律が「大綱の枠内」にあるかどうかに向けられるのである。

一方，具体化という構想には，憲法の正しい具体化のために，余地を吸い尽くすという傾向が内包されている。具体化という構想により，憲法は，単純法の題材を，細別し，照射し，刻印づけながら，憲法上の衝撃によって貫くのである。憲法の諸原理および価値観念の実質的な貫徹と最大限の充填のために，憲法の内実の強化という点で，これまた反対の危険に直面する大綱構想で期待される以上の，さらに何歩かの，しかし影響の大きい歩みを進める。異なる憲法理解と不可分に結びついた２つの構想の異なる思考様式は，このように，大きく影響するのである。

結論を，テーゼの形式で確認しよう。大綱理解は，憲法の次元から思考し，自覚的に単純法に対して距離を保つ。単純法は，憲法以上に豊富な内実を常に含み，たいていの場合ほかの選択肢もあるが，大綱理解は，常に限定的な憲法と，単純法との差異を強調する。大綱秩序という理解は，憲法の優位という構想と，特有の内在的な親密さを有しており，この構想の有する規律的な，序列段階の分離に不可避な作用を自らのものとする。それゆえ，この理解は，強力な憲法裁判権を持ち，分離が可能な限り厳密に行われることを特別な意味で必要とする憲法秩序にとって，適切なものであるように思われる。

Ⅴ．部分憲法の理論による憲法の充填

１．憲法の優位の範囲および区別可能性は，次のような解釈学的構想をとる場合に，体系的な意味で問題となる。それは，連邦憲法裁判所によるあらゆる拒

74）　それゆえ，「開かれている」のは，よく言われるところの憲法ではない。憲法の枠内において可能であり，立法者によって今日と明日では別々の内容で憲法適合的に充填されうるものが開かれているのである。さらに，憲法において確定しているものについて，明示的な憲法変遷がありうることが一般に認められている。

絶にもかかわらず，学説においてたびたび用いられるものであり，部分憲法の構想または――ヘルベルト・クリューガー[75]が深く関連する段階観念にあてつけて表現したところの――「サブ・コンスティテューショナルな憲法」という理論である。経済憲法を例に，連邦憲法裁判所は，投資支援判決に始まる確立した判例で，自立的で追加的な憲法上の内実と規準を含む構想としての部分憲法の概念を退けており，共同決定判決において，改めてこれを確認した[76]。文献が要求する「経済憲法の制度的連関」という審査規準や「保護連関および秩序連関」という審査規準は，連邦憲法裁判所の一義的で決定的な言明によれば，「基本法においていかなる足場も見いだせない」。文献では，この形象はその後も用いられている[77]が，それはおそらく，ここで興味深い２つの点ゆえであろう。第一は，一連の基本権および内容上の基本原理を部分憲法へと統合することにより，個々の規定で並列的に審査するよりも多くの内実と規準を展開することができるというものである[78]。その限りで，全体は部分の総和よりも多い，という教えが生きている。しかしながら，この伝統に富んだ命題は，とくに誰が内実に「増量分」を与えるのかについて沈黙している点で――明らかにそれは，その都度の解釈者であろう――，同じく伝統的に疑わしいものなのである。

部分憲法の第二の点は，部分秩序の内容が，単純法律の次元から生じる内実によって，決定的に強化されることであるが[79]，憲法と単純法の区別は，著し

75) *Herbert Krüger*, Subkonstitutionelle Verfassungen, DÖV 1976, S. 613. そのような部分憲法の優位に対する徹底した，原理的な論証による拒絶が述べられている。

76) これにつき，*Peter Badura*, AöR Bd. 92 (1967), S. 382 ff.; *ders.*, in: FS Ludwig Fröhler 1980, S. 321 ff.; *Fritz Rittner*, Wirtschaftsrecht, 1979, S. 23 f. を参照。引用の言いまわしは BVerfGE 50, 290, 336 からのものである。

77) 例えば，*Roland Wegener*, Staat und Verbände im Sachbereich Wohlfahrtspflege, 1978, S. 118, および *Krüger* (Fn. 75), S. 615 の挙げる典拠を参照。最近では，*Hans Hablitzel*, Wirtschaftsverfassung und Grundgesetz, BayVBl. 1981, S. 65 ff. によっても用いられている。

78) 部分憲法の形成とパラレルにあるのが，*Thomas Oppermann*, Verhandlung des 51. DJT 1, 1976, S. C 94 f. による，統合的な「イデオロギー的に寛容な学校を求める基本権」のための，「基本権と固有に教育法的な憲法規定」の概覧である。

79) 明示的に，*Joseph Kaiser*, Die Verfassung der öffentlichen Wohlfahrtspflege, in: FS Ulrich Scheuner, 1973, S. 241, 243, 247 f. これに対する批判に，本文にあるように，*Wegener* (Fn. 77), S. 118 ff. がある。注89)に対応する本文も参照。

く不確かとなる。憲法上の原理と単純法の間の往来作用と説明されるが，この説明は，憲法次元に向かう彷徨のプロセスが，当然で，さらなる議論を要しない帰結のように現れることの，背景となっている。このようなプロセスおよび結論は，明らかに，上述のように憲法の優位の原理から導き出したことの，まさに正反対のものである。この理論に対する批判は，ルッペルト・ショルツの論文に集中されようが，それは，ショルツがこの理論の拡張的で拡大的な用い方をしているためである。

2．ショルツは，事項領域および法領域に取り組んだほとんどすべての研究で，部分憲法という定式化に凝結している[80)]。さらにこれには，次のことも含まれる。基本権の防御機能に従い，国家に対する距離をとるべき事項領域が，単に「社会的領域」と標示され，あるいは，システム論的に言うとしても，「社会的サブシステム」と標示されるのではなく，社会憲法的サブシステムへと彫刻される[81)]。ショルツは，その著作において，――伝統的な経済憲法から始まり，隣接する労働憲法や社会憲法を経て，公役務憲法および職務憲法に至り，さらに，最近ないし最新の発展をコミュニケーション憲法ないしメディア憲法の中で位置付けるに至る――多数の部分憲法を展開した[82)]。ショルツにおいては，部分憲法の理論は，単に量的な拡張だけではなく，質的上昇をも被った。社会憲法という概念，基本法の社会的部分憲法という概念は，変遷する国家の秩序政策上の自己理解，すなわち，もはや部分的に介入するのではなく，「攻勢的で包括的な社会政策的秩序委託」を追求するという自己理解に対する法的リアクションを可能にすることをねらいとする[83)]。「基本法の開かれた経済憲法は，14条の所有権の保障を通じて，事業者財産の私的個人使用というミクロ経済的観念のみならず，……生産手段の私有に基づく経済秩序というマクロ経済的シ

80）「進化」が部分憲法に至るための前提条件を論ずるものとして，*Rupert Scholz/Rainer Pitschas*, in: Sozialrechtsprechung, FS BSG, Bd. 2, 1979, S. 627, 639 f., および *Kaiser* (Fn. 79), S. 244.

81）特に明らかであるのが，*Ruprecht Scholz*, Pressefreiheit und Arbeitsverfassung, 1978, S. 130 ff. である。さらに，*Ruprecht Scholz/Horst Konzen*, Die Aussperrung im System von Arbeitsverfassung und kollektivem Arbeitsrecht, 1980, S. 119; *Scholz*, Paritätische Mitbestimmung und Grundgesetz, 1974, S. 24 ff. も参照。

ステム観念が保障される」。著しく発展した部分憲法の理論の目新しさは，そのようなミクロ経済的またはマクロ経済的なシステム観念とのつながりである。基本法の部分憲法は，明示的に「マクロ政策的様式の秩序システム」として構想され[84]，複雑な立法の企てに対する制御機能を果たすに足りる内実が与えられる。このシステムの開放性が繰り返し強調されるが，だからといって，論理的に，部分憲法の開放性よりも前にその内容に関わる構造化が置かれていることが忘れられてはならない。

これによって到達したマクロ政策的秩序システムの次元において，多数の部分憲法の間の補完，交差，重層，対立の関係が生じる。たとえば，プレス法上の傾向保護やプレスの内的自由の際には，労働憲法，経済憲法，そしてコミュニケーション憲法の対立として解決されなければならないのであり，この場合に部分憲法の理論は，絶頂に達する[85]。

「出発点となるのは，すべての社会憲法的サブシステムの原理的同格性，それらの正当な相互依存の確認と，実践的整合を確立すべしという要請である。そのような整合は，——基本権衝突およびその解決の一般的諸原理に従って——比例原則，および比例原則から帰結される，あらゆる（関与する）

82）経済憲法，労働憲法については，Fn. 81に挙げた文献のほか，*Scholz*, Koalitionsfreiheit als Verfassungsproblem, 1971, S. 154 ff., 158 ff.; *ders.*, Konzentrationskontrolle und Grundgesetz, 1971, S. 26 ff. m. w. N. in Fn. 1; *ders.* in: Dieter Duwendag（Hrsg.）, Der Staatssektor in der sozialen Marktwirtschaft, 1976, S. 113, 123 ff. 社会憲法については，*Scholz/Pitschas*（Fn. 80）, S. 635 ff., 639 ff.; *Scholz*, in: FS BAG, 1979, S. 511, 512 ff.; *ders.*, in: FS Karl Sieg, 1976, S. 507, 510 ff.（保険憲法にも触れられている）. 公役務憲法・職務憲法については，*ders.*, in: Walter Leisner（Hrsg.）, Das Berufsbeamtentum im demokratischen Staat, 1975, S. 179 ff.; *ders.*, Personalvertretung, 1975, S. 81 ff.; *ders.*, Mitbestimmungsgesetz, Mitbestimmungsurteil und öffentlicher Dienst, ZBR 1980, S. 297 ff. 基本法上のコミュニケーション憲法・メディア憲法については，*ders.*, Koalitionsfreiheit als Verfassungsproblem, S. 283 ff., 286 ff., 298 ff.; *ders.*, Audiovisuelle Medien und bundesstaatliche Gesetzgebungskompetenz, 1976, S. 27 ff.

83）*Scholz*, Paritätische Mitbestimmung und Grundgesetz（Fn. 81）, S. 35 ff.; さらに，S. 134 und S. 110 ff. も参照。*ders.*, in: FS Karl Sieg, S. 525 ff. も参照。

84）*Scholz*, Pressefreiheit und Arbeitsverfassung（Fn. 81）, S. 165 の表現である。

85）*Scholz*, Pressefreiheit und Arbeitsverfassung（Fn. 81）, S. 165 f.

方向に向けて可能な限り慎重な調整を行わなければならないという指令に従って――獲得されなければならない。社会憲法的サブシステムの領域では，――本来的意味の基本権衝突とは異なり――マクロ政策的タイプの行為システム・秩序システムの調整が問題となるため，これらに加えて，かのマクロ政策的問題関連を拾い上げるような仲介的規準が必要である。この課題を達成するのが，――静的・持続的なシステム維持あるいはシステム固定の実質的要請という偏った意味で理解されない限りであるが――**システム公正性**ないしは**システム適合性の観念**である。システム公正性ないしシステム適合性とは，ここで重要な意味においては，――システムに内在する（たとえば，経済憲法上の）システム開放性を維持しつつ――ある具体的な社会憲法上のサブシステムの**自生的構造と自己法則性**の，最高度の配慮の程度と，もし社会憲法的サブシステムが他の同格のサブシステムのために，あるいは，同格のサブシステムを用いて，変更あるいは（重要な点で）相対化を受ける場合には，機能的等価値性を確保すべき原理的義務を意味する」。

憲法解釈の伝統的理解は，いかにして基本法の断片的条文から社会憲法的サブシステムが構築され，相互に関係づけられ，実践的整合の原理とシステム公正性という魔法の公式によって調整されるかを，ただ驚嘆するほかない[86]。確かに，ショルツによれば，システム公正性という思考は，「むしろ形式的な解釈規準」として機能する[87]。しかし，「形式的」内実は，自生的構造および最大限のシステム保護に対する最高度の配慮の要請のような，政治的には極めて帰結の多い言明を要求するには十分なのである。これらの要請は，確かにすべ

86）　比例原則および整合の原則の適用領域は，ここでは，明らかにシステムの決定に結び付けられている。例えば，*Scholz*, FS Karl Sieg, S. 524 では，次のように述べられている。「過剰禁止の原則は，それゆえ，私的保険の機能的確保，すなわち，公的保険の主体との社会経済的競争における私的保険の（社会的）同格性と，機能能力を仲介する」。同じ原理に依拠しているとはいっても，連邦憲法裁判所が方法論的に細分化された比例性の考慮に依拠して規律システム中の**個別規定**を審査し，廃棄するのとは全く異なることが行われている。連邦憲法裁判所が，本来的な立法政策上の目標設定，すなわち，法システム全体を結論において退けることは，通常ないのであり，結局は審査できないのである。*Ernst Benda*, DÖV 1979, S. 468; *ders.*, Grundrechtswidrige Gesetze, 1979, S. 26 f. und 56 f. による，判例の評価の結果を見よ。

てシステムに内在したシステム開放性の維持という留保に服するが，他方でそれは，「関係するあらゆるサブシステムに向けた，最大限のシステム公正性を確立する」ことを免除するものではない。「全体」は基本法の条項の総和よりも顕著に多いというのは争いようのないことであるし，憲法の内実が大いに付け加わった[88]というのも争うことはできない。しかし，この解釈要請を基礎に，連邦憲法裁判所が審査し，予見可能な形で法律審査を行うことができると想像できるだろうか。これは，いずれにせよ，上述（ⅢおよびⅣ）のところからすれば，システムに適ったこと（*systemgerecht*）ではない。

3．しかし，複数の部分憲法の衝突という合併症がないとしても，生活領域を自称憲法上の部分システムとして自立化することは，それにより憲法と単純法との間の差異が分類的に消滅するため，拒絶されなければならない。それが特に明瞭に示されるのが，ショルツの次の一節である[89]。

> 基本法12条および14条は「個々の労働法の憲法上の基盤をなすものであるが，労働法は他方で，とりわけ契約法であり，あるいはまた，個々の労働協約を基礎にして展開される。労働憲法と憲法より下位の労働秩序の関係は，したがって（？），アンビバレントである。一方において，労働憲法は単純労働法・労働契約法を『指揮』する。他方で，後者は前者を具体化し，したがって，その具体的・解釈的発展にとって決定的となる」。

同様にアンビバレントな関係を，ショルツは，経済憲法と単純経済法の関係にも認めている。明確な分離ではなく，アンビバレンツが序列次元相互の関係を規定するのであれば，ショルツおよびピッチャスにとり，「憲法適合的社会

87) *Scholz*, Pressefreiheit und Arbeitsverfassung (Fn. 81), S. 166，以下につき，同167頁。もちろん，ショルツは，引用した著作のうしろの章節では，その都度の単純法の具体的規範と取り組んでいる。そのための憲法上の基礎をなすのは，しかしながら，部分憲法の理論という，内実を産出する構成である。

88) この関連で，部分憲法についての「憲法の父」に関する，*Krüger* (Fn. 75), S. 616 のコメントも参照。

89) *Scholz*, Pressefreiheit und Arbeitsverfassung (Fn. 81), S. 155 f.

秩序」に関する連邦社会裁判所の裁判[90]からさらに歩を進め，社会的安全の法を「基本法的社会憲法」の中で自立化することが，些細な，問題のない一歩であるとしても，驚くには当たらない。用語法においては些細に見える差異も，実際には極めて重要である――２つの表現は，憲法上，相いれないものである。社会法は，単純法であり，憲法を規準に判定されるべき法である。「憲法に合致した社会法ないし憲法適合的社会法」という概念は，このことを，誤解の余地なく表現している。基本法上の社会憲法の理論は，この単純法の一部を憲法，すなわち，規準となる法にする。「基本法上の社会憲法の完成にとって決定的な問いは，別言すれば，何が社会保障の個々の秩序システムの本質的な一体性と統一性なのか，という問いである」[91]。「基本法上」の社会「憲法」を強調することの意義が，社会憲法の諸命題が憲法ランクを共有し，立法政策に対する法的規準としての意味を持つことであるとすれば，それは，単純法における秩序システムの一体性の問題ではない。社会法に関する憲法上の言明は，憲法からのみ取り出すことができ，各憲法条項の厳密な解釈によってのみ獲得できるものであるが，まさにこれが欠けているのである。

Ⅵ．憲法裁判権から帰結される諸問題

１．憲法の自立性と法律に対する憲法の距離は，全体的考察の中で，強力な憲法裁判権を持つ憲法である基本法の性格から導出される指導思考である。異質の来歴の解釈学的形象について，この指導思考が欠落し，あるいは害されている場合には，特に強く批判されなければならない。憲法の範囲の実体法的確定の裏側にある立法者の劣位にとり，この考察から，次のことが生じる。立法者の劣位の範囲を，他の構想と比較して顕著に拡張する解釈学的構想が存在する。また，体系的に，劣位の程度および境界づけを不確実にするように見える――それは，憲法裁判所と立法者の機能的関係に対するあらゆる帰結を伴うものである――構想が存在する。このような問題性を明示することが重要である。もとより，上述のあらゆる解釈学上の問題に関して，明確な区分を可能にする特

90）　In: Sozialrechtsprechung（Fn. 80）, S. 639 f.
91）　In: Sozialrechtsprechung（Fn. 80）, S. 640.

効薬があると主張しているわけではない。憲法上の概念の「自立」は，自立の不可欠性を論証し，自立の最大限の実現を到達目標として把握するだけで達成されるものではないし，あらゆる個別問題に対して確保されるものでもない。憲法適合的解釈あるいは間接的第三者効力という古典的問題領域に関連して言えば，優位する憲法を同定し，境界づけるあらゆる努力が完全な成果を収めるのか，それとも憲法と法律との間のグレー・ゾーンが不可避に残るのかを疑うことができよう[92]。しかし，これを確認したからといって，上述の立場からすれば，このような状況を憲法と単純法の全関係の要点とし，あるいは，区別が可能な場合にもこれを行わない，ということを正当化するものではない。序列の次元の異なりを強調することは，憲法の他の法からの孤立化ではないし，いわんや，単純法の憲法からの隔離や憲法に対する免責ではない。単純法のいかなる規範も，たとえ古くからの法領域の伝統的基本原理といえども，憲法に違反することは許されない。このため，あらゆる立法は，そのような抵触を避けるために憲法規範の内実に則らねばならず，憲法を基礎としなければならない。これを，「照射」あるいは「影響」と呼ぶことは許されよう。この比喩において，憲法から法律への一方的な方向性という要素が維持されているならば，その限りで害のないものである。一方，この観念は，異論の余地のない単純法の憲法への従属が，憲法と単純法の相互作用または相互関連性という表現で把握され，あるいは，とりわけ単純法の憲法への準拠により確立する法秩序の一体性が，「憲法と法律の垂直的統合」または「弁証法的相互作用」[93]として理解されることになると，疑わしいものとなる。上述のテーゼを変形させると，次のようになる。憲法裁判権を持った憲法秩序においては，憲法と法律との相互関

92) 憲法適合的解釈の例にとどまることにしたい。もしある法律規範の解釈について，学説および〔専門裁判所の〕判例でＡからＤの解釈が主張されているが，連邦憲法裁判所はＡのみを違憲であると考えた場合，連邦憲法裁判所は，そのことのみを宣告すべきであり，ＢからＤについて，そのどれが憲法を「最もよく」実現するかを判断すべきではない。

93) *Detlef Göldner*, Verfassungsprinzip und Privatrechtsnorm in der verfassungskonformen Auslegung und Rechtsfortbildung, 1969, S. 125 ff., 127. それゆえ，法律の憲法適合的解釈が憲法の法律適合的解釈と結びつけられるのも問題であるように思われる。*Hesse* (Fn. 58), § 2 IV 3, S. 34.

連性は，２つの規範集合体間の相互浸透を意味するだけではなく，憲法裁判所の権限と立法者の権限の相互浸透をも意味するのである。

２．包括的憲法裁判権という制度が憲法理解に対して与えるさらに別の作用は，より根本的なものである。これについて最後に論ずることにしたい。憲法裁判権は，憲法を「完成された」法にした。憲法裁判権の制度，手続，その判決の性格と関連して，憲法は，厳密で法学的な作業という連関の中に押し込まれた。いずれにせよ，統制規範という特質において，憲法は，最終的に制定法となったのである。これにより，上で繰り返し問うた問題が，強調して提起される。すなわち，憲法は，厳密に「法学的」に理解された実定憲法律の技術性に尽きてしなうものなのか。これによって，実証主義を克服したワイマール憲法論議の，憲法の「政治的」性格についての洞察を，危険にさらすことになりはしないか。憲法は，操舵的，プログラム的，アピール的な，つまり政治的機能をも持たねばならないのではないのだろうか。憲法の規範性と実定性を強調することで，憲法の成立および維持に関わる微妙な諸条件から目を背けてよいのだろうか。このような根本的問題が，すでに早い時期に憲法の優位に関する研究の中で論じられたのは，偶然のことではない。ショイナーは，1951年に，以下のような警告が必要であると考えた。「憲法は最高次の法律であるという憲法の形式的概念が優勢となり，特定の内容を持った国家の確固たる基礎であるという憲法の観念が排除されると，憲法秩序の不変性は，その自由の保全とともに，実証主義的に溶解される危険がある」[94]。後にショイナーは，憲法の優位をより肯定的に評価し，適切にも，〔憲法の〕序列上の地位と基本的内容という２つの要素を，相互に結びつかせている[95]。憲法の優位という構想は，歴史的考察が示すように，偏狭な実証主義と必然的に結びつくものではなく，この構想の成立時点では，実際にも，実質的内容の無視と結びついてはいなかった[96]。事実，２つの要素の間には，切断できない内的連関がある。憲法の優位は，憲

94）*Ulrich Scheuner*, Grundfragen des modernen Staates, Recht - Staat - Wirtschaft, Bd. 3, 1951, S. 126, 133.

95）*Scheuner* (Fn. 20), S. 12 f.:「永続的で，共同体の基本コンセンサスに立脚した高次の秩序の規範の処方書としての憲法」。

法の内容が根本に関わるものであるがゆえに初めて，原理として意義あるもの，重要なものとなる。反対に，根本に関わるものは，判決可能性および正確な輪郭づけによって，厳密な法学的内実の画定とより高い安定性を獲得する。しかしながら，憲法のより深遠な問題性が，これによって解決されるわけではない。これら２つの要素にとって，合法的に基礎づけることができない法的秩序であるという憲法の性格[97]から生ずる限界が，なお克服できないものとして残るからである。最初のものであり，それ以上導出することのできない基礎[98]という難問は，形式的序列の基礎づけについても，その内容・実質についても，法内在的な説明とならないか，あるいは説明できないものとして残る。そして，憲法秩序の存続および生存にとっても当てはまるのは，立憲国家の現実および成功が，第一次的には法的規範化や諸制度に依拠しているのではない[99]ということである。厄介である憲法の根底という問題提起は，憲法と――他に例がない形で憲法と――不可分に結びついている。そして，振り払うことのできない正統性の問題のゆえに，他の規範体に対する「政治的」憲法の異質性が，際立つのである。

国法学は，憲法の実定性だけで満足することはできない。国法学は，もしこの問題を論理的完結性の欲求だけを満足させる仮定的根本規範という構成へと追いやり，それで済んだと考えるならば，国法学は自己の任務を見誤ることになろう。しかし，基本法下の国法学が，どのようにしてこの問題について論ずることができるのかは，新たな熟考を要する問題である。ワイマールの解答は，

96）憲法の優位は，それゆえ，ウィーン学派の固有の特徴のすべてと必然的に結びついているわけではないが，この構想に対する同学派の功績が減じられてはならない。何よりも，――1920年代には自明ではなかった――この学説の徹底した民主主義的な背景が看過されてはならない。*Wilhelm Henke*, Verfassung, Gesetz und Richter, Der Staat Bd. 3 (1964), S. 433, 437 ff. は，憲法の優位の理論とウィーン学派との関係を，あまりに狭く見ている。

97）例えば，*Peter Badura*, Verfassung und Verfassungsgesetz, in: FS Ulrich Scheuner, 1973, S. 19, 21.

98）起源は何かという問い，および，回答を与えることの学問的限界ないし不可能性について，*Wilhelm Henke*, Staatsrecht, Politik und verfassungsgebende Gewalt, Der Staat Bd. 19 (1980), S. 181, 194 ff., 同論文では，法的規律としての憲法と，憲法についての思考との関係という，本稿で関心のある問題について注目すべき論述も行われている。

99）*Badura* (Fn. 97), S. 21.

ここではもはや不十分に思われる。ワイマールの議論は，治療というよりは診断の中で，実証主義の偏狭に対抗し，憲法の特殊性を主題化した。しかし，ワイマール時代には，憲法裁判権の制度および憲法の優位には，深刻な対立があり，真剣に摂取されることにはならなかった。ワイマールのポスト実証主義の国法学は，憲法の内容を厳密で貫徹可能な統制規準として解すべきか，不完全なプログラムとして解すべきか，それとも（何らかの形の）組み合わせとして解すべきかという種々の理解について，決断を下す必要がなかった。基本法は，この点について，――そして以下の最終テーゼに本稿で述べてきた考察が合流するのであるが――ワイマールと比べて根本的に新しい状況，そしてワイマールとの断絶を作り出したのである。それゆえ，憲法解釈学と憲法理論との間の方法論的関係について，新しく熟考されなければならない。ワイマールにおいて実証主義的理解を超えて，「政治的」憲法のメルクマールとして認知されたもののすべてを，実定的で憲法裁判権の規準となる法としての憲法の理解に持ち込むことはできないのである。

Ⅲ　第２章

憲法の優位と法律の独自性*

憲法の優位は，法律のすべての分野に対して妥当する。しかし，憲法の優位が実践的な関係を持った時点は，それぞれの法分野ごとに異なる。それに反して，いくつかの法分野では，法律の憲法従属性を貫徹し，承認することが，いまだに問題となっている。その重要な例は，連邦憲法裁判所の水管理決定をめぐる議論が示すように，私法上の所有権秩序である。これに対して，その他の多くの法分野においては，憲法の優位がもたらす帰結が注目されている。そこでは，（憲法上の制約を内包している）法律の自立性と独自性を保持し，取り戻すことが重要になっている。

Ⅰ．問題の設定

過去の30年間において，憲法および公法に最も大きな変化を与えたのは，包括的な憲法裁判権の導入であり，また，この時代にすべての法秩序に最も大きな影響を与えたものは，憲法裁判権の行使による実質的憲法の意義の向上と，その断固とした実効化にほかならなかった。1949年以来の30年以上に及ぶ時代は，基本法の影響下にある法秩序を，もはやワイマール時代までの発展の継続としてだけでなく，独自の問題が設定され，特殊なその後の問題が出現する，一つの固有の時代として理解するのに，十分に長い期間であった。以下の論述

＊　1984年１月29日のコンラート・ヘッセ教授の65歳の誕生日を記念して。

では，すでに別稿で示した，「包括的な憲法裁判権を有する法秩序は，憲法裁判権を欠いた憲法秩序とは本質的かつ多様な意味で区別される」という思考[1)]を，一般化することにしたい。本稿では，「包括的な基本権保障，憲法の優位，憲法裁判権という制度」の三位一体が実現されている法秩序においては，法律の正しい理解にとって，重大な種々の続発問題が発生する，というテーゼを取り上げることとする。法律に残されている役割は何か，という中心となる問題設定は，事前の説明と細分化を必要とするため，はじめに，基本法という憲法の固有のメルクマールについて，ラフなスケッチを行い（Ⅱ），次いで，憲法と各分野の法律との関係に見られる，２つの異なる構造を指摘し（Ⅲ），さらに，現在，そこに法律の憲法従属性の程度や範囲が問題として現れてきていると思われる，ある法素材（所有権秩序）を例にとり考察する（Ⅳ）。今日，すでに他の法分野では，法律は憲法の不完全な執行にすぎないのか，それとも法律には，――おそらくはまず再発見されるべき――独自性が付帯しているのか，が問題となる（ⅤおよびⅥ）。

Ⅱ．基本法の法的効用と憲法の政治作用の問題

1．基本法のもつ「新しさ」――それは同時に，ワイマール憲法さらには1871年のライヒ憲法との関係における基本法のアイデンティティであるが――は，次の２つのメルクマールに集約できる。第一に，立法者に対して内容的に拡充された基本権の拘束力によって，政治プロセスが内容上増大して法化されたことである[2)]。もう一つは，基本権に制裁力を獲得させ，実体憲法を全体として実効力ある法的統制規準とした憲法裁判権の制度を通じた，憲法の法的実効性の強化である。内容上の法化と司法判断適合性は，いずれも，基本法という憲

1)　*Rainer Wahl,* Der Staat（20）1981, S. 489 ff.（本書Ⅲ第１章「憲法の優位」），さらに，*Rainer Wahl/Frank Rottmann,* in: Conze/Lepsius（Hrsg.）, Sozialgeshichte der Bundesrepublik Deutschland, Beiträge zum Kontinuitätsproblem, 1983, S. 339 ff.

2)　コンラート・ヘッセは，比較的強く内容的に刻印された憲法理解と基本権の広範な解釈を，基本法下での憲法状況の特徴と見ている。In: Ernst Benda/Werner Maihofer/Hans-Jochen Vogel（Hrsg.）, Hdb.d.VerfR, 1983, S. 10. さらに，S. 14, 22, 89, 104 f.

法を法学の文脈に定礎し，憲法を徹底して法的道具とすることに寄与した。厳密な法学的・司法的作業が強く求められている条文は，必然的に，法的文書という第一次的性格を受け入れざるをえない。これにより，憲法理解の中心は，厳密に「法学的」に理解された，実定化された憲法法律（Verfassungsgesetz）の技術性に置かれることとなるのである。

憲法は，次第に制定法と理解されるようになり，国家作用を法的に拘束する規準として，さらに，しばしば政治的論争の後に提起される憲法争訟における統制規範として生きることになる[3)]。

もちろん，こうした事態がネガティヴな側面も持っている点も，無視することはできない。喪失した，あるいは喪失の恐れがあるのは，法的効用を超えて，伝統的に憲法と結びついていた機能，すなわちアピール的，プログラム的，統合的機能である。憲法のパトス，政治生活や国民意識を刻印するという憲法の企図は，憲法の法的性格が支配的となる中で，各人や国民の意識の中で消えてゆくかもしれない。向上した憲法の法的作用力が持つ争いのない積極的意義に言及することによって，この潜在的な損失面を否認し，あるいは無視するのは，短絡的で問題を切り詰めることであろう。憲法思考は，憲法の実定性をもって直ちに満足することはできない。しかし本来の問題とは，基本法下の新たな状況に基づき，憲法の非法学的な機能，つまり憲法のアピール的，プログラム的，統合的企図が，一体どのように，そしてどこに，この機能に見合った場所を見つけ出すことができるかであろう。

基本法より以前の憲法にとって，――当時は長いことまだ十分には展開されていなかった――法学的機能を，これを超えた憲法の意図と結びつけるのは，容易なことであった。「法学的」機能と「政治的」機能の結合に対応するのは，方法論的には，法的・解釈学的論証と憲法理論的論証とが，ある種入り交じることである。基本法により放棄しえないと認められた憲法の法的意義および実

3) すべての個人に開かれた憲法異議によって，基本権は，市民生活における遍在性と日常性を手に入れた。これは，憲法の活発化として，肯定的に叙述することができよう。詳しくは，*Wahl/Rottmann* (Fn. 1), S. 345. *Hesse* (Fn. 2), S. 10, 特に S. 22 も参照。こうした事態の別の側面は，このようにして憲法が第一義的に法的道具と捉えられ，基本的な政治的宣言として捉えられなくなるというものである。この点について，今日詳しくは，*Brun-Otto Bryde*, Verfassungsentwicklung, 1982, S. 37, 94 ff., 108 ff.

効力が害されてはならないとすれば，――ワイマール期には実践されなかったとしても，少なくとも考えうるものであった――このような結合は，今日もはや不可能である。

裁判所にとって統制規範として用いられる憲法命題は，司法適合的であり，それゆえ十分な法学的特定性を持つ（維持する）のと同時に，政治言語の本質に適って玉虫色で，できる限り多様な意味内容を内包する「開かれた」ものでもある，というわけにはいかない。法学的な厳密性と，統合に寄与する原理的な開放性とは，確立した判決による法的「規範化」が一定の程度に達すると，やがて結合させることは困難となる。この到達点は，基本法において原理的に構想されていたものであり，実務において60巻以上になる憲法裁判所の判決集の中で，かねてより実現しているものである。とりわけ，十分な特定性を前提条件とする司法適合性と，抽象的な表現方法を前提とする政治的機能とを，同一の規定のなかで統合するのは困難である。結局は，憲法裁判の制度が危険な緊張状態に直面することなしには，法学的に憲法裁判所の判決の中で実行できることと大きく異なる内容は，政治的理解の中で主張されなくないか，共感されないであろう。

こうした問題の解決策は，異なる機能の差異化と，法的作用と政治的作用，一方における解釈学的国法と他方における憲法理論，憲法政策，憲法教育および一般国家学の間の限界設定のための細心な努力に求められなければならない[4)]。この「解決策」を受け入れるのであれば，理論上の認識で満足することはできず，憲法とのかかわりに際して，狙いを定めた努力を行うことが必要である。つまり，憲法理論と解釈学，憲法政策と実定憲法との間で要求される境界画定を繰り返し実践する努力を，繰り返し行うことが必要である。おそらくは厳密な境界が存在しない所でも，こうした努力がないがしろにされてはならない。厳密で争いのない境界画定が不可能であることが十分に証明されている場合であっても，それが，境界画定をそもそも断念することの理由や口実とさ

4)　コンラート・ヘッセは，抽象的な憲法理論における観念と，歴史的・具体的な憲法解釈との必要な区別を，絶えず促し，自ら遂行している。*Konrad Hesse*, Grundzüge des Verfassungsrechts der Bundesrepublik Deutschland, 14. Aufl., 1984, Rn. 1 ff., 184, 217, 481.

れてはならない。むしろ，省察された方法論的自覚は，100パーセントの事案において境界を画定するのは不可能であるという判断に，少なくとも70，80，あるいは90パーセントの事案で十分な境界画定を行うという努力を払わなければならない。

2．憲法の法的意義の現在の到達点は，――これが次のテーゼとなるのであるが――条文の改正による憲法の政治的作用の意図的な強化を，ここでもまさに狭い範囲でしか認めていない[5)]。しかし，まさにこのことを，最近，国家目標・立法任務のための専門化委員会が行おうとしている[6)]。

国家目標規定（例えば，文化任務や自然的生活基盤の保護）を取り入れることによって，法認識や政治活動に影響を与える，国家統合の一つのシンボルとしての憲法の政治的作用を強化しようとするものである[7)]。その際，国家目標規定は，事項として規定された特定の課題を継続的に考慮し，実行することを国家活動に対して命じる，法的拘束力を持つ憲法規範として理解される[8)]。この委員会は，憲法の中に，今日の社会ならびに政治的基本問題に対する明示的で動機づけを為す目標規定を設けることが望ましいと考えたのである[9)]。その際，委員会は，憲法の能力の限界について自覚している。すなわち，委員会は，立法者の形成の自由という民主的原則を害することがないようにするために，こうした国家目標規定のもつ法的意味を，意図的に限定しようとしている[10)]。委員会が最後にたどり着いた点は，（限定的な）法内容と政治的な啓発の達成と

5）憲法の政治的な作用を強化する他の形式としては，例えば，学校に対して，「憲法教育学」を通じて，憲法規範にある教育的なものに光を当てるという試みが，広く残されている。この点については，*Peter Häberle*, in: FS Hans Huber, 1981, S. 211, 特に S. 228 ff. しかし，そこで重要なのは，法学的な作用といわゆる教育学的な作用を厳密に区別することであり，そのことは，ヘーベルレが刻印した「教育学的憲法解釈」という概念によって，決して容易となることはない。

6）*Der Bundesminister der Justiz, Der Bundesminister des Innern*, Staatszielbestimmungen/Gesetzgebungsaufträge. Bericht der Sachverständigenkommission, 1983（引用は，1983年12月に両大臣より出版されたものによる）.

7）Bericht, (Fn. 6), Rn. 23.

8）Bericht, (Fn. 6), Rn. 7.

9）Bericht, (Fn. 6), 要約は，同14頁。

10）Bericht, (Fn. 6), Rn. 40, 35 ff.

の間の尾根歩きを，国家目標規定の形式をとることで成功させることである。「国家目標規定は，一方では単なるプログラム規定が持つ曖昧さと法的な無拘束性を回避し，他方で，実現されえない法的『希望』を呼び覚ましたり，立法者の形成の自由を狭めたりはしないのである」[11)]。

国家目標委員会について，ここではこれ以上の議論はできないとしても[12)]，次のような根本的な異議が提起されよう。包括的な憲法裁判権および包括的な行政裁判権，通常裁判権等々によって特徴づけられるドイツ連邦共和国のような法秩序には，法的規準に対する極めて強い要望があった[13)]。ほとんどの社会問題が実際に裁判所に持ち込まれうるとすれば，裁判官の判断場面において，法的規準への「飢餓」が不可避的に生ずる。法の能力を過大評価せず，自己が専念すべき法の適用に留まろうと，裁判官がいかに努力しても，判断の重圧という場面で，命題を法的に解釈し，規定の法的内実を拡張しようとする傾向が生じてもおかしくない。個別には，それは波の動きの様であるかもしれない。全体として見れば，種々の裁判部門が設置された包括的裁判権をもつ法秩序は，法的規準発見への欲求を，自ら生み出している[14)]。裁判所は判断の必要に迫られ，政治的刺激として考えられたものであっても新しい憲法条文に手を伸ばし，それを内実に富んだ法的規準として解釈するようになるであろう，という予想は，このような考察からすれば，ありうることである[15)]。

11)　Bericht, (Fn. 6), Rn. 32.

12)　基本法20条１項に文化条項を導入すべきとの提案とその根拠は，さほど説得的ではない：「正当かつ重要なものは，憲法においても表明されなければならない」(Rn. 213)。その根拠には，連邦憲法に向けられた視点があるだけで，〔ドイツ〕連邦共和国の全体秩序のなかのラント憲法の意味が欠けている。ラント憲法には，文化国家条項がある（または創設されるべきである）のである。委員会は「憲法の統一性と完全性の原則」を援用している。それにより，しかし，州憲法が適切な規定場所であるがゆえに，基本法が決して不完全ではない領域において，委員会は連邦憲法を「完全無欠化」しようとしている。連邦国家においては，基本法と複数のラント憲法から憲法全体がなりたっていることが，見誤られている。

13)　このことは，当然に行政裁判権にも当てはまる。新たに導入されるべき国家目標規定が，こうした要求の一部を満たすのに分明かつ適合的であることは，報告書自体が提唱しているところである。Bericht, (Fn. 6), Rn. 162, 163.

14)　これとの関連で，基本法の前文の解釈が陥った運命を考えるべきである。前文も，憲法裁判所が具体的な判断を行う際の法的基準として解釈される。憲法前文について詳細には，*Peter Häberle*, in: FS Johannes Broermann, 1982, S. 211 ff.

Ⅲ．憲法と法律との現実の関係に見られる様々な段階

1．憲法の優位という憲法上の原理（基本法１条３項，20条３項，100条）が実際に実行されるにあたっては，各種の状況が存在したのであり，また，現に存在する。下位法の憲法依存性は，解釈学的に予め決まっていることであり，争いのないことである。しかし，憲法の優位は，あらゆる法分野にあって，同じ時代に，また，同じ程度で実践的意味を持ったわけではない。当然のことながら，1949年以降に，ナチスの刻印を受けた従来の法律を適合させる必要や，無効とすることは，特に行政法の分野において最も顕著であった[16]。全ての法律の憲法従属性というという一般的原理が，まず公法において明らかになったこと，そして，1958年にフリッツ・ヴェルナー（Fritz Werner）の「具体化された憲法としての行政法」という著名な定式が作られたのも，偶然なことではなかった。そうこうするうちに，あらゆる法律は，ある程度の正当性をもって，具体化された憲法であると呼ばれうることが，共通認識となった。例えば，行政手続法，訴訟法，国際私法といった特別な法分野で新たに指摘されていることは，本質的に新しいものではなく，原則的な命題を繰り返しているにすぎないのである[17]。

一方，フリッツ・ヴェルナーによるこの基本思考の概念上の枠組みは，ある特定の時代に結びついていた。彼の名文句の中に，容易に認識できるのは，スメント流の国家学や，50年代に発達した憲法理論の概念や憲法による具体化の概念である。周知のように，この構想には，別の選択肢がないわけではない。反対の立場は，憲法は大綱秩序であるという憲法理解をとるのである[18]。この論争に中立的な表現を用いるとすれば，法律の憲法依存性という一般的ないい

15）裁判官にとって，一旦「押し寄せる空腹」状態が収まってしまえば，次の裁判への強い食欲がやってくるかもしれないことが，完全に見落とされている。

16）行政法においては，根本的な憲法改正によって，今なお多くのものが「付け加え」られ，手を加えられるべきである。

17）これについて，そしてここで関連する次なる問題についても，*Bryde* (Fn. 3), S. 321 ff.

18）*Hesse* (Fn. 4), Rn. 45 f., 60 ff. を参照。一方では，*Ernst-Wolfgang Böckenförde*, NJW 1976, S. 2089, 2099, 2091，他方では，*Wahl* (Fn. 1), S. 505.

回しをもって，ここで関心のある基本的事態を特徴づけるのがよいであろう。

２．1949年以降の憲法と法律の関係を洞察すれば，あらゆる法分野において，二段階の動きがあったということができよう。第一の段階では，それぞれの法分野で，憲法への依存が認識され，承認されることになる。時間的に前後して，それぞれの法分野ごとに著しい差異がある。例えば，民法典903条以下に規定された私法上の所有権秩序や婚姻法については，私法から区別された憲法上の独自の所有権概念や婚姻概念が存在することは，近年ようやく注目されるようになったのである（この点はⅣで述べる）。

一方，すでにこの発展を遂げた他の法の素材では，第二の段階という状況に行き当たる。つまり，憲法が上位にあることは，実践的に貫徹され，法生活において浸透している正常であると理解され，基礎におかれる。しかし，この特に行政法の大部分の素材において成立している情勢においても，それなりの問題がないわけではない。つまり，そこでは，憲法の優位によりもたらされる固有の問題が明らかとなる。「法律は具体化された憲法である」あるいは「法律は憲法が与えた衝撃の履行である」という理解によって，法律の憲法に対する従属性が一方的に，かつ過度に強調され，ひいては，法律は従来の独自性や自立性を大幅に喪失し，法律は憲法から演繹された法として現れるにすぎないとする見解にまで至るような傾向が，容易に生じる。したがって，憲法の優位が実践され，法生活の中で完全に実現することから生じる中心的問題は，法律に残されている意義は何か，劣位する法律に残された「地位」は何か，という懐疑的な問いである。

Ⅳ．所有権を例にした個別の法分野における憲法の優位の有意性

１．理論的には争いのない憲法の優位の承認を，法生活および法分野の学問上の議論において承認することに困難をきたしている最も注目すべき，そして示唆に富んだ例として，現在，所有権秩序がある。あらゆる社会法の中心に位置する所有権条項に，基本法が何も新しい要素を導入しなかったとすれば，それ

は非常に不可思議なことといわなければならない。このため，所有権に対する解釈学と基本理解が，特別犠牲に対する補償（公用収用に類似する侵害）に到るまで，継受という形でワイマール期の解釈学に強く依拠しているのは，驚くべきことであるとともに注目に値することである。

このため，連邦憲法裁判所が基本法14条に関する一連の判決のなかで判断してきたことが，新たな展開であると理解されているのも[19]，偶然なことではなかった。連邦憲法裁判所は，一連の判決において，基本法の所有権理解を，すでに15年前に始まった裁判を要約して，固有の構想として定式化することによって，憲法の優位という原理は，これらの判決の中で基本法14条にとっても内実に満ちた，帰結の豊かな原理として認識されたのである。憲法は，私法上の所有権規定と単に理論的に別のことを述べるだけではなく，憲法は実際にも民法典とは異なることを述べていることが明らかになったのである。

とくに水管理法決定[20]と結びついた一方における民事裁判所と私法学者，他方における連邦憲法裁判所と憲法学者の対決は，憲法の優位の承認という上述の第一段階に典型的な付随状況である。それまでの法律の理解と，裁判官法を含むその解釈は，疑問視され，退けられた。憲法の優位は，従来の理解の破壊であり，これと結びついた憲法裁判権の優位は，従来の事実上の決定独占権・解釈独占権の終焉であると受け止められた[21]。

この関連で教示に富むのが，フリッツ・バウアー[22]と連邦憲法裁判所との間の対立である。バウアーが水管理決定について連邦憲法裁判所に加えた非難は，連邦憲法裁判所決定への著しい誤解である。バウアーのような定評ある私法学者が誤解に陥ったことは，この論争において何か根本的な問題が論じられていること，すなわち，連邦憲法裁判所はこれまでの多くの私法学者が進んできた

19）ワルター・ライスナーによって，修辞的に，そこで「所有権の転換？」があるのかという問題提起がなされ，そして否定されている（*Walter Leisner*, DVBl. 1983, S. 61）。*Reinhard Hendler*, DVBl. 1983, S. 873, 874, 880. *Hermann Weber*, JuS 1981, S. 143; 1982, S. 872; *Fritz Baur*, NJW 1982, S. 1736 で，強調されているのは，連邦憲法裁判所の判決での「新しさ」――その多くが収用概念の変更を指向している――である。

20）BVerfGE 58, 300（= NJW 1982, S. 745）.

21）この点についても，*Fritz Baur*, NVwZ 1982, S. 585.

22）*Friz Baur*, NJW 1982, S. 1734-1736. さらにそれに続く文言の引用も。

ものとは別の道を進んだことを示唆する。水管理決定における連邦憲法裁判所の最新の，帰結に富んだ判断に関連して，バウアーは，所有権保護の「重大な弱体化」と「相対化」があると語る。彼は，「冷淡な補償なき社会化へと向かう予兆」を表明する。「完全な社会的拘束」というテーゼは，いまやレトリックとしてのみ疑問文の形式を装い，引用符をもって用いられている。バウアーは，憂慮して，所有権の保障はどこに行くのか，と問うている[23]。そもそも，この論争の争点は何であろうか。結局は，憲法上の所有権の概念は私法上の所有権概念と異なるものであるのか，そして，どのようにしてそれを獲得すべきかが問題となっているにほかならない。簡単にこうした論拠に立入ることで，このことが明らかになろう。

所有権を他の多くの基本権から区分し，さらに，解釈者に対して憲法条文からはしばしば知覚されない挑発となっている条項，それが，基本法14条１項２文である。この条文は，かくも基本的な所有権にとって，ほとんど挑発的な規定であり，所有権の限界のみならず，その内容も立法者によって決定される。この基本法の規定を，連邦憲法裁判所はまさに適切に，以下のように解釈している。

「所有権の内容を決定する憲法適合的法律の総体から，基本法14条１項１文により保障される存続保護の対象と範囲が定まる……」[24]。

この特殊な状況に対して，直ちに以下のような疑問が出されることになる。所有権の内容は，下位の法律を制定する立法者の自由に完全に委ねられるべきなのであろうか。そしてまさに，この批判の様式を纏った問いを，バウアーも発していた。

「そこで，次のことを問うことが許されよう。そうなると，単純法律の立法者は，法律による内容決定という方法で所有権者の権限をしかるべく解体することを通じて，ゆっくりと，しかし，確実に，憲法に適合した存続保護

23）　論文のタイトルが，まさにこれである。

24）　BVerfGE 58, 300(336); NJW 1982, S. 745.

をも解体し，本質的内容の保障を空虚なものとすることができてしまわないだろうか」[25]。

まさにこの箇所で，すなわち，立法者の内容形成権限について，バウアーは，この憲法規定を解釈する連邦憲法裁判所に決定的な非難を加えている。

「もし所有権（権限）の内容が単純法律の諸規範から明らかになるとすれば，どのようにして単純法律の合憲性を単純法律の規範に照らして判定できるというのか。これは，――あえていえば――循環論法ではないだろうか」[26]。

この命題は，確かに循環論法である[27]。しかし，この――不適切な――命題は，連邦憲法裁判所の言明に一致するものではないし，基本法14条１項および２項に記された４つの文章が要請する解釈学とも一致するものではない。連邦憲法裁判所が述べ，主張しているのは，正当にも，所有権を形成する単純法律も，憲法に照らして（単純法に照らしてではなく）判定されうるし，判定されねばならないということである。そして，実際に，基本法14条１項２文に基づいて成立した法律は，基本法14条１項１文の制度保障および基本法14条２項の社会的拘束に照らして判断される――それ以上でも，それ以下でもない。制度保障（基本法14条１項１文）にしたがい，内容形成的法律は私的有用性と所有権者の原則的処分権を尊重しなければならない。同様に，所有権の社会的拘束も，具体的所有物の社会的機能の程度に応じて，正当化されなければならない[28]。

簡単に描写したこのような基本法14条の理解は，決して新しいものではなく，連邦憲法裁判所が遅くとも1967年以降，すなわち，土地取引法決定以来[29]の確立された判例で主張してきたものである。学説や他の裁判所の判決において，この決定の核心的言明がほとんど認識されていないのは，連邦憲法裁判所の責

25） NJW 1982, S. 1735, ５章以下。

26） NJW 1982, S. 1735, ３章以下。

27） このような非難は孤立して存立しているのではなく（*Walter Leisner*, DVBl. 1983, S. 63 を参照），基本法６条における婚姻の憲法上の保障との共通点もあるので，この点でより詳細な説明が必要である。

に帰することではない――ここではしばしば簡潔さや明白さが求められていた――。連邦憲法裁判所判決では[30)]，まず，１文・２文からなる基本法14条１項の基本構造が，２つの簡潔な文章で表現され，立法者の内容決定権限は無限定ではないことが強調されている。次いで，第二に，基本法14条２項で定められている所有権の内容の決定については，立法者の比較的広範な権限が強調されている（「これによって，所有権が義務づけられているだけではなく，同時にその使用も公共の福祉に役立たなければならない」）。この決定的な文章において，連邦憲法裁判所は，社会正義に適った利用の指示から，所有権者の具体的行動に対する指示を取り出しただけではない。この要請は，第一次的には立法者に対する，所有権の内容を決定する際に一般の福祉を尊重しなければならないという指針として解釈された[31)]。この判決から後，連邦憲法裁判所の判決では，社会正義に適った利用という要請は，立法者が別の立場で定めた所有権の行使のみにかかわるのでなく，それ自体が所有権の内容を形成する立法者に対する拘束力ある指針であることが確立している。

２．連邦憲法裁判所と連邦通常裁判所の判決および私法の通説との根本的な相違は，水管理決定において，さらに原理的に論じられ，明示的に摘示されていることにある。連邦憲法裁判所は，はっきりと，「ワイマール憲法で主張され

28）　所有権保障の構造は，基本法14条１・２項にある４つの文章から明らかになる。14条１項２文は，立法者が，所有権の内容を形成するための内実豊かな余地を有しているとする。14条２項１・２文は，内容形成を行う立法者にとっての，本質的で拘束的な指針を示している。14条１項１文は，所有権の制度保障をもって，内容形成を行う立法者にとっての限界が存在するとしている。したがって全体としては，立法者は，内容を決定するにあたって，14条２項と１項１文との調整を行わなければならない。すなわち，一方では，所有権の基本的な私的利用および所有権者への処分権限の基本的な付与と，他方では，社会的拘束，つまり具体的な所有物に対する社会機能の基準に応じた所有権者の権限の制限との調整である。

29）　BVerfGE 21, 73 ff.（= NJW 1967, S. 619）. 多くの場合，一連の判決の最初のものとして，1968年のハンブルク堤防判決が引用される（BVerfGE 24, 367 ff. = NJW 1969, S. 309）。*Leisner*, DVBl 1983, S. 61 もそうである。

30）　BVerfGE 21, 73（82）（= NJW 1967, S. 619）.

31）　BVerfGE 21, 73（82）（= NJW 1967, S. 619）.「拘束力ある指針」の定式化が BVerfGE 25, 112（117）以来広く受け入れられたという指摘について，元連邦憲法裁判所裁判官ベーマー教授・博士に感謝する。

た見解」を退けているのである。

「『民法903条により自己の所有物を任意に処分する所有者の権利が，第三者の利益ために侵害された場合』には，必ず公用徴収が認められる……［という見解がそれである］。民法上の所有権秩序を公法上の規定よりも上位におくことを指向する法的見解は，基本法に合致するものではない」[32]。

この引用句と，「基本法14条での所有権は，民法903条での所有権と同じではない」という明確な確認が持つ重大な挑発が意図しているのは，もはや民法典や私法が所有権を考える出発点ではない，ということにある[33]。民法903条の特殊な，特殊リベラルな端緒に代わって，憲法の次元では，独自の憲法上の所有権概念が形成される。これは，他の意味内容を持ちうるものであり，実際にも，他の意味内容を有しているため，私法は，その核心の一つである所有権の規律に際しても，優位する憲法に劣位するのである[34]。

このような憲法の優位は，もちろん，私法においても，言葉の上では一度も否定されていない。しかし，果たして憲法の優位が，私法においてこれまで本当に内容上受容されていたのか，つまり，一方において所有権の新たな出発点が基本法14条にあり，もはや民法典だけではないという結論があり，他方で，所有権の憲法上のいい換えである制度保障が，民法典の規律モデルと内容的に異なるということが，本当に受容されていたのかを疑うことができる。これに反して，連邦通常裁判所は，水管理決定が出されるまでは，全く反対の立場をとっていた。連邦通常裁判所は，それまでは，明示的に，基本法14条１項２文

32) BVerfGE 58, 300 (335) (= NJW 1982, S. 745).

33) 所有権の概念を「民法および社会における考え方が形成した」(BVerfGE 1, 264 [2781] [= NJW 1952, S. 869; BVerfGE 11, 64 [701]] [= NJW 1960, S. 1195]; BVerfGE 19, 354 [370]) と理解する，これまでの憲法裁判所の言明は，古くなったのである。そのことを明示するものとして，*Böhmer*, DÖV 1982, S. 88. この修正は，ショルツによって概観される (*Rupert Scholz*, NVwZ 1982, S. 337, 344 f.)。

34) 全く共通の状況が，基本法６条１項と婚姻・家族法との関係において生じる。法的に刻印された婚姻制度は，民法という法律を通じた内容形成を必要としている。しかし，婚姻に関する憲法の概念は，制度保障の形式で，単純法律上の内容形成にとっての限界を設定する。それについて正確には，BVerfGE 31, 58(69) (= NJW 1971, S. 1509).

と民法903条の意味における所有権という言葉を用いていた[35)]。加えて，かつて連邦通常裁判所は，（土地）所有権を，原理的にあらゆる可能な，あらゆる経済的合理性のある使用を包含する権利であると見なしていたし，さらに今でも，バウアーはこのように見なしている。所有権は，さながら自然権的に，物と結びつきうるあらゆる考えうる権限を求める，限界なき絶対的権利として理解される。もとより，この見解は，重要な公共の福祉の利益が所有権者の利用請求権よりも優位しうることを否定するものではないが，この見解は，抽象的で一般的に内容決定を行う法律の多くのように，実際には社会的拘束しか存在しないところで，あまりにも深く収用というカテゴリーに迷い込んでいる[36)]。

この私法上の見解に潜在する理想像を推定するとすれば，それは，「完全な権利」としての所有権という観念である。こうした考え方は，私法の解釈学に，所有権と地益権などの物権設定の間の特殊私法的な法関係を具体的に説明する上で，適合的な基礎と適切な図解を提供する。この図解を特徴づけるのは，完全な円であり，制限物権は，独立した所有権の砕片として[37)]，この円の中の区画された部分を構成する。しかし，同時にこの図解は，いまや内容決定的な社会的拘束と収用の境界は何かという，全く別の問題提起をも刻印している。ここでもやはり，完全な権利，丸い円という観念が前提となっている。立法者が，重要な公共の福祉のために，この前提とされているさながら自然権的に完全に充電された所有権に対して何か内容形成を行ったとすると，それは，極めて速やかに，「没収」，補償の必要な取り去りであると知覚される。――この図解に留まれば――立法者は基本法14条１項１文の枠内で，所有権空間という円を，一般的かつ抽象的な規定によって（広くあるいは）狭く描く権限をもち，いわ

35)　BGH, NJW 1978, S. 2290, 2291（unter III a); S. 2291（unter II）からの引用。

36)　*Fritz Baur*, NJW 1982, S. 1735.「――私もそうであるが――所有権者の法的地位への重大な制約が，優越的な公共の福祉のために，法律によるか，または法律に基づいて許容されるということから出発すれば，どうして補償に対してだけは反対することができようか？この〔補償という〕一般的な原理は，基本法14条３項から，難なく取り出されるべきではないのか？」――例によって，「難なく」という単語は，明らかな先行理解を露見させる。この場合には，広すぎる収用概念という先行理解である。

37)　そのようなものとして例えば，*Otmar Jauerning*, BGB, 2. Aufl., 1981，845条のコメント３では，「『所有権』という包括的権利に対する『所有権の破片（Eigentumssplitter)』」と述べられている。

ば「丸いケーキ」の半径を小さくする権限を持っているとの観念は，全くもって考慮されていない。

実際，前提とされた完全な権利，「それ自身で」成り立つ所有者権限の総範囲といった全図解が不適切なのである。これは，まさに憲法の優位を回避するに適したものである。「自然的」な，法以前の完全な権利は存在せず，法ないしは憲法に先行して成立する所有権の総範囲も存在しない。所有権は，「法によって生み出された」のである。所有権は，法律の内容のなかで作られるのである。法によってはじめて構成されているのが，例えば著作権である。「自然に」存在する対象と結びついた土地所有権については，その具体的な内容（どれだけの高さ，深さに権限が及ぶか）は，上述のように法により生み出され，しかもそれは，私法のみならず公法を通じて行われる。私法および公法は，同格のものとして所有権者の憲法上の法的地位の決定に際して複合的に作用するのである[38]。その際，基本法14条１項１文の制度保障は，「すべての」または考えうる利用可能性を保護することなどは，立法者の内容決定権限の限界として目指してはいない。制度保障は，将来に対して，現在の利用可能性のすべてを保障ないし確保するものではなく，いわんや，あらゆる考えうる利用可能性を保障するものではない。制度保障は，――その定義上――私的有用性のある所有権という制度を保障するのである。

３．明らかとなるのは，私法上または公法上の所有権法上の規定が優位するのではない――そうではなく，憲法だけが両者に対して，すなわち，私法および行政法に対して優位するということである。私法は，単純法であり，それは，行政法のあらゆる素材と同じである。これが，水管理決定のそもそもの，しかし，不可避の挑戦であり，その挑戦は，まさにそのような挑戦であると受け止められた[39]。この挑戦は，次のことから，より大きくなる。すなわち，基本法14条と民法903条との間の序列関係は，基本法14条に民法典の所有権概念が服

38) BVerfGE 58, 300 (333 ff.) (= NJW 1982, S. 745).

39) 今日の法状態と，例えば次のようなルドルフ・ゾームの命題を対置させれば，この挑戦の大きさが明らかとなる：「私法において，我々の公共の自由というマグナ・カルタが存在する。我々が自由と名づけているものは，国法よりも遥かに多く，私法に依拠している」。詳しい指摘と注釈については，*Hasso Hofmann*, JuS 1984, S. 9.

するとして，その意味を緩和できるものではなく，憲法の次元には独自の所有権概念が所属し，それは，民法典のそれとは異なり，また，開かれたものである。連邦憲法裁判所は，最近の判決〔水管理決定〕において，この「よそ物」に，十分な輪郭を与えたのである。

憲法上の所有権概念は，制度保障という作用に対応して，私法のそれよりは開かれており，内実も少ない。民法典では，私法上の所有権秩序の可能な内容形成形態のうちの一つが実現されている。これに対して，基本法14条１項１文は，この形態または憲法に適合した他の形態のための枠を設定するのである。なぜならば，基本法14条１項２文による内容決定には，確かに，基本法14条１項１文と基本法14条２項との異にした選択肢があり，しかも政治的に重要な異なる選択肢に対して開かれているからである。他の選択しうる法律の枠として，制度保障は，内容的に抽象的で，必然的に内実は少ない。連邦憲法裁判所のいい回しでも，この点は明確である。それでもやはり，基本法14条１項１文は，決して所有権の内容を統一的に決定するものではない。制度保障は，固有の所有物に応じて，所有権の内容決定に差異を設けることに対して開かれているのである。立法者は，基本法14条１項２文によって，——具体的所有物の社会的関連や社会的機能に応じて（論拠は，基本法14条２項）——土地所有権の内容を，個人的消費財や株式所有とは異なるように定めてよいのである[40]。

連邦憲法裁判所は，制度保障の内容について，それ自体は不完全ないくつかの定式を与えてきた。それによれば，立法者は，私有財産の代わりに，もはや「所有権」の名に相応しくないもので置き換えることは許されない[41]。さらに，制度保障が禁ずるのは，基本権により保護された財産法領域における活動の基礎的在庫に含まれるような事項領域を私法秩序から取り去り，基本法14条によって保護された自由の領域を廃止するか，根本的に縮小することが禁止される[42]。憲法上の所有権概念には，さらに，——そしてこれが，最も内実に富んだ概念要素なのである——私的効用のメルクマールと所有物に対する原則的処

40）　この点への明確な指摘はすでに，BVerfGE 21, 73（82 f.）= NJW 1967, S. 619.

41）　BVerfGE 24, 367（389）（= NJW 1969, S. 309）－ハンブルク堤防法判決。

42）　BVerfGE 24, 367（389）（ = NJW 1969, S. 309）; BVerfGE 58, 300（339）（= NJW 1982, S. 745）.

分権限のメルクマールが含まれる。最後に，すべての当事者の保護に値する利益を適切に調整し，均衡のとれた関係をもたらさなければならないという要請から，立法者に対する制限が生じる[43]。

これらの公式は，その抽象性ゆえに，繰り返し批判や空虚な公式であるとの叱責の対象となった[44]。しかし，こうした幻滅は，しばしば制度保障の機能に対する誤った期待から生じたものである。制度保障の任務は，要するに，ある具体的な，あるいは具体的に成り立っている所有権秩序の全内実を捕捉することではない。全く反対に，制度保障は，法律の次元で内実に満ちた決定を行う余地を残し，その結果，所有権秩序に関して様々な政策的評価を下す余地を残している――ことにそれゆえ，議会における多数をとるための政治的闘争が重要なのである。そして，制度保障は，憲法の構成部分として，私法および私法解釈学に対して，所有権秩序の領域における「正しい」法をめぐる闘争における取り分をもたらすような余地を残すのである。

総括すれば，次のことが明らかになる。所有権秩序についての重要なことのすべてを基本法14条１項１文の制度保障の解釈を通じて決定するのは，国法学者や連邦憲法裁判所による憲法解釈の任務ではない。重要なことは，立法者が，基本法14条１項２文によって決定すべきである。議会における立法者のこのように輪郭づけられた地位および責任領域を，憲法も，私法の解釈学も消すことはできない。憲法は，憲法上強制的に設定された規準という限界づけられた大綱を主張するだけである。民事法の解釈学は，所有権秩序を法的に規範化した長い経験から導かれる内容上の提案を主張する。憲法の優位と法律に残された独自性は，排斥しあうわけではない。この点については，次で詳しく論じることにしたい。

43） BVerfGE 25, 112 (117) －ニーダーザクセン州堤防法: BVerfGE 36, 132 (140) －賃貸権。これとの関連で憲法裁判所がしばしば引用する比例原則（BVerfGE 52, 1 (29) (= NJW 1980, S. 985) －クラインガルデン判決; BVerfGE 58, 137, 146 (= NJW 1982, S. 633) －義務納入物判決）が，根本的な問題を投げかけている。比例原則を，立法者の所有権の内容形成権限に対して，区別せずかつ非特定的に適用すれば，まさに基本法14条の特殊性，つまり，14条１項２文による所有権の内容を形成する余地が消滅に至るであろう。問題は，いまだに未解決である。

44） *Fritz Baur*, NJW 1982, S. 1735.

Ⅴ．法律にとって憲法の優位から生じる次なる問題

憲法の優位の原理がある法分野で実践されていることから生ずる中心的な次の問題は，劣後する法律に残された意義は何か，という問いである。

1．概括的に提起された問題は，個別には，次のように分岐し，具体化される。法律は，確かに劣後するが，これによって同時に，必然的に自立できなくなり，独自の内容上の原則を欠いた，導出されただけの法になるのであろうか。基本的に合憲であると認められている法律は，法適用がその法律のみに準拠すればよいという意味で「自立」しているのであろうか。法律自体の中に，行為の正しさや合法性の規準が示されているのであろうか，――それとも，絶えず（すべての個別事例または適用事例の多数において）憲法を参照しなければならないのだろうか。憲法に手を伸ばしてはじめて，個別事例における行為の合法性が確保されるのであろうか。

2．法律のおかれた状況とその（非）独立性について，一見して表面的であるが，実は明快な印象が，各法分野に関する何らかの教科書やコンメンタールを見ることによって与えられる。通常，当該法分野に対する憲法上の「規準」についての，多かれ少なかれ内容豊富な章がはじめに置かれている[45]。このようにして法律とその特別規定を「クリップで挟み込む」法命題と解釈結果がいかに内容豊富かをはっきりと認識させるのが，極めて包括的な「連邦憲法裁判所判例便覧」第３巻[46]である。1300頁以上にわたって，連邦憲法裁判所判決の重要な説示が，判決主旨の形で，個々の連邦法とラント法の順に編成され，整理されている。いくつかの限定を付せば，少なくない基本法の条項と，この包括的な巻こそが，憲法の優位を代表しているということができる。この巻は，法律へと作用し，「放射する」ものすべてを認識させる。つまり，法律に先行し，あるいは少なくとも（憲法適合的）解釈に際して考慮が求められるものすべて

45)　すべての法分野およびすべての生活領域にとって，憲法が持つ包括的な意義については，*Hesse* (Fn. 2), S. 21, 11 f., 14.

46)　連邦憲法裁判所編の全３巻加除式。

を，認識させる。

3．加えて，このような量的観点を強化するのは，法律を知覚し，解釈するための特殊なやり方である。つまり，法律は憲法および基本権から導出されたもの，憲法委託の履行，基本権の客観的内容の具体化であるとする考え方・説明の仕方が，次第に支配的になっている。要は，憲法から演繹されたもの，そして法律を〔憲法〕履行的な法とみなす基本理解にしばしば行き当たる。法律の憲法従属性という正しい思考は，ここでは，さらに増大し，ひいては，的確にも命令的・演繹的説明方式と呼ばれるものに至った[47]。これによれば，法律は，特定の限定された形で憲法に依存し，憲法から導かれた枠を遵守しなければならないだけ――それ以外については，それぞれの法分野でつけ加えられた自立的で政治的な判断の成果である――ではない。法律は，次第に憲法の履行および充塡，発現および発露として現れるという趨勢にある。議会や政党という政治の場においてさえ，しばしば法律は，もはやある事項領域で熟慮された結果であり，固有の法領域における伝統的な，あるいは新たに定式化された法原理の成果であるとは考えられず，例えば憲法上の社会国家原理により「正当化」され，あるいは法治国家原理の履行・発現として理解されている。

このような問題をはらんだ思考方法と関連して，さらに立法の次元における立法政策も，ほとんどまったく，憲法次元における解釈学的論証を自称するものへと霧散してしまう。可能な立法政策的構想について偏見なく争い，「正しい」法律をめぐって闘争を行う代わりに[48]，憲法が具体的な事項領域・法分野において何を要請し，誘導するのか，また，どのような法律上の規律が憲法をよりよく履行し，憲法を執行するのかをめぐる法学的論争だけが行われているように見える[49]。このような誤解は，次のように要約されよう。つまり，立法政策に代わって，憲法からの見かけ上の演繹。（憲法）解釈学の装いで立法政策が行われうるような規律としての憲法。立法政策の事項を解釈学の形式で行

47） *Eberhard Schmidt-Aßmann*, Das Allgemeine Verwaltungsrecht als Ordnungsidee und System, 1982, S. 37 f.

48） 法律レベルでの「正しい」法を再発見するための闘いに意味があるという考え方を，私が感謝を込めて引き合いに出す多くの議論において，エルンスト―ヴォルフガング・ベッケンフェルデが強調してきた。

うことができる法律家としての憲法学者。〔こうした考え方は〕（開かれた）立法法政策的論証に対して伝統的に嫌悪を抱いていたドイツの法律家や法学者の自己理解にとって，非常に魅力的な立場であり，誘惑的である。

４．演繹的・要請的な評価は，法律から，（相対的ではあるが，それでも多分の）独自性と自立性を奪い取る。この評価は，――内容的に限定された憲法の優位にもかかわらず――正式な立法手続の結果であり，また，議会という特別な憲法機関による決定として，法律が持ち続けている地位と意義を，破壊する。法律は単に執行的性格を持つにすぎず，法定立的な国家行為のシステムの中で，19世紀に命令が占めていた地位[50]を（いまやただ）占めるにすぎないことになるという展開は，最悪の結果であろうが，それは，法律の劣後を非自立性や無実体性とはき違えた，誤った評価から当然に生じる帰結でもある。

法律の（相対的な）独自性の中で，そして，法律の中でのみ，法の事項直面性が発露される[51]。例えばイミッシオン防止法，自然保護法，社会保障法といった個別の法律，とりわけ良き法律は，憲法からの見かけ上の導出を通してよりもはるかに多く，専門問題に向き合い，法秩序のこの部分領域における伝来の，または新たに作られた法原理と調和した適切な解決を通じて，成立するのである。法律の独自性の程度および範囲を測定する決定的なテストは，次の問いに対する回答の中にある。それは，果たして（行政による，個々の市民による，あるいは専門裁判所による）法適用は，本質的に，または規則的に，実定法の規準と構成要件に依拠できるのか，それとも，しばしば，またはそれどころか原則として，個別事例において憲法上の原理を適用することも求められているのか，という問いである。別のいい方をすれば，果たして単純法律の憲法適合性

49）　この点に関しては，行政法，とりわけ（特にその法典化前を含め）行政手続法に，多くの事例がある。それについて詳細には，*Rainer Wahl*, in: Willi Blümel (Hrsg.), Vereinheitlichung des Verwaltungsrechts, 1984, S. 42-46.

50）　*Ernst-Wolfgang Böckenförde*, Gesetz und gesetzgebende Gewalt, 2. Aufl., 1981, S. 402.

51）　このことは公法では，特別行政法にとりわけよくあてはまる。この点について詳細には，*Wahl* (Fn. 49), S. 42; *ders.*, VVDStRL 41 (1983), S. 171. 秩序理念および秩序体系としての一般行政法（シュミット―アスマン）は，固有の方法で，憲法の諸原則を行政法全体に伝える役割を担う。特別行政法は，事項直面性と，特殊な行政課題，利益構造そして事項問題へと立ち入ることを付け加える。

は，法律の形成や一般的解釈によって十分に（すなわち，法適用の大多数の事例において）処理されているのか，それとも，憲法がしばしば個別事例において波及するのであろうか。

出発点として，原則として一般的法律が，各専門分野の法秩序に対する憲法上の要求を一般的な形で処理する法的仕組みであることは，疑いえないことである。憲法適合的法律は，法適用の規準となる準拠点であり，原則として行為の合法性が同時に行為の憲法適合性でもあることの保証として機能するのである。

とはいえ，よく知られているように，法適用に対する法律のこの重要な機能を妨げ，これを失わせかねない，非常に広くいきわたった若干の仕組みと構想がある。基本権の単純法への照射という構想ないし図式，そして比例原則は，必ずしも常にではないが，（あまりに）しばしば，実定法規に直接的な憲法からの個別の留保が添付されるという事態をもたらす。こうなると，法律は，いわば暫定的な法として現れることになり，憲法適合的解釈の中で，また，その規定が憲法によって強いられる修正や細分化を受けることで，執行猶予の試練を経験する。これに対して，立法政策的には，次のことが求められる。基本権が単純法に対して固有の作用を持つのであれば，また，その限りで，その作用は，法律の中で特別な規定により成就されねばならない。法律は，当然のことながら，憲法に従属し，憲法によって刻印され続けなければならない。成文法は，その定式化の中で，また，定式化を通じて，憲法に刻印される。さもなければ，法律は，妥当することの要求，真摯な受け止め，確固さを害されることになる。もとより，憲法からの要請を単純法の中で条文化することには限界があるが，一般的には，以下のような原則が妥当する。すなわち，憲法からの要求が法律の中で可能な限り処理されているのであれば，直接に基本権に依拠しなければならない場合は，必然的に少なくなる。

5．このような考察から，いくつかの重要な帰結を導くことができる。公法の現在の発展状態では，多くの具体的法分野において，もはや法律の憲法従属性が重要なのではなく，――憲法上の制約を遵守している――法律のもつ自立性と独自性を維持し，取り戻すことが重要なのである。立法政策は，具体的法素材が持つ固有の法則性・実体的法則性に配慮しなければならず，法解釈学は，構造形成と体系性に配慮しなければならない。法律が憲法に従属する最大限の達成は，次第に繊細に琢刻されて最後は個別事例における個別事例的正義に行き着くような比例性の考慮によって，法律における現存の構造化と類型化が全て解消されることにあるのではない。例えば，行政法における解釈学の任務は，監督許可[52]，特例認可，計画確認といった法的制度を，時代に合わせて，すなわち憲法適合的に作り上げ，続いてこの制度に，――解釈学的な制度が持つ，あるいは持たねばならない――個別事例における法適用を軽減するという，代替しえない機能を与え，確立することである。現在，まさに高い程度に達した個別事例的正義の感受性および個別事例のための差異化にかんがみれば，今なすべきことは，解釈学の体系化を解消することではなく，法律の諸制度を新たに形成し，その体系化を行うことである。

この求められる体系化を成し遂げるには，個々の法分野における法原則を再発見することも極めて重要である[53]。

Ⅵ．憲法と法律の関係に関する現下の議論

1．優位する憲法と法律との関係は，近時，異なる三様の質問形式で論じられ，問題化されている。

第一に，実定法的に，法律上の概念とは異なる憲法上の概念の内容を問うことができる。すなわち，基本法における独自の所有権概念，租税概念，職業概念について，あるいは，法秩序の客観法的な要素としての基本権の，憲法上の放射効果の程度を問うものである。

第二に，議会の立法者とは異なる，優位する憲法という規準に限定されている連邦憲法裁判所の権限の画定を機能法的に問うことができる。一般に流布しているのが，次のような見解である。実体的憲法および憲法の内実の拡張は，

---

52)　それについて正確には，*Hartmut Maurer*, Allg. VerwR, 2. Aufl., 1982, § 9 Rn. 51 ff.; *Rainer Wahl*, DVBl. 1982, S. 51 ff. も参照。

53)　したがって，特に重要で続行しなければならないのは，ヴィルヘルム・ヘンケがいうように，構造化と体系化である。*Wilhelm Henke*, DVBl. 1983, S. 982 ff.; *ders.*, DÖV 1984, S. 6 ff.

議会立法者が負担することで，連邦憲法裁判所の権限を拡張することを含意し，したがって，基本法の体系内在的な理由から，憲法および基本権の事項的・法的な拡張には，限界がなければならないという見解である。

第三に，連邦通常裁判所や連邦行政裁判所のような，いわゆる専門裁判所とは異なる，連邦憲法裁判所の判決権限・評価権限を，裁判所制度的に問うことができる。この問いは，裁判実務において最も数が多い類型である判決への憲法異議の場合に，特に重要な関わりを持つ[54)]。こうした区別の重要性は，例えば，連邦憲法裁判所と行政裁判権との関係についての，次のような考察から明らかになる。行政からの防御としてもともと憲法異議が機能してきた，行政による基本権侵害に対する各人の伝統的な保護は，かなり以前より，行政裁判権と連邦憲法裁判所との間の内的な対話（In-Sich-Rechtsgespräch）へと転化してきている。行政による侵害に対する各人の保護は，第一次的には行政裁判権を通じて行われる。憲法異議，あるいは判決への憲法異議を提起することで，各人は，連邦憲法裁判所の憲法・基本権に結びついた特別の視野から，行政裁判権の解釈が修正されうる機会を持つことになる。

2．こうした三様の「前線」のすべてについて，最近，異論や問題提起が述べられている。それは，憲法の過度の酷使――これは同時に，立法者または専門裁判所との関係における，連邦憲法裁判所の責任領域の過剰負担でもある――に対して批判を唱えるものである。これに関わる多数の問題の中から，ここでは，最近の２つの洞察に言及するに留める。一つは，すでに述べた裁判所制度の次元の問題であり，他の一つは，実体法的な次元の問題である。

最近，顕著であるのは，最上級の連邦裁判所，少なくとも行政裁判所や連邦裁判所の有力な裁判官による批判が増大し，抵抗姿勢が始まりつつあることである。この批判では，専門裁判所の独立が，しかも概念の文字どおりの意味における専門裁判所の独立が表明されている。すなわち，専門の裁判官，特殊な専門知識のある裁判官として，自分たちが解釈し，体系化した法律に対して連邦憲法裁判所がいわば非体系的で，体系化されていない干渉を加えることに対

54）これについて最終的には，*Bryde* (Fn. 3), S. 313 ff. を参照。

して反駁しているのである[55]これは，強制執行，特に住居の家宅捜査の際における裁判官留保に典型的に見られる憲法裁判所の判決に対して向けられた裁判官や民事訴訟法学者のリアクションに明瞭に現れているように思われる[56]。同様に，行政手続法に関する最近の連邦憲法裁判所の判例に対しても，判例は十分に考えられておらず，最後は，一般行政手続法の終焉をもたらすであろうという批判が加えられている[57]。

連邦憲法裁判所と「専門」裁判所との（緊張）関係が，最近のヴァイロイターの論文[58]のように極めて明瞭に示されるのはまれであるとしても，こうした対立の例は付け加えることができる。もちろん，本来の問題は，この（緊張）関係では両者のどちら側にも，はじめから内容上の「正当性」があるわけではないことである。時として専門裁判所から連邦憲法裁判所に対する納得できる批判がある一方で，逆の立場からの批判にも，少なくとも同等の正当性がある。すでに言及した水管理決定は，その間に定着した専門裁判所の判例を修正するために，連邦憲法裁判所による得心できる宣告を必要とした多数の事例が存在することの顕著な例証である。受刑者決定もまた，そのような例である。この決定は，いくつかの適切な文章で，特別権力関係についてのかつての文献や判決の誤りを説明し，これに終止符を与えている。最近では，ミュルハイム・ケルリッヒ決定がこれに含まれる。同決定の核心は，公衆の関与は官庁が情報をえるためのものであるにすぎないという行政裁判所の誤って定着した定式を退け，正しい姿に戻したことである[59]。手続法における過剰な形式主義を緩和することも，憲法裁判所の判決ではじめて可能になったことである。

したがって，状況は全く複雑で，ばらばらである。憲法裁判権という制度に，積極・消極の両者があることに，驚くべきではない。連邦憲法裁判所による最

55）　一つの法領域へ基本法の諸原理を組み込む際の，「それぞれの具体的な事項・法の関係がもつ不可侵性」（ツァハー）を維持することの問題については，*Bryde* (Fn. 3), S. 324 f. がさらに証明する。

56）　*Eckhard Schumann*, NJW 1982, S. 1609 ff.; *ders.*, BVerfG, GG und Zivilprozeß, 1983（= ZZP 96 [83], 137）. *Dieter Leipold*, in: Friedrich Stein-Jonas, ZPO, 20. Aufl., 1983, 前掲 § 128 の包括的な説明も参照。

57）　*Hans J. Müller*, Die Verwaltung 15 (1982), S. 389.

58）　*Weyreuther*, DÖV 1982, S. 173, 175.

59）　この点については，*Rainer Wahl*, VVDStRL 41 (1983), S. 166 ff.

終的な拘束力ある判断は，全法秩序において，中心的地位から引き起こされるイノベーションを可能とする。連邦憲法裁判所法31条〔判決の効力〕は，これまでの解釈論に対するそのような衝突や修正が断固として行われることを担保する。他方で，判決のもつ最終的拘束力は，連邦憲法裁判所が，ある法分野の大きな連関に対して，誤った介入，目的に適わない介入，部分的にとどまる介入を行うことを内容にするわけではない。連邦憲法裁判所法31条が憲法裁判所判決の（自己）修正に対して課している高いハードルによって，問題のある判断が化石化する危険があることは否定できない。

各法分野の解釈学との関係で憲法解釈学が直面している危険もまた，これと同じだけ大きい。基本法のわずかな条文から全法体系や，その法分野の決定的な基本原理，分野ごとの部分憲法を取り出そうという誘惑は，国法学者にとって非常に大きい。国法学者がこうした誘惑に常に，あるいは，しばしば耐えてきたとは，決していえないであろう。憲法およびその解釈に基づき法のあらゆる領域に対して全能であること，すべての法分野について基本原則の章を執筆できるということは，まさしく憲法解釈者にとって大きな誘惑なのである。

以下のことが明らかとなる。憲法の優位の原理は，根本的なものである。しかし，この原理は，優越する憲法の範囲については，何も語らない。憲法は，核心においてすべての法秩序をその中に含んでいるわけではない。このことは，基本法の内容をあまりに詳細化しようとするあらゆる傾向に抗して，堅持されなければならない。とはいえ憲法は，――限られた――数の基本的な規律を含んでいる。このことは，法律の概念にしたがって憲法を解釈しようとするあらゆる傾向に抗して，同じく明確に堅持されなければならない。つまり，憲法は，その優位のゆえに，独自の概念を形成しなければならないのである。しかし，憲法は，「栄誉ある孤立」に行き着いてはならない。そのため憲法は，例えば，独自の所有権概念を展開しなければならないが，しかし憲法は，大げさな身振りで単純法を消し去ることはできない。私法の学理は，当然のことながら，長い解釈学上の伝統から今でもなお，大いに注目されるべきものである。しかし，それだけが，所有権秩序に決定的な貢献をするのではない。したがって，問題の中心にあるのは，２つの基本的な要素，すなわち憲法の優位と憲法の内容上の限定性とを，つなぎ合わせることである。しかし，この関係を決定する特効薬は存在しない。優位する，それゆえ独自性のある憲法と，憲法の枠内において自立し続ける法律との間の境界線は，常に新たに探し求められ，具体化されなければならない。コンラート・ヘッセは，その著作と憲法裁判官および国法学者としての責務についての見識において，この課題に対する手本を示しているのである。

Ⅲ　第3章

憲法と家族法

——やっかいな血縁関係

憲法と家族法との関係は古くからあるテーマではない。両者の関係は，これが未だほとんど議論とはなっていなかったワイマール時代に始まった。この関係の十分な展開，さらにはまた一定の対立は，基本法の下においてはじめて生じた[1)]。歴史は浅いが，同時により高いランクづけをもつ憲法〔規範〕が新たに導入されたことは，歴史の古い私法の側からすれば，家族法の領域においてもしばしばある種の過剰介入あるいは事理に適わぬ支配と感じられたのである。両者の法領域ないし法学説の間に意見の対立あるいは偏った評価があったし，現在もあるというのはその通りである。しかし，両法領域の関係は，単に論争的ないし対立的というだけではなく，きわめてバリエーションに富むものである。憲法と家族法との邂逅はかなりの状況の多様性を生み出した。まずはそのことについて述べる必要があり（Ⅰ），その後，1949年以降の婚姻および家族に関する法制史を簡単に検討することによって，この状況の最も重要な実例を示そう（Ⅱ）。そして，家族法における憲法の優位についての考察がこのテーマを締めくくる（Ⅲ）。

1949年から今日までの時代を包括する発展的史理解は，まずもって考察しておかなければならない。家族関連の憲法規範を含めた実定家族法の各々の法制史[2)]は，この法領域の発展の主題を具体的に理解するのに役立つ。家族法の発

---

1)　*Gröschner*, in: Dreier (Hrsg.), Grundgesetz Kommentar, 2. Aufl. 2004; *Schwab*, Zur Geschichte des verfassungsrechtlichen Schutzes von Ehe und Familie, in: FS Bosch, 1976, S. 893.

展にとっての主題とは，家族法の下での生活秩序，すなわち現実の婚姻および家族のなかでの諸価値の変遷を理由とした大きな社会的変化が観察されうるということである[3]。1950年代の法律，さらには家族法に関する学説や一部においては憲法に関する文献に示された評価と現代におけるそれらとの間に見られる相違は，他の法分野には見られない。正当にもライナー・フランクは次のように総括している。「過去50年間の家族法の発展は，非常に急速に進行し，現在でもなお進行する価値の変遷，すなわち人生のなかではいくつかの確固たる原則を放棄せねばならないということを年長者が認めざるをえないような価値の変遷を反映している」[4]。したがって，この変化が〔単純〕法律上の家族法および憲法上の家族法の重大なテーマであるならば，この変化を処理するにあたって憲法と単純法律との間に非同時性と事項的な相違とがもたらされうることは明らかである。憲法の観点からすれば，立法者はあるときには過少に，そしてあるときには過剰に改革を実現したかもしれないのであって，両方の場合においてこのことは憲法と家族法との緊張関係をもたらす。しかし，〔この点についての〕法的な表現は様々である（この点についてはⅠで述べる）。

---

2)　実定法の固有の法制史というコンセプトについては，*Wahl*, Herausforderungen und Antworten, 2006, S. 12 ff.

3)　*Schwab*, Wertewandel und Familienrecht, 1993; *Henrich*, Wertentscheidungen im Wertewandel. Betrachtungen zu Art. 6 Abs. 1 GG, in: FS Lerche 1993, S. 239; *Limbach*, Die Rolle des Bundesverfassungsgerichts bei der Entwicklung des Kindschaftsrechts, Kind-Prax 1999, S. 71-74.; *Gröschner*（Fn. 1）, Rn. 16 ff.（「規範の成立と改正」）; *Burgi*, in: Friauf/Höfling, Berliner Kommentar, Art. 6, Rn. 13-15; 何世紀にもわたる変遷について詳しくは，*Viola Schmid*, Die Familie in Artikel 6 des Grundgesetzes, 1989, S. 120-189. 家族法にとって不可欠の家族研究の観点から，*Robert G. Moeller*, Geschützte Mütter: Frauen und Familien in der westdeutschen Nachkriegspolitik, 1997; *ders.*（Hrsg.）, West Germany under construction: politics, society, and culture in the Adenauer Era, Ann Arbor, Univ. of Michigan Press, 1977 および *Gernhuber/Coesters-Waltjen*, Familienrecht, 5. Aufl. 2006, vor § 1 での学説における紹介を参照。

4)　*Frank*, Rechtsvergleichende Betrachtungen Entwicklung des Familienrechts, FamRZ 2004, S. 841（Abschiedsvorlesung vom 26. 6. 2003）.

Ⅰ．憲法と家族法との関係における多様な状況

1．家族に関連する憲法――新たな現象

婚姻および家族に関する憲法上の規定は，比較的歴史の浅いものであり，1919年のワイマール憲法[5]がはじめて家族に関する保障を規定した。この時期的に遅い採用は驚くに値しない[6]。憲法は，社会における（完全なる）価値の一覧表ではなく，典型的に〔価値に対する〕危険や保護の必要性に関する意識に対して反応するものである。婚姻および家族が，ヨーロッパの憲法の最初の100年間に何の役割をも演じなかったとすれば，それは，19世紀には婚姻および家族に関する見方や生活のなかでの実践に変化がなかったということを意味するのではなく，この変化がゆっくりと生じ，そして同時に法システムのなかで比較的容易に「処理」されたということを意味している。この変化は，1918年頃の数年に表明された大きな時代の境目の意識や時代の変化への懸念を生じさせるものではなかった。実際，たとえば社会主義や共同体主義において「自由恋愛」が広く喧伝されたことに対する不安が，振り返って考えてみれば非現実的な挑発であったのである。いずれにせよ，政治や世論の大部分がもった意識変化は，憲法の条文中に，すなわち「婚姻の特別な保護」という表現のなかに表れている[7]。このときは，「特別な」保護の強調と，たとえば他の基本権よりも高い保護というような解釈上の命題とが結びつけられたわけではなく，政治的なプログラムが明記されたのであった[8]。

5） 例えば（施行されることのなかった）1849年のパウロ教会憲法や1850年のプロイセン憲法におけるような19世紀の婚姻規定は，法に基づく民法上の婚姻の採用を通じた婚姻の世俗化にかかわるものであった。この点につき，*Gröschner* (Fn. 1), Rn. 1.

6） *Schwab* (Fn. 1), S. 893, 894 ff. では婚姻および家族の保障に関する伝統的基本権の拡大の根拠について詳細な分析がなされている。シュヴァープによれば，伝統的な努力（婚姻および家族の保護）が改革的な衝動（非嫡出子の保護という問題設定にとっての基礎たる「母親」の平等取扱）と結びつけられた。

7） ワイマール憲法119条：「婚姻は，家族生活および民族の維持・増殖の基礎として，憲法の特別な保護を受ける。婚姻は，両性の同権を基礎とする」。本規定の解釈については，*Anschütz*, Die Verfassung des Deutschen Reiches, 14. Aufl. 1933, Art. 119; *Schmid* (Fn. 3).

8） それゆえ *Gröschner* (Fn. 1), Rn. 2 は基本法についても，文言上「尊重し，かつ保護」されるべき人間の尊厳よりも強められた保護が要求されるわけではないと指摘している。

20世紀においていまや憲法がまさしく「特別な保護」に関する規定をもつときには，この規定は伝統的な法律およびあらゆる将来の法律との関係において当然に法のより高次のレベルにある。加えて，基本権条項に基本法１条３項にもとづいて特別で現実的に高められた法的意義を初めて認めた[9]基本法にとっては，一方で法律と家族法解釈学，そして他方で憲法，憲法学による解釈および憲法裁判所の判例法との関係が永続的な問題となる。両者の規律が同一のヨーロッパの法伝統および同時にヨーロッパの自由の伝統の一部であることが確かであればあるほど，内容的な緊張関係および対立はほとんど防ぐことができない。それゆえ，このような場合にどちらが優先的な判断権および最終的な判断権をもつかという問題〔が生じること〕もまた明らかであり，避けられない。基本権の意義の上昇が，法学の内部領域において，どのような変化を引き起こすかも問われねばならない。家族法学は，以前と同様に（ドイツおよび外国の）法律に注意を集中するものであるのか，それともその対象を拡大したのであろうか。

2．憲法上の立法委託

憲法と家族法との関係は，――当然に――憲法上の保障そのものによって最も明瞭かつ最も大きな影響力をもって規定されている。1919年のワイマール憲法と1949年の基本法とを家族法に関連した憲法規定のそれぞれ独自の例として考えると，両方の場合において，憲法制定が革新および質的飛躍の場であり，その時であったということが注目される。平等取扱（ワイマール憲法119条１項２文）というテーマは，通常の立法を通じてではなく，憲法それ自体を通じてのみ法への進入口を見いだしたのである。憲法が斬新であること〔がもたらす結果〕の最もよい例証は，この「プログラム」のその後の運命が示している。これは基本法制定議会が憲法制定に際してこのテーマを改めて取り上げるまでは処理されぬままであった。憲法制定の会議においては，それ以前の，そしてそれ以降の通常の政治的立法におけるよりも広範かつ進歩的なコンセンサスが存在していたということもまた注目に値する。基本法制定会議[10]についていえ

9）　基本法１条３項は，基本法の重要な革新部分であり，その意義は高く評価されうる。「以下の基本権は，直接に適用される法として，立法，執行権および裁判を拘束する」。

ば，改革の準備の背景は，連邦憲法裁判所が平等取扱に関する初めての判決においてはっきりと引用した，会議のメンバーであったシュトラウス博士の発言と密接に関連づけられる。彼は「全員の拍手喝采を受けて」以下のように述べた。

「……私は，男性と女性との平等取扱の原則は少なくとも1918年以来，……われわれの血肉となっていると主張する。……まさに過去何年にもわたって，ほぼ全ての男性は……，女性の仕事が男性のそれよりも――肉体的な苦労も含めて――より苦労の多いものであることをはっきりと認識してきた。……それゆえ，……われわれが女性の平等取扱をあらゆる関係において……承認しかつ要求することについて，……疑いがあろうはずもない……」[11]。

そのすぐ後の連邦憲法裁判所の主要な判決においては，1950年代に入ってからのまったく異なった見解が見受けられる。このとき問題となったのは，所得税の査定に際しての夫に対する明らかな不利な取り扱いであった。この法律の基礎にあったのは，「妻を家庭に戻す」という教育効果が規律の目的であることを示す財務省の建白書であった[12]。ワイマール国民会議および基本法制定議会は非嫡出子の生活条件の同権化（ワイマール憲法121条および基本法６条５項）について，その後の議会における単純多数よりも改革的な思考をもち，そのように規律した。

---

10) 基本法制定会議における審議については，*Doemming/Füsslein/Matz*, Entstehungsgeschichte des Grundgesetzes, JöR NF 1 (1951), S. 92-99 および *Badura* in: Maunz-Dürig, Grundgesetz, Art. 6 Rn. 40 f. *Hans-Peter Schneider* (Hrsg.), Das Grundgesetz. Dokumentation seiner Entstehung の膨大な添付資料では，基本法６条がいまだ取り扱われていない。議論の描写は，*Heike Mundzeck*, Elisabeth Selbert, in: Deutscher Juristinnenbund (Hrsg.), Juristinnen in Deutschland, 3. Aufl. 1998, S. 189-194; *Birgit Meyer*, Elisabeth Selbert (1896-1986), in: Kritische Justiz, 1988, S. 427-438 にも見られる。*Wesel*, Der Gang nach Karlsruhe. Das Bundesverfassungsgericht in der Geschichte der Bundesrepublik, 2004, S. 389 は，これら２つの論文を参照している。

11) 基本法制定会議本委員会第42回本会議におけるシュトラウス博士発言（StenoProt. S. 529 ff, 538, 539)。BVerfGE 3, 225, 238 より引用。

12) BVerfGE 6, 55, 80 f. 連邦憲法裁判所は，税法によって財政収入獲得とは異なる目的が追求されうることに，冷静に回答を行った。しかし，これは「この副次的目的それ自体が憲法上中立的である」という条件をもって妥当するのであり，このことは具体的な検討に当たってもちろん否定されたのであった。

憲法制定は（おそらくは大規模な憲法改正も），ほとんどが社会の変化に対するリアクションである，原則についての改革を法形式に流し込むための場所である。このことにとっては，憲法が，そしてそれだけが，適切な場所である。これまでは（法）政策的プログラムであったものが憲法へと採用されることによって，国法秩序の最上位に全法規範にとっての基準がうち立てられる。基本法は，その内容的言明の貫徹および実行化のための法的手段を備えていたということによって，根本的にそして決して過大すぎる評価というわけでもなく，ワイマール憲法とは区別される。このことは，――ワイマール時代との違いという意味でも――立法委託の制度というこれに関連する形態においてとりわけ明らかである。この制度によって，憲法制定者はその法プログラムを彼ら自身で規定せずに，法律での実現および実際の整序を立法者に委託したのである。しかし，このことで憲法制定者は彼らの変革の意思をかえって限定なきものとした。家族法における立法委託により，憲法制定者は，法律は包括的に，多くの個別規定を新たに形成された基本理念に合致させるべきであるとのとりわけ広範な変革の意思を表明している。まさに両性の平等取扱あるいは非嫡出子の生活条件の同権化についての新たな基本理念は広範囲に及ぶ法改正を必要とするがゆえに，憲法制定者は立法委託とそれに続く（実施）立法という順序を第一次的かつ通常のものと考えたのである[13]。

しかしながら，立法委託を通常立法のかたちで実現することが多大なる困難を抱えていたということは驚くべきことではない。憲法制定の時期は，通常，変化および改革の必要性の強固な意識をもった時期である。それに続く立法の時期の日常においてこの意識は容易に失われる。それゆえ，憲法制定者の原則定立は（法）政策の日常の中での「執行者」，すなわち憲法制定者のもともとの衝動を受け継ぎ，さらに推し進める，立法機関から独立し並存する機関を必要とするのである。この機関は基本法によれば当然に憲法裁判所であり，〔このために〕さらに基本法によって同じく初めて実現された前提条件が立法者の基本権への拘束である。基本法１条３項と連邦憲法裁判所制度は，根本から憲

13）　この通常の順序は，移行期間が経過し，その限りで通常ではない状況が生じた場合には終了する。その後は，1953年から56年にかけて起こったように，裁判所が次善の策として直接的な実現を行わねばならない。

法の価値を高め，かつ新たな段階へと引き上げた。ワイマール憲法と基本法とは非嫡出子の平等取扱およびその生活条件の同権化に関する立法委託について文言が似ていると理解されるが，このことはその言明内容および作用においてそもそも同じものだということではない。類似した文言は重要ではなく，それぞれの憲法の法的全体構造が重要なのである。基本法全体の体系的コンテクストにおいては，〔ワイマール憲法と〕文言の同じ規定がまったく異なった，高められた作用をもった。連邦憲法裁判所の判例は，50年代だけにとどまらず，この違いを効果的に実現してきた（この点につき，後述Ⅱ1）。

同時に，家族法および家族法学の観点からは，憲法が1949年以降は重要な対話の相手となり，両者の間の真剣に捉える必要のある「関係」がこのときはじめて生じたということが明らかとなる。ワイマール憲法の下では歯の抜けた，すなわち実効性のないものであり続けた立法委託というカテゴリーにおいて，基本法はあらゆることを変革したのである。すなわち，ワイマール時代の経験から，基本法制定会議は平等取扱法の新たな定式化に期限の設定（1953年）を加えて規定した。そのため，立法者の躊躇は立法委託に関する連邦憲法裁判所の初の大規模な「厳格審査」をもこの領域においてもたらすこととなった。連邦憲法裁判所は厳格審査を要求し，期限（1953年３月31日）の経過後は平等取扱を現実の実定法として解釈し，この結果，あらゆるこれに対立する法が部分的に廃止されるとした[14)]。

立法委託という類型については，以下のようにまとめることができる。そこにおいては，憲法が時間的，政策的かつ思想的に法律に先行する。憲法は第一次的な素材であり法的なきっかけである。内容的には，広範な改革および変化が問題となる。こうした大規模な変革の意図は，憲法制定者が重要なきっかけを与えることでもっともよく正当化される。基礎づけ段階の外側およびその後の段階では，たとえば平等取扱についての変革を志向する憲法上の衝撃（基本法３条３項および117条）が法律によって実現されれば，法発展の日常においては，憲法と法律との〔上述のものとは〕異なった位置関係がもたらされる。しかし，とりわけ以下のことが留意されるべきである。憲法制定の時期には，法

14）　その他の，期限を付されていない基本法６条５項の立法委託については，後述Ⅱ１の注53)の箇所。

発展における飛躍があるのであって，これは家族法にもあてはまる。こうした立法委託をもって，憲法制定者は彼らの包括的な形成意思および変革意思を表現しているのである。

３．家族法立法者にとっての枠および限界としての制度保障

変革を要求する立法委託の他方で，家族法には憲法と単純法律との間の通常の関係も広がっていた。家族法立法者は〔その内容を〕形成しうるのであり，〔これまでの家族法の内容を〕維持することも，あるいは改革を行うこともできるが，立法者は基本法６条の枠を維持しなければならない。このとき立法者は「国家秩序の特別な保護の下にある」という婚姻および家族に関する基本保障によって必ずしも軽いものではない基準を顧慮しなければならない。基本法６条１項はよく知られるように制度保障（Institutsgarantie）を含んでいる[15)]。その法的内容を展開することは，基本法14条における財産保障の場合と同様に，構造上の困難をもたらす[16)]。なぜなら，制度保障は単純に1949年の規範状況を固定化するものではなく，改正および改革の当然の余地を残しているからである。しかしこの改革は，まさに制度保障の内容を通じて，再び限界を設定される。それゆえ，基本法６条１項の場合にも，憲法上の制度保障と単純法律上の法の更なる発展との相互作用が複雑に生じるのである。制度保障の解釈上の基本問題[17)]は，基本法６条１項の場合，その対象領域および生活領域に広がる変化を通じて，特別な先鋭化を含んでいる。それゆえ，保障される「制度」がこの変化からなにも影響を受けずにいられるということは考えられない。したがって，婚姻および家族の法においては二重の変化の過程が形成される。一方で――これが通常なのであるが――単純法律においてであり，そして他方で憲法，すなわち基準となるレベルそのものにおいてである。連邦憲法裁判所による同

15）連邦憲法裁判所の確立した判例であり，学説においても異論がない。

16）基本法６条についての基本法コンメンタールの他に，*Kloepfer*, Einrichtungsgarantien, in Papier/Merten, Handbuch der Grundrechte, Bd. II, 2006; § 43 Rn. 64 ff.; *Mager*, Einrichtungsgarantien, 2003, insb. S. 195 ff.; *Mainzer*, Die dogmatische Figur der Einrichtungsgarantie, 2003; *Gernhuber/Coester-Waltjen* (Fn. 3), § 5 Rn. 11 ff.; *Rauscher*, Familienrecht, 2. Aufl. 2008, § 2 Rn. 34 を参照。

17）*Gröschner* (Fn. 1), Rn. 36 が適切に述べている。

性愛の可罰性〔についての見解〕[18]が今日もはや憲法上正当化されるものではないのと同様に，同裁判所の生活パートナーシップ法に関する判決[19]は50年代，60年代にはまったく不可能なものであったであろう。同様に，非婚姻生活共同体およびそこで生まれた子どもに関する90年代の諸判決は，50，60年代には不可能であっただろう。内縁関係という初期の用語法がすでにまったく異なった当時の評価を示している[20]。憲法判決にいえることは，同様に教科書やコンメンタールにも妥当する。ライナー・フランク〔の業績〕は，個々の論者の文献に示される変化を明らかにするにあたって十分に優れたものである[21]。誰もその時代から離れて生きることはできない。時代の拘束は不可避であり，これに反対する主張はイデオロギー的であるか，または考慮に欠けたものである。

連邦憲法裁判所は以下のような，常に繰り返される定式によって，変化と制度保障との間の緊張関係を克服しようと試みている。

「基本法は，婚姻制度を抽象的にではなく，それがその時々で支配的な，法律による規律のなかに基準として示される見方に適合するような形態で保障している」[22]。

連邦憲法裁判所の定式は学説においては有用なものとは見られなかった[23]。たしかにこの批判は納得しうるものであるが，現実の問題は，変化にさらされ

18) BVerfGE 6, 389, 420 ff.

19) BVerfGE 105, 313, 342 ff. パピーア裁判官による少数意見（同357頁）およびハース裁判官による少数意見（同359頁）も参照。

20) 憲法および家族法の領域での数十年にわたる教科書およびコンメンタールの比較によっても，まったく同じ変化が生じている。重要な，しかし同時に時代拘束的な評価の宝庫はフォン・マンゴルト／クラインやマウンツ／デューリッヒによるコンメンタールである。

21) 注4)の逐語引用を参照。

22) BVerfGE 31, 58, 69（引用は S. 82 f.）; 36, 146, 162; 105, 313, 345. スペイン人判決（BVerfGE 31, 58, 69）では，制度保障と民法典との関係が述べられている。「しかし，（民法典における婚姻についての）この規定は，保障された基本権および他の憲法規範のもつ自由〔保障〕的性格と関連して，基本法６条１項が現存の，伝統的な生活形態を継受することから生じる，本質的な，婚姻制度を規定する構造原理――たとえば一夫一婦制原理――を考慮しなければならない」。

23) *Mager* (Fn. 16), S. 204.「明確化するものでも，前進させるものでもない」。マーガーは離婚改革を例に，婚姻の解消可能性を基本法６条１項の「自由権的要素」から導き出そうとしている。

た制度を永続的に書き換えようとしつづける。グレシュナー[24)]は，基本法６条１項の解釈に際しては常に，憲法と憲法適合的法律との間で，そして規律と規律された生活形態との間での循環の危険が存在するとの叙述によって，問題の核心に触れている。婚姻および家族という生活世界に特徴づけられる制度は（財産という法規定的制度とは異なって），この危険を無視して定義することはできず，個々のケースにおいて論証的に危険を回避するしかない。すなわち，制度を単純法律上だけでなく，憲法上も決定する，生活世界のそうした構造に対して開放的であることを通じてである。

ここで問題となるのは，制度保障の解釈上の問題を解決し，個別的に取り扱うことである。この点で関心をひく観点は，一方で，立法者に対する基本権の効力が，まさにそれ自体問題の多い基本法６条１項の制度保障においては，非常に要求の多い企てであることである[25)]。他方で，制度保障およびその構成要素が憲法裁判所の実務において，ほとんどの場合，通常法律の改革にとってのあり得る限界および制限としての機能を要求されているということは強調に値する。たとえば，1976年６月14日の第一次婚姻・家族法改正[26)]による有責主義から破綻主義への移行が基本法６条１項違反であると主張されたため[27)]，憲法規範がここで法律の批判的審査のために引き合いに出された。申立人による主張によれば，この事例に限らず，立法者は改革によってあまりに前へと進みすぎており，憲法はこれにブレーキをかけるべきであって，アクセルを踏むべきではないとされた。連邦憲法裁判所が最終的にこの事例において，「この法律は憲法に違反していない」[28)]と確定したとき，連邦憲法裁判所が枠の番人として活動していたことは明らかであり，立法機関はこの枠のなかで行動するが，その立法の内容については政治的に立法機関自身が責任をもつべきことを確認

24)　*Gröschner* (Fn. 1), Rn. 36.

25)　憲法は1949年以来広範な法化，すなわちかつては自由な法政策上の決定に委ねられていた立法の拘束と統制をもたらした。この婚姻および家族の法的保障の増加は，とりわけ通常法律上の変化が，それ自身変化にさらされる憲法上の概念および制度によって審査されるべきである場合，複雑な操作を通じて行われる。

26)　BGBl. I S. 1421.

27)　詳しくは後述Ⅱ２の注63)の箇所を参照。

28)　BVerfGE 53, 224, 245.

している。

上述した，積極的に変化を志向する憲法上の衝撃は，憲法の〔現状〕維持的で，かつ立法者に対して限界を設定する性格を通じて補完される。ここでは立法者と憲法との通常の関係が問題となる。立法者と立法政策は，法のかたちを決定する第一次的な力である。憲法は時間的かつ観念的に第二次的にこれに付け加わるのであって，立法者および政治の改革の目論見を審査するための審級である。

4．憲法裁判所による創作物としての出自を知る権利——憲法裁判所での革新

1949年からずっと後の時代にも，そして始源的な立法委託とは別の領域においても，憲法の活動的な，そしてこの意味において第一次的でもある役割が生じうる。単に制度保障の文脈から生じる私法上の原則や規範だけが生活形態としての婚姻や家族に影響を及ぼすわけではない。憲法が他の部分においてさらに展開し，それゆえにそこで新たな形態を生じれば，このことは婚姻および家族という生活領域にも影響を与える。連邦憲法裁判所が人格権およびその具体化との高度な関連において自己の出自を知る権利[29]を創出した際に，これが起こった。この権利の新たなる展開——発見ということもできる——は，いまやまったくもって特殊な例ではない。まったく同じような理由から，人格権の範囲において，その具体化として情報自己決定権が形成され，あるいは発見された。両者の場合において，帰結は，関係法令がこの新たな権利を侵害していないか，あるいはその要請をいまだ実現できていないのではないかという点で審査されねばならないということであったし，現在もそうである。それゆえ，自己の出自を知る権利は，これまでまったく知られていなかった出自確認制度[30]に関する立法の洗礼立会人の一人となった。憲法および連邦憲法裁判所によるその解釈の潜在的効力は，従来の法状況を変革し，通常法律を作り替え，そして立法者を〔改革へと〕駆り立てることを改めて例証している。

29） BVerfGE 79, 256, 268 f.; 90, 263, 270; 96, 56. 63; *Dreier*, in: ders. (Hrsg.), Grundgesetz, 2. Aufl., 2004, Art. 2 I, Rn. 77; 加えて *Frank*, Rechtsvergleichende Betrachtungen zur Vaterschaftsanfechtung durch den leiblichen Vater des Kindes, in: FS Schlechtriem, 2003, S. 1127 ff.

この革新は議論の余地のあるものであり，一般的人格権と基本法２条１項および基本法１条１項というその根拠からの導出が憲法上説得力のあるものかどうかもまた未解明である。たしかに憲法裁判所は関係する諸判決のそれぞれに相対化〔の余地〕を残し[31)]，あるいは明らかに限界についての指摘を行っている。〔連邦憲法〕裁判所は，それ自身が生じさせた人間の尊厳論の内的力学に捉えられ，かつそれに引き続き背中を押されているように見える。いずれにせよ，出自を知るという新たな権利は，一方で憲法の過剰負担が明らかな人間の尊厳に関する判例の重力場にとらわれている。親子鑑定の事実上の可能性のようになおも発展しつつある現実の問題状況をすぐにでも人間の尊厳原理と平仄の合うものにしようとする者は，人間の尊厳条項の論理に基づいて永続的な，変更不能なかたちで妥当する解決を提示しなければならない。そしてこのことは，ドイツの法秩序においても，他の法秩序においても，適切な，あらゆる観点を考慮に入れた解決の試みがいまだ途上にあり，それゆえ今日下された決定が明日には修正を必要とすることになるような生活の事実関係について当てはまる。

出自の単なる確認のための新たに導入された制度と並んで，伝統的な親子関係否認の権利がさらに存在している。このことは，法律としての家族法および国内的な憲法のかたわらに，すでにかなり以前から長期にわたってさらなる法

30）　連邦憲法裁判所は訴えの提起可能性を整備する義務を BVerfGE 79, 256, 274; 90, 263, 276 f. で確立している。*Helms*, Die Feststellung der biologischen Abstammung. Eine rechtsvergleichende Untersuchung zum deutschen und französischen Recht, 1999; *Frank* (Fn. 29). 比較法を背景とした家族法上の問題性については，*Frank/Helms*, Kritische Bemerkungen zum Regierungsentwurf eines „Gesetzes zur Klärung der Vaterschaft unabhängig von Anfechtungsverfahren“, FamRZ 2007, S. 1277; *Brosius-Gersdorf*, Vaterschaftstests. Verfassungsrechtliche und verfassungspolitische Direktiven für eine Reform der Vaterschaftsuntersuchung, 2006. 連邦政府の法案については，シュヴァープによる皮肉である，Abstammungsklärung – leicht gemacht, FAZ v. 11. Dezember. 2007, S. 8 をも参照。

31）　成年の非嫡出子の母に対する情報提供要求のケースでは，裁判所は主文の冒頭ですでに以下のように述べている。「基本法１条１項と結びついた基本法２条１項によって保障される自己の出自を知る子どもの権利によろうとも，基本法６条５項によろうとも，非嫡出子がその母親に対して父親の名を明かすよう要求する権利を有するかという問題について一定の結論が前もって与えられるわけではない」。

階層，すなわち一方でヨーロッパ人権条約[32]，そして他方で国際的条約[33]の影響が並び立っていることのもっとも明白な例証の一つであるがゆえに，ここでとくに述べておかねばならない。親子関係法はとりわけこの影響を受けやすい。結果的に，将来の家族法の輪郭は生きた法領域の多層的かつ多元的な源泉の輪郭を示すのであって，家族法が他の多くの法領域と関係し合い，しかし同時に専門学問におけるかなりのメンタリティの変化をもたらし，あるいはこれを前提とするという特徴を示す。ここでは，国内法のあらゆる部分と同様に，法領域の国内レベルから多元的な法源と内容をもった国外レベルに（も）至る根本的な変化（これをパラダイムの変化と呼ぶことも可能である）が要求される[34]。将来的に家族法の相対的な独自性の維持が問題となる場合（「相対的」であることが強調される），その「対立者」は――基本法が50年以上続いても若干の私法学者にとってはお気に入りの対立者であるが――憲法ではない。そうではなくて，家族法および私法全体は，共同体法，協定法および国際的な条約法と良好な関係をもたなければならないのである[35]。

5．基本権の法律全体に対する照射効

別の状況および次元においては，基本権の法全体に対する照射効が問題として入り込んでくる。1957年１月17日の初期の判決[36]以来，連邦憲法裁判所は以下のことを確立した判例としている。「基本法６条１項は婚姻および家族という特殊な私的領域の保護および制度保障のための単なる『古典的基本権』ではなく，これを超えて同時に根本原則，すなわち婚姻および家族に関連する私法

32） *Brosius-Gersdorf*, Vaterschaftsanfechtung und Europäische Menschenrechtskonvention, EuGRZ 2006, S. 123 ff.

33） 国連児童権利憲章に関する多くの文献を参照：*Dorsch*, Die Konvention der Vereinten Nationen über die Rechte des Kindes, 1994; *Regula Gerber Jenni*, Die Rechte des Kindes: Das Uno-Übereinkommen und seine Auswirkungen auf die Schweiz, Basel, 2001.

34） 公法については，*Wahl*, Die zweite Phase des Öffentlichen Rechts, Der Staat 38, 1999, S, 495, 513 ff.; *ders.*, Zwei Phasen des Öffentlichen Rechts nach 1959, in: ders., Verfassungsstaat, Europäisierung, Internationalisierung, 2003, S. 411, 422 ff.

35） さらに憲法の優位というキーワードの下で後述Ⅲを参照。

36） BVerfGE 6, 55, Leitsatz 5.

および公法の全体領域にとっての拘束的価値決定である」[37]。税法における夫婦分割課税が扱われたもともとの事例と同様に，根本原則としての機能は私法上の家族法の外部領域においてもきわめて重要な効果を生じている。すなわち，社会法および税法の広範囲に及ぶ規範複合体や部分的には外国人法のような，既婚者としての地位が規律にとっての結合点である法領域においてである[38]。しかし，夫婦財産契約の内容統制に関する諸事例が示すように，狭い〔意味での〕家族法もまた根本原則の効果から自由であり続けるわけではない[39]。ここでは，私法上の契約一般に対する内容統制についての確立した判例[40]が，特殊的に家族と関連して基本法６条４項および６条２項から導き出される考慮と交差する。家族法および私法学説の大部分の反応はヒステリックでまったくバランスのとれないものだといってよい。夫婦財産契約の内容統制によって，家族法もまた憲法と私法との間での特別な紛争ラインに関与している[41]。

６．小括

以下のことが確認される。憲法と家族法との関係は，上述したように，相当に多様である。多様な状況に照らしてみれば，繰り返し引用される，６条は古典的な基本権，制度保障および拘束力をもつ価値決定を含むという初期の連邦憲法裁判所の定式[42]は，婚姻および家族の基本権に関して明らかに意義深いも

37)　BVerfGE 105, 313 ff.（生活パートナーシップ）S. 346 での今日的な定式化は以下のようなものである。「しかし，基本法６条１項は，婚姻がその本質的な構造において保障される点に尽きるのではなく，婚姻および家族に関連する私法および公法の全体領域にとっての拘束的な価値決定として国家秩序による特別な保護を命じている」（すなわち，侵害の不作為と促進要請である）。

38)　追加的移住に関する BVerfGE 76, 1 を参照。また，基本法６条１項から生じる基本的滞在許可の否定に関する BVerfGE 80, 81, 93 も参照。同じく，BVerwGE 102, 12, 19; 106, 13, 17. 多数の，基本法６条によって公法に作用する「照射」に関する概観として，*Robbers*, in: v. Mangoldt/Klein/Starck, Bonner Grundgesetz, 4. Aufl. 1999, Rn. 100 ff. und *Burgi*（Fn. 13），Rn. 54 ff.

39)　BVerfGE 103, 89, 100 ff.（夫婦財産契約判決）

40)　BVerfGE 81, 242, 252（代理商判決）; 89, 214, 229（連帯保証決定）; 103, 89, 100（夫婦財産契約判決）.

41)　この点につき，後述Ⅲの注77)の箇所も参照。

42)　1957年の BVerfGE 6, 55, Leitsatz 5 においてすでにこのように述べられている。

のとなる。両法領域間での関係についての多様な状況は，簡潔な定式に結びつけられないものであり，憲法が家族法を一方的に嚮導する，あるいは優位するなどということはまったくありえない。両法領域の役割は，法的にも異なる。まともな法的議論および手続のもとで作られた法律を，その憲法適合性について審査し，場合によっては無効と宣言するのは，憲法に根拠をもつ憲法裁判だけがなしうることである。この規範統制および拘束力をもった解釈は，これがあらゆる他の法律領域およびこれにかかわる学問の全体にいえるのと同様に，家族法にとっても疑いなく重大な意味をもつ。しかし，憲法が家族法および最上級裁判所の民事判決から規範統制〔の余地〕を「奪い去って」しまったわけではもちろんない。規範の排除は決して規範統制の管轄領域に含まれるものではないのである。さらに憲法は，一方で，憲法に定められた委託を履行する，あるいは家族法における個々人の人格権といった憲法に疑いなく含まれる権利を（厳格に）導入するよう，立法者に対して迫っている。他方では，憲法および憲法裁判は，立法者に対して限界を示し，それゆえ，改革が制度保障の要求を踰越しているのか否かについて審査するという特別な任務を有している。

Ⅱ．立法および憲法判決の対象としての重要な家族法上の問題領域

1．平等取扱立法――長すぎる歴史。そして，ようやく最後に上手くいった。

ドイツの法制史における憲法と家族法の共同発展という重要なテーマ[43]から，ここではいくつかの中心的テーマを取り上げることしかできない[44]。1953年12月18日の家族〔法関連〕事案における連邦憲法裁判所の最初の重要判決はただちに方向修正的機能をもった。1953年４月１日で，基本法117条で定められた平等取扱の実現のための期限が切れたのである。この重要判決は，基本法３条２項に違反するあらゆる法は無効であり，〔これによって生じる〕欠缺は伝統的な解釈手法によって補完されるということを出発点としていた。フランクフルト上級裁判所はこの見解に対して考え得る限り最大の論駁を行った。多数の規定を無効化することとなる基本法117条は，法的安定性や権力分立といった優越する諸原則がきわめて大きな欠缺の判例法による補完に対抗するがゆえに，

「憲法違反の憲法」と見なされる，と[45)]。移送決定は連邦憲法裁判所に，平等取扱要請が真性の法規範であり，十分に明確な法内容をもつという，ワイマール憲法との違いを強調するチャンスを与えた[46)]。これに続く，税法に関連して，拘束的な価値決定あるいは根本規範の形態を作り出し，これによって同時に基本法６条１項に照らした家族関連法の審査のための理論的手段を用意した1957年１月17日の重要判決[47)48)]は，基本法6条の保障が狭い意味での家族法を超えて広く妥当することを証明した。

しかし，法学上の議論の主たる場は平等取扱要請であったし，今もそうであり続けている。そこは――この点についてはウヴェ・ヴェーゼル[49)]が正しいと

---

43)　*Frank*, Die familienrechtliche Ordnung des Grundgesetzes, in: 40 Jahre Grundgesetz. Der Einfluß des Verfassungsrechts auf die Entwicklung der Rechtsordnung, Ringvorlesung der rechtwissenschaftlichen Fakultät der Albert-Ludwigs- Universität Freiburg /Br 1990, 113 ff.; *Götz*, Die Verwirklichung der Grundrechte durch die Gerichte im Zivilrecht, in: Heyde (Hrsg.), Vierzig Jahre Grundrechte in ihrer Verwirklichung durch die Gerichte, 1990, S. 35-84; *Kroeschell*, Rechtsgeschichte Deutschlands im 20. Jahrhundert, 1992; *Gerlach*, Politikgestaltung durch das Bundesverfassungsgericht am Beispiel der Familienpolitik, In: Aus Politik und Zeitgeschichte, B 3/4 vom 21. Januar 2000, S. 21 ff. 発展史についての記述は，教科書およびコンメンタールにおいては，ほとんど例外なく冒頭部分で取り扱われ，それゆえ現行法の問題とは切り離されている。最も詳細なものとして：Münchner Kommentar - *Koch*, Bd. 7, 4. Aufl. 2000, Einl. vor §§ 1297 ff., Rn.184-267; 加えて，Erman - *Heckelmann*, Bd. 2, 11. Aufl. 2004, Einf. vor § 1297, Rn. 10; Staudinger - *Voppel*, Buch IV（§§ 1297-1362), April 2007, Einl. zum Familienrecht, Rn. 8-19a.

44)　本文にもあるように，*Rauscher* (Fn. 16) もまた，この発展を「家族法上の憲法委託を実現する段階」，「ドイツ家族法における近代の始まり」および「1998年家族法改革（親子関係改革法)」に区分している。

45)　BVerfGE 3, 225, 226 f. この判決は，訴訟の経緯に関する記述において，平等取扱の現実的妥当に対する消極的かつ保守的な議論の宝庫である。

46)　BVerfGE 3, 225, 239 und 241. 当時多く用いられたコンメンタールである *v. Mangoldt/Klein*, Das Bonner Grundgesetz, 2. Aufl. 1957, Bd. I, S. 203 ff. での幾重にも相対化された記述との対比は，この〔連邦憲法裁判所の〕言明が必要不可欠な明確化であったことを示している。この注釈は核心においても，個々の部分においても，旧来の――根本的に変更されてはいたが――ワイマール時代の立場に非常に近いものであり，それゆえ基本法とはかなり距離のあるものであった。ワイマール時代の法状況は *Anschütz*, Die Verfassung des Deutschen Reichs, 14. Aufl., Art. 119 Anm. 2 und 3 sowie Art. 121 Anm. 1. で典型的に述べられている。

いうべきであるが――40年の長きにわたり，連邦憲法裁判所と，保守的な家族法学者および同じく保守的な憲法学者の多くによって支持された動きの鈍い立法者との衝突地帯（戦場ということもできる）であり続けた[50)]。しかし，最後には，管轄権をもつ連邦憲法裁判所の第一法廷が前線を守り抜き，平等取扱について注意を喚起するだけにとどまらず，実現させてもきた[51)]。このことはとりわけ立法の義務として理解され，その後に親による監護（当時はなおも親権であったが）における夫の決定権を無効としたが，さらには，立法者が50年代の明らかな敗北にもかかわらず再び1976年に定めた命名権における夫の決定権限をも数年後に無効とし，これによって平等取扱を基本法公布から40年後に最終的に確立することとなった[52)]。

また，これとは異なる６条５項（非嫡出子の法的地位の平等化）に関する立法委託に際しても，立法者に決断させるために，明確な言葉とセンセーショナルな判決を必要とした。この立法委託には期限が設定されていなかったにもかかわらず，連邦憲法裁判所は1969年１月29日の決定[53)]で立法者に対して，憲法委

47） BVerfGE 6, 55, 66.

48） この判決は，根本規範を打ち出した点で，ドイツの法全体にとっての転換点となったリュート判決（BVerfGE 7, 198）へといたる重要な予備段階である。

49） *Wesel* (Fn. 10), S. 151, 161 は非常に具象的で，状況関連的な記述である（年表は同160頁）。

50） さしあたって，私法学上の議論が *Christine Franzius*, Bonner Grundgesetz und Familienrecht. Die Diskussion um die Gleichberechtigung in der westdeutschen Zivilrechtslehre der Nachkriegszeit (1945-1957), 2005 によって省察され，批判的に評価されたのは非常に好ましい。

51） 「担当」であり，指導的な立場にあったのはエルナ・シェフラー（*Erna Scheffler*）裁判官であった。彼女については *Wesel* (Fn. 10), S. 152 および *Jaeger*, Erna Scheffler, in: Deutscher Juristinnenbund (Fn. 10), 3. Aufl. 2003, S. 183-88. 文献でもエルナ・シェフラーは何度となく意見を表明しており，最も印象深いのは *Scheffler*, Ehe und Familie, in: Bettermann/Nipperdey/Scheuner, Die Grundrechte IV 1 (1960) においてである。

52） BVerfGE 84, 9, 17:「基本法３条２項は，性別が法における不平等取扱の重要な根拠として用いられることを禁じている。（……）しかし，生活関係の伝統的性格づけのみでは不平等取扱〔を正当化する〕には不十分である。憲法上の要請は，現存する社会現実が甘受されねばならないとすれば，将来的に両性の平等取扱を実現する機能を失うこととなろう。」

53） BVerfGE 25, 167, Leitsatz 1.

託を1969年10月20日の第５立法期の終了時までに実現するよう要請した。この判決を正当化するのは，期限なき憲法上の委託も実現のための最大の時間的限界をもつといわねばならないという，まったくもって適切な理解であった。連邦憲法裁判所はこれに，遅くとも憲法公布から20年後にこの最大の限界が経過するという，もちろんどの規定からも導出できない，しかし非常に説得力のあるテーゼを結びつけている。この判決の圧力によって，連邦議会はその後，進行中であった非嫡出子の法的地位にかかわる立法計画を終わらせることとなり，〔成立した〕法律は1969年８月19日に発効した。実効性のないワイマール憲法122条と実行力を与えられた基本法６条５項との違いを，同時に憲法の尊重に配慮したこの連邦憲法裁判所の判決以上によく示すことができるものは他にはない。それゆえ，立法委託の実現は，連邦憲法裁判所が果たしうる――この場合には必要不可欠でもあり，他の何らかの機関では代替不可能な――役割についての教材である[54]。「対立者」はここでは，その躊躇が一部において学説によって支持される立法者であった。50年代には議会に対する平等取扱法の貫徹は，同時に連邦憲法裁判所自身を貫徹させるための重要な要素であった。平等取扱というテーマにおいて，当時まだ発足したばかりの連邦憲法裁判所はその地位を制度として確立し，そしてはじめて展開したのであった。

２．70年代の改革立法

1969年以前には，立法者には家族法における改革および改正の意思が欠けていた。60年代末に改革の必要性についての意識および改正の原則賛成論へと導いたのは，かなり多くの，長きにわたり鬱積した〔改革を必要とする〕要因と社会における現実の諸変化であった。当時の社会―自由連立政権は国内的改革のための政権と理解されていた。いまや積極的となった立法者によって，憲法

54）　後述Ⅲで最終的に語られることとの関連では，そこで取り扱われる憲法の優位とこの定式に対して常にわき起こる私法の抵抗が付言されねばならない。憲法のレベルがなければ，そしてとりわけ憲法裁判制がなければ，平等取扱はもっと遅くになってようやく実現されたであろう。平等取扱の実現に対する，50年代における立法者の反感と抵抗は，この目的をそもそも追求する私法学説の大部分では克服し得なかったであろう。まさに家族法においては，連邦憲法裁判所がその存在意義ないしは存在の必要性をすでに50年代に印象的に示していたのである。

上，制度保障の時期がもたらされた。連邦憲法裁判所の判例および憲法学説は，制度保障が真性の法制度であり，単なるプログラムではないことを証明しなければならなかった。これによって，家族法の歴史上はじめて，法政策的改正および改革計画が，秩序づけられた，特別な基準とかかわる法的議論および最終的には法的コントロールの対象となった。制度保障の解釈学は，一方において法政策に対する法的に把握された要求を確立しなければならなかった。他方で，「核心」が保障されるのであって，従来の法制度の個々の部分が保障されるわけではないという制度保障の解釈学は局限された限界をもたらしうるものではなく，その結果，その核心を手つかずのままにする改正は不可能であった。そして，いわゆる核心もまた一定の変化を排除するものでないことは，すべての者が意識していた。

離婚法における責任主義から破綻主義への移行および離婚後の法律関係での同じく徹底した改革（とりわけ年金等の調整および扶養法における諸改革）に最も重要な刷新がある[55)]，1976年６月14日の婚姻法および家族法改革のための第一次法[56)]という初めての大規模な，そして政治自身によって推進された改革法の憲法上の審査によって，〔改革の〕検証と吟味が行われた。家族法学説の大部分は婚姻の非解消性という伝統的見解がないがしろにされたと認識し，改革の中に一方配偶者による一方的な縁切りの合法化を見て取った[57)]。連邦憲法裁判所は制度保障の内容を，政治的議論および家族法学説の法政策的検討から切り離された特殊憲法的な論証によって展開した。連邦憲法裁判所は多くの判決

55) BVerfGE 53, 224, 245. この改革については，*Gernhuber/Coester-Waltjen*, Familienrecht, § 24 II. S. 222; Münchner Kommentar - *Wolf*, Bd. 7, 4. Aufl. 2000, Vor § 1564, Rn. 13, 22-27; Erman/*Graba*, Bd. 2, 11. Aufl., 2004, Vor § 1564, Rn. 2-5; *Staudinger-Rauscher*, Buch IV（§§ 1564-1568），1999, Vorbem. zu §§ 1564 ff., Rn. 24 および改革の結果については，Rn. 25-31.

56) BGBl. I S. 1421. いみじくも *Rauscher*, Familienrecht, 2000, § 2 Rn. 50 は，この改革が憲法上の圧力によるものではなく，改革の動機がむしろ社会変化であったということを述べている。当時非常に論争的であったこの法律については，*Schwab*, 20 Jahre „Erstes Eherechtsreformgesetz“, JuS 1997, 587 による冷静な省察を参照。

57) *Bosch*, FamRZ 1971, 57, 64, および *Reinhart*, in: Mußgnug（Hrsg.），Rechtsentwicklungen unter dem Bonner Grundgesetz, 1990, 165, 183 を参照しながら，*Rauscher*, Familienrecht, 2000, Rn. 50 はそのように述べる。

において改革を結論において合憲と宣言した。法廷においても非常に議論があったのは，たとえ客観的に破綻があったとしても，離婚が特段の事情のゆえにきわめて過酷なものである場合に，離婚が例外的に認められないという過酷条項であった[58]。過酷条項は，改革支持者がそこに破綻主義の相対化を危惧したがゆえに，政治的に当然に議論のあるものであった。そこで，改革立法者は過酷条項をそれ自体制限し，５年の〔別居期間がある場合には適用しないという〕期限を設けたのであった。このことからすれば，破綻主義はやはり重要なものとされたのであろう。離婚の意思をもたない配偶者の対抗可能性についてのこの期限づけは，法廷において裁判官の議決を手詰まりの状態に導いた。それゆえ，連邦憲法裁判所法15条４項３号にもとづき，「基本法違反が確認されな」[59]かった。しかし，論争的見解のうちの一方の内容的優位が最終的に認められなかったこともまた明らかであった。同様に，この判決は，後の検証が示すように[60]，安定をもたらした。

これに対して，第一次婚姻法改正のための広範囲にわたる一括法案の多くのさらなる規定は，若干の例外はあったものの，憲法上異議を唱えられなかった[61]。例外となったのは，やはり，一方の配偶者の過誤によって生じた他方の配偶者の均衡を失した負担を対象とする，扶養法における過酷条項であった[62]。連邦憲法裁判所は，個々のケースで比例原則審査の適用の十分な余地を提供しうる規律に注意を喚起した。すなわち，連邦憲法裁判所はここで原則的規律，過酷条項および過酷条項の限界づけという階層構造において調整を行ったのである。この例は，ここでは包括的な改革によって個々の細かい部分が批判的議

58）　審査の対象となったドイツ民法1568条は以下のように定める。「(1)　婚姻の維持がその婚姻によって生まれた未成年の子のために特別な理由から例外的に必要であるか，あるいは婚姻解消が，これに反対する申立の相手方にとって特段の事情から，婚姻の維持が申立人の利益を考慮しても例外的に禁じられるようと思えるほどに過酷である場合には，婚姻が破綻していようとも，婚姻は解消され得ない。(2)　第１項は，両配偶者が５年以上別居している場合には適用されない」。

59）　BVerfGE 53, 224, 249 ff.

60）　*Schwab* (Fn. 56).

61）　命名権が基本法100条に基づく具体的規範統制によってはじめて俎上に上り，BVerfGE 84, 9, 17 ff. は男性の決定権を違憲と宣言した。

62）　BVerfGE 57, 361, 388.

論の対象となるということを示している。また，このことの原型は，同日に下された年金等の調整に新たに導入されたシステムに関する他の判決においても示されている。典型的なのは審査の成果である。年金等の調整はたしかに様々な基本権に照らして基本法と合致していると宣言されたが，主文の最後で，裁判所がやはり「過酷ルール」と見なした個別問題において〔過酷条項を限界づける〕補足規定が要求されている[63]。

３．立法者による基本決定と憲法裁判所による個別修正

立法と周辺的な修正を行う連邦憲法裁判所との間での順位づけにもまた一般的な規則性が明確に現れる。改革および改正のための立法者への委任は常に前提とされるものである。あらゆる政治的争いにもかかわらず，改革はその原則において憲法適合的であるとされた。大規模な改革がその核心において憲法違反とされたとすれば，このことは議会の立法にとっての最も好ましくない徴表であろう。しかし，改革そのものの実現に固執する政治過程がしばしば行いたがらないのが，いくらかの削除を――それが単に周辺的なものに過ぎなくとも――受け入れることである[64]。まさに原則規範と例外（過酷条項）との関係において，改革を推進する多数というのはしばしばよく根拠づけられた異議に耳をふさぐ。ここで連邦憲法裁判所は，小規模なあるいは中程度の規模の問題における修正の役割を引き受けている。

この一般的な考察は，制度保障についていま一度具体化されねばならない。制度保障もこれまで憲法裁判所によって，改革や大規模改正そのものを違憲と宣言するために用いられてきたわけではない。制度保障の全体的アプローチからすれば，このことは驚くようなことでもない。制度保障の解釈は支配的な見解との関係を失ったり，社会変動の重要性に目をつぶったりすることはなかったのである。政治が変化する諸関係に依拠して改革を行う場合，全体的なアプ

63） BVerfGE 53, 257, 303. 異議を唱えられた個々の規定については，*Schmitt-Kammler*, in: Sachs（Hrsg.）, Grundgesetz, 4. Aufl., 2007, Art. 6, Rn. 28 および *Gröschner*（Fn. 1）, Art. 6, Rn. 85（Aufzählung der verfassungskonformen und - widrigen Bestimmungen）.

64） *Steiner*（Fn. 68）, S. 437.「ドイツ家族法にとっては，立法者が正当な改革理念を展開しながら，しかしこれをオーバーに，そして見通しなしに言い換えるということはおなじみである」。

ローチにおいてすでに違憲であるということはあり得ないことである。それにもかかわらず，真の改革を含む立法プロジェクトは当然にかなりの議論を喚起するし，よく言われるような改革による負担と抵抗感情を当然に引き起こす。こうした変化に伴う負担やここにしばしば含まれる国民の大部分の公平感に対する侵害を議会手続の外で，個別的修正のチャンスを有する，法のみを志向する議論において「取り扱う」ことができるということが，憲法裁判制の長所であり，その導入の政治的な余剰価値である。後に徹底的な説明プロセスおよび審議プロセスにもとづいて改革がその本質において憲法適合的であると見なされれば，このことは革新の承認およびその法的生活への「移植」にとって注目すべき要因となる。これに対してほとんど説得力がないのは，法律全体については〔訴訟においてそれが全体として合憲であるとの判決を得る〕成功率がきわめて低いがゆえに，あらゆる憲法裁判上の審理手続を重要でないものと見なすことである。

制度保障に照らした法律の審査に関する――ここで簡潔に行った――分析は，連邦憲法裁判所が，家族法をテーマとしてしばしば表明される非難に反して，それ自身は政治に従事しなかったことを示してもいる。こうした非難は，裁判所が平等取扱について果たした非常に積極的な役割についても妥当しない。結局のところ，内容的変革はここでは憲法制定者自身が命じたものであり，憲法裁判所は単に，この変革意思を躊躇する立法者に対抗して実現するために，適切な役割を果たしたに過ぎなかった。法律の審査というこれとは別の役割に際しては，〔連邦憲法裁判所の審査の〕本来の法的領域への限定のための法技術的手段は，まさに制度保障からすれば当然の，立法者の形成余地の承認であったし，現在でもそうである[65]。〔連邦憲法〕裁判所は，破綻主義への移行に際しても，「婚姻解消についての諸条件の規律に際しては，立法者が重大な形成余地を有する」と，この立法者の形成余地を強調した。〔連邦憲法〕裁判所が，それに続けて，離婚に関する規律が「なおも法律に関する形成余地の範囲内に」ある[66]と述べるのは，憲法裁判所による法律審査でおなじみの表現である。次

65)　BVerfGE 53, 224, 245 f.「離婚の諸条件の規律に際しては，立法者は重要な形成余地を有する。しかし，このとき立法者は，原則として解消不可能な婚姻という憲法上の保障に拘束される。それゆえ離婚法もまた婚姻維持的要素をもたねばならない」。

のように順序は明確である。立法者が改革案を可決したのであり，変革を行った。裁判所はこれを審査し，時間的には二次的な立場で，積極的に活動するのではなく，事後的に統制をかける。法律が「なおも」形成領域にあるとの表現はわかりやすいものであり，それは立法者による諸改革の内容に対する裁判所の自制および謙譲を明らかにしている。しかし，疑念は違憲の表明が正当化されるほどに大きいものではないのである[67]。

4．裁判所の対立的見解と安定機能

裁判所が改革についてその過剰さを不当だと断ずるとの期待のなかでの連邦憲法裁判所の介入についての類似例は，2001年生活パートナーシップ法に関する判決である[68]。やはり，学説および世論の中で非常に意見の対立のある，そして多くの原則問題を投げかける議論がこの判決に先行していた。〔規範統制〕申立人および同法の反対者は，婚姻の「特別な保護」が危険にさらされていると考え，（婚姻と他のパートナーシップとの間での）距離要請を展開した[69]。連邦憲法裁判所は，これとの関係で，基本法６条１項から帰結される婚姻についての促進要請を確認したが，ハース裁判官の少数意見[70]において６条１項から導き出された他の生活形態についての不利益要請は退けている。もともと同様に論争的であった基本法制定会議の見解に遡るこれとは別の考慮において，〔連邦憲法〕裁判所は，とりわけ以下のように述べた。「基本法６条１項は，立法

66） BVerfGE 53, 224, 248 f.

67） ちなみに，議論がメリット，デメリットともに解釈上等価値であったことを示す，法廷における手詰まり状態についてすでに前述Ⅱ 2 の注59)の本文で指摘した。

68） 同性共同体の差別撤廃に関する法律：生活パートナーシップ（BGBl. I. S. 266）; BVerfGE 105, 313, 342. 多くの文献のうち，管見の限りで，*Burgi*, Schützt das Grundgesetz die Ehe vor der Konkurrenz anderer Lebensgemeinschaften, Der Staat 39 (2000), S. 487 ff.; *Braun*, Das Lebenspartnerschaftsgesetz auf dem Prüfstand, NJW 2002, 2543; *G. Kirchhof*, Der besondere Schutz der Familie in Art. 6 I GG, AöR 129 (2004), S. 542 ff.; *Steiner*, Zum Ehebild in der jüngeren Rechtsprechung des Bundesverfassungsgerichts, in: FS Schwab, 2005, 433, 436 ff.; *Schwab* (Hrsg.), Die eingetragene Lebenspartnerschaft. Text, Materialien, Abhandlungen, 2002; *Mutschler*, Das Recht der Eingetragenen Lebenspartnerschaft, 2. Aufl. 2004.

69） *Badura* (Fn. 10), Rn. 57 ff.; *Braun* (Fn. 68).

70） BVerfGE 105, 313, 360 f.

者によってその本質的な基本原理の維持の下でその都度ごとに形態を与えられた婚姻を保護する。人間が暮らす共同体として，婚姻は自由領域であり，そして同時に，その変化と婚姻が無縁でいられない社会の一部である。立法者はこうしたことに反応しうるのであり，婚姻の形成を変化する要請に適合させることができる」。同様のことは，他の生活共同体の形成についても妥当する。その上で，〔連邦憲法〕裁判所は，婚姻と他の生活共同体との関係について，様々な生活共同体は，その名宛人が交換可能である，すなわち個々人が一つの生活共同体にも他の生活共同体にも〔同時に〕参加しうるというような場合に，法的に重大な意味をもつとの穏和かつ冷静な原則を打ち出している。そうであれば，婚姻の促進要請にかかわる衝突状況が存在するに過ぎないこととなろう。しかし，〔生活パートナーシップ法上の〕登録された生活共同体の名宛人の範囲が婚姻のそれとかかわり合いをもたないがゆえに，前者は誤ったレッテルを貼られた婚姻というわけではなく，婚姻とは異なるもの（*alivd*）である[71)]。〔連邦憲法〕裁判所は，この論証によって，きわめて感情的な対立とはかかわりをもたない議論の次元を見いだした。判決への反応およびその後の展開が示すように，このことは安定と承認に寄与した。

5．家族法における「共演者」としての憲法および連邦憲法裁判所

家族法における改革および大規模な変革についての憲法裁判所での議論の概観は，連邦憲法裁判所の注目すべき，部分的には積極的で，部分的には統制的なものにすぎない役割を示している。ここで取り扱わなかったその他のテーマを加えれば，おそらく学問的観察者は，個々の結論には批判が当然にありうるし，存在するであろうから，あらゆる判決をその基本路線および個別性において同様に評価することはないだろう。しかし，憲法が多くの家族法上の問題，そしてさらには大規模な変革に際して担う重要な役割は，疑う余地のないものである。家族法および私法全体は，あらゆるこうした議論に際して，法的に孤立したものではなく，その他の法領域におけるのと同様に憲法が恒常的な伴奏者なのである。家族法上の法律の憲法適合性およびその拒絶の問題は，単純

71）　BVerfGE 105, 313, 351.

（家族）法の「管轄権」に属するものではなく，憲法の管轄権に属するものであり，さらには憲法が憲法適合的解釈のみを命じることによって，家族法は憲法および憲法裁判という注目すべき共演者を得たのである。最後に，それらの役割は，なおも２つの観点の下でさらに取り扱われる必要がある。

Ⅲ．優位性

上述した憲法および憲法裁判の重要な役割は，家族法との関係のみならず，法律全体との関係一般において「憲法の優位」と呼ばれる。この簡潔な表現は，憲法の「単純」法律に対する法的な優越と，立法者の基本権への拘束（基本法１条３項）および——とりわけ重要な——実体的憲法を実現することをはじめて可能にする憲法裁判制度を包括するものである。言い換えると，憲法の優位は基本法の根本的な新しさの一部であり，他の憲法との比較におけるその特殊性の一部でもある。憲法の優位が個々の法領域において自明の原理としてすでに受け入れられ，その帰結が実現されていたならば，こうした新たな性格づけを基本法の公布から50年以上後になって取り上げる必要はなかったであろう。

しかし，個々の法領域，とりわけ私法領域においては憲法および憲法裁判の原理的役割に対する不満が常に示される。しばしば，特定の問題が憲法によって（も）取り扱われ，そこではこの問題について伝統的に管轄権を有する法領域におけるものとは異なった見方がなされることについて怒りが示されることもある。家族法における憲法および憲法裁判所に対するこの不満が基本法６条の中心的テーマにほとんどかかわらず，むしろ出自に関する権利の存在，導出および帰結ならびに夫婦財産契約の内容統制にかかわることは，その限りで明らかである。

個々の事項問題とは無関係に，すでに憲法の優位という概念は私法学説の大部分において拒絶反応を引き起こしている。明白かつ強調的にこの憲法の優位には私法の優位が対置され，伝統的に民法によって保護されてきた私的自治の領域を保障することが私法の優位において理解される[72]。これに対して，憲法の優位というコンセプトおよび概念には，内容的に国家によって決定された「正しい」秩序についての仮決定が結びつけられるとされる[73]。憲法の優位というコンセプトは私法の根本的価値原理を格下げすることを意味するというのである。

この古くからある見解――これが誤解であることは今にわかるが――は，近時，憲法において広く使われるようになった「憲法化」という概念への批判および拒絶を通じて補完され，さらに促進されている[74)]。「憲法化」は，それが憲法上の準則を実現するものであるがゆえに，原則として関係する立法や裁判の意のままになるようなものではない憲法の解釈がほとんどあらゆる法領域において生じているという現象を記述するものである。逆にいえば，一方でこうした解釈に適合する法律は合憲であり，他方では個々の解釈バリエーションが違憲と見なされる〔にすぎない〕限りにおいて，修正を免れる[75)]。このようにして憲法と結びつけられた法律の個別的規定および解釈は，それゆえ「憲法化している」と見なされうるのである。それどころか，進展する憲法裁判所の裁判によって，法の憲法化した部分の膨張を語ることができる。「憲法の優位」と同様に，「憲法化」という概念も，懸念，拒絶および怯えの感情を引き起こしている。私法の独自性が脅かされていると見なされるのである[76)]。

なお，憲法化という概念が適切に選択されたものかについては議論の余地がある。内容からいって，この概念は，すでに長きにわたって法律の憲法拘束性として知られていたこと，あるいはより多くの言葉で言い表せば，いかなる法

72）　概括的に *Rittner*, Über den Vorrang des Privatrechts, in: FS Müller-Freienfels, 509 ff. および多数の論考を参照（個々の点でのこれに関する文献は *Müller-Freienfels*（Fn. 73, S. 424, Fn. 6 und 7 を参照）。

73）　ミュラー―フライエンフェルスの重要な，しかしほとんど学説においては引用されていない論考 „Vorrang des Verfassungsrechts“ und „Vorrang des Privatrechts“, in: FS Rittner, S. 423 , 439 f. での検討はそのように述べている。

74）　*Schuppert/Bumke*, Die Konstitutionalisierung der Rechtsordnung. Überlegungen zum Verhältnis von verfassungsrechtlicher Ausstrahlungswirkung und Eigenständigkeit des „einfachen“ Rechts, 2000.

75）　違憲宣言後に同じような立法を行うというまったく実践的ではない可能性は別であるが。

76）　*Diederichsen*, AcP 198, 1998, S. 171 ff.; これに賛同するものとして，*Hager*, Von der Konstitutionalisierung des Zivilrechts zur Zivilisierung Konstitutionalisierung, JuS 2006, S. 769:「このところ，私法の独自性が憲法によって脅かされていると見る批判的見解が増加している」。

規範や法解釈も裁判所を通じて基本権およびその内容に違反することができないと言い換えることができることを表現するものである。後者の，まったく争いのない言明は劇的なものではない。それは，たとえば家族法上の法律規定は〔あくまで〕私法規範であり，憲法が解釈バリエーションを憲法適合的であると評価する場合，私法規範であり続けるということを明らかにする。憲法化という概念の場合，これに対して，憲法が法律の個々の部分を決定し，この意味でそれらを占有し，そして常に広大な領地を法律の中に占めることとなるとの印象を生じさせる可能性がある。さらに「私法の憲法化」という表現は，私法が重要な部分，すなわちその体系構成部分において，憲法による形成を受けるという観念を促進するかもしれない。いかに50年以上にわたる憲法判決および憲法解釈において私法の個別的テーマが重要なものとされてきたといっても，憲法による実効的な内容的拘束は問題となり得ない。民法規定が破棄された判決の数は，全体として見ても少ない。本稿で検討した家族法においては，憲法の影響は著しいものであり，明らかであった。しかし，詳細な検討は，憲法の強い影響は平等取扱の領域に関係するものであったことを明らかにした。この点について連邦憲法裁判所によって実際に示された積極主義は，しかし，基本法の立法委託の観点からは批判に値するようなものではなく，その実現に寄与するものである。

連邦憲法裁判所の活動がなければ平等取扱の実現に際してこれ以上にどのような遅れが生じたかを評価するのは非常に困難である。いずれにせよ，連邦憲法裁判所の介入可能性によるメリットは非常に大きいものであった。〔連邦憲法〕裁判所は，平等取扱に関する以外は，決して家族法そのものを起草することはなく，改革をその憲法適合性について審査した。家族法学説の大部分が，個々の改革に際してその都度大幅な自制を求めたわけではなく，裁判所による明確な違憲宣言を期待していた。

憲法の優位に対する過敏な反応は本質において根拠のないものであり，誤解から生じている。憲法の優位は，ある法領域のクオリティやその重要性について判断することを目的とするものではない。むしろ，憲法の優位は，特別な法問題，すなわち憲法規定と法律規定との内容的衝突に答えを出すのに適切な法制度である。こうした衝突に際して，憲法が最上級の規範カテゴリーであり，いかなる法規範も憲法に違反してはならないということは，原理的なことであり，疑問の余地のないことである。

強化された憲法裁判制を有する立憲国家においては，このことは同時に，違憲性の問題における最終的な判断権限をもつのは連邦憲法裁判所であることを意味する。基本法は明確な法的優位性をもち，そして連邦憲法裁判所は法律および判決の違憲性を効果的に権威づけることができる。憲法は――アメリカでの立憲国家の始まりに遡る古典的な表現であるが[77)]――「最高法」としてのこの特質をもちろん私法に対しても有するが，しかし――このことは同時に補足しておく必要がある――〔私法領域において〕憲法ないし憲法裁判にとっての衝突を生じさせる事態やそれらによる是正のきっかけとなる事態は，たとえば警察法や営業法のような侵害行政に関する典型的な公法上の素材におけるよりも著しく少ないのである。原則として垂直関係に根ざす公法と水平的な法関係を規律する私法との違いはこの限りで影響を有している。

若干の異論や懸念にもかかわらず，個々人の私的自治についての考え方には原理的な違いすら存在しない。私的自治は憲法にとって敵対的なものではなく，むしろ――とりわけ基本法２条１項の行為自由の基本権において――その重要な一部であり，支柱である。ある一点において，しかしこれについては，重大な違いが存在する。私的自治あるいは個々人の行為自由の基本法２条１項での保障は，同時に，私的自治も限界をもち，他者の法的利益を保護するために必要不可欠であり，比例的である場合には〔私的自治への〕介入が許容されるということを示す。ここでは，私的自治の制約の必要性および比例性について様々な評価がありうる――このことは衡量にあたっては常にありうることである。その限りで，原則において，あるいは細部にわたって，この点で自由保障的な私法と介入を欲する憲法との間での原理的対立を作り出してしまう動機や根拠があるということが，ようやく具体的に示されることとなろう。もちろん，私的自治原則の個別的ケースにおいては，たとえば法律関係の個々の参加者あるいは共同体の利益を保護するために必要かつ比例的であれば，その制約が行われなければならない。

---

77)　この点につき，*Wahl*, Der Vorrang der Verfassung, Der Staat Bd. 20 (1981), S. 485-516.（本書Ⅲ第１章「憲法の優位」）

非常に論争的に取り扱われている，連帯保証の事例および夫婦財産契約の事例に関する判決において[78]，憲法裁判所は一方の契約当事者の保護の必要性を根拠として，そして社会国家原理から生じる理由から，保護を行うことを要求している。例によって，このとき行われた衡量のいずれについても争いが生じている。私的自治の具体化をいくつかの――非常に稀な――ケースにおいて是正する憲法裁判所の権限は疑いようのないものである。これが行われる数少ないケースに対する過剰な反応は完全に不適切なものであり，法秩序の原理的な構造から正当化できるものではない。一般的にいって次のことが妥当する。どれほどの私的自治が存在し，どれほどの制約が存在しているかは，基本法についていえば，法政策の問題および――常々望まれていた――立法者との法学的対話の問題にとどまらず，決定可能な法問題になったのであり，その際には――このことは明らかにされるべきであるが――憲法を基準とする連邦憲法裁判所の判断が義務づけられる。これは1949年以来，憲法制定者が求めた基本法の原則である。

1949年のこの出発点となる決断の帰結およびドイツの法秩序の全体的構造の帰結は，次のようなものである。単純法律およびその解釈について「管轄権をもつ」法分野は，あらゆる生起する諸問題に際して，対象となる事柄との近さのゆえに，第一次的な判断権を有するが，規定の効力および憲法適合性，そしてこのことから規定の存在が問題となる限りにおいて，それらはもはや最終的な判断権をもつものではない。1949年のパラダイム変化は，上述の文章の後半部分が新たに付け加えられたことにこそある。法律およびこれを解釈し発展させる法学はもはや契約の自由についての最終的判断権をもたず，憲法がこれをもつ。1949年以前に民法および刑法という巨大な法領域が有した役割を考えるならば，ここにはたしかに一つの王位の奪取がある。しかし，それはやはり一つの王位奪取にすぎないのである。教科書およびその他の文献を見ると，専門法学において取り扱われ，解決された多くのテーマや問題が見受けられる。ここでは，ギュンター・ハーガーの適切な指摘を忘れ去ることができる。ハーガーは「私法裁判所が差し障りなくその固有の専門領域に集中することができれば

78）その典拠は，前述Ⅰ５を参照。

できるほど，私法立法者はより包括的に基本権の内容を私法に転換するようになる」[79]と述べる。しかし，いまや立法者はこの転換を様々な理由から完全にあるいは終局的に行い得ないため，私法裁判所および私法学自身が私法上の法問題への基本権の影響の有無および程度を十分検討しなければならない。というのも，さもないと他の主体，とりわけ連邦憲法裁判所が個々人の基本権の実現に配慮するという任務に基づいてこれを行うおそれがあるからである。すなわち，明らかなものとなった**補完関係**がある。私法学説および私法裁判がそれ自身では憲法の必要不可欠な作用を確認せず，また考慮しない場合には，連邦憲法裁判所がこれを行うのである[80]。

実際の法問題はもちろん憲法の優位の存在によるものというよりも，憲法の優位の**射程範囲**によるものである。ともかくここでは，憲法の統制基準が広範なものであるのか，それとも狭い範囲にとどまるのか，そしてドイツの法秩序における憲法および憲法裁判〔の存在〕が大きい（大きすぎる）のか否かが決め手となる。この点について国法学の中に存在する見解の相違は，本稿ではこれ以上踏み込めない。私はこの問題を以前に「憲法の優位と法律の自律性」[81]というタイトルの論考においてすでに詳しく述べている。この論考では，一方で異論のない，そして反論不可能な憲法の優位という根本的な要素と，他方でこの優位を，法律の**相対的**自律性が引き続き維持され，多くの伝統に根ざした法律および法学の理解および解釈が重視されるように定義する任務という根本的要素の双方が同時に考慮されるべきであるとの基本問題が明らかになってい

79)　*Hager*（Fn. 76), S. 769, 772.

80)　自制的な衡量のかたちは憲法裁判所裁判官の *Steiner*（Fn. 68), S. 435 の思考に見られる。「ちなみに，連邦憲法裁判所は，――ドイツの最上級の正義としてではなく，基本法の効力についてのきわめて法学的な責任を遂行することで――その権限の限界を私法へと越境させることが非難されるあらゆるケースにおいては，一般市民による自己コントロールが異例の契約状況においては機能しないという理由によって介入するに過ぎないということが貫徹されうる。連邦憲法裁判所がこのとき事案に即した定式を用いたかどうかは別の問題である」。

81)　*Wahl*, Der Vorrang der Verfassung und die Selbständigkeit des Gesetzesrechts, NVwZ 1984, S. 401 ff.（本書Ⅲ第２章「憲法の優位と法律の独自性」）このタイトルは，若干修正されて *Ruffert*, Vorrang der Verfassung und Eigenständigkeit des Privatrechts, 2001 でも採用されている。

る。法律の相対的自律性は，その他の点では，行政法においてよりも民法においてより大きなものである。それでもやはり，衝突事例においては，法律は相対的な自律性しかもたないのであって，それゆえ，こうした衝突事例においては憲法が優越するのである。

Ⅲ　第４章

ヨーロッパ化，国際化と連邦憲法裁判所

Ⅰ．憲法裁判権の発展

憲法裁判権は，20世紀後半，1945年当時には予見できなかったほど世界的な規模の発展をとげた[1)]。1949年の基本法に定められ，1951年[2)]に設立された連邦憲法裁判所は，その発展過程の一部であり，同時に，その発展に大きな刺激を与えた[3)]。1945年までは４カ国にそれぞれ異なる規模の憲法裁判権が存在していたにすぎなかった。アメリカ合衆国，スイス，オーストリアとアイルランドが憲法裁判権の古典的で，先駆的な国，それが誕生した国である[4)]。1945年からようやく，今日までに至る憲法裁判権の発展がはじまった[5)]。まず，イタ

1)　*Peter Häberle* (Hrsg.), Verfassungsgerichtsbarkeit, 1976, S. XI が，すでに1976年にそう指摘していた。

2)　連邦憲法裁判所は，1949年に制定された基本法92条，93条に定められた。基本法94条２項が予定していた連邦憲法裁判所に関する法律（1951年３月12日）は，1951年４月に発効した。裁判官選出が滞ったため，連邦憲法裁判所は，1951年９月８日にようやく活動を開始した。1951年９月28日，連邦憲法裁判所設置を祝う盛大な式典が開催された。

3)　*Michael Fromont*, La justice constitutionnelle dans le monde, 1996, S. 17 ff. は，憲法裁判権に３つの時代があったとする。連邦憲法裁判所は，第二世代を先導した。

4)　アメリカ合衆国最高裁は1803年に，スイス連邦裁判所は1874年に，オーストリア憲法裁判所は1920年に，憲法裁判所としての機能をもつに至った。1937年のアイルランド憲法も，アメリカのモデルに従って最高裁裁判所について定めた。これについて，*Fromont* (Fn. 3), S. 19.

5)　独立した憲法裁判権と，裁判権に付随した憲法裁判権の区別については，後述Ⅱ１を参照。

リア（1956年）やドイツ（1951年）のように，20世紀前半に独裁制を経験した国々が憲法裁判権を採用した。1970年代には，スペイン，ポルトガル，ギリシアが，民主制への体制転換の後に，そして，1989年以降には，東ヨーロッパと南東ヨーロッパの「体制転換国」が，この手本に従った。しかし，憲法裁判権は，ずっと以前から立憲国の適切な象徴および頂点として，体制転換がなかった国でも，権力の均衡がとれた憲法の標準的な構成要素となるほど説得力のあるものとして真価を発揮した。例えば，ベルギー（1984年）で，また，それ以前からスカンジナビア諸国において，さらにはヨーロッパ以外でも，例えばイギリス連邦諸国（オーストラリア，カナダ，インド），ラテンアメリカ，アフリカ，東アジアにおいて[6)]。これに対し，憲法裁判権がまったく存在しないのは，例えばオランダである[7)]。

ドイツの国家生活の新しい制度として，連邦憲法裁判所は，急速に基本法および連邦憲法裁判所法の規範的不備を効果的に補い，憲法（Verfassungsrecht und Verfassung）の最高位の，拘束的な解釈者としての地位を確立し，とりわけ原理的な承認を得た[8)]。カールスルーへ詣でという言葉は，ドイツでは，カールスルーへが判決を下したという文章と同様に，周知のものとなった。基本法50周年を契機として，ドイツ国外におけるドイツ憲法についての最高の専門家であるフランス人のミッシェル・フロモンは，正当にも，「連邦憲法裁判所は，基本法がまったく新たに創造した唯一のものである。それは，全世界においておそらく最も有名なドイツの制度でもある」と述べた[9)]。実際，包括的で，独立した憲法裁判権の導入は，ドイツ憲法にとって質的発展の推進力となった。

6）　1991年8月30日時点の世界の憲法裁判権の一覧表は，*Karl-Georg Zierlein*, Die Bedeutung der Verfassungsrechtsprechung für die Bewahrung und Durchsetzung der Staatsverfassung. Ein Überblick über die Rechtslage in und außerhalb Europas, EuGRZ 1991, S. 301, 341.

7）　オランダ憲法（120条）は，裁判官に法律および条約の合憲性について判断することを禁止している。

8）　この承認は，いくつかの争いのある判決を契機としてかなりの不満が沸き起こることがあったにもかかわらず，実際に損なわれたことはなかったし，現在も損なわれてはいない。

9）　*Michel Fromont*, Das Bundesverfassungsgericht aus französischer Sicht, DÖV 1999, S. 493.

連邦憲法裁判所およびその判例は，スペイン[10]，ポルトガル，韓国および南アフリカ[11]へのドイツ憲法の注目すべき影響力にみられるように，繰り返し模範として影響を与えてきた。南東ヨーロッパ諸国や東ヨーロッパ諸国およびそれらの国の憲法裁判権においても同様である[12]。合衆国最高裁と並んで，連邦憲法裁判所は，憲法裁判権について他の裁判所へ最も大きな影響力を及ぼした裁判所の一つである[13]。

Ⅱ．憲法裁判権の状況の概観

1．憲法裁判権の諸類型

まず世界における憲法裁判権の状況を広く概観するためには，しばしば用いられる，古典的になった2つのタイプの分類が適している[14]。一つは，最初に

---

10) これについては，*Francisco Rubio Llorente*, Die Verfassungsgerichtsbarkeit in Spanien, in: Christian Starck/Albrecht Weber (Hrsg.), Verfassungsgerichtsbarkeit in Europa, Teilband I: Berichte, 1986, S. 249 と *Pedro Curz Villalón*, Landesbericht Spanien, in: Christian Starck (Hrsg.), Grundgesetz und deutsche Verfassungsrechtsprechung im Spiegel ausländischer Verfassungsentwicklung, 1990, mit Landesberichten; S. 193 ff. とで見解の差がある。*Pedro Curz Villalón*, Bericht Spanien, in: Ulrich Battis/Ernst Mahrenholz/Dimitris Tsatsos (Hrsg.), Das Grundgesetz im internationalen Wirkungszusammenhang der Verfassungen, 1990, S. 93 において断固として次のように指摘されている。「ボン基本法が1978年のスペイン憲法に最も大きな影響を与えた外国の憲法であるということについて，スペインでは異論がない。……ヨーロッパ人権裁判所を除くなら，連邦憲法裁判所の判例は，スペイン憲法裁判所によって最も考慮されている判例である」。

11) 4カ国すべてについて詳しくは，*Juliane Kokott*, From Reception and Transplantation to Convergence of Constitutional Models in the Age of Globalisation – with special Reference to the German Basic Law, in: Christian Starck (Hrsg.), Constitutionalism, Universalism and Democracy – a comparative analysis, 1999, S. 71-134 ff. 直接・間接の継受と移植についての，多くの出典がある。

12) *Andreas Zimmermann*, Bürgerliche und politische Rechte in der Verfassungsrechtsprechung mittel- und osteuropäischen Staaten unter besonderer Berücksichtigung der Einflüsse der deutschen Verfassungsgerichtsbarkeit, in: Jochen A. Frowein/Thilo Marauhn (Hrsg.), Grundfragen der Verfassungsgerichtsbarkeit in Mittel- und Osteuropa, 1998, S. 89 ff. (南)東欧における発展についての報告および論文が，Zeitschrift für Osteuroparecht に継続的に掲載されている。注52)の文献にある参考文献も参照。

合衆国最高裁において確立されたアメリカのモデルである。そこでは，憲法裁判権は機能であって，独自の制度ではなく，それゆえ最高裁によって担われる。最高裁では，通常の審級の最高裁としての機能と，憲法裁判権の機能が一つの裁判所に一体化されている（結合モデル）[15)]。このタイプに属するのは，オーストラリア，ニュージーランド，カナダ，インドならびにアイルランドなどのイギリス連邦王国の多くの国々と，スイス，北欧諸国，南アメリカ諸国である[16)]。これに対し，最初にオーストリアの憲法裁判所が，次いでドイツの連邦憲法裁判所が，独自の，制度的に独立した裁判所のモデルを実現した（オーストリア＝ドイツ・モデル）[17)]。ヨーロッパでは，近年，明らかにこの分離モデルが増えている[18)]。これは，結合モデルの場合，裁判所は部分的に，目に見えてわずかな権限しかもたないが[19)]，近年では権限の強い憲法裁判権が確立される

13）憲法裁判所間の国際的な影響関係について詳細は，基本法40周年を契機として全２巻の大規模な論文集に記録された。*Starck*（Fn. 10）と *Battis* u.a.（Fn. 10）を参照。この２巻には，本稿で論じている，連邦憲法裁判所が一連の他の憲法裁判所に与えた影響に関するすべての問題についての多様な資料がある。これらの問題についてはこの論文集を引用することが一般的である。

14）*Mario Cappelletti/Theodor Ritterspach*, Die gerichtliche Kontrolle der Verfassungsmäßigkeit der Gesetze in rechtsgleichender Betrachtung, Jahrbuch des öffentlichen Rechts（JöR）20（1971）, S. 65 ff.; *ders./William Cohen*, Comparative Constitutional Law, Charlottesville, 1979, S. 84-95; *Alexander v. Brünneck*, Verfassungsgerichtsbarkeit in den westlichen Demokratien. Ein systematischer Verfassungsvergleich, 1992; *Joachim Wieland*, in: Horst Dreier（Hrsg.）, Grundgesetz, Bd. 3, 2000, Art. 93, Rn. 26 ff.; *Ernst-Wolfgang Böckenförde*, Verfassungsgerichtsbarkeit: Strukturfragen, Organisation, Legitimation, NJW 1999, S. 9 ff.; *Andreas Voßkuhle*, in: Hermann v. Mangoldt/Friedrich Klein/Christian Starck, GG Kommentar, Bd. 3, 4. Aufl., 2001, Art. 93, Rn. 14 ff.（結合モデルと分離モデル）がすでにある。

15）*Cappelletti/Cohen*（Fn. 14）, S. 94 ff. では，このモデルは「非集中化された」あるいは「分散化した」憲法裁判権と名付けられている。すべての裁判所が法律の合憲性を審査することができるからである。

16）アメリカ合衆国モデルの南アメリカや幾つかのコモンウェルス諸国および東アジア諸国への影響については，*Rainer Grote*, Rechtskreise im öffentlichen Recht, AöR 126（2001）, S. 10, 45 ff., 47 ff., 48.

17）これについては，*Peter Häberle*, Das Bundesverfassungsgericht als Muster einer selbständigen Verfassungsgerichtsbarkeit, in: FS BVerfG, Bd. I, 2001, S. 311 ff.

18）*Wieland*（Fn. 14）, Art. 93, Rn. 28.

19）*Wieland*（Fn. 14）, Art. 93. Rn. 27.

べきだとされていることと関係しているかもしれない。分離モデルに属するのは，例えばベルギー，フランス，ギリシア，イタリア，リヒテンシュタイン，スペイン，ポルトガル，トルコ，ハンガリー，チェコ，ロシアである。

2．ドイツ憲法裁判権の類型化メルクマール[20)]

憲法裁判権の世界的な状況におけるドイツ連邦憲法裁判所の地位を明らかにするためには，はじめに類型化のためのメルクマールをリストアップすべきである。

⑴　最初に，連邦憲法裁判所が，最高の専門裁判所と並立し，――より正確には――その上位にあるという，**制度的独立性**[21)]をあげることができる。

⑵　連邦憲法裁判所は，制度的独立のため，――学説の賛辞のもと――それが連邦憲法裁判所法１条[22)]に定められているように，**憲法機関**としての位置づけが考慮に値するものとなるよう，諸裁判権の関連から一定程度際立たされており，ある特別な役割を与えられている。国際的な比較でも，おそらくわずかな類似例しか存在しないこの規定は，連邦憲法裁判所を，政治的憲法機関に近づけている。それゆえ，この規定には，絶えず肯定的に引用されていることが推測させうることよりも大きな問題がある[23)]。

⑶　連邦憲法裁判所は，**非常に広範な**――考えることができる限りで**最も広範な――権限**を有している[24)]。これは国際的にみても比べものがないほど充実

20)　これについて筆者はすでに，*Rainer Wahl*, Die Reformfrage, in: FS BVerfG, Bd. I., 2001, S. 463 f. で論じた。この論文は，*Rainer Wahl*, Verfassungsstaat, Europäisierung, Internationalisierung, 2003, S. 215 f. にタイトルを変更して所収。

21)　これについては，*Häberle* (Fn. 17), S. 311.

22)　連邦憲法裁判所法１条によれば，「連邦憲法裁判所は，その他の憲法機関から独立した連邦の裁判所である」。

23)　*Friedrich Schoch/Rainer Wahl*, Einstweilige Anordnung des Bundesverfassungsgerichts in außenpolitischen Angelegenheiten, in; FS Ernst Benda, 1995, S. 265, 284, Fn. 62; *Voßkuhle* (Fn. 14), Art. 93, Rn. 28 u. 19 は，このような位置づけに批判的である。*Klaus Schlaich*, Das Bundesverfassungsgericht, 4. Aufl. 1997, Rn. 30-35も参照。

24)　民衆訴訟だけを欠いている。しかし，民衆訴訟があるハンガリーでは，とくに加重負担の問題が生じており，〔連邦憲法裁判所の権限のなかに〕民衆訴訟がないことを欠陥とみることはできない。これについては，*Georg Brunner*, Die neue Verfassungsgerichtsbarkeit in Ungarn, in: FS Klaus Stern, 1997, S. 1041, 1052, 1056.

した権限である。連邦憲法裁判所は，伝統的に議論されてきた（しかし，それ以前にはめったに実現されていなかった）**国事裁判権**のあらゆる権限を有している。最上級の国家機関の間の紛争についての裁判およびそれに追加された憲法異議により，市民に対する国家行為に関する広い統制も行う。この組み合わせが，包括的な憲法裁判所としての連邦憲法裁判所を構成している。最も重要な手続類型[25)]を概観するなら，それは以下の通りである。

a)　**機関争訟**は，最高の機関の間の特殊な政治的紛争に深く立ち入る手続類型である。これは，その限りにおいて「政治的な」手続類型である。この手続を申し立てることができるのは，連邦議会，連邦参議院，連邦大統領，政党，会派および個々の議員である。

b)　**連邦と州の争訟**は，連邦国家の関係についての裁判所の裁判を可能にする。これは，1950年代に，憲法裁判権を定着させるための先導役として貢献した。

c)　合憲性審査のための（抽象的・具体的）**規範統制**の権限によって，連邦憲法裁判所は，憲法裁判権の核心に属する権限を有している。ただし，この権限は裁判所を直接に立法者と対立させるため，そして，議会，すなわち民主的な主要機関によって決議された法律を唯一の判断対象とするため，困難をともなう。

d)　**憲法異議**は，市民に密接に関連した手続類型である。誰でも，公権力によって基本権を侵害されたとの理由に基づき，出訴の方法を尽くした後に，連邦憲法裁判所に提訴することができる。通常，異議は，最終的な裁判所の判決に向けられる（いわゆる判決憲法異議）。憲法異議は，年間，4500件から5000件に達する[26)]。この膨大な数と，ほぼあらゆる法領域にかかわることから，憲法異議は，憲法裁判権の日常であり，その存在が当然のことになっている。――結論として，これに相当する手続類型は他のいかなる国においてもほとんど見いだすことができない[27)]。

---

25)　*Wieland* (Fn. 14), Art. 93 (vor Rn. 1, S. 384)には，各手続類型ごとに，重要な判例についての説得的な概観がある。

26)　最新のデータは，連邦憲法裁判所のウェブページからダウンロード可能である（キーワードは「組織（Organisation）」と「年間統計（Jahresstatistik）」）。

3．憲法裁判権の比較法——必要性と機能

憲法における比較法[28]において，多様な，全世界で実現されたモデルを，商品カタログのように理解することが当面の問題ではない。あるいは，それはおよそ問題ではない。比較法は，つねに，あるいは本来，よりよいバリエーションの探求ではないし，つねに改革の要請の前段階にすぎないというわけでもない。むしろ，より頻繁かつ，より深く，自国法を，他の法秩序に映してみることで，その利点と欠点をよりよく理解するための重要な方法であると理解されている[29]。その限りで，世界の憲法裁判権の比較は，現状における諸憲法の構造の一般的基礎をその多様性と，その内部バリエーションにおいて理解しようとするものである。憲法裁判権は（機能として，または独自の制度として），存在することが当然なものとなった。まさにそれゆえ，その権限の範囲と重要性，審査の厳格さと，最高の国家機関に対するその役割一般について統一性を期待することはできない。必要とされる比較のためのテーマはさまざまであるが[30]，ここでは権限の範囲が中心となる。

今日の憲法裁判権にとって構成的であり，その権限の核心となっているのは，

27）とくに，個々の市民の憲法異議に基づいて次のような有名な判決が下された。それは，職業の自由についての薬局判決(BVerfGE 7, 377, 386 ff.)，一般的人格権についてのメフィスト判決(BVerfGE 30, 173, 182 ff.)，団結の自由についての共同決定判決(BVerfGE 50, 290, 318 ff.)，マーストリヒト条約判決，庇護権についての空港手続に関する判決である。

28）これについての最近の業績として，*Christian Tomuschat*, Das Bundesverfassungsgericht im Vergleich mit der Verfassungsgerichtsbarkeit des Auslandes, in: FS BVerfG, Bd. 1, 2001, S. 245 ff.

29）これについて詳しくは，*Rainer Wahl*, Verfassungsvergleichung als Kulturvergleichung, in: FS Helmut Quaritsch, 2000, S. 163-182，さらに比較の意味について，*Rainer Wahl*, Die Reformfrage（Fn. 20），S. 465, 466 f. この２つの論文は *Wahl*, Verfassungsstaat（Fn. 20），S. 96 ff., 219, 220 に所収。

30）例えば，*v. Brünneck*（Fn. 14）は，次のようなテーマを取り扱っている。それは，成立；組織；裁判所の手続；裁判過程；反対意見；裁判所へのアクセス；手続類型；裁判官選出；議会，政府，政党の選出，人物評価および職業経験への影響；憲法裁判所判例の内容および解釈；憲法裁判権の拡大および同様化の理由；権限についての基準である。*Albrecht Weber*, Generalbericht, in: Starck/Weber（Fn. 10），S. 49 ff. は，位置づけおよび組織，裁判所の地位，権限の詳細，手続，政治プロセスにおける憲法裁判権の位置づけについて取り扱っている。

法律の合憲性審査のための手続である。その正当性についての広いコンセンサス，すなわち規範統制の必要性は自明ではない。国民によって選ばれた議会の主権が憲法生活の基礎とみられる諸国では，まさしくこの議会による統制を承認するという観念的可能性が非常に高く，前提も多い。こうした考えをもつ古典的な国であるフランスには，上位の国家機関の申立てに基づく，法律の施行前に行われる事前の統制としてのみ規範統制がある〔2008年の憲法改正によって，法律の合憲性を事後的に統制するための手続が新設された〕。議会主権のより強く根付いた伝統があるイギリスにとっては，規範統制は最近までまったく縁遠いものだった。最近，（ヨーロッパ人権条約を手がかりとする）規範統制の方向へのいくつかの重要な前進があった[31)]。

同じ理由から，非常に前提が多く，かつさらに個々の国の憲法伝統や憲法文化に左右されるのが，**機関争訟**の承認，すなわち裁判所による，法を基準とした最高政治的機関の争訟の（裁判の形式による）決着である。それゆえ，基本法によれば自明の，機関争訟の手続方法が，他の立憲国ではしばしば存在しないことも驚くべきことではない。例えば，アメリカ，フランスにもなく，当然，イギリスにもない[32)]。これによって，最高の憲法機関の間の，最も重要な政治的論争を，裁判所および裁判権は免れている[33)]。最高の憲法機関の政治的対立を司法化するか否かという問題は，立憲国のなかでさえ明確な違いがある。その限りにおいて，歴史的経験，そしてそこから導かれる，この紛争をより上手く解決するのは，裁判所によってか，あるいは政治的プロセスに委ねるか，ということについての基本的態度は異なっている。アメリカ，フランス，そして

31）　この，1998年人権法によって生じた最近の発展の詳細については，*Rainer Grote*, Die Inkorporierung der Europäischen Menschenrechtskonvention in das britische Recht durch den Human Rights Act, ZaöRV 58 (1998), S. 309 ff.; *Marius Baum*, Rights Brought Home, EuGRZ 2000, S. 281 ff.

32）　機関争訟のための権限は，その政治的な感度のために，わずかな国だけで，ドイツ以外では，――限定され，明らかに実行しにくいかたちで――イタリアで，認められていることはあまり知られていない。*Rainer Grote*, Die Rechtskreise im öffentlichen Recht, AöR 126 (2001), S. 10, 53 は，機関争訟のある国として，西ヨーロッパでは，およそこの２つの国だけをあげている。

33）　アメリカでは，例えば，下院と上院の関係や，議会と大統領の関係は，憲法によって定められているが，権限についての意見の相違は政治的に解決されなければならない。

確かにイギリスさえも，その限りでは国家生活とその紛争を政治的に理解しており，それゆえ，法および裁判所の分野に対する政治的領域のある程度の独自性を前提としている。つまり，憲法裁判所と政治の関係がそれぞれ異なって定められていることに，しばしばやや概括的に政治的文化と呼ばれ，なるほど核心においてそれが正しく表現されている，そこにおける違いが反映されている。

国事裁判所と憲法裁判所の違いとしてあげることができるもう一つのものは，個人も憲法異議[34]について申立権を有し，それによって憲法をめぐる紛争の共演者であるか否かということである。前者の〔憲法異議が存在する〕場合は，裁判所は包括的な憲法裁判権として活動するであろう。これは，市民の日常において憲法を「活性化」させる。後者の〔憲法異議が存在しない〕場合，裁判所はむしろ古典的な国事裁判所として，それにともない日常からある程度遠い存在となる可能性がある。同じく重要であり，とりわけ個々の憲法裁判所の実務上の意義を決定づけるのが，判決憲法異議の存在である。なぜなら，これは憲法裁判所に多数の事案をもち込むからである[35]。

4．代表的な国々

以下では，これまでの一般的な説明を，いくつかの国々とその伝統について具体化してみたい。まず，結合された憲法裁判権を有する諸国をあげる[36]。アメリカでは，合衆国最高裁[37]が最高位の裁判所であり，一般に認められた上告審である[38]。〔憲法裁判権を〕通常の裁判権に結合するため，制度を形成するそ

34) フランスや，通常の法的救済手段が個人にとって同等の意義をもつことができる結合モデルの憲法裁判権の諸国には，憲法異議の制度がない。

35) 判決憲法異議があるのは，ヨーロッパではドイツ，スペイン，ポルトガルだけである。*Fromont* (Fn. 3), S. 22 を参照。

36) これに属する国々のリストは，本文前述 II 1 を参照。憲法裁判権についての規定のある憲法については，ホルスト・ドライアーのウェブページ（http://www.jura.uni-wuerzburg.de/lehrstuehle/dreier/startseite/）に掲載された各国憲法の条文を参照。

37) 結合モデルの憲法裁判権とその法的根拠についてはまとめて，*Winfried Brugger*, Grundrechte und Verfassungsgerichtsbarkeit in den Vereinigten Staaten von Amerika, 1987, S. 1-21; *ders.*, Einführung in das Öffentliche Recht der USA, 1993, S. 7 ff.; *Walter Haller*, Supreme Court und Politik in den USA, 1972; *Kurt Heller*, Der Supreme Court der Vereinigten Staaten von Amerika, EuGRZ 1985, S. 685, 689.

れ以外のメルクマールとして，最高裁が一般に具体的権利についての紛争に集中していることが付け加わる。――それゆえ，抽象的規範統制の手がかりは存在せず，法律の審査は具体的契機からのみ行われる（事件性または争訟性の要件)。上訴の枠内では，〔控訴裁判所が法律上の問題について最高裁の判断を求める〕意見確認（certified questions）に，ある種の具体的規範統制が存在するが，最高裁が自ら決定を下すのではなく，場合によっては原審に指示を与える。合衆国と州との間（および州相互間）の争訟についての第一審としての権限がそれに加わる。最高裁の栄光と地位は，憲法問題，とくに基本権問題についての，具体的な（上訴）事案から形成された判例に由来する。

結合モデルの憲法裁判権の長い，1874年にさかのぼる伝統を有しているのがスイスである[39]。そこでは，2000年１月１日に発効した新しい憲法が，連邦最高裁（Bundesgericht）の従来の地位を堅持した[40]。これは，連邦法律についての抽象的規範統制をもたない，限定的な憲法裁判権である[41]。連邦制に関する争訟の，連邦国家の制度に適った手続類型が，スイスでは以前から定められている。それは，連邦最高裁にとって唯一の，第一審としての権限である。この他，控訴について連邦最高裁への重要なアクセスが開かれているが，同時に，憲法と具体的法律において実現された権限の限定によって制約されている[42]。2001年２月には，裁判権の全面的改正が（憲法の全面改正の後に）開始された。この改正によって，連邦最高裁は「判決工場」への過った発展から守られなければならない。強化された直接民主制の国家において，この改革は，憲法裁判権と国民の直接投票の間に生じる（上下）関係をも明らかにしなければならな

38）　ドイツでは否定的で拒絶されがちとみられている「超上告裁判所」という言葉も，アメリカでは制度が異なるため違和感をもたれることはないだろう。

39）　*Jörg Paul Müller*, Die Verfassungsgerichtsbarkeit im Gefüge der Staatsfunktionen, VVDStRL 39 (1981), S. 58 ff. はこれについて印象的である。

40）　この憲法は，「追認改訂」の憲法（nachgeführte Verfassung）として，憲法裁判権については実質的な改正を行わず，むしろ関連する法律および憲法条項の修正の枠内で行われることになっている。憲法の追認改訂の構想および新憲法全体については，*René Rhinow*, Die Bundesverfassung 2000, Eine Einführung, S. 1-21.

41）　*Rhinow* (Fn. 40), S. 1, 8, 9. カントンの法律については規範統制が存在している。

42）　憲法改革の間の連邦裁判所へのアクセスおよび負担の制御をめぐる不可避の論争について，*Rhinow* (Fn. 40), S. 207.

い。

独立した憲法裁判権を有している国には，すでに述べた通り[43]，ドイツ，ベルギー，フランス，ギリシア，イタリア，リヒテンシュタイン，スペイン，ポーランド，ポルトガル，トルコ，ハンガリー，チェコ，ロシアがある[44]。独立した憲法裁判権がヨーロッパで生まれた国オーストリア[45]では，1920年の第一共和制の憲法の革新が，機能的には，1867年／1868年[46]から憲法上の権利を手がかりとする行政措置の審査を行っていたオーストリア帝国裁判所の伝統に結びついている。とはいえ，本来の改革は，独立した憲法裁判所の創設であった。憲法裁判所は（とくに1929年の具体的規範統制の導入以来），権限紛争についての連邦と州の争訟から（予防的，抽象的ならびに具体的）規範統制まで，広範な権限を有している[47]。ただし，憲法異議に判決憲法異議は含まれていない。

フランスでは，1789年から1958年までは憲法裁判権がなかった。1958年の第五共和制憲法においてはとりわけ，議会とその立法権の区別，政府とその命令権の区別の裁判所による明確化が，議会を制限するために導入された。ところが，判例は他の方法でより急速に発展した。これはとりわけ規範統制に妥当する。規範統制はなるほど最高位の機関の申立てにより予防的統制としてのみ定められていたが，内容面で実効的に拡充された。1971年7月16日の憲法院の画期的判決[48]以来，1958年憲法に，1789年の包括的な人権宣言と1946年の憲法が

43）前述Ⅱ１を参照。

44）これら憲法の条文は，注30）の文献紹介を参照。

45）*Karl Korinek*, Die Verfassungsgerichtsbarkeit im Gefüge der Staatsfunktionen, VVDStRL 39, 1981, S. 8 ff.; *Voßkuhle* (Fn. 14), Rn. 15.

46）*Korinek* (Fn. 45), S. 8 は，1920年の憲法について，「オーストリアでは1868年から存在していた憲法裁判権を重要な点で，すなわち法律の審査の機能について拡大した」と述べている。*Korinek*, in: Starck/Weber (Fn. 10), S. 152; *Zierlein* (Fn. 6), S. 311.

47）*Ludwig Adamovich/Bernd-Christian Funk/Gerhart Holzinger*, Österreichisches Staatsrecht, Bd. 2, 1998.

48）*Léo Hamon*, Les juges de la loi, Naissance et rôle d'un contrepouvoir: le conseil constitutionnel, 1987, S. 159 は，「憲法院の第二の誕生」と指摘する。Varaut, le droit au droit, pour une libéralisme institutionnel, 1986, S. 70 は，この判決を「フランス憲法判例におけるマーベリー対マディソン」だと述べた。この２つの引用は，*Axel Spies*, Verfassungsrechtliche Normenkontrolle in Frankreich: der conseil constitutionnel, NVwZ 1990, S. 1040, 1044, Fn. 53 によっている。

付加された。これによって審査基準が顕著に拡大された。規範統制の実務における重要性は，1974年，申立権の重要な拡大（両院の少数派にも付与されたこと）によって顕著に高まった。機関争訟についての包括的な定めはない。しかし，議会の立法権を政府の命令権から区別する重要な特殊事例が認められている。これは，憲法体制の核心に属する。憲法異議と具体的規範統制は存在しない[49)]。

連邦憲法裁判所と類似の権限を有しているのが，スペインの憲法裁判所[50)]，そしてそれと似たイタリア憲法裁判所である（1948年の憲法に定められ，1956年に設立された[51)]）。さらに，包括的な権限を有する独立の憲法裁判所として設立された南東ヨーロッパにおける憲法裁判所も指摘する必要がある。この発展を最もよく知るブルナーは，ハンガリーの憲法裁判権を，「世界中で，そのタイプとしては，現在おそらく最も強力かつ積極的な例である」とみている[52)]。憲

49) 詳細について，*Stefan Bauer*, Verfassungsrechtlicher Grundrechtsschutz in Frankreich, 1997; *Christian Starck*, Der Schutz der Grundrechte durch den Verfassungsrat in Frankreich, AöR 113 (1988), S. 632 ff.

50) *Albrecht Weber*, Die Verfassungsgerichtsbarkeit in Spanien, JöR 34 (1985), S. 245 ff.; *Thomas Peter Knaak*, Der Einfluß der deutschen Verfassungsgerichtsbarkeit auf das System der Verfassungsgerichtsbarkeit in Spanien, 1995; *F. Rubio Llorente*, Die Verfassungsgerichtsbarkeit in Spanien, in: Starck/Weber (Fn. 10), Bd. I, 1986, S. 243 ff.; *ders.*, Constitutional Review and Legislation in Spain, in: Christine Landfried (Hrsg.), Constitutional Review and Legislation－An international Comparison, 1988, S. 127 ff.

51) このような広範なドイツとの類似性は憲法異議のところで終わる。憲法異議はイタリアでは定められていない。憲法異議の機能を，広く認められている具体的規範統制（判決の90パーセント）が部分的に果たしている。これについて詳しくは，*Jörg Luther*, Die italienische Verfassungsgerichtsbarkeit (Geschichte, Prozeßrecht, Rechtsprechung), 1990; *Udo Stoy-Schnell*, Das Bundesverfassungsgericht und die Corte Constituzionale, 1998; *Theodor Ritterspach*, Die Verfassungsgerichtsbarkeit in Italien, in: Starck/Weber (Fn. 10), S. 219 ff.

52) *Georg Brunner*, Die neue Verfassungsgerichtsbarkeit in Osteuropa, ZaöRV 53 (1993), S. 819, 827 ff.: *ders.*, Grundrechtsschutz und Verfassungsgerichtsbarkeit in Osteuropa, in: FS Stern, 1997, S. 41 ff.; *Jochen Frowin/Theo Maruhn* (Hrsg.), Grundfragen der Verfassungsgerichtsbarkeit in Mittel- und Osteuropa, 1998. ロシアについては，*Matthias Hartwig*, Verfassungsgerichtsbarkeit in Rußland, Der dritte Anlauf, EuGRZ 1996, S. 177 ff.; *Johannes Traut* (Hrsg.), Föderalismus und Verfassungsgerichtsbarkeit in Rußland, 1997; *Friedrich-Christian Schroeder*, Die russische Verfassungsgerichtsbarkeit in der Praxis, JZ 1998, S. 132 f.

法裁判権は，韓国において，1987年にそれが設立されて以来[53)]，力強く発展している。憲法裁判権の継受の特別な例として南アフリカがある[54)]。

5．他の憲法裁判権との比較における連邦憲法裁判所の特殊性

比較によって，連邦憲法裁判所の重要なメルクマールとして，上述した個々の要素の存在だけでなく，その組み合わせがより重要で決定的だということが明らかとなる。それゆえ，ドイツ憲法裁判権の本当の特殊性は，制度的独立性と判決憲法異議および機関争訟との結びつきにある。憲法裁判権の制度的独立性は，判決憲法異議によってはじめてその本当の頂点に達した[55)]。それゆえ，ドイツ・モデルは先例のオーストリア憲法裁判所に顕著に優る，一つの独特なタイプである。連邦憲法裁判所は――また別の目印として――機関争訟および規範統制によって，本来は政治的な領域においてすべての重要な裁判の役割を負っている。

比較の際になお検討を加えていないのが，裁判実務それ自体における共通点と相違点の分析である。ここで問うとするなら，憲法裁判権の任務についての特殊な理解であろう。それは，審査の厳格さに，そして個々の裁判所の解釈によって憲法の内容が蓄積される方法と範囲に現れる。最も興味深い問題は，

---

53) 1987年憲法111条以下，107条。これについては，*Jong Hyun Seok*, Die Entwicklung des Staats- und Verwaltungsrechts in Südkorea, in: Rainer Pitschas (Hrsg.), Entwicklungen des Staats- und Verwaltungsrechts in Südkorea und Deutschland, 1998, S. 57, 66.

54) *Kokott* (Fn. 11), S. 117 ff., 128 ff.; *Christian Pippan*, Südafrikas Verfassungswandel im Zeichen von Demokratie und Rechtsstaat, ZaöRV 55 (1995), S. 991 ff.; *François Venter*, Aspects of the South African Constitution an African democratic and Social Rechtsstaat, ZaöRV 57 (1997), S. 57; *Tohmas Michael Grupp*, Südafrikas neue Verfassung, Mit einer vergleichenden Betrachtung aus deutscher und europaischer Sicht, 1999; *Obeng Mireku*, Constitutional Review in Federalized Systems of Gourvernment, A Comparison of Germany and South Africa, 2000; *Eefje Diana Schmid*, Die Grundrechtsjudikatur des Verfassungsgerichts der Republik Südafrika, 2000; *Jörg Fedtke*, Die Rezeption von Verfassungsrecht, Südafrika 1993-1996, 2000.

55) 判決憲法異議のために，最上位の専門裁判所は決定的に連邦憲法裁判所の下位に置かれる。最上位の専門裁判所は，その上位にある最高位の裁判所を，最上位の専門裁判所の判決を審査し，ときには破棄する裁判所であることを経験する。専門裁判所に対して憲法裁判所を制度的に切り離して独立させることを前提とする判決憲法異議によってはじめて，憲法裁判所は，決定的に裁判権の構造の頂点に立つことになる。

個々の裁判所がその裁判において何を「行う」かであり，しばしば意見がまったく一致している規範が，解釈においてかつ解釈によって，さまざまな内容と重要性をどのように獲得するかということである。

Ⅲ．ヨーロッパの文脈における連邦憲法裁判所

１．憲法裁判権のヨーロッパ的構造の構成要素としての連邦憲法裁判所

これまで，（国内の）憲法裁判権の発展について，連邦憲法裁判所の成功の歴史について述べてきた。この判断が正しければ正しいほど，この間に，それだけでは十分ではなくなっている。近年，ヨーロッパ諸国において，憲法裁判所の判例の質は低下していない。――ところが，その意義は相当に変化した[56]。国内の憲法裁判所は，一つの国の裁判所ピラミッドの頂点にある単独の裁判所から，ヨーロッパにおける複数の最高位の裁判所による，より大きな演奏会における共演者になるという変化を経験した。国内の憲法裁判所は，ヨーロッパにおける，そしてヨーロッパのための憲法裁判権の全体構造の一部となった[57]。この構造において，一方では，国内の憲法裁判所相互の結びつきおよび対話の水平的な次元がより強く現れているが，他方で，国内の憲法裁判所には，垂直の関係にあるヨーロッパ司法裁判所（およびヨーロッパ人権裁判所）との関係が付け加わった。この関係は，これらヨーロッパの裁判所の序列および優位の特徴を承認する[58]。こうした環境変化のため，各国市民は，権利保護を国家の外

56）このテーマについては，*Rainer Wahl*, Quo Vadis－Bundesverfassungsgericht? Zur Lage von Verfassungsgerichtsbarkeit, Verfassung und Staatsdenken, in: Bernd Guggenberger/Thomas Würtenberger (Hrsg.), Hüter der Verfassung oder Lenker der Politik?, 1998; *ders.*, Die Reformfrage (Fn. 20), S. 489 においてすでに検討したことがある（*Wahl*, Verf assungsstaat [Fn. 20], S. 250 に所収)。

57）その際，ここではさらなる分析をすることなく，ヨーロッパが（すでに)「本当の」憲法を有しているかという問題をここで詳しく検討することなく，ルクセンブルク（ヨーロッパ司法裁判所）およびストラスブール（ヨーロッパ人権裁判所）のヨーロッパの裁判所を憲法裁判所と呼ぶことができる。

58）これに，本稿との関係においては，デン・ハーグの国際司法裁判所，国際刑事裁判所，世界貿易機関（WTO）の紛争解決制度のような国際的裁判所の存在に表れた法の国際化の次元が加わる。

にある裁判所に求めることがますます可能となっている。その限りにおいて，連邦憲法裁判所の上にある，多くの訴えがなされる天国は，もはやまったく空いているわけではなく，時にはふさがっている。

この過程は，ヘーゲルの「ミネルバのふくろうは黄昏にようやく飛び立つ」という有名な言葉の意味の変容によって具象化と説明が可能になる。ユルゲン・ハーバーマスは，ヘーゲルの見解を以下のように要約する。ヘーゲルによれば，それぞれの歴史的形態は，その成熟の瞬間に衰退する運命にある。「歴史的形態がその成熟の瞬間に」変容すること，そしてある頂点に達した制度が典型的に新たな発展によって形を変えることがあるということを認識するために，ヘーゲルの，前提の多い歴史哲学および衰退の予言を用いる必要はない[59)]。国内の憲法裁判権は，最近，意識的に改革されたのではなく，それはその周囲と環境の変容とともに，自らも，妥当する法的基礎に正式に新しい条項を追加することがなしえた以上に激しく変化したのである[60)]。しかし，（国内の）憲法裁判権の終演の契機は存在しておらず，結局，その役割は廃止されなかった。むしろ，憲法裁判権は――当然ながら――維持され，普及し，拡大した。ヨーロッパ連合とヨーロッパ評議会のあるヨーロッパにおいて憲法裁判権の全体構造に起こっているのは，廃止ではなく，国内の憲法裁判所とヨーロッパ司法裁判所・ヨーロッパ人権裁判所の結合における憲法裁判権の機能の重複である。

2．ヨーロッパ司法裁判所の連邦憲法裁判所との関係

こうした発展は，さらに幾つかの個別論点において明らかになるといわれている。基本法は，当初からヨーロッパとの関係および国際的な文脈の中で成立した[61)]。すでに1950年代にヨーロッパのレベルで，連邦憲法裁判所が関係を結

59） *Jürgen Habermas*, Der europäische Nationalstaat, in: ders., Die Einbeziehung des Anderen, Frankfurt am Main 1999, S. 128 f. を参照。ただし，ヘーゲルの有名な格言がそもそも現実の過程に関係しているのか，そして現実の過程についての思考にのみ関係しているわけではないのかは疑わしい。それにもかかわらず，この格言とともに示された思考はなるほどもっともと思わせる。

60） 憲法裁判官テオドール・リッターシュパッハは，早くもその在任中にこのテーマに取り組んだ。*Theodor Ritterspach*, Das supranationale Recht und die nationalen Verfassungsgerichte, in: FS Gebhard Müller, 1970, S. 301.

ばなければならない裁判所が設立された。ヨーロッパ人権条約（EMRK）の各国による遵守を審査するストラスブールのヨーロッパ人権裁判所（EGMR）[62]およびヨーロッパ共同体法の分野にとっての最高位の裁判所としてのルクセンブルクのヨーロッパ司法裁判所（EuGH）である。ヨーロッパ人権条約の，成長し，高度に発展した基本権判例はずっと以前から，等しく正当な，考慮する価値のある基本権解釈となっている[63]。そのうえ，連邦憲法裁判所は，連邦憲法裁判所の行為（長すぎる審理期間）が正当な批判のきっかけとなったまさにそのとき，ヨーロッパ人権裁判所に最終判断権があるということを認識しなければならなかった[64]。全体としてみれば，高いレベルで判断を下す２つの裁判所の相互補完関係は，ヨーロッパにおける基本権保護にとってまさに促進的でありうる。ヨーロッパの強固な統合を導き，促進させるヨーロッパ司法裁判所の判例は，その成立時から，その意義において客観的に重要であり続けている。ところが，ドイツの世論および連邦憲法裁判所さえも，ヨーロッパ化の意義をずいぶん後になって認識した。それに相当する変化は，ようやく1992年／1993年のマーストリヒト条約をめぐる議論によってはじめて一般に意識されることになった。

ヨーロッパ統合の意義は，最初は周辺においてのみ，とりわけ基本権の分野

61）開かれた国家としてのドイツ連邦共和国の国家理解にとっての意義において過大評価されるべきでない基本法24条が，主権的行為の国家間制度への移譲を可能にし，ヨーロッパ化および国際化にとっての原動力になったが，この基本法24条がこのことを証明している。これについて，*Rainer Wahl*, Internationalisierung des Staates, in: FS Alexander Hollerbach, 2001, S. 193 ff.（*Wahl*, Verfassungsstaat [Fn. 20], S. 17）; *ders.*, Der einzelne in der Welt jenseits des Staates, Der Staat 40 (2001), S. 45 ff. がある。（*Wahl*, Verfassungsstaat [Fn. 20], S. 53）

62）ヨーロッパ人権条約（EMRK）に基づいて，当初，保護は２つの制度によって与えられた。それは，ヨーロッパ人権委員会とヨーロッパ人権裁判所（EGMR）である。1998年からは，これら２つの制度に，新たなヨーロッパ人権裁判所が取って代わった。その概要については，*Wolfgang Peukert*, NJW 1999, S. 1165 ff.

63）これについての最新の文献として，*Christian Grabenwarter*, Europäisches und nationales Verfassungsrecht, VVDStRL 60 (2001), S. 290 ff.

64）1996年と1997年に，裁判に時間がかかりすぎることについてドイツに対して下されたヨーロッパ人権裁判所の３つの判決については，*Bernd Klose*, Grundrechtsschutz in der Europäischen Union und die Europäische Menschenrechtskonvention, DRIZ 1997, S. 122 ff.

において連邦憲法裁判所の関心事であった。この分野では早い時期に，連邦憲法裁判所が，ヨーロッパ共同体のいわゆる派生法――すなわちヨーロッパ共同体の指令および規則――を，基本法において保障された基本権の観点から審査することができるか否かが問題とされた。この問題は，ヨーロッパ共同体の諸条約が基本権のカタログを含んでおらず，ヨーロッパ司法裁判所が，1950年代および1960年代の判例において，派生法のために独自の基本権基準を発展させていなかったため，とくに切迫していた。連邦憲法裁判所は，これについて1974年にいわゆるSolange判決によって答えを出した。それによると，連邦憲法裁判所は，ヨーロッパのレベルで適切な基本権保護が保障されていない限り（solange），ヨーロッパ共同体の派生法を基本法の基本権を手がかりに審査する権限を留保する[65]。この判例は，ヨーロッパ司法裁判所がこれまでよりもいっそう独自の基本権判例を発展させる契機となった[66]。このような発展の結果，連邦憲法裁判所は，1986年以降，ヨーロッパ共同体ではドイツの基準に本質的に匹敵する基本権保護が保障されているということを前提としている〔1986年10月22日のSolageII決定〕[67]。連邦憲法裁判所とヨーロッパ司法裁判所の関係は「協働関係」と表現された。この関係において，「ヨーロッパ司法裁判所は，ヨーロッパ共同体の全領域のために各個別事例において基本権保護を保障しており，連邦憲法裁判所は，それゆえ，不可欠の基本権水準の一般的な保障だけで満足することができる」[68]。連邦憲法裁判所は，1993年，マーストリヒト判決において，ヨーロッパ（共同体）の法律行為がヨーロッパのレベルで付与された権限の節度を守っているかどうかを連邦憲法裁判所が今後も審査するであろうとさらに強調した。この審査と不可欠の基本権水準に関する留保によって，連邦憲法裁判所は，例外的な場合には，ヨーロッパのレベルの権限が拡張され

65） BVerfGE 37, 271.

66） 最も重要な初期の判例は，EuGH, RS. 29/69 „Stauder", U. v. 12. 11. 1969, SlG. 1969, S. 419; EuGH, RS. 11/70 „Internationale Handelsgesellschaft", U. v. 17. 12. 1970, SlG. 1970, S. 1125; EuGH, RS. 4/73 „Nold", U. v. 14. 5. 1974, SlG. 1974, S. 491 であった。この他の判例については，*Waldemar Hummer/Bruno Simma/Christoph Vedder*, Europarecht in Fällen, 3. Aufl. 1999, S. 415 ff.

67） BVerfGE 73, 339.

68） BVerfGE 89, 155, 175. この判例は，BVerfGE 73, 339, 387 を援用している。

ず，ひいては基本権の最低水準が保障されることを確保するための一種の緊急権限を留保した。連邦憲法裁判所がマーストリヒト判決全体においていわゆる協働関係を，対決的に，自己に有利に非対称に定式化したにもかかわらず，その後，連邦憲法裁判所は，前提とされたこの留保を行使しなかった。数人の学者や申立人が具体的手続においてその行使を求め，催促したにもかかわらず，連邦憲法裁判所はこの留保をむしろ潜在的な留保とし，行使の余地を残しておいた[69]。このテーマと２つの裁判所の関係に適した思慮深さと冷静さが生まれた。ヨーロッパにおける基本権保護は，国内の憲法裁判所と，２つのヨーロッパの裁判所の間の役割分担において行われ，そして，そこでこそより効果を上げることができるし，きっと効果を上げるであろう。ヨーロッパにおける基本権保護は，主権または権限の保持者に関する先鋭化した議論には適していない。その代わりに，主権または権限の問題を留保し，実務において実効的な基本権保護を達成することが賢明かつ合理的である。これは，上述したような役割分担においてのみ功を奏する。

３．結語

法秩序のますますのヨーロッパ化によって，連邦憲法裁判所は，ドイツに妥当する法の審査と統制の独占権を明らかに喪失している。しかし，そこに内在する意義の喪失に，ヨーロッパのレベルへの影響力を獲得し，ヨーロッパ司法裁判所を越えて，例えば基本権水準を共同体全般でともに形成するという重要な可能性が向き合っている。もし，最近の状況を，独占権の拘束，喪失などの概念においてのみ，あるいは主としてそのように解釈し，新たな役割や期待の意義のすべてを視野に入れない場合，それは近視眼的である。その本質はすなわち，主権国家とヨーロッパ連合の２つのレベルにおけるヨーロッパの憲法秩序の発達および協働形成であり，ヨーロッパの憲法空間の内容形成である。この任務によって，連邦憲法裁判所およびその他の憲法裁判権の役割も拡大する。

69）　マーストリヒト判決は，ヨーロッパ法と国際法の一部の論者から非常に厳しい批判を浴びた。正当にも，*Wieland* (Fn. 14), Rn. 24 は，「ヨーロッパ法の観点からみて，連邦憲法裁判所のその裁判権の射程範囲についての理解は受け入れられない」と指摘している。そこでは批判について他の文献も紹介されている。

主権国家をはるかに越えるヨーロッパの憲法空間へのこのような協働は，ヨーロッパ化の――ポジティブな――裏面である。そこに，国内の憲法裁判権にとっての相当に大きな発展のチャンスが含まれている。

ヨーロッパにおける憲法判例ないし憲法裁判所のヨーロッパ化という大きなテーマについて，ここではその端緒のそれぞれを取り扱うことはできない[70]。ここでは前述したこととの関係[71]において総括的な検討のみを行う。前述したような，基本権保護，法治国ならびにその他の立憲国家の原則をヨーロッパの領域へ拡大するという新しい役割への参加において，ドイツおよび連邦憲法裁判所は，すでに大成功をおさめた。基本権の発展を誘発させたこと，または比例原則の「輸出」がここでは想起されるであろう。ドイツ憲法は，全体の一部が，15カ国〔2007年３月，日本における講演当時のヨーロッパ連合加盟国は27カ国〕の中で一つの国および一つの裁判所が，およそなしうる限りの偉大な成功をおさめた。その際，西洋の立憲国および共通の，ヨーロッパの法意識の他のヴァリエーションの原理や思考方法も，生成中の拘束的なヨーロッパ全体の憲法へと入り込み，それ自体ドイツにも影響を与えるだろうということは自明であり，かつ，この生成の過程においても考慮されている。そうした外部からの影響と，それに対する反響に異議を唱える者は，統合プロセスの法則性を誤解している。それに加えて，そのような異議を唱える者は，まずもって，なぜ他の西洋の伝統に由来する諸原理およびそれらの採用が，ドイツとヨーロッパの憲法にとって有害であるのか，あるいはその代わりに，なぜそれらがヨーロッパ的・西洋

70) 詳細は，多数の文献紹介のついた *Jochen A. Frowein*, Die „Europäisierung" des Verfassungsrechts および *Jürgen Schwarze*, Das „Kooperationsverhältnis" des Bundesverfassungsgerichts mit dem Europäischen Gerichtshof を参照。これら２つの論文は，FS BVerfG 2001, Bd. I, S. 209 ff., S. 223 ff. *Voßkuhle*（Fn. 14), Art. 93 Rn. 208には広範な文献紹介がある。*Jutta Limbach*, Die Kooperation der Gerichte in der zukünftigen europäischen Grundrechtsarchitektur, Ein Beitrag zur Neubestimmung des Verhältnisses von Bundesverfassungsgericht, Gerichtshof der Europäischen Gemeinschaften und Europäischen Gerichtshof für Menschenrechte, EuGRZ 2000, S. 417; *Wolfgang Graf Vitzthum*, Gemeinschaftsgericht und Verfassungsgericht－rechtsvergleichende Aspekte, JZ 1988, S. 161 ff. どちらにも文献紹介がついている。

71) これについては，*Wahl*, Quo Vadis－Bundesverfassungsgericht?（Fn. 56), S. 81, 106 ff. で若干の検討を加えた。この論文の105頁では，国レベルの憲法裁判権の重要性が――国の――憲法の意義に従属するための３つの「方程式」について述べた。

的な憲法思想の共通の一つの基盤から生じた，考慮すべきでない内部ヴァリエーションであるのかを個々に明らかにしなければならない。しかしながら，国内の批判者は，自国法が，自国にとっても有利になるように，他の法秩序における選択肢から学ぶことができる可能性を認めるほど，十分な距離を自国法に対して保っておくべきである。国内法にとってのメリットは，全ヨーロッパ的な基本権保護への協働および発見された解決策の共同体の全領域へ向けた拡大への協働という新しくかつ付加的な役割である。このメリットは他の憲法裁判所との熱心な対話から生じる。それは，新たな次元にとって不可欠の，拡大された問題の範囲および選択肢についての思考を当然に必要とするであろう。拘束的な，全ヨーロッパ的な憲法秩序のこのような強化に形成的に協力することができるのは，国内の憲法裁判所の大きな，不変の役割である。――その他の大きな負担があるという理由からみても――ストラスブールとルクセンブルクのヨーロッパの２つの裁判所だけがそれを可能にするわけではない。これは，国内の憲法裁判所および２つのヨーロッパの裁判所がともに担っている役割である。あるいは，より正確に言えば，国内の憲法裁判所が内部に向かって国内の，自国の法秩序に注意を向けるだけでなく，外部に向かって，ヨーロッパの全憲法空間に注意を向ける場合に，この役割をともに担うことが可能となる。

III　第５章

国家の変遷*

――主権の装甲をこじ開ける

I．多重レベルシステムとしての世界の法的構造

1．根本過程としての欧州化と国際化

20世紀後半の欧州化と国際化は，ドイツおよびEUの全欧州構成国において，基本的な変化をその国家性と政治組織にもたらした。欧州化とは，欧州のみに見られる，政治秩序と法秩序を地域的なものに変更することであるが，これに，世界の全ての国家にあてはまる国際化が追加されてくる。この２つはともに根本過程であり，これにより，国家につき，そして，国際レベルでの国家の共同作用について，非常に短期間の間に，かつてないほどの原則的変化が生じたのである。これを根本過程というのも，それが国家，その法秩序，国家権力の全活動，これらを造り変えてしまったからである。EUでは，国家は構成＝国へと変化してしまったし[1)]，国家はもはや単独者でなくなり，ただ正統化の独自

---

*　本論文は以下の論文を元にしている。Der einzelne in der Welt jenseits des Staates, Der Staat 40 (2001), S. 45 ff., および――より詳しい――in: *R. Wahl/J. Wieland*, Das Recht des Menschen in der Welt, Kolloquium zum 70. Geburtstag von Ernst-Wolfgang Böckenförde, 2002; Der offene Verfassungsstaat als Staatstyp der Gegenwart, in: Die schöpferische Kraft der Japanischen und Deutschen Verfassungslehre : Festschrift für Hisao Kuriki, 2003, S. 684-655（ライナー・ヴァール「現代の国家タイプとしての開かれた立憲国家」［浅川千尋訳］栗城壽夫先生古稀記念『日独憲法学の想像力（下)』［信山社，2003年］654-631頁); Europäisierung und Internationalisierung: Zum Verlust der schützenden Außenhaut der Souveränität, in: Gunnar Folke Schuppert/Ingolf Pernice/Ulrich Haltern (Hrsg.), Europawissenschaft, 2005, S. 147-176.

の源のみで成り立っている，静態的な政治的アクターでもない。そうではなくて，全体状況の部分になってしまった。それとともに，個々の国家が持つ法秩序も，２つまたは３つの層からなるアーキテクチャ全体の部分となってしまった。

ドイツや欧州連合の他の構成国では，国際レベルからの国家への逆作用，国家の変更という作用が，おそらく，EU 外の国家よりもはっきりと認識されている。というのも，EU という超国家的共同体は，強力な介入効果（直接的な法制定と裁判権）をもっており，それゆえ欧州では，国家の外にある政治支配を了解するための扉が，広く開かれることになったからである。欧州化という「風除け」がありはしても，**国際化**も，欧州の市民によってはっきりと認識されてきている。EU により開かれた国家という意識が発展し，この基本思想が普遍化されて，EU の外の世界，つまり，国際化についても難なく適用されえたのである。主権の相対化という，開かれた国家に典型的な考え方は，すでに欧州の例により「学習され」，かつ受容されてきたのである。それゆえ，EU 構成国の市民にとって，主権の相対化を含む，国家の基本的変遷を受容することは，他の国民よりもずっと簡単であろう。この基本的事態を表現する慎重な表現は，「主権を共同で行使する」というフランス憲法88条の中に見ることができる。

２．1949年基本法による二重の端緒，国内立憲主義の構築と国家の開放

基本法の視座を第一のものとして捉えるなら，——通常の評価とは異なり——1949年の二重の始まりに言及しなければならない。つまり，基本法の成功がしばしば語られるが，第一にそれは，国内で立憲国家を徹底して構築したからであり，しかし同時に，国外にも同様に国家を徹底して開いてきたからでもある。戦後ドイツ何周年，を何度も記念する度に，ドイツの発展は，たいていこの憲法国家の構築の点で評価されてきた。基本法がこのドイツの地で，いまだかつて達成されたことのない徹底性と，内的な完結性において，「憲法国家」

1)　これを原則的な変化というのは，構成国が統合の範囲で自己決定ができなくなるからである。従来ある自律からすれば，共同・決定が共同体の決定の中でなされるはずである。

の類型を実現してきた，というのは正しい。憲法国家と社会国家，そして環境国家も，（一部新しい）鍵概念だったのである。だが，あまり評価も意識もされないが，同じこの基本法が，当初からその24条の中で，新しい時代の特徴を定式化していた。その鍵概念こそ，（協調のために）開かれた国家の概念である[2)]。今日では，最初で述べた基本法の内向きの解釈は，批判的な意味合いで内向的な解釈であったと，だんだんと考えられてくる[3)]。だからこそ，最初に目標とされ，驚くべき速さで実行されたところの，外に向けて国家を開くこと，これが基本法の同様に重要な特徴とされるのである。つまり，これこそが基本法の歴史の第二の時代の印なのである[4)]。

３．政治の多重レベルシステム

欧州で「開かれた国家」といえば，それは当初から内部に区別を持っていた。その区別の存在は，基本法の現在の条文，つまり，欧州条項（基本法23条）と普遍的な国際的協働オプション（基本法24条）の違いをみればすぐ分かる。ドイツ国家の外には２つのレベルがある。１つめが，統合共同体であり超国家連合でもある EU である。これは，連邦の形は持っても国家の形は持っていない。２つめが，それと並びかつ「その上に」ある，数多くの国際機構である。これは，共通の行為を質的に濃縮して形成される，法的に自立した制度である。

多重レベルシステムこそが今日の世界の現実である。私はこの表現を用いるとき，世界の現状を記述し，その内容をなお充填すべき概念であると考えてき

2） *St. Hobe*, Der kooperationsoffene Verfassungsstaat, Der Staat 37 (1998), S. 521 ff. 全体につき現在ある包括的なものに，*ders.*, Der offene Verfassungsstaat zwischen Souveränität und Interdependenz, 1998. 開かれた国家の語ではなく，その内容について，最初に叙述したのは，*K. Vogel*, Die Verfassungsentscheidung des Grundgesetzes für eine internationale Zusammenarbeit, 1964. これにつき最近のものでは次もある。*U. Di Fabio*, Das Recht offener Staaten, Grundlinien einer Staats- und Rechtstheorie, 1998. 類似した概念につき更なる指摘は，*R. Wahl*, Die Internationalisierung des Staates, in: Festschrift Hollerbach, 2001, S. 193 ff., 194 Fn. 6-9.

3） *J. A. Frowein*, Kritische Bemerkungen zur Lage des deutschen Staatsrechts aus rechtsvergleichender Sicht, DÖV 1998, S. 806 ff., 811.

4） これにつき，*R. Wahl*, Die Zweite Phase des öffentlichen Rechts in Deutschland, Der Staat 38 (1999), S. 495 ff., 第一段階における内向性についても，これを参照。

た[5)]。現在のところ，世界の法的なアーキテクチャは，理論的に未だなお十分には把握されていない。つまり，現段階で多重レベルシステムの概念が持っているのは，席を確保する，という重要な機能なのだ。この概念は，問題発見にも体系形成にも役に立つが，それは，この概念により，全体像にも，３つ（または２つ）のレベルが結びついていることにも，目が向くからである。これにより，国際機構や欧州連合だけを見たり，それらをバラバラに扱う危険から最初から逃れることができる。つまり，そうではなく，３つのレベルの結合関係や，様々なレベルから成る全体を，視野に置くことができるのである。だがこのとき，国内レベルと（世界）地域レベルと地球レベルから成る，この三重レベルシステムは，ヨーロッパでは普通であっても，世界全体から見れば例外である[6)]。EU は，その密度が増大し，超国家的性格がはっきりと構築された点で，世界で例を見ないほどに特殊である。その他の共同体，たとえば，NAF-

5)　多重レベルシステムの概念は，最初は欧州をめぐる政治学上の議論の中で発展してきた。以下を参照。*B. Kohler-Koch* (Hrsg.), Regieren im Mehr-Ebenen-System der EU, in: T. König/E. Rieger/H. Schmitt (Hrsg.), Das europäische Mehr-Ebenen-System 1996, S. 203 ff. und *M. Jachtenfuchs/B. Kohler-Koch*, in: dies. (Hrsg.), Europäische Integration, 1996, S. 15 ff. 法学上の使用について，*M. Morlok*, Grundfragen einer Verfassung auf europäischer Ebene, in: P. Häberle/M. Morlok/V. Skouris (Hrsg.), Staat und Verfassung in Europa, 2000, S. 73 ff., 88. そして最近の詳しいものに，*F. C. Mayer*, Kompetenzüberschreitung und Letztentscheidung, 2000, S. 31-57. このアプローチの基本思考は，Ｉ・ペルニスにより公法で展開された憲法結合の概念の基礎となる（国内憲法と EU 第一次法の関係に適用された）。これについては，勿論多くの指摘とあわせて，*I. Pernice*, Europäisches und nationales Verfassungsrecht, VVDStRL 60 (2001), Einleitung und Abschnitt III sowie *P. M. Huber*, ebd., S. 196 m. w. N.

6)　NAFTA やメルコスール（南米共同市場）には，より濃密な共同体の形式も，独自の法定立の形式も存在しない。つまり，構成諸国はこの両者に抵抗できるのである。アメリカは，NAFTA に所属してはいるが，際立った国内優先の国家であり，世界の重要な他の地域も，超国家的共同体の構成国ではなく，国家により形成されているのである。その結果 EU には，比較すべきもの，これを模範としたものはない。これにつき，政治学的な観点から，*R. Kaiser*, Regionale Integration in Europa und Nordamerika, Vergleich von EG und NAFTA, 1998; *U. Wehner*, Der Mercosur. Rechtsfragen und Funktionsfähigkeit eines neuartigen Integrationsprojekts, 1999; *ders.*, RIW 2000, S. 370 ff, (m. N.); ザムトレーベンの諸論文も参照。最近では，*J. Samtleben*, Erster Schiedsspruch im Mercosur – wirtschaftliche Krise als rechtliche Herausforderung?, EuZW 2000, S. 77 ff. m. w. N.

TA（アメリカ，メキシコ，カナダ）やMERCOSAUR（南米）は，類型的には自由貿易圏なのである。それによると，欧州以外の世界では，二重レベルシステムが現実である。だが，世界全体の国家全てには次のことが当てはまる。つまり，諸国家と，国家の外の世界は，根本から変化してしまったということだ。以前はフルに主権的であった国家は，数の点でも内容上の射程の点でも，拘束を受け入れている（統合共同体に必ずしも有利にはならない）。全てが開かれた国家となった。もちろん，その度合いは異なる。けれども，その最低限度は全てに共有されている[7)]。

4．国際法の発展方向

第三の国際法レベルでは，1945年以来，このレベルで活動するアクターと，取扱われる事物問題が大幅に拡大したことを，我々は知っている[8)]。世界銀行や世界通貨基金など国際連合の16の特別機関があること，これに加え，独自の機構として世界貿易機関があることからして，参加者やテーマが多く，それらの影響も大きいことが分かる。その領域の広さからして，これを構造化する必要がある。現在のところ，この第三のレベルには，次のような並列する３つの特徴がある。つまり，第一に，国家間の条約による伝統的協力，第二に，国際機構の形式による制度的な協調[9)]，第三に，諸国家を拘束する諸原理の憲法主義化という最近の展開，これである。

いくつかの重要な国際機構の活動により同時に，国際関係の注目すべき法化が進行していった。壮観にも，その限りで世界貿易が様変わりしてしまった。1947年のオリジナルなGATT協定と比べると，1995年のWTOという独自の機構が創立されたことで，国際貿易関係の法化につき「量的飛躍」[10)]が遂げら

7） これにつき，*Hobe*, Der offene Verfassungsstaat（Fn. 2）, S. 164 ff. und *Wahl*（Fn. 2）, S. 194 f.

8） これと以下につき，より詳しくは，*Wahl*（Fn. 2）, S. 201 ff., 208 ff. 思考過程をより詳しく検討している。

9） 協力の法（Law of Coordination）と協調の法（Law of Cooperation）の違いにつき，*W. Friedman*, The Changing Nature of International Law, 1964. この引用とコメントは，*St. Hobe*, Die Zukunft des Völkerrechts im Zeitalter der Globalisierung, AVR, Bd. 37（1999）, S. 152 ff., 258 f.

れた。以前は純粋な権力関係でしかなかった海外貿易の関係が，更に法化されて，実効的な紛争解決のメカニズムの下に置かれるようになったのである[11]。バナナをめぐる大陸間の巨大紛争がその具体例である[12]。もう一つ例を挙げれば，通信分野においても，国内の通信過程に対して国家が統制力をますます失っていき，それにより，国家のイメージや，国家に支えられる国際法のイメージが著しく変化することになるだろう[13]。そして環境保護については，条約国際法というまさに細かいネットが張られている[14]。

５．国際法の憲法主義化

国際法上の最近の発展として挙げられるのは，国際法レベルでの法原則や原理の憲法主義化である。国際法秩序の憲法主義化というこのプロセスとは，国家共同体の利益が承認されて，その執行メカニズムが確立することを意味す

10)　*H. Hauser/K.-U. Schanz*, Das neue GATT: Die Welthandelsordnung nach Abschluß der Uruguay-Runde, 1995, S. 281. ウルグアイ・ラウンドの枠組における紛争解決メカニズムの形成を，「国際法では滅多にない，包括的で義務的な紛争解決」と特徴づけて，それ以外に国家がそれほど広範囲の法的統制に服してきたことはない，という，*M. Hilf*, Freiheit des Welthandels contra Umweltschutz?, NVwZ 200, S. 481, 489. *A. Weber/F. Moos*, Rechtswirkungen von WTO-Streitbeilegungsmechanismen im Gemeinschaftsrecht, EuZW 1990, S. 229 は，もともとは権力志向だった世界貿易体制の法化が進展したと述べる。jeweils m. w. N.; WTO につき，*P.-T. Stoll*, Die WTO: Neue Welthandelsorganisation, neue Welthandelsordnung, ZaöRV 54 (1994), S. 242-339. 更なる指摘は，*Wahl* (Fn. 2), S. 204 Fn. 41 ff.

11)　*Hobe*, Der offene Verfassungsstaat (Fn. 2), S. 265 は，的確にもこう指摘する。GATT 規則では結果的に，自由化が合意された領域では国内高権を行使しないことが求められている，と。また，同285頁も参照。世界貿易では，完結した領域国家のイメージが徹底的に放棄されている。

12)　文献につき，*Wahl* (Fn. 2), S. 205. この紛争の長い歴史は，WTO の設立のときから始まった。そこでは，あらゆる事件では，５～10行のテクストが求められるのであるが，バナナ紛争では２頁であった（WT/DS27）。vgl. www.wto.org mit link zu: overview of the State-of-play of WTO Disputes.

13)　グローバルにネットワーク化されたユニバーサルな遠隔通信社会において，国家はますますその意味を失っている。これにつき，*Ch. Engel*, Das Internet und der Nationalstaat, in: *Dicke/Hummer/Girsberger/Boele-Woelki/Engel/Frowein*, Völkerrecht und Internationales Privatrecht in einem sich globalisierenden internationalen System – Auswirkungen der Entstaatlichung transnationaler Rechtsbeziehungen, 2000, S. 353 ff.; und Diskussion S. 449 ff.; *St. Hobe*, Der offene Verfassungsstaat (Fn. 2), S. 293.

る[15]。これにより特に，国家が上位の価値に拘束され，それにより国家が束ねられることになる[16]。ここでは強行規範（ユス・コーゲンス）が，つまり，国際的な規制法と万人ニ対スル国家責任の形成が，問題となる[17]。たとえば，ある国を外交上承認するかをその国の憲法を審査してから決めるとか，WTO 体制や国連海洋法合意では世界規模の活動につき人権保護や「憲法主義化を行うルール体系」の遵守が統制されているとか，がそれである[18]。重要な適用事例であるのは，環境保護の重要な協定が結ばれて，人類の共通遺産という実質的な（世界または諸国家共同体の）財産や，共有された環境という思想が定式化され承認されたということである[19]。

これらの概念の背後に隠れているのは，国際法との関連である。国際法を「国際的な公益」を実現する客観的法秩序であると理解し，しかも，個別国家の利益に実質的に優先する財であると理解するならば，この関連をパブリック・ロー・アプローチ[20]と呼ぶのは正当なことであろう[21]。であればその帰結として，諸国家共同体の利益にも，注目がより集まることになる。こうした展開には，理論上および実践上の，最高度の利点がある。だがこのとき無視して

14）主権の環境法上の拘束というテーゼにつき，*K. Odendahl*, Die Umweltpflichtigkeit der Souveränität, 1998. そこには，環境国際法に関する概観もある。m. w. N.; *U. Beyerlin*, Staatliche Souveränität und internationale Umweltschutzkooperation, in: FS Bernhardt, 1995, S. 937 ff. sowie *M. Haedrich*, Internationaler Umweltschutz und Souveränitätsverzicht, Der Staat 39 (2000), S. 547 ff.

15）*J. A. Frowein*, Konstitutionalisierung des Völkerrechts, in: *Dicke* u.a. (Fn. 13), S. 446, These 1.; 詳細なものに，*W. Hertel*, Supranationalität als Verfassungsbegriff, 1990, S. 61 ff.

16）*J. A. Frowein*, Das Staatengemeinschaftsinteresse, in: FS Karl Doehring, 1989, S. 219 ff. Nachweise bei *Frowein*, (Fn. 15), S. 427, Fn. 1; *Chr. Tomuschat*, Die internationale Gemeinschaft, AVR Bd. 33 (1995), S. 1.

17）強行規範（ユス・コーゲンス）につき，*St. Kadelbach*, Zwingendes Völkerrecht, 1993 m. w. N.; *J. A. Frowein*, Die Verpflichtungen erga omnes im Völkerrecht und ihre Durchsetzung, in: FS Mosler, 1983, S. 241 ff; *ders.* Art. „jus cogens“, Encylopedia of Public Law, vol. 3, 1997, p. 65 ff.; *D. Schindler*, Die erga-omnes-Wirkung des humanitären Völkerrechts, FS Bernhardt, 12995, S. 199 ff.

18）具体例は，次の文献による。*Frowein*, (Fn. 15), S. 446 und 429 ff.

19）*Odendahl* (Fn. 14), m. N. zu den einzelnen Abkommen; *F. Biermann*, „Common Concern of Humankind“: The Emergence of a New Concept on Internationale Evironmental Law, AVR 34 (1996); S. 426 ff.

はならないのは，国際法理論の少なからぬ論者たちが，高度の理念主義ともっと高度の規範主義とによって，物事を考えるということだ。彼らは，共通の価値と最高の規範を宣言することに，余りに期待しすぎる（キーワード：来るべき世界内部法[22]）。そのとき短絡的にも，最初から国際法には執行のための道具立ても用意されている，と考えるのである[23]。しかし，国際レベルでこうした道具立てがあるのは稀であり，その実施が困難であることも多い。理論レベルで要求されることの多くは，実施や執行の問題を考えると，相対的な意味しかもたない。いずれにせよ，国際法を国家の構造から切離そうと考えたり[24]，国際法を自律的にとらえようとする傾向には，反対しなければならない。

６．多重レベルシステムの中の内的分化

「多重レベルシステム」という言い方は，次のような誤解を（間違って）招きかねない。つまり，国内空間と（世界）地域空間と世界規模空間の３つの次元の中から内容と機能の基準に従って，任務の遂行の正しいレベルを発見しさえすればよい，という誤解である。複数のレベルから成る任務遂行のシステムを，補充性原理に従って論ずるのであれば，こうした方向で物事が進むことになる[25]。そうしたアプローチはすでに，この後何を探求し何を理由づけるとしても，つまり３つのレベルの構造が均質であるかまたは構造が分岐しているこ

20）　次の文献からの表現。*Sir Robert Jennings* zit. von *J. A. Frowein*, Konstitutionalisierung des Völkerrechts (Fn. 18), S. 427 f. これにつき次の文献も参照せよ。*P. Kunig*, Völkerrecht als Öffentliches Recht – Ein Glasperlenspiel, Gedächtnisschrift für E. Grabitz, 1995, S. 325.

21）　これにつき次も参照。*Hobe*, Der offene Verfassungsstaat (Fn. 2), S. 278.

22）　*K. Dicke*, Erscheinungsformen und Wirkungen von Globalisierung in Struktur und Recht des internationalen Systems auf universeller und regionaler Ebene sowie gegenläufige Renationalisierungstendenzen, in: ders. u.a. (Fn. 13), S. 41, These 4 c: Idee der gesamten Welt, des Weltbürgerrechts, der Staatengemeinschaft, des Weltinnenrechts als geeignete Basis für eine Fortentwicklung des Völkerrechts.

23）　自明のことだが，全ての国際法学者が，この執行という問題を取り扱っているが，多くの執行は，あまりに遅くあまりに弱い。これを正当にも強調するのは，*St. Oeter* in der Diskussion in *Dicke* u.a. (Fn. 13), S. 450 f.

24）　慎重であるのは，*Frowein* (Fn. 15), S. 446 LS 9. 国際法秩序を国内構造から切り離すという考え方は，適切でもないし望ましくもない。同様に批判的なのは，*St. Oeter* (Fn. 13), S. 450 f. 反対に，より楽観的なのは，*Dicke* (Fn. 22), S. 41 LS 4 b.

とを前提にしている。しばしば無意識のまま放置されるこの前提理解を土台にするならば，具体的な任務をどのレベルで遂行するか，下から上へ任務をどう動かせば合目的的に見えるのか，といった問題は，単なる効率性の問いでしかないように見える。これらの前提に基づくならば，影響の大きい反復テーゼも登場することになる。つまりこれによると，国家レベルの構造が，欧州レベルと国際レベルでもほぼ同様に反復されるだろう，というのである。この考え方では，国家の持つ憲法上のメルクマールが，ただ単純に上の方へと延長されることになる。民主主義の理解，主観的権利の原理的承認，個人の出訴可能性，これらは，国内の分野の場合と同様，他のレベルでも存在しなければならないというのだ。

けれども，本当に構造の均質性が存在するかという，この前提問題は否定するべきである。この文脈で登場するのは，多重レベルシステムの思考である。国家の外には欧州レベルのみでなく，国際レベルも存在する。だが，欧州レベルには国家レベルとの共通要素が一見多くあるが，それは一見そうであるに過ぎない。また，国際レベルの構造が国家構造から全くかけ離れているのは明らかである。確かに，欧州の次元では，EU で民主主義をどう扱うかという，決定的な一つの問いがある。それに対して，国連や諸国際機構を国家と同様に民主的に構成できるだろうとは，全く考えられていない。国際性，ひょっとしたら超国家性も，国家がもつ構造とは全く別のものをもたらすのである。国家構造の要素が国際レベルでも組み立て可能だとしても，いずれにせよ国家のようにするには困難が伴う。原則として妥当するのは，非＝反復テーゼなのである[26)]。

---

25) 「任務充足レベルの体系の中での開かれた憲法国家の地位」という表題で，明白に論ずるのは，*Hobe*, Der offene Verfassungsstaat（Fn. 2）, S. 390 ff. そこでは，この国際的システムが任務充足レベルのモデルと呼ばれている（同391頁）。

26) 隣のレベルでの反復というこの問いは，憲法の機能という観点でも提起されている。国内レベルで現れる憲法上の制御の欠陥が，より高いレベルでの憲法主義化により改めて受け止められるか，という問いを，正当にも議論するものとして，*Ch. Walter*, Die Folgen der Globalisierung für die europäsiche Verfassungsdiskussion, DVBl. 2000, S. 1 ff., 2. ヴァルターは，憲法機能を束ねることを，憲法国家の国内的特徴と理解している（同6頁）。

７．多重レベルシステムの中の一次的レベル（基礎）としての国家

３つのレベルの構造が同質でなく，それらの重点が均等でないことは，別稿で詳述したとおり，多くの観点で明らかとなっている[27]。ここで問題としたいのは，次のような問いである。つまり，それぞれのレベルを帰属者共同体という意味での政治的単位として特徴づけるのか，それともそうした特徴は存在しないのか，という問いである。政治的共同体を形成する場であるとか，近い将来そのようになれるという適性は，あらゆるレベルに備わるものではない。多くの任務に配慮しこれを実現するとき，それが世界共通の尺度によるのだとしても，政治的プロセスや帰属関係や共同体形成，これらが世界の同一の尺度の中に位置づけられ，そこに必要条件をもつということにはならない[28]。欧州化と国際化という画期的なプロセスの中で国家がどのような役割を果たすのか，この役割の重要性を知るには，伝統的な国家を，欧州連合の中間レベルのみならず，分化された国際レベルに結びつけ比較すればよい。国家と国際機構との関係については，国家とEUの関係，国家とEUの結合のとき以上に，次のことがハッキリと分かる筈だ。つまり，国家とは，全体状況の軸足であり，国際機構は（そして現在ではなおEUも）もう一方の添え足なのである[29]。

国家は，政治的プロセスとして，共同体を形成し，共同体を拘束する，第一次的レベルなのである[30]。帰属者であり政治的権限を持つ構成員，すなわち，基礎共同体に帰属し，行使される全ての支配の主体となるという意味での「市民」は，今のところ国家の中にしかいない[31]。世界市民は，これまでは文化的

27）　*Wahl* (Fn. 2), S. 218 ff. 差異は，正統化の基礎の観点から，権利主体の範囲，法創造の種類，法執行のメカニズム，裁判権の存立について生じる。

28）　この世界を包括する任務は，政治的正統化の観点では，全世界の多くの個人への直接的な介入や唯一の正当性の導出連関により処理され組織されるのではない。その処理と組織は，政治的に複合的に段階づけられた正当性の導出連関によってのみなされるのである。重要な任務が世界規模で広がっているのだから，単一の政治組織の中で世界住民を世界規模で組織し民主化しようというのは，あまりに短絡であり，組織任務や正統化問題の複雑性をあまりに過小評価している。

29）　このイメージによる国家とEUの関係の性格づけにつき，*R. Wahl*, Die zweite Phase des Öffentlichen Rechts (Fn. 4), S. 502 f., Fn. 28, auch *ders.* (Fn. 2), S. 218 ff. これにつき詳しくは，*Wahl* (Fn. 2), S. 218 ff.

30）　これにつき詳しくは，*Wahl* (Fn. 2), S. 218 ff.

31）　EUについては，すぐ後の本文を見よ。

存在，または最近では経済的存在ではあっても，まだ政治的存在ではないのである。3つのレベルの構造を比較する際に，任務遂行の抽象的な能力を検討するのは，この論点が地理的な拡張の結果もはや陳腐なものとなっている以上，適切とはいえない。そうではなく，任務の処理についての具体的な能力を基本に据えなければならない。しかし，組織的単位を政治的単位へと初めて変える，そのような正統化能力を持つ政治的な力の源泉，これこそが問われるべきことである。そして，国家こそが第一次的で基底的な統合レベルである，こう答えなければならない[32)]。いずれにせよ，自分たちの利益の同定と参加と確定を求める市民のエネルギーと欲求を引きうけて，共通の行為のための空間を市民に与えることができるのは，国家なのである。政治的単位とは（帰属者）共同体のことなのだから，既存の組織が政治的単位となるには，それが人々を統合し，統合という，帰属者意識やアイデンティティ意識，連帯感情を醸成する基本的プロセスを喚起し，組織できなければならない。こうした問いを立てるならば，国家，そして，国民国家も，現在のところ，そして近い将来も，多重レベル構造の中の第一次的で基本的な単位なのであり，ゆえに，多重の意味において連関構造の基礎なのである。

しかし，二重または三重レベルシステムの内部で，国家が取替えのきかない基礎であるならば，国家からの決別や[33)]，さらに国民国家からの決別[34)]という，

32）これにつき，*E.-W. Böckenförde*, Die Zukunft politischer Autonomie. Demokratie und Staatlichkeit im Zeichen von Globalisierung, Europäisierung und Individualisierung, in: ders., Staat - Nation - Europa, 1999, S. 103 ff. ベッケンフェルデは，統合と民主主義のプロセスに対する国家の換え難い機能から，国民国家を維持する必要性と，欧州統合の限界とを引出している。本文では，国家が，新しい多重レベルシステムの基礎であることを強調したが，同時に，それは伝統的な国家の基本的な変更と結びついている。

33）詳細な引用をするのは，*K.-P. Sommermann*, Der entgrenzte Verfassungsstaat, in: D. Merten（Hrsg.）, Der Staat am Ende des 20 Jh., 1998, S. 19 ff., 22 ff. この問題をめぐる議論につき，*M. Albrow*, Abschied vom Nationalstaat, 1998; *Dicke*（Fn. 22）, S. 22-29; *P. Saladin*, Wozu noch Staaten, 1995; *H. Dittgen*, Grenzen im Zeitalter de Globalisierung. Überlegungen zur These vom Ende des Nationalstaats, ZPol Bd. 9（1999）, S. 3 ff.; *H. Hofmann*, Von der Staatssoziologie zu einer Soziologie der Verfassung, JZ 1999, S. 1065（国家概念の中心性の喪失，欧州の脱国家化プロセスというキーワードがある）. 最近の政治学上の議論については，次の一読に値する文献報告を参照。*W. Luthardt*, Perspektiven von Demokratie und Nationalstaat, Zeitschrift f. Parlamentsfragen. 2000, S. 699 ff. m. w. N.; *M. Zürn*, Jenseits der Staatlichkeit, Leviathan, 1992, S. 490 ff.

大袈裟で単眼的な予言は，余りに性急な判断といえる。そもそも大転換の時代には，複雑さに欠けた予言が大いにはびこる，という事態が観察される。伝統的国家の諸変化が――これを強調すべきだが――全く大規模に存在するとはいえ，だが，大規模な変遷を確認するために，国家の解消や国家の決別という理解を打ち出すのは正しくない。我々が体験していることとは，ある時代の終焉でもないし，何か新しいものの完全な始まりでもない。我々は観察しているのは，伝統的な国家が，別のレベルの追加により，強度に組みかえられていることなのである。

以上の考察では，２つの基本要素が引き出された。つまり，19世紀と20世紀前半の閉じた国民国家が，現在の開かれた国家へと根本的に変遷をとげたこと。しかし，国民国家は，廃棄もされないし周辺に追いやられてもいないこと。ここで示した構想では，全体像が決定的に重要であり，この全体像は，論及した２つの基本要素から構成されるのである。この要素のどちらかのみを切離すのは，行きすぎた一面化であろう。国家の変遷および国家の存続とは相互に結びついている。けれども，２つの要素を承認し同時に見るのは，実は難しい。２つの要素のうち一方へと視野を狭めてしまう恐れが常にある。それゆえ，国家了解の変遷を新しい国家類型への発展として解釈すること，つまり，閉じた国民国家から開かれた国家への発展と解釈することが，意味があり有益であるように思われるのである。変遷を２つの国家類型で概念的に捉えることは，古い類型を全く新しい現象形式に完全に取り替えることと了解するべきでない。そうではなく，ここで問題なのは，重点の移動――しかも，重大な重点の移動なのである。

34）　*E. Denninger*, Vom Ende nationalstaatlicher Souveränität, JZ 2000, S. 1121 ff., 1122 は，決別に関する文献についてアイロニカルに論じたあと，さらに数頁に渡り，主権のみならず国民国家とも決別をする。論文タイトルの中ですでに意見が表明されているのは，*G. Nicolaysen*, Der Nationalstaat klassischer Prägung hat sich überlebt, in: FS Everling, Bd. 2 1995, S. 945 ff. *K. Hesse*, Grundzüge des Verfassungsrechts der Bundesrepublik Deutschland, 20. Aufl. 1995, Rn. 113 は，国民国家の黄昏を論ずる。総じて，決別を語る学説には，人目を引く極端なテーゼと，そのくせ強く相対的な叙述とのギャップが見て取れる。

Ⅱ．閉じた国民国家という類型――明確な境界を持つ国家

開かれた国家への変遷は，重要であり根本的であるから，すでにいくつかの憲法の中で具体化されている。さらに，開かれた国家が持つ憲法上の諸々の構造が関連づけられ，その際，すでに言及したいくつかの要素が新たに取り上げられ具体化されている。基本法は，開かれた国家の構造要素を憲法テクストの中に受け入れた具体例として，役立つとされる[35)]。

1．国境を持つ国家としての閉じた国家

（完結的に）閉じた国家[36)]または伝統的な国民国家[37)]は，明確な境界線と国境線をもつ国家である。こうした諸国家が相互に，どの程度閉じたものであり，どの程度ほぼ密閉したものであるかは，国境が当時持っていた，どんなに評価しても過大評価とはいえないその意味から明らかになる。この境界とは，２つの政治的単位の間の分離線であっただけではない。この政治的な境界は，その他の生活領域に関する，有意味な仕切りとなっていた。結果的に，次のような一致が登場することになる。

・　国民の空間であろうとする国家は，国民国家となった。
・　言語は，国語となった。
・　文化は，国民文化となった。

35）以下の文章には，いくつか反復がある。それら反復から削ったところはなく，本稿で引き継いだ以下の文章は変更していない。*R. Wahl*, Der offene Verfassungsstaat als Staatstyp der Gegenwart, in: Festschrift für Hisao Kuriki.（ライナー・ヴァール「現代の国家タイプとしての開かれた立憲国家」［浅川千尋訳］栗城壽夫先生古稀記念『日独憲法学の想像力（下）』［信山社，2003年］）。

36）以下のように，ある理念型を（表題として）掲げたとしても，相対化させて次のように言わなければならない。つまり，完全な完結性などないし，あらゆる観点で閉じた国家なども存在したことはない。さらに強調するべきは，閉じるという法的な可能性と制度である。これまで国境を引き完結したものとなる全ての可能性を行使した国家などはなく，反対に，国家生活や経済生活について，広範囲な交換がなされた時代が常に存在したのである。

37）閉じた国民国家の理念との決別につき，例えば，*K. Stern*, Das Staatsrecht der Bundesrepublik Deutschland, Band 1, 2. Aufl., 1984, S. 516 ff.

・　経済は，国民経済となった。ある科学全体がそう名乗った！[38)]
・　科学は（ひょっとしたら科学でないかもしれない），国民に重点を置く科学となった。たとえば，文芸科学，歴史がたびたびそうなり，哲学もたまにそうなった。

2．国家と，その領域，その国民，その権力

完結した国家は，古典的な３要素説でいう国家である。つまり，この国家は，その国家国民を持ち，その国家領域を持ち，その国家権力を持ち，すべてが排他性を持ち，排他性を要求する。

16世紀／17世紀以来の近代国家と，国民国家[39)]は，数多くの帰属関係を，つまり，特に中世では非常に多様な形式を持っていた様々な政治的共同体への帰属関係を，急激かつ過激に，次のような明確な対抗関係に還元してしまった。つまり，国籍保持者と外国人である。国籍法の観点からは明確性が重要だったのであり，市民権の付与とは第一に，「外から」母国に帰還したその本来の種族の帰属者たちのために，規定されたのである[40)]。国籍保持者以外の者はすべて，この国籍保持者からはっきりと境界づけられた。彼らは，二国間条約が特別の規律を行わない限りで，外国人や異邦人の政権の下にある外国人なのであった。国家は，誰がその帰属者であるのか，国籍保持者と同様の権利を誰に与えるのか，これについて無制限の裁量権を持っていたのである。

これと同様に，国民国家は，厳密に引かれた境界を持つ。国家権力は国土と関連を持つのであり，これは，妥当することの逆，つまり，その国土に他の国家は法的に侵入できないこと，これ以上のことを原則として意味しない。境界

38)　だが留意するべきなのは，グローバル化（勿論こういう概念が用いられていないが）の第一段階が，1900年から1914年までの前後の数十年の間にすでにあった，ということである。

39)　憲法史の中でしばしば概念として偉大なある時代を呼び習わす，「近代」国家なるものは，それに先立つ，いわゆる中世の，政治的かつ法的な関係に対して，もっともらしい境界線は持っている。近代国家の長い時代は，しかしながら，統一的なものと見ることはできない。国家とは，国民という「下部構造」により，国民国家として，その可能性とその国家権力の有意味な強化を経験してきている。

40)　いずれにせよ，ドイツや東南欧州諸国のように，エスニック的な国民概念に立脚した国家の話である。

ははっきりと引かれたのであり，人々の入国や物品の流入をコントロールするための，有用な手段となったのである。境界は，広い意味での隣国問題すべてで，問題をひきおこす。つまり，問題が共通であるのは見間違えようがないのに，境界により問題解決が妨げられたのだ。あらゆる側面が，環境に関する欠点を著しい程度に別の側面で表面化させる，つまり，欠点を別の面に押しつけるのである[41]。

完結した国家が国家権力を持つということは，国内ではただ国家のみが，その憲法機関と法秩序により法的関係を確定する，ということを意味する。もっと重要な外的な見方からすると，国土を持った国家権力は，他の国家権力，特に他国の法を，審査やコントロール抜きでは法秩序内部に侵入させないのである。この国内の関係，国内の法秩序の周りには，貫通不能の正真正銘の装甲が，主権によって張り巡らされている。「外からの」法規命令，行政措置，裁判所判決は，国家機関による正式な許可があって初めて，国内へと「侵入する」ことを許されるのである。

3．保護外皮としての主権装甲

その境界を法的に完全に押さえている国家が持つその中心的な特徴を，アルベルト・ブレックマンは，イメージ的かつ印象的に，こう名づけていた。それは「主権の装甲」[42]である，と。これによると，国家の主権が関わるのは，戦争と平和という「大きな」基本的な問いだけではない。国家相互の政治や行動の全体に関わるのである。全ての外交折衝では，両国の主権観念により関係が構造化されている。全ての折衝が外交となって，外務省を通じて行われたのである。両国の下位の所管官庁により直接の折衝がなされることは殆どない。国家間，法秩序間，行政機構間で実際なされる多くの折衝は，そのトップに集約

41）　この戦略の実効性は，典型的には国境沿いに建設される，原子力発電所といった多数の「迷惑」施設で示される。これにより，この措置に潜在的に反対する人たちのうち半分は，実効的な抗議が殆どできなくなり，場合によっては法的に完全に排除されることになった。

42）　*A. Bleckmann*, Zur Funktion des Art. 24 GG, Festschrift für Karl Doehring, 1989, S. 63 ff. (74-79). ブレックマンは，最近の発展の中での主権装甲のこじ開けを問題としている。初期の国家類型が主権装甲をもつことが，そこでは前提とされている。

され，つまり，承認権限を持つ立法者や，外務省へと集約されている。この具体的な制度化の中で，両国が主張する主権原理が，磁石の極のように作用した。つまり，この極が，全ての関係を構造化して，トップへと方向づけ，二国間の外交交渉を独占して，これによりフィルターとビンの蓋の役目を果たした。結果的に，諸国家は，法的に完璧な主権装甲を持ったのだが，この装甲は国家自身でしか緩めることができず，それゆえ，二国間の条約によって緩められることになる。

1945年以前の時代は，閉じた国民国家の時代であった。同時に国際社会は，多数の国民国家から構成されたのである。それは「多元体」[43]であった。つまり，法的に僅かしか拘束されず，僅かしか互いに結び付かない主権国家の，並列関係であった。国家への法的拘束が僅かでしかなかったため，主権のコンセプトが思考の中心を形成し，かつ形成することができた。制約のない主権は理論上の構造要素だっただけではない。むしろ，多くの国家の現実の中で反復して現れる，一つの特徴でもあったのである。

４．主権中心の思考を表現している，国際法と国内法の二元論

主権を中心に置く考え方からは，国際法と国内法の関係につき特別の理解が打ち出されてきた。つまり，いわゆる二元理論である。この理論を唱えたハインリッヒ・トリーペルは，1899年にその著書『国際法と国内法』の中で，服従関係からなる国内法と協働関係からなる国際法は，明確に分離され，原理的に対立するという考え方を定式化している。この文脈で決定的であるのは，この二元論によると，国際法は国内法へ決して直接的に介入できないことである。国民国家の媒介的な行為が常に必要となる。特に，この行為は，国際法上の条約という中心的な行動手段においてその内容を決定し，さらに条約の批准においても，拒否する機会を持つのである[44]。二元論により，法と高権措置から国家へ「入り込」めるもの，これが何かを決める国家の権限が，適切に写し取られている[45]。この二元理論は，国際法が直接に国内でも妥当するという，２つ

43）　例えば，シュミットの概念。*C. Schmitt*, Verfassungslehre, 1928, S. 363.

44）　国家は，確かに条約締結で国際法上拘束されたが，国内法上は議会が批准を拒否することができた。

の法領域を一元的に理解するライバル理論の主張を，すべて完全に退けているのである。1945年以前の時代は，強い国内法と弱い国際法により特徴づけられる。この両者とも同一の理由からなりたつ。つまり，主権思考の支配である。

5．国外から国内を法的に遮蔽する高次の能力

主権装甲を持つことにより，国家は以下につき判断できた。つまり，

・「内政事項」（この法概念の存在と意味は，国家では国内が国外から遮蔽されることの精確な表現である）；

・ 法秩序（法律と判決）；許可と統制なく他国の法は「接近」できない；

・ 自国の国民に対する行政上の行為；

・ 自国の国民に対する他国の判決；明文の執行宣言がなされて初めて，この他国の判決は国内で効力を持ち，執行できる。国家に対して判決が拘束力を持つことを求める，国際裁判所は存在しない[46]；

・ 国民の服従義務：個人はただ国内法と国内指令にのみ服従責任を負う。反対に国家は，他国への引渡しから個人を保護し，外国での外交上の保護を個人に与える。

・ 商品流通，特に，自国経済の利益のために保護関税を設けることができ

45）「二元論において，国民国家的な主権思考を，法的に見て原理的に極端にしたものが，表明されている」。*Chr. Tomuschat*, Der Verfassungsstaat im Geflecht der internationalen Beziehungen, VVDStRL 36 (1978), S. 7 ff. (14).

46） 個別国家がそれに服するところの国際裁判所は，国際司法裁判所（IGH）を例外として存在しない。1921年国際連盟総会で承認された常設国際司法裁判所の地位によれば（StIGH, RGBl. 1927, II, 227），この常設国際司法裁判所は，義務的な裁判所ではなく，紛争当事者のアドホックな特別の合意，または，他の条約による一般的合意によってのみ，管轄権をもつ。今日の，IGH は，国際連合とその規約と法的に結びついている。IGH 規程では（BGBl. 1973, II, 505），以下のような管轄権が規定されている。つまり，アドホックな合意による場合，一方当事者が出訴し他方当事者が後に承認した場合，条約により管轄権が定礎される場合，IGH 規程36条２項により，裁判に服する宣言がある国家によりなされ，これにより当該国家が IGH の管轄権をあらゆる他の国家に対し認めたことになる，法的には最も広範な場合。裁判に服する宣言を行う際には，しかし，再度その承認を制限できるという留保が可能である。これにつき，*K. Ipsen*, Völkerrecht, 5. Aufl., 2004, § 62 Rn. 35 ff. を参照。

る；

・　異邦人の領土への立入りや滞在について；社会扶助を必要とする異邦人は，退去させることができる。

表現を変えれば，この構想によると，国家は国境で次のことを阻止することができた。つまり，他国の法，他国の人間，警察活動，裁判所判決，商品，書籍，新聞が[47]，その意思に反して，自国の領土に侵入することを阻止できたのである。国家が全三権による他国の影響を防禦したり，その通過を統制で許可したりする，その程度に応じて，その国民は「外から」の法的影響から保護されることになる。国民は服従することで他国から守られた。ここでは主権の装甲は，国民のための保護外皮を形成したのである。

6．理論構想，および国家実務における条約上の行為の基礎としての主権

主権を中心とした政治は，それが望むならば，上で説明した，他と距離をとり内を保護するという要素全てに，依拠することができたし，現在も依拠することができる。しかしその政治は――そしてこれは主権行使の一形式でもあるのだが――他の等しく主権を持つ国家と，言及したほぼ全ての点において，条約を締結することができ，その限りで，多くの友好国と，選択した部門について，その保護装甲を取り外すことになる。主権とは，他の国家に対して距離をとるためにも，あるいは，法的な平等のレベルにおいて交渉を行うためにも，その法的根拠となる[48]。条約とは，主権に適合した法的な道具なのだ。だからこそ，国際社会は，1945年以前の国家間的な関係の世界のような統一的なもの

47）国家が「希望しない」意見に関して言えば，国家は，1945年以前，中でも1920年以前の時代では，その国境でその輸入を実効的に阻止できたのである。ラジオとテレビ，今日ではインターネットの時代になると，国家は既に技術的な理由により，いかなる意見をその市民に到達させかにつき，コントロールできない。しかし，古典的な国民国家では，そうした統制が技術的にまさに実効性を持って決定できた時代にあったのである。

48）もちろん，個別国家の大きさや実力も，国家実務の中では決定的な役割を演ずる。最強の諸国のみが，主権装甲の全ての可能性を実現することができたのであり，小国にとっては，その可能性の多くはただ理論的なものにすぎない。つまり，小国はしばしば，条約に巻き込まれざるをえず，形式的な平等を口実に，一方的な内容を受け入れざるをえなかった。

ではなく，あるパートナー間では非常に濃密であり，別のパートナー間では非常に選択的である，そのような個別には一望できない諸々の条約の網なのである。その上，主権の装甲が発動される有様も，同様に様々である。次の２つを，つまり，一方では，主権思考に備わった，他と距離をとり内に閉じこもる高いポテンシャルと，個々の国家が自由にかつ多様に決定して，この可能性を行使することと，この２つを分けて考えなければならない。

Ⅲ．開かれた国家という現代の国家類型

１．根本現象としての脱境界化

閉じた（完結した）国家に整備された境界があったとすれば，今日の国家では，脱境界化の現象が根本的なものとなっている。まず第一に社会の重要な諸領域に，その次に政治的現象に，このことは当てはまる。脱境界化されるのは，経済であり，学問であり，（ポップ）カルチャーであり，スポーツであり，コミュニケーションである。理念型として言えば，1945年には，国家の経済，国家の国民文化，国家の言語などがあった領域でも[49]，国家は国家固有の領土の内側で――これは新しい基本現象である――国境をはるかに越えて関連しあっている一連の社会システムに，対峙するのである。結局，国境に関連づけられる生活領域にどんなものがあるかを今日問うとすれば，おそらくなお残るのは，（国内の）政治生活と政党くらいであろう[50]。普通は国家の核心と理解されている行政でさえ，国内空間の中でだけ活動するということは最早ない。ヨーロッパ内で行政協力が強化され[51]，行政の国際化の現象が拡張している[52]ことにも，このことは表れている。遠隔通信，環境保護，生活物資法の領域はすでに以前から，部門ごとの３レベルまたは２レベルの決定システムを持っているのだ。いずれにせよ国内行政は，継続的な，つまり，他国の行政や国際機構との，点ではない結合関係の中に，ずっと前から組み込まれてしまい，それらとのネットワークを形成しているのである。

49）これにつき，前述のⅢ１を参照。
50）その中から多くのものがすでに世界の各地域で（あるいは欧州で）または国際的に設立されてきた，利益団体の場合は異なる。

２．開かれた国家の特徴

この間，国家や国家共同体に著しい変化があったことが無視できなくなってきたが，この変化を把握するために，数多くの概念が用いられてきた。開かれた国家という新しい類型を特徴づけるとき，従来の国家が持つ中心的な特徴の否定から始めるのが，ベストであろう。つまり，数百年の間，近代国家を主権の概念で特徴づけ評価してきたのだから[53)]，現在の国家では，それが開かれていることが議論の中心となる。この概念上の特徴は次のとおり。つまり，

・　いわゆる開かれた国家性[54)]，
・　ドイツ国家が国際的に開かれていること[55)]，
・　脱境界化された憲法国家[56)]，
・　国際的共同作業を選択する憲法決定[57)]，

51）行政協働というテーマと概念を法学上の議論に組み入れたのは，Ｅ・シュミット―アスマンである。*E. Schmidt-Aßmann*, Verwaltungskooperation und Verwaltungskooperationsrecht in der Europäischen Gemeinschaft, Europarecht 31 (1996), S. 270 ff. これに対して，政治学上の文献は，多重レベルシステムの概念を導入したが，これは英語文献における，マルチ・レベル・ガバナンスの概念に連なる。*Fr. W. Scharpf*, Community and Autonomy: Multilevel Policy-Making in the European Union, Journal of European Public Policy 1 (1994), S. 219 ff.; *A. Benz*, Politikverflechtung ohne Politikverflechtungsfalle－Koordination und Struktur im europäischen Mehrebenensystem, Politische Vierteljahresschrift 39 (1998), S. 558 ff. jeweils m. w. N. を参照せよ。

52）これにつき現在包括的でかつ論争的なものに，*Chr. Tietje*, Internationalisiertes Verwaltungshandeln, 2001.

53）これにつき基礎的なものに，*H. Quaritsch*, Staat und Souveränität, 1965; *ders.*, Souveränität: Entstehung und Entwicklung des Begriffs in Frankreich und Deutschland vom 13. Jh. bis 1806, 1986.

54）先駆的で指針となったものに，*Vogel* (Fn. 2); *Hobe*, Der offene Verfassungsstaat (Fn. 2), S. 380 ff. そこでは特に，開かれた国家の理論の礎が築かれた。*ders.*, Der kooperationsoffene Verfassungsstaat (Fn. 2), S. 521 ff.

55）*Chr. Tomuschat*, Die Entscheidung für die internationale Offenheit, in: J. Isensee/P. Kirchhof (Hrsg.), Handbuch des Staatsrechts der Bundesrepublik Deutschland, Band 7, 1992, § 172 Rn. 1 ff., 37 ff.

56）*K.-P. Sommermann*, Der entgrenzte Verfassungsstaat, in: D. Merten (Hrsg.), Der Staat am Ende des 20. Jahrhunderts, 1998, S. 19 ff.

57）*Vogel* (Fn. 2); *Tomuschat* (Fn. 55), § 172 Rn. 4, 37 ff.

・ 協調的な憲法国家[58]，または，
・ 欧州化と国際化により惹起された，公法の第二段階，つまり，伝統的な憲法国家が持つ内的志向性から外的志向性への，および，国内国家，欧州統合共同体，国際機構の三重レベルアーキテクチャとして概念把握されているところの，比較思考への移行[59]。

結果的には，欧州化と国際化の後も，主権が強調される国内法と，同様に主権が強調される国際法との，単純で明快な関係がそのまま残されているのである。このテーマ全てをここで扱うことはできない。ゆえに以下の議論では，開かれた国家が持つ憲法上の構造に，焦点を当てることにする。

Ⅳ．国家の外の領域に開くことに関する憲法諸条項の体系化

1．基本法という具体例[60]

開かれた国家が，憲法テクストの中にどの程度強く規定されているかは，基本法を例にすればわかるといわれる。基本法は前文のほかに，３つの憲法規定によって，その国家を開かれた国家として構成している。つまり，

・ 基本法23条（今日の「欧州条項」）
・ 高権の委譲に関する基礎規範としての，基本法24条
・ 国内法において直接的に妥当する「国際法の一般規則」を定めた，基本法25条[61]

58） *P. Häberle*, Kooperativer Verfassungsstaat, in: ders., Verfassungslehre als Kulturwissenschaft, 2. Aufl., 1998, S. 175 ff.; *ders.*, Verfassung als öffentlicher Prozeß, 2. Aufl., 1996, S. 470 ff.

59） *Wahl* (Fn. 4), S. 495 ff.

60） 以下のⅣからⅦのテクストは，次の論文を利用したものである。*R. Wahl*, Der offene Verfassungsstaat als Staatstyp der Gegenwart, in: Die schöpferische Kraft der Japanischen und Deutschen Verfassungslehre: Festschrift für Hisao Kuriki, 2003, [S. 676-673, 663, 659-658, 656-655, (訳 648-645, 638-637, 634, 631頁)].

61） 別の規定として基本法59条２項を援用できるだろうが，この規定は，国際法上の条約とその批准により，国際機構へ加盟する可能性を開くものである。

超国家構造と国際的構造へといたる道は，必ず国家および諸国家を通っている，ということに注意するべきである。ある国際機構がおのずと成立するということはなく，国際機構の成立には，国家間の合意による構成的な行為が必要なのである。そこで明らかとなるのは，あらゆる超国家構造と国際機構の基礎は，国家にしかないということである[62]。それゆえ，国家領域と国家国民の中に，国家とは別の組織を織り込むには，憲法上の特別の条項を設けて，そのための権限と正統性を与える必要がある。

２．開放条項

これらの規定を体系化するならば，先にあげた開放条項または城門は，次のように編成できるだろう。つまり，

⑴　超国家領域または国際領域に向けて城門を打ち開く，憲法上の開放条項，すなわち，

a）　**基本法24条**の方法による条項，これにより，高権の委譲が一般的に可能になる，

b）　**欧州条項**，これにより，より密な共同態および相対的に濃い超国家的構造について，基本法23条の方法で授権がされる。すなわち，そのような超国家的共同体が類似した「憲法上の」構造をもっているとき，そして，その限りにおいて，その共同体に加盟するために，授権がされる。

⑵　国家の外の領域からやってくる法に向けて国内の法秩序を開く条項，すなわち，

a）　欧州評議会の諸国家の中で，**欧州人権条約**（EMRK）**に開くこと**[63]。

62）　これにつき，*R. Wahl*, Der einzelne in der Welt jenseits des Staates, Der Staat 40 (2001), S. 45 ff. と――より詳しい――in: R. Wahl/J. Wieland, Das Recht des Menschen in der Welt, Kolloquium zum 70. Geburtstag von Ernst-Wolfgang Böckenförde, 2002, S. 59-109.

63）　ここで注意すべきなのは，欧州人権規約が直接的な介入効力を持っていないことであり，欧州人権規約のランク――国内法への一般的優位，あるいは憲法のランク，または，単純法律上の規範への単なる優先あるいは同じランク――の問いについて決定するのは国内の法秩序であることである。

b）　国際法の特定の部分（強行規範（ユス・コーゲンス）および／または国際法の「一般原則」）の国内法に対するランクまたは優位。

V．国際機構の高権に関する開放条項

基本法24条は，すでに言及したとおり，基本法の鍵となる規範の一つだが，それは，本条が，国家理解を新しく組み替え確定した規範であるからである。基本法24条により，1949年以来，意識的に表明されてきたのは，基本法が考える国家が，国内だけに向いているわけではない，ということであり，間国家的共同体にも，つまり，個別国家ではもはや実現できない——いずれにせよ欧州の中で——重要な任務を，主権の共同行使により実現するところの，そのような国家間的共同体に対して，国家が意識的に開かれる，ということなのである。欧州の中で平和を実現し確保するという大きなテーマに始まり，経済的な繁栄を実現するという問いについても，これは当てはまる。基本法24条は，基本法の鍵となる規範としても，そして国際化の基礎的規範としてもとらえることができる[64]。クリスチャン・トムーシャットの次の指摘は適切である[65]。「世界規模の相互依存は，1949年の段階では確実なリアリティはなく単なる予感でしかなかったが，基本法24条１項の中で法的には先取られていたのであり」，国際的な分業や協調が通常の状態としてその必要性が認識されるようになっていった。さらに，ハッソー・ホフマンは次のように問題提起をしている。「24条１項は，基本法が発展する中で，基本法の本来的な核心命題となっていったのではないか？」[66]。基本法24条の中に一連の明確な定式が含まれていたことは，驚くに値しない。たとえば，主権の装甲をこじ開けること，全能国家の絶対的要求が終焉を迎えること，ついには，国家は不可欠だという認識が欧州共同体とともに破られたことが，知られるようになった[67]。

基本法24条の特別な意味につきよくなされる，こうした注釈の核心がどこに

64）　*Wahl* (Fn. 2), S. 193 ff.

65）　*Tomuschat* (Fn. 45), S. 7, 17 f.

66）　*H. Hofmann*, Die Entwicklung des Grundgesetzes nach 1949, in: Isensee/Kirchhof, (Hrsg.), Handbuch des Staatsrechts, Bd. I, 1987, § 7 Rn. 33.

67）　この例証として，*Wahl* (Fn. 2), Fn. 29.

あるかを見極めようとすれば，すぐに，ある決定的なメルクマールに突き当たる。つまり，高権の移譲という決定的な尺度である。しかも，この「移譲」，この行為により，新たに形成された超国家的共同体に介入権限が与えられるということ，つまり，この共同体の中で法が制定されて，この法がその構成国の市民に直接妥当するということ，これである。これは個々の市民にとって，主権の「市民を保護するカバー」が取り払われることを意味する。国家の外にある共同体は，個人に直接権利を与え義務を課すことができるからである。この点は欧州共同体で広い範囲で実現されており，欧州共同体の法の定立が構成国の個々の市民に日常的に制約を加えるようになる。その限りで，基本法24条１項が想定するこの共同体と，以前の国際機構，つまり，19世紀以降は若干数，1944年以降になると多数存在するようになった「通常の」国際機構とを，区別することには意味がある。この種の国際機構は，国際法上の条約に基づき成立し，その設立条約に基づいて個々の国家に権利を与え義務を課すことができるが，しかし，直接に市民に制約を課すことはできない。それには，国民国家独自の行為が常に必要となる。紛争時であれば，この国家は，自らの国際法上の義務を国内法に転換することさえも拒否することができる。もちろんこの国家の行為は国際法違反なのだが，これにより，国内の市民を，国際機構が定立した法から保護することにもなる。基本法24条１項による高権移譲が想定する本来の形式では，この法定立の権限までもが国際機構に移譲されることになる。重要なことに，これは欧州共同体にも当てはまり，しかも，これにより，いくつかの国家は，ドイツもそうだが，マーストリヒト条約により欧州共同体の意味が拡大したのを受けて，特別な基準を持つ独自の条項を制定することを決めたのである。その後は，基本法24条の意味での間国家的組織につき，それほど多くの適用事例はもはや残っておらず，特に実質的な主権喪失を伴う場合には，全くない。最後に残るのは，河川委員会（モーゼル・ライン委員会）と特殊専門的な任務だけであろう。そうだとすれば，基本法23条での――だが非常に重要な――欧州共同体とその規律を除けば，この24条の原理的な内実は，実践的な実現可能性とは別のところにあることが分かる[68]。加えて注意するべきなのは，

68）　これと，基本法24条の解釈史につき，詳細は次を参照せよ。*Wahl* (Fn. 2).

1949年の時点で基本法24条は，ドイツ憲法史の中のみならず，新しい物だったということだ。この間，この規定は教師役を務めることとなる。つまり，欧州統合の開放条項が，欧州の他の憲法の中にも規定されるようになったのである[69]。

Ⅵ. 国際機構への加盟

欧州連合のような統合共同体への加盟や，介入権限を持つ間国家機構への加盟のほかに，第三の，そしてよく実施される種類の加盟がある。それはつまり，数多くの，そしてますます重要になってきている国際機構への加盟である。特に，国際連合（UNO），その特別機構（たとえば，IMF，世界銀行）や世界貿易機関（WTO）がそうである。これらの機構は介入権限を個別国家の市民に対して持っていないから，加盟についての憲法上の問題は相対的に小さい。しかしそれに対して，実際上の意味は非常に大きい。この方法により，国際機構の中での国際的な協調や連携の大部分が設立され保護されるからである。基本法では，連邦政府は，国際法上の条約を締結する一般的権限を持っている。続いて，この条約は，立法機関において，基本法59条２項により批准されなければならない。この方法により，国際政治や国際的な法生活を支配する，すでに言及した重要な諸制度が創出されるのである。そのとき特別な役割を演ずるのは，WTOである。なぜなら，この機構は，法化と紛争解決メカニズムを最も高度に構築しているからである。

69） これにつき詳しくは，*Wahl* in: Festschrift für Hisao Kuriki（Fn. 60），S. 673-668（訳645-641頁）.

Ⅶ．国際法につき国家を開放すること

国際法と国内法の関係について言えば，国際法が多様な階層へと分化していくという，長くて重要なプロセスが，欧州諸国の中で以前から進行している。加えて，一般的国際法の圏域と，より小さな欧州法の圏域とを区別することができ，その際，後者の内部ではさらにもう一つ，欧州連合または欧州共同体の法と，欧州評議会の法とを区別することができる。前者は，独自の統合共同体として，構成国に対し優位する独自の法を多く定立し，しかも，欧州裁判所という能動的な裁判所を持っており，後者は，ストラスブールに欧州人権条約による欧州人権裁判所を持っている。

１．国内法秩序の中での国際法の地位

20世紀の後半は，国際法とその意味が拡大した時代であった。多くの重要な国際法上の条約が締結され，実践されていった。同時に，相当数の国際機構も設立された。それゆえ，ある国家の具体的な法が国際法にどのようなランクを認めるのかという，実践上非常に重要な問題が生じることになる。この非常に枝分かれした問題の個々の部分について[70]，とりわけ，一元論と二元論の対立や，近時見られるこの対立の相対化については[71]，ここで扱うことはできない。

基本法は25条において，国際法上の特別な一つのカテゴリーを作り出した。すなわち，**国際法の一般原則**である。これはすでに，1919年ワイマール憲法４条や，1920年オーストリア憲法により，連邦法のレベルに高められていた。一般的に言えることは，大陸の西欧諸国の憲法においては，一貫して，国際法の価値を高める傾向を見て取ることができる。インゴルフ・ペルニスは，この傾向を強調して[72]，次のように補足する。一般的な国際法原則が法律に優位する

70)　これにつき，*H. Steinberger*, Allgemeine Regeln des Völkerrechts, in: Isensee/Kirchhof (Hrsg.), Handbuch des Staatsrechts, Bd. VII, 1992, S. 525 ff. そしてこれにつき最近のものに，*C. Hillgruber*, Die Integration des Völkerrechts und des Rechts der Europäischen Union in die deutsche Verfassungsordnung, in: Die Macht des Geistes. Festschrift f. Hartmut Schiedermair, 2001, S. 93 ff.

71)　これにつき最新かつ詳細な *Tietje* (Fn. 52), 2001, S. 565 ff.

72)　In: H. Dreier (Hrsg.), Grundgesetz, Art. 25, Rn. 12.

ことを明文で規定するのは確かにギリシャだけであるが，しかし，西欧諸国の具体的な規範がなくても，このことは一般的に妥当する。中欧と東欧の諸国がこの傾向に続き，ここ数年の最新の憲法ではこの傾向が強化されている。つまり，これらの諸国では，国際人権条約に部分的に国内法律への優位を与えているのである[73)]。画期的な考え方を表明したのがハンガリー憲法裁判所であるが，それは，国際法上の強行規範（ユス・コーゲンス）に，憲法に対する優位を認めたのである[74)]。

2．国際法の国内での地位

すでに述べたように，ドイツ憲法秩序では，国際法の一般原則は，つまり本質的には国際慣習法は，特別の編入行為なしで連邦法の構成部分とされている[75)]。これに続き，そのように受容された国際法の命題のランクについて，さらに別の，そして決定的な問題が提出されている。通説と連邦憲法裁判所によると，国際法のこの命題には憲法のランクはない。この立場を批判する学者が存在し，そして年ごとにその人数は増えている。たとえば，インゴルフ・ペルニスやクリスティアン・ティーチェ[76)]がそうである。この反対説は，これは正しくもあるが，一方では，国際慣習法の単純規則と一般的に承認された法原則，他方では，強行的な国際法のルールとを区別している。後者については国内領域で，その規範的妥当性が要請され承認されるが，ただしこの妥当性は，憲法制定にも関連することになるという。ペルニスは次のように定式化する。国連安全保障理事会の決定に基づいて設置されたユーゴスラビア刑事法廷により，一つの変遷が確認された。つまり，その変遷の後には，国家はもはや（完全に）その憲法の「主人」ではないという，そのような変遷である。これに対応するのは，現代の憲法制定の技術水準である。つまり，憲法では，中欧や東欧

73） *I. Pernice*, in: H. Dreier（Hrsg.）, Grundgesetz, Art. 25, Rn. 14 m. w. N.

74） 国内法秩序における国際法の意味の増大と大きさについては，多くの憲法の中で新たに定式化されていることが分かる。これにつき，*Wahl* in Festschrift Hisao Kuriki（Fn. 60）［S. 662-659（訳 637-634頁）］.

75） BverfGE 15, 25（33 f.）以来の確立した判例。

76） *Pernice*（Fn. 73）, Art. 25 Rn. 23 ff. und *Tietje*（Fn. 52）, S. 218. *Hobe*, Der offene Verfassungsstaat（Fn. 3）, S. 138 ff. も参照。

の憲法のように，国際法の高いランクが承認されている。こうも追加できる。憲法と国際法の現在の発展の基礎にあるのは，次のような確信である，と。つまり，憲法制定であっても基礎的で必然的な価値を自由には操作できないこと，この国家が国際法共同体の中で承認を求めている場合には，いずれにせよそうであること，これである[77]。

Ⅷ．国家・EU・国際レベルの全体状況

国家と欧州連合と国際レベルの全体状況，あるいは，その限りで関連する諸々の法領域の全体状況という，さらなる問いについては，紙幅の関係から，いくつかの——注釈的な——テーゼにとどめることにする。

１．第一に，全体状況および，国際法と国内法の補完関係について，つまり，

⑴　国内法／欧州法と国際法は，補完的な，相互に補充しあう法領域である。つまり，その全体状況の中で，それらは世界の中の法を形成する[78]。国家と国法が著しく変化しているのは，国際レベル，それと国際法でも同様に意味ある変化があることと対応している。たとえば，一次的には拘束を受けないと考えられた主権国家からなる国際秩序，この弱い規律しかない国際秩序が，閉じた（国民）国家の一部であったように，国際レベルの交錯がより濃いものとなり，その制度化がより高次のものとなることは，そして，国際法の新しい時代，つまり，国内法と継続的な相互作用を持つ，多元化する国際法の時代は[79]，開かれた，多くの観点で浸透性のある国家の一部となる。

77）　*Pernice*（Fn. 73), Art. 25, Rn. 7.

78）　政治的な世界と，経済や環境といった個々の事物領域は，ゆえに法的にはだんだんと，２つの法領域の，相互に補完しあう規律によって，秩序づけられる（欧州では，３つのレベル，および３つの相互貫徹する法秩序である）。例えば，環境法，情報法，生活手段法は，もはや完結し自立的な国内法領域とは了解できない。そうではなく，国内法は，２つないし３つの層からなる法団体と，三段階的なピラミッドとして了解できる，全体状況の一部なのである。このイメージが示唆するのは，分野的な法領域には，上下の交錯があって，それゆえ，重要な影響は上下に行き来することである（その結果，水平的な取決めの可能性について）。

79）　これにつき，後述３を参照。

そのような補充関係は新しいものではない。主権国家や，国家中心の国際法の，以前の時代においても，こうした関係は存立していた。国家中心の古典的な国際法は，その時代の国家からなる世界の精確な反映であったし，その国際法は，まさにホッブズ的に構成された諸国家「共同体」の中の，強く限界づけられた法であった。今日の国際法は，こうした時代と比べて，大きくまさに壮観な進歩を遂げているのであるから，この進歩は，もちろん国際法の中の自律した改善であるだけでなく，経済的，社会的生活関係の脱境界化に対する反動として国家とその法秩序が開かれることの裏面なのである。国家の外の空間は，これにより全く別の意味合いを獲得する。つまり，この空間は，諸条約の交錯と，国際機構の形成により，活発なものとなった。これにより，国際法の協調的性格が強化されたのであり，これには，協調秩序がもつ力強い要素や，憲法主義化という方向への進歩が，追加される[80)]。

⑵　現在の時代の特徴である，諸々のレベルの相互作用的な交錯によって，内部と外部の古典的な違い（主権国家と，国際条約の拘束の違い）は，現行体制を牽引し刻印づける意味を失ってしまった。実在的にも規範的にも，この境界は，現行体制を規定する機能を多くの点で失ってしまったのである。同じことは，この内部外部の違いと不可分に結合する概念，つまり，不浸透性や主権などの概念にも妥当する[81)]。以前から人々を保護してきた特徴的な主権のマント[82)]，あるいは，国家の主権の装甲は，完全に廃棄されてはいないが，こじ開けられ，著しく相対化されてしまった。それゆえに，より複雑になった最新状況に対応するには，現代に見合った，国内法と国際法を包括する理論により，かつての境界づけや概念の明晰性を超えなければならない。

政治秩序や法秩序が多層構造を持つという思考，それと関連する，２つまたは３つのレベルが絡み合い交錯し合うという構想，これらはより複雑な全体構造を概念把握するためのアプローチである。法的結合なるものは，諸々の法秩

80)　これにつき，後述11を参照。

81)　これにつき，*E Denninger*, Vom Ende nationalstaatlicher Souveränität, JZ 2000, S. 1121 ff., und *H. Steiger*, Geht das Zeitalter des souveränen Staates zu Ende?, Der Staat Bd. 41, 2002., S. 331 ff..

82)　*Ch. Tomuschat*, in: Bonner Kommentar zum Grundgesetz (BK), Art. 24, Rn. 10 ff. (Zweitbearbeitung 1981).

序全体や，多くの部門ごとの部分法秩序に与えられる特徴である。法領域が非常に広範囲に国際化されたときハッキリするのは，情報秩序や生活手段確保や環境保護における「法」とは，２つまたは３つのレベルからなる法的結合であることである[83]。このとき，個々のレベル相互の関係は，一方から他方が１回限りまたは最初だけ導出される，というものではない。寧ろ，これら複数のレベルは，解釈プロセスや規律の変更過程を通じて，継続して相互に結びついているのである。

(3)　この新時代を特徴づけるのが，相互的な依存関係と補完関係という基本的理解である[84]。国際法と国内法との分業関係がどんどん多くなっているが，それは，法による問題解決や問題制御が重要となるのに，必要な規律をこの領域のどちらも独力で調達できないからである。別の視座からも，相互の関連性が語られることがある[85]。第一に，国内憲法のレベルから超国家的・国際的レベルの世界へと「憲法」が輸出されることがある。国際機構においては，特に法治国家と紛争解決メカニズムの形成という観点で，基本法23条のアナロジーが議論される。ここで明らかとなるのは，国家は国際レベルにおいても，国内で実現済みの憲法国家の最低水準を国内から国外へと変換する装置であり，しかもその保障者であるという，重要な役割を持っているということである。

他方で，開かれた，そして上方に交錯する国家は，その根本規範の核心という点からも，国際法上の規律の下に置かれている。憲法国家の諸原理は国際法レベルへと変身しているのだ。――これは進歩であり，歓迎すべき発展である。しかし，次のような帰結も生む。つまり，国際法（そして欧州法）上の拘束と

83)　これにつき現在詳細なものとして，*Tietje* (Fn. 52), S. 288 ff., 349 ff. und 424 ff. この論文では，健康法，環境法，通信法，輸送行政法が，国際化の中での特に選ばれた領域であると取り扱われる。

84)　この補完性思考においては，国際秩序が国家に条件づけられ，国家が超国家的に条件づけられるという２つの定式が，一緒になっている（ヴェルナー・フォン・ジムゾンの見解）。

85)「憲法国家の内的特徴が国際的に形成されることと，国際機構の特徴の形成に憲法国家が関与することが，相互に関連している」と明確に述べるのは，*Hobe*, Der offene Verfassungsstaat (Fn. 2), S. 422. もちろん，多数の国家により構成される国際機構についての憲法的な措置は，個々の国家により任意になされるのではなく，共通の憲法国家についての他の国家の理解と合致してのみなされるである。

法的な規律が，この憲法国家の諸原理から離れようとする国家にも，実効性を発揮するということである（EU 憲法６条および７条）[86]。だが，欧州評議会という純国際法レベルにおいても，その規定の３条により，法治国家と民主主義と人権は，保障されなければならない[87]。国家の国内に対する，そして国際機構自体に対する規範的要求というテーマが，議論の俎上に上がっているのである。

(4) 多重レベル構造の中で，２つのレベル（欧州では３つ）は，それぞれ特殊な任務と構造を持っている。重要なメルクマールと原理が，２つないし３つのレベル全てにほぼ同様に反復されるという，反復テーゼは妥当しない。特に，国内レベルでの民主主義と法治国家の構造が，単純に国際レベルに反復されるのではない。

（国民）国家の役割を決めるのは，統合共同体としての欧州連合との関係だけではない[88]。国際レベルの機構との関係も重要である。いずれにせよ，この視座からは，根本をつくり基盤となる国家の役割は，正統性，参加，政治的市民活動との関連で明らかとなるだろう（国家は，協調とネットワークの軸足であり，基礎であり，投錨点と出発点である）。

(5) 法化の程度が次元により異なるということも，そしてそれは特に，国内秩序と国際秩序を区別することにつながる。国内レベルでは，立法を著しく包括的にすることだけが法化なのではない。執行装置を不可欠なもの，包括的なもの，無条件なものにすることも，ほぼ全国をカバーする裁判制度の整備と同様に，法化につながる[89]。

２．さらに問題となるのは，全体状況の第一の構成部分，つまり，国家領域に

86) これにつき例えば，*F. Schorkopf*, in: Eberhard Grabitz/Meinhard Hilf (Hrsg.), Das Recht der Europäischen Union, Bd. I, Stand: Februar 2002, Art. 7 EUV.

87) 欧州評議会規則３条「欧州評議会のあらゆる構成員は，法の優位の原則と，高権に服するあらゆるものは人権と基本的自由に賛同するものとするとの原則を，承認する」。

88) この観点からすれば，欧州諸国は，統合された国家，つまり「欧州諸国民が一層密接になる連合の」（EU 条約１条２項）部分および構成部として，現れてくる。ここから浮んでくるのは，構成国は，組み込まれた部分としての役割を徐々に与えられるが，一定の統合段階を超えると最早自律した国家とは考えられなくなる，ということだ。だが，同種のことは，国家と国際レベルの関係には当てはまらない。

おける大規模な編成を示す記号としての，開かれた国家の概念である。

(6) 確かに，多重レベルシステムの中では，多くの課題が，国家レベルからより高次のレベルへと移動していく[90]。しかしこれには，全体構造のアーキテクチャと機能方法に関連する，新しい任務も必然的に追加されてくる[91]。つまり，多層の建造物の基礎としての開かれた国家が，特別の基礎機能と基礎づけ機能を持つのである[92]。理論上最初に来るのは，委譲機能である。国際機構と超国家的機構を形成し，これに権限を付与するのは，国家しかいない。これに続くのが，保障機能，統制機能，監督者機能である。これらは，基本法23条１項により先駆的に定式化されたのであり，これらの機能の中で，国際機構レベルにおいて憲法国家的諸原理を引き続き実施するという，すでに言及した国家機能が提示されるのである。それにつながる監督者機能は，最初の委譲過程の中に解消されずに，引き続き存続する。超国家的機構または国際機構が，国家という根源と条件から分離して自律するということはなかった。EU や EG についてもそうである。国際法自身が通常保障できない，施行機能と執行機能は，全体構造の中での国家の重要な役割である。これに，根本を固める政治的プロセスのための基礎という，上で強調した国家の機能が追加される[93]。

(7) 開かれた国家という定式は，それが単なる言い回し以上のものだとすれ

89) 国内法は，原則として執行可能の法，実在的で実効的な法である。だが国際法上の規範は，規範的な要求と実現の困難さとが，複雑で見通しができないほど混ざりあっている（国際法規範が国内法へと転換され具体化されるのでないならば）。しかし，国際法規範から国内法または共同体法へのこの転換がますます頻繁になっているのであるから，上で述べた二元性はその明確さを失っている。国際法と国内法は一緒になって全体状況を形成するのであり，この全体状況は――ここが新しいところだが――以前と比べてずっと多くの領域に実効性を持つのである。

90) 別の任務は根本から作りかえられる。

91) 例えば次の文献も参照。*W. Luthardt*, Perspektiven von Demokratie und Nationalstaat, Zeitschrift für Parlamentsfragen, 2000, S. 699 ff., 717.

92) これにつき基本的なものとして，*Hobe*, Der offene Verfassungsstaat (Fn. 2), S. 402 ff. 諸レベルのモデルにおける国家の機能につき。ホーベも，任務の変遷が，部分的には，国家の国際的高権と統合内実により補償されうることを強調している。その際無視できないのは，新しい組織単位も独立化しうる，ということである（同435頁以下）。*Ders.*, Der kooperationsoffene Verfassungsstaat, Der Staat Bd. 37, 1998, S. 521/545 も参照。

93) *Hobe*, Der offene Verfassungsstaat (Fn. 2) により，いくらかあからさまに同定化機能と呼ばれている。

ば，それは，開かれた国家と結び付いた次のような変化の分析に依拠している。つまり，国家が，従来の閉じた国民国家とは違う，国家の別の現象形式へ，いわば別の国家類型へ変化したことである。実際，基本法24条という国家根本規範に支えられた，開かれた協調する国家という国家類型は，古典的な３つの国家要素のいずれにも著しい変更を加えるのである[94]。開かれた国家という原理は，国家権力，国家領域，国民のそれぞれにおいて展開され，それぞれについていわば徹底変化されなければならない。

(8) 開かれた国家は，国家**権力**等を，次のことによって変更する。

・ 平和の破綻や人権侵害の場合に主権を制限すること，

・ 国家権力と特定の権限を，共同体が行使すること[95]，

・ ますます濃密になった，個別国家に対する国際法上と欧州法上の規律を遵守すること。

(9) 国家**領域**とその法的意味に関する帰結については，以下の通り。

・ 平和の保障（国際連合憲章第７章による）と国際人権の保障の場合と，まだ端緒的であるが環境資源の保護の場合に，国境に総じて透過性を与えること（脱領域化すること），

・ WTO体制で含意されるように，差別のない商取引のために，国家領域を開くこと[96]，

・ 領域外の裁判管轄権[97]，

・ 国境が持つ敷居としての性格を明確に薄めること。

94） これにつき，*Hobe*, Der offene Verfassungsstaat（Fn. 2）, S. 380 ff., auch 424 ff. そして制度化された国際的な経済協調における，３つの要素につき，同248頁以下。

95） フランス憲法88条の１の「主権の共同行使」の概念を参照せよ。この概念は，主権の移譲の概念よりも「硬く」は聞こえないが，しかし，まさに主権国家という指導イメージからの明確な離脱をも示している。

96） 詳しくは*Hobe*, Der offene Verfassungsstaat（Fn. 2）, S. 382, auch S. 285, 252 ff., 254 f.

97） 例えば，競争の保護につき参照。*Hobe* Der offene Verfassungsstaat（Fn. 2）, S. 268, mit Verweis auf *W. Meng*, Extraterritoriale Jurisdiktion im öffentlichen Wirtschaftsrecht, 1994. これにつき原則的なものに，*ders.*, Wirtschaftssanktionen und staatliche Jurisdiktion－Grauzonen im Völkerrecht, ZaöRV 1997, S. 269. そこでは諸国家は，国家の制御能力の段階的な喪失を，法的なルールを外国の状況に，つまり領域の外へと拡張することで，穴埋めをしようとしている，という重要な観察もある（同275頁および318頁）。

⑽　開かれた国家は，国家国民に，次のように作用する。

・　国家への個人の隷属を，特に二重国籍の承認を強化することで，緩和すること，

・　国籍非保持者を差別的に取扱わず，少数者を保護するという国際法上の義務[98]，

・　ドイツ人の基本権をEU市民に開くこと[99]。

⑾　開かれた社会と開かれた国家が，通常のこと，普通のこととして，外部および外国と関係を結ぶようになると，憲法機関相互の比重が変化してくる。つまり，協調を積極的に進める内閣と行政の意味が，継続して増大するようなる。これにより特に，国内議会と政党の意味が失われるおそれがある（これは，利益団体の組織化が国際的に容易になることと対称をなす）。

３．この50年の国際法の変化と，それがもたらした新しい時代は，その大部分が，国家類型の変遷を反映したものである。開かれた国家の共通分母が浸透性だとすれば，国際法に特徴的なメルクマールは，アクターと立法手続と法源の多元化である。全てが間違いというのではないが，このところ国際法では，突飛な意見が語られることもある。たとえばディケが，世紀転換期に次のような予測を行っている。つまり，21世紀の国際法は，19世紀および20世紀の国内法が持った指導的機能を，より強くではないが，同じ程度に持つことになろう，と[100]。一つの世紀全体に関するこの予測は，その初頭でなされたのだから，

98）　*Hobe*, Der offene Verfassungsstaat（Fn. 2）, S. 410.

99）　*Eckart Klein*, „Die Europäisierung des Verfassungsrechts", in: FS Stern, 1997, S. 1309; *Horst Dreier* in: ders., Grundgesetz-Kommentar, Bd. 1. 1996, Vorb. Vor Art. 1, Rn. 74 f.

100）　*Dicke*（Fn. 22）, S. 37. 以下の表題では，国際法の大規模な変化と革新が明示的に意図されている。*Jost Delbrück*, „Von der Staatenordnung über die internationale institutionelle Kooperation zur „supraterritorial or global governance": Wandel des zwischenstaatlichen Völkerrechts zur Rechtsordnung der Menschen und Völker?"（「国家間秩序から，制度化された国際的協調を経て，「超領域的またはグローバルなガバナンス」へ：国家間的国際法の，人間と諸国民の法秩序への変遷？」）, in: Weltinnenpolitik, FS Carl Friedrich v. Weizsäcker, 1998, S. 55 ff. und im Symposium Walther-Schücking-Institut für Internationales Recht, International Law－From the Traditional Interstate Order Towards the Law of the Global Community, 1998.

もちろん大胆ではある。国際法の意味が増大していくことにつき，ディケはおそらく正しい。けれども，完全な真理だとはいえない。なぜなら，未来は国際法のものでも国内法のものでもなく，両者の結合，両者が一緒に補充しあうことが重要であるからだ。とはいえ，国際法および国際法上の規範の意味が著しく増大したことは，すでにここ数十年に見られたことではある。しかし，この傾向はやがて止まるだろう。

⑿ すでに述べた憲法主義化のプロセスも[101]，新しい国際法の一部である。このプロセスは，国際法レベルで，諸国家共同体の財産を構成し「憲法にし」て，諸国はこれを遵守せよ，と要求する。この過程の中で，国家共同体の利益という構想が現実化し確立してくる。国際法は，「国際公益」を中心とする客観的法秩序としての様々な特徴を，持つようになるのである[102]。

国際法において，国家の外の空間が，制度や条約や法定立や手続で埋められていくが，そうなればなるほどこの空間は，公法の根本法則でカバーされるようになるし，しかもそうでなければならなくなる。そこでいう法則とは，権力を構成するとともに拘束し，この権力に法的形式を与える，そのような目標のことだが，諸国がますます協調して，諸国家共同体の諸機関が活動するようになると，その反作用の帰結として，いわゆる憲法主義化が進行することになる。権限と規律可能性が増大し，同時に権力も増大するところでは，相互に協調しあう国家のみが自由に意思決定して支配的な地位にとどまり続けるということはもはやありえない。むしろ，国家を限界づける立憲主義化の要素が重要にならざるをえない。そのとき，実体法レベルでの進歩は憲法主義化の必要条件であり，その執行のための道具立ては十分条件となる。

⒀ 国際法主体またはアクターの範囲の拡張も，新しい国際法の特徴である。昔からよく知られた現象だが，国際機構の数が増大し，その意味が拡大することが，まずはそうである。しかし，非政府組織（NGO）[103]または超国家的企業（TNC または TNE）[104]の組み込みを検討し実行すること，あるいは，人権保障

101） これにつき，*Rainer Wahl*, „Konstitutionalisierung – Leitbegriff oder Allerwelts-begriff?“, in: FS Brohm, 2002, S. 191 ff.

102） *Hobe*, Der offen Verfassungsstaat (Fn. 2), S. 278.

103） NGO の国際領域における大きな意味は，意見を束ねる機能を満たすはずの政党が，この領域にはない，ということの帰結でもある。

の観点で個人を部分的な国際法主体として承認することも，アクターの拡張を意味する。これらのアクターが参加すれば，法定立手続も多元化することになる[105]。

⒁　伝統的には，国際法の執行には難しい問題がある（著しい改善は見られるけれども）。しかし，国際法の執行や施行における欠陥をとり出して，それだけをその国際法レベルで考慮しようというのは，間違っているし，先に強調した補充関係という考え方と食い違うことになろう。国際法は国内法秩序に依存するのであるし，以前にはない国際法の実効性が達成されるのも，国際法が国内法秩序とまさに交錯するからである。国際法と国内法の両者は強く結びついており，分離を試みても不完全にしかできない。国内法と交錯し絡み合うという点で，国際法は長い道のりの法である。つまり，まず国際的レベルで形成されてから，諸国の国内法秩序，執行制度や裁判制度を通って，転換され執行されていく，そのような道を進まなければならないし，進むこともできる，そのような法なのである。

４．２つまたは３つのレベルからなるこの建造物をなおも，その本来の基礎から，さらに，この建造物を建てる目的となった人々から，つまり個人から，考察しなければならない。国際法における個人の地位という問いがマージナルな問いとは思われなくなるということが，国際法の重要な変化の一つである。

⒂　個人は，国家の外の世界で日常的に行動するにあたり，次のものを採用できる。

- 第一に，自分の国家に対する（憲法上保障された）権利，
- 第二に，自分の国家の信託機能，媒介機能，転換機能，これにより，国際法レベルの客観法が（個人に権利を与え義務を課す）国内法に転換される，
- 第三に，基本権で義務づけられ，構造条項で拘束されて，自分の国家が，国際法や国際的規律の成立の場面に参加すること，そして，
- 第四に，国際法秩序の中の部分的な，自分自身の法的地位。

104）　TNC ＝ 多国籍会社（Transnational Corporations）; TNE ＝ 多国籍企業（Tansnational Enterprises）; Nachweise oben.

105）　これにつき詳しくは，*Hobe*, Der offene Verfassungsstaat（Fn. 2）, S. 265 ff.

⒃　見落としてはならないのは，はるか国家を超え，潜在的には世界全体へと達する個人の行動空間と，自分の主体的地位や到達範囲が，公法上の問題が問われる限りで限界づけられることとの，この両者の反シンメトリーである。この乖離の中に，国内レベルと国際レベルの間に残る差異が映し出される。つまり，個人に有利になるように，権利能力と出訴可能性を国内で普遍的に拡張しても，それは国際法レベルでは反復されないし，近い将来にも反復されえないのである。国際的レベルでは，数の点でも質の点でもあらゆる制度が装備されるというには程とおく，地球すべての住民が，権利と出訴可能性を含む主体的地位を持てるように（別の前提条件をまったく無視して）なっていない。その代わり，国際法が省略の法であるという点で，国際法に合理性と機能条件が備わっている。国際法レベルでは，世界住民ではなく諸国や国際機構が完全な権利主体であって，団体やNGOの参加の権利は限定されている。後者の地位や，特別で「大きな」個人（個々の法人）の地位の価値は高められるが，しかしながら，すべての個人に，幅広い固有の法的地位が与えられるのではない。

⒄　個人には，世界規模で活動する可能性があるのに，主観的権利という地位を持たない，という反シンメトリーがあるが，だがそこから生ずる帰結は緩和されており，その点は評価できる。個人の地位は，国際法および国内公法からなる全体状況により，確保され保障されている。総じて，国家の外での個人の地位にそもそも問題があるわけではないし，その構成にそもそも欠陥があるわけでもない。そうではなく，個人の地位は，国際法と国内法の補完関係に基づいて作られた法的地位なのである。国際法に，特にこの全体状況に典型的なルートをたどって，国際法がしばしば個人のために創った客観法が，国内法では主観的権利や国内裁判所による保護に置き換えられている。この「変換」は完全ではないし，勿論欠缺をもってはいる。国際法が客観法として個人に（最終的な受益者として）定立するもの全てにつき，この個人が，自分の国家に要求ができ，更に提訴ができるというわけではない。しかし，この変換は，一つの体系を作るに十分な数の事例の中で，実行されているのである。

5．要約すれば，次のような大きな距離を，確認しなければならない。つまり，国際法と国内法における閉じた国家の時代と，国家が開かれた（憲法）国家となり他国と国際的に協調関係にあるという開かれた国家の時代とを，切り分ける距離である。この区別がより大きくなることはないだろう。

この新しい時代の特徴とは，国家が浸透性を持つことと，これに応じて，より多くのアクターのために国際空間がますます透過性を持つことにある。そしてこれにより，すでに述べた国際法の多元化が到来するのである。国際レベルと国際法の意味が増大することの結果が，国際レベルと国際法の憲法主義化の進展である。国際法と国内法は相互に接近しても[106)]，しかしその違いと特徴は失われない。この新しい時代を指導するイメージとは，開かれた国家と（濃密かつ多元的に）成立する国際秩序，この両者の間の相互関連性と補完性である。この両者が合わさって一つの全体が構成されるといえるが，この全体を表現するための概念が，そしてひょっとすると理解までもが，今なお欠けているのである。

この全体状況では，権利が個人の利益のために制定されるのに，その権利を個人自身が多くの場面で行使できないという，反シンメトリーがあるのだが，これは欠陥ではない。むしろこれは，世界の中での法の特殊な構成原理である。世界の中での多くの個人が社会的に協力関係を結んでも，それは今までそうだったように濃密なものではないのである。グローバル化によっても，この点は変わらない。グローバル化は，帰属者の共同体を，そしてそもそも共同体さえも形成していないからである。結論は以下のとおり。つまり，世界の中の個人の地位は単純なものでも統一的なものでもなくて，要約されたものである。もちろん法的地位それ自体は構築可能なものであるが，実効的な今あるかたちにおいて，それは見なくてはならない。

106)　これに対し，国際法を国家と国内法から切り離したり，それと，優先的国際法を国家と国内法に対し自立化させる，ということにはならない。欧州共同体の事例でも，あるテーゼ，つまり，確かに欧州共同体は国家により設立されたが，独自の基礎を持って登場したというテーゼは，同意に値しないものである。

監訳者あとがき

本書は，長年にわたり日独共同研究の重要なパートナーであったライナー・ヴァール教授の主要な著作を，一冊にまとめたものである。翻訳には，若い年代から重鎮に至る，多くの研究者が参加した。これは，ヴァール教授が日本の憲法学者に惜しむことなく与えた友情と学問的影響を反映したものである。

一言でいえば，本書で扱われているのは，1949年のドイツ憲法（基本法）と連邦憲法裁判所の下で実現した「憲法の優位」が含意するものは何かである。憲法の優位という観念は，立憲主義の歴史と同じだけ，あるいは，根本法の優位にまでさかのぼれば，それ以上に古い。しかし，その含意するところ，さらにその実現のされ方は，時代により異なる。本書は，基本法下で確立した「ドイツ型」憲法の優位について，その全体像，そこに至る憲法史的道程，憲法優位の具体的内容と欧州統合に伴う新たな課題，という３つの視点から考究するものである。ドイツの違憲審査制は，本格的には基本法によって導入された。その前後で生じた憲法の意義と機能の質的変化は，ドイツを範とし，一部において類似の歴史を歩んだ日本の目からも新鮮である。また，ヨーロッパ化・国際化という環境変化によって憲法=基本法の優位と連邦憲法裁判所の位置づけがどのように相対化されたのか（あるいは，されないのか）は，日本の憲法学が今後直面せざるを得ない問いであろう。

本書の刊行にあたり，なによりも多忙な中で翻訳・校正作業を進めてくださった翻訳者の方々に感謝申し上げる。また，慶應義塾大学大学院法学研究科の石塚壮太郎君，栗島智明君とクリスティアン・ビュトナー君には，訳語統一等の作業で協力をいただいた。慶應義塾大学出版会の岡田智武氏には，極めて丹念な仕事で本書の出版を助けていただだいた。

もとより本書は，50年に近い研究生活におけるヴァール教授の思索の一部を収録するにすぎない。Dogmatiker としてのヴァール教授の冴えを示す著作の一部は，本書では収録を断念せざるを得なかった。これらについては，次の機会を得たい。

最後に，本書を法学研究会叢書の一冊として刊行できたことについて，慶應義塾大学法学研究会に感謝する。

2012年10月

訳者を代表して　小　山　　剛

初出一覧

I　公法の50年間の発展

Herausforderungen und Antworten: Das Öffentliche Recht der letzten fünf Jahrzehnte, De Gruyter Recht, Berlin 2006.

II　立憲国家の歴史的考察

第１章　1866年までのドイツにおける立憲国家の発展*
Die Entwicklung des deutschen Verfassungsstaates bis 1866, in: J. Isensee/Kirchhof (Hrsg.), Handbuch des Staatsrechts, C.F. Müller Verlag, Heidelberg 1987, Bd. 1, S. 3-34.

第２章　19世紀ドイツ立憲主義とワイマール時代における立憲国家性*
Verfassungsstaatlichkeit im Konstitutionalismus und in der Weimarer Zeit, in: Verfassungsstaat, Europäisierung, Internationalisierung, Suhrkamp Verlag, Frankfurt 2003, S. 320-340.

第３章　19世紀ドイツ立憲主義における基本権の法的効果と作用*
Rechtliche Wirkungen und Funktionen der Grundrechte im deutschen Konstitutionalismus des 19. Jahrhunderts, Der Staat Bd. 18 (1979), S. 321-348.

III　憲法の優位と憲法裁判権

第１章　憲法の優位*
Der Vorrang der Verfassung, Der Staat Bd. 20 (1981), S. 485-516.

第２章　憲法の優位と法律の独自性*
Der Vorrang der Verfassung und die Selbständigkeit des Gesetzesrechts, NVwZ 1984, S. 401.

第３章　憲法と家族法――やっかいな血縁関係
Verfassungsrecht und Familienrecht, in: Tobias Helms/Jens Martin Zeppernick (Hrsg.), Lebendiges Familienrecht, Festschrift für Rainer Frank, Verlag für Standesamtswesen, Frankfurt/Berlin 2008, S. 31-58.

第４章　ヨーロッパ化，国際化と連邦憲法裁判所*
Das Bundesverfassungsgericht im europäischen und internationalen Umfeld, Aus Politik und Zeitgeschichte 37-38/2001, S. 45-54.

第５章　国家の変遷――主権の装甲をこじ開ける
Der Wandel des Staates
書き下ろし

*　これらの論文は，Verfassungsstaat, Europäisierung, Internationalisierung, Suhrkamp Verlag, Frankfurt 2003 に収録されており，本書の翻訳はこれを元にしている。

跋

学問的価値の高い研究成果であつてそれが公表せられないために世に知られず、そのためにこれが学問的に利用せられずして、そのまま忘れられるものは少なくないであろう。又たとえ公表せられたものであつても、口頭で発表せられたために広く伝わらない場合があり、印刷公表せられた場合にも、新聞あるいは学術誌等に断続して載せられた場合は、後日それ等をまとめて通読することに不便がある。これ等の諸点を考えるならば、学術的研究の成果は、これを一本にまとめて出版することが、それを周知せしめる点からも又これを利用せしめる点からも最善の方法であることは明かである。この度法学研究会において法学部専任者の研究でかつて機関誌「法学研究」および「教養論叢」その他に発表せられたもの、又は未発表の研究成果で、学問的価値の高いもの、または、既刊のもので学問的価値が高く今日入手困難のものなどを法学研究会叢書あるいは同別冊として逐次刊行することにした。これによつて、われわれの研究が世に知られ、多少でも学問の発達に寄与することができるならば、本叢書刊行の目的は達せられるわけである。

昭和三十四年六月三十日

慶應義塾大学法学研究会

著者紹介

ライナー・ヴァール（Rainer Wahl）

1941年生まれ。1969年にハイデルベルク大学より法学博士号を，1976年にビーレフェルト大学より教授資格を授与される。ボン大学教授を経て，1978年より2006年までフライブルク大学公法学講座教授。1998年～99年，ベルリン高等研究所（Wissenschaftskolleg in Berlin）研究員を兼務。1998年以降，日独憲法学シンポジウムをドイツ側代表者として定期的に主催。

訳者紹介（掲載順）

小山　剛（監訳者）

（慶應義塾大学法学部教授　担当：序言・ＩＢＩ・ＩＣＩ・Ⅲ第１章）

斎藤　誠

（東京大学大学院法学政治学研究科教授　担当：ＩＡ）

上村　都

（新潟大学法学部准教授　担当：ＩＢⅡ）

野呂　充

（大阪大学大学院高等司法研究科教授　担当：ＩＣⅡ）

石塚壮太郎

（慶應義塾大学大学院法学研究科後期博士課程　担当：ＩＣⅢ）

柴田　憲司

（東洋大学法学部非常勤講師　担当：ＩＣⅣ）

宮地　基

（明治学院大学法学部教授　担当：ＩＣⅤ）

岡田　俊幸

（日本大学大学院法務研究科教授　担当：ＩＤ・ＩＥ）

栗城　壽夫

（聖学院大学大学院特任教授・東亜大学大学院客員教授・
大阪市立大学名誉教授・上智大学名誉教授　担当：Ⅱ第１章・Ⅱ第３章）

岩間　昭道

（法政大学大学院法務研究科教授　担当：Ⅱ第２章）

石村　修

（専修大学大学院法務研究科教授　担当：Ⅲ第２章）

玉蟲　由樹

（福岡大学法学部教授　担当：Ⅲ第３章）

鈴木　秀美

（大阪大学大学院高等司法研究科教授　担当：Ⅲ第４章）

三宅　雄彦

（埼玉大学経済学部教授　担当：Ⅲ第５章）